DuMont-Aktuell

Es geht (gesellsch) Verändung d. Roßmerbed.
Repr. Mittel zur Aufhebung d. ges. Widersprüche
sind, sondern darum, ob BJs, Stadtteilarbeit usf.
d. perzeif. 'autonome' Freiräume
Lernprozesse initiiert werden, die wünschenswerte
Lernsituationen vervielfältigen, Felder polit. Erfahrung
u. Möglichkeiten d. Lernens polit. Verhaltens bereitstellen,
die den üblichen Lernsituationen (polit. Bildung)
weit überlegen sind. 255   d. polit. Sozialisation

Umwelt ist kein beliebig
verfügbares, sondern von
gruppeninternen beansprochtes
u. strukturiertes Operationsfeld
118

Solidarität gegen gesellsch.
vermittelte Angst 254

in der Kunst- u. Werkerziehung
darf der Mensch selbsttätig sein 158 f.

Streß durch Freiheit - Zwang, Entscheidungen fällen zu müssen, für die
man keine Maßstäbe gelernt hat →
Unschärfe 'Freiheit' der anderen als ein neues
Mittel der Manipulation durch kleine,
dominante Gruppen, die nicht einmal mehr
an traditionelle Wertmaßstäbe gebunden
sind 159
            i.d. Schule
Lernen unter Ausschluß von Verhalten,
echter Realität, realer Bezüge u. Bedürfnisse
→ Verhaltensdefizit 160
Transfer nur ausschnitthaft
möglich, nur da, wo er Leistungs-
"entschärft" ist. → Intellektualität
d. Schule → Leistungsdruck u. affirmative
                   Intellektualität d. Kulturbetr.

Gerd Grüneisl Hans Mayrhofer Wolfgang Zacharias

Umwelt als Lernraum

Organisation von Spiel- und Lernsituationen
Projekte ästhetischer Erziehung

Verlag M. DuMont Schauberg

© 1973 Verlag M. DuMont Schauberg, Köln
Alle Rechte vorbehalten
Druck: Druckerei Gebr. Rasch & Co., Bramsche,
und Druckerei W. Frings, Köln

Printed in Germany   ISBN 3-7701-0695-4

Inhalt

Teil 1   Umwelt als Lernraum   7

1   Sozialisation und Umwelt   7
2   Umweltbereiche / Situationsfelder 10
3   Politische und existentielle Folgerungen für den Einzelnen 22
4   Alternativen und Gegenschulmodelle 24
5   Exkurs: Tendenz und Technik 27

Teil 2   Die Lernsituation und ihre Faktoren 30

1   Projekt und Aktion 32
2   Dokumentation von Projekten und projektinitiierenden Aktivitäten . 40
   1   Verhältnis theoretische Lernziele – Praxisbeispiele 40
   2   Die Lernsituation: Schulischer Unterricht 44
   3   Vergleich zweier Lernsituationen aus dem Kunstunterricht . . . 58
   4   Komplexes Beispiel: Aktionsraum IKI 79
3   Die konstitutiven Faktoren der Lernsituation 114
   1   Der Lernraum 115
   2   Realität und Spielraum 117
   3   Wahrnehmung 126
   4   Lernen und Verhalten 130
   5   Lerninhalte – Lernziele 133
   6   Die Lerngruppe 137
   7   Selbstbestimmung und Lustprinzip 148
   8   Transfer 160
   9   Leistung und Leistungsmessung 164
  10   Selbsterfahrung, Rolle und Rollenwechsel 170
  11   Vermittlung des eigenen Lernprozesses 185
  12   Ausweitung des Lernraums 187

4 Die Projektbeispiele 190
    1 Prüfungssituation Lehrprobe 190
    2 Aktion Maxvorstadt München 195
    3 Spielen in der Stadt 205
    4 Aktion ›Visuelle Konsumwerbung als Medium zur Kommunikation‹
      (Kunsterzieherkongreß Wien) 224

Teil 3 Der bildungspolitische Ansatz – Strategie und Taktik 237
    1 Curriculumrevision 241
    2 Ästhetische Erziehung 245
    3 Politische Bildung 248

Anmerkungen 262

Teil 1 Umwelt als Lernraum

1 Sozialisation und Umwelt

Ein Kind lernt in der Schule nicht nur in den Unterrichtsstunden, es lernt auch auf dem Schulweg, in der Pause und zu Zeiten, in denen kein Lehrer in der Klasse ist.

Die Lernprozesse, die sich entsprechend im gesamten Tagesablauf permanent abspielen, können nicht mit dem Begriff Erziehung erfaßt werden, da Erziehung einen Vorgang zwischen zwei Partnern, dem, der erzieht, und dem, der erzogen wird, meint.

Der Oberbegriff, der alles Lernen einschließt, ist *Sozialisation*. Die Sozialisationsforschung unterscheidet zur Klärung von Sozialisationsvorgängen Institutionen und Gruppen, in denen sozialisiert wird. Dies sind die Institutionen Familie und Schule, dazu kommen Altersgruppen.

Allgemein bedeutet Sozialisation: Bewußtsein, Fähigkeiten und Verhaltensweisen der Menschen sind von den Bedingungen abhängig und geformt, unter denen sie aufgewachsen und zu leben gezwungen sind.

Diese Bedingungen sind aber nicht nur soziale, sondern auch immer zugleich Umweltbedingungen. Bei der Untersuchung von Sozialisationsvorgängen werden unterschiedliche Umweltbedingungen als sozio-ökologische Faktoren berücksichtigt. Faktoren also, die durchaus unabhängig von sozio-ökonomischen (Arbeiterkind) und sozio-kulturellen (katholisches Elternhaus) Umständen sein können, was ein einfacher Vergleich der Bedingungen eines Stadt- mit denen eines Landkindes anschaulich macht.

Unsere Überlegungen versuchen nicht diesen vielleicht sozial-geografisch zu nennenden Gesichtspunkt in den Vordergrund zu stellen. Wir gehen vielmehr davon aus, daß *jeder* Sozialisationsvorgang sich in einer *Situation* abspielt und daß zu jeder Situation konkrete Umweltbedingungen gehören.

W. I. Thomas brachte den Begriff Situation in die Soziologie ein, um soziale Prozesse durch Folgen von Situationen darzustellen. Er meint die Situation der sozialen Beziehungen, die Summe der Faktoren, die Verhaltensreaktionen hervorrufen. Damit bringt er auch alle Institutionen und Sitten in die Situation ein, spart aber ausdrücklich die räumlich-materiellen Faktoren aus. Dadurch bleibt ausgeklammert, daß sich die räumliche Umwelt direkt auf die in ihr stattfindenden sozialen Beziehungen auswirkt (z. B. durch Verhaltensnormen, die an bestimmte Situationen gebunden sind – Schule, Straßenbahn, Museum) und daß eine Verhaltensreaktion unmittelbar und verändernd auf die Umweltbedingungen zurückwirken kann.

Umwelt ist für uns also nicht der als vorgegeben hingenommene Rahmen einer sozialen Situation, zu dem sich die Beteiligten an Prozessen passiv verhalten, sondern das situative Feld einer Interaktion und als solches in die Dynamik des Prozesses einbezogen. Das heißt: Jede soziale Interaktion schließt eine Wechselbeziehung zwischen Umwelt und Verhalten ein.

Für die eine Seite dieser Abhängigkeit lassen sich verschiedene Möglichkeiten darstellen: Ein Raum kann eine bestimmte Stimmung hervorrufen und dadurch Kommunikationsprozesse stimulieren, er kann aber auch bedrückend wirken und passives Verhalten erzwingen oder durch bestimmte Handlungsangebote zu Aktivitäten auffordern.

So verhaltensprägend diese Einflüsse sind, sie werden kaum bewußt. Das hat Folgen für beide Seiten der Wechselbeziehung zwischen Menschen und ihrer Umgebung. Einerseits fallen dem, der bewußt menschliche Umwelt erzeugt, Einflußmöglichkeiten zu, die er nutzt (Kirchenräume) oder auch versäumt (Spielplatzgestaltung). Andererseits aber sind die Betroffenen nicht in der Lage, in ihrer Umwelt verändernd wirksam zu werden, um diese ihren Bedürfnissen anzupassen.

Die Bedeutung, die dem Faktor Umwelt in *Sozialisationssituationen* in den bisherigen Ausführungen zuerkannt wird, ist nicht das Resultat einer Überschätzung des Stellenwertes dieses Faktors. Es geht uns nicht um die Analyse gegenwärtiger Sozialisationsvorgänge, sondern um die Möglichkeit, in verschiedensten Situationen Lernprozesse zu organisieren. Wenn Verhalten von Umwelt abhängig ist, kann darauf durch Strukturierung der Umwelt eingewirkt werden. Beispiel: Wenn ein Lernprozeß statt im Klassenzimmer in einem Raum stattfindet, der nicht die Beschränkungen im Verhalten verlangt, oder in der Öffentlichkeit organisiert ist, dann hat der Lehrer zwar nur den Rahmen der Lernsituation verändert, aber diese Veränderung bringt neue Erfahrungs- und Verhaltensmöglichkeiten mit sich.

Bisher ist festgestellt: Sozialisationsvorgänge spielen sich in komplexen Situationen ab, in denen die Umwelt einer der wirksamen Faktoren ist.

Daran schließen folgende Fragen an:

a Was wird in Situationen gelernt, die nicht ausdrücklich als Erziehungssituationen strukturiert sind? Das sind vor allem die in öffentlichen Lebensbereichen gegebenen Situationen außerhalb der Schule.

b Was und wie wird in Situationen gelernt, die durch die Institution Schule strukturiert sind?

c Wie lassen sich Umweltsituationen strukturieren, wenn sie zum Lernraum für zukunftsbezogene soziale Fähigkeiten und Verhaltensweisen dienen sollen, die die heutige Schule vielleicht nicht mehr in der Lage ist zu vermitteln?

Die Fragen a und b sind gestellt, um den gegenwärtigen Zustand unserer Lerneinrichtungen festzustellen, auf den sich alle Vorschläge, die sich aus der Beantwortung der Frage c ergeben, beziehen. Anregungen zu dieser Antwort zu geben, will dieses Buch versuchen.

Zu a Außerschulische Situationen sind zunächst dadurch gekennzeichnet, daß in ihnen kein durch eine Institution autorisierter Erzieher versucht, bestimmte Lernziele durchzusetzen. Gelernt wird vor allem eine Summe von situativ gebundenen Normen und Verhaltensregeln, die von der Allgemeinheit als unerläßlich für das reibungslose Zusammenleben von Menschen in solchen Situationen anerkannt werden. Diese Normen haben unterschiedliches Gewicht, und ihre Verletzung wird mit entsprechenden Sanktionen bestraft.

Beispiel: Die Skala der situativ gebundenen Normen und Regeln in der Situation 'mit der Straßenbahn fahren' reicht von Höflichkeitsformen (Platz machen) über den Katalog der 'Beförderungsbedingungen' bis zum Tabu, etwa der Beschädigung von Mobiliar.

Was außerdem in einer öffentlichen Situation noch gelernt wird, hängt davon ab, welchen Spielraum die Normen lassen, wie die Umwelt beschaffen ist und welche Personen sich in der Situation zusammenfinden.

Zu b Die Schule versucht vor allem Informationen und Werte (Kultur) durch direktes Unterrichten zu vermitteln. Die Grenzen dieser Vermittlung sind gesetzt durch die Unterrichtsmethoden, die wenig Spielraum für Lehrer und Schüler eröffnen, und durch das, was Schule als Institution und Gebäude mit sich bringt.

Der organisatorische Rahmen und das übliche Schulhaus machen jeden Anspruch unglaubwürdig, die Schule könnte zum sozialen Lernen beitragen, zumindest wenn sich das Ziel dieses Lernens emanzipatorisch im Sinne von Demokratisierung und Selbstbestimmung versteht. Schul- und Hausordnungen sowie Schulrituale formalisieren alle Tätigkeiten und Beziehungen. Die Verhaltensnormen der Situation Schule sind in Regeln gefaßt, die eine strenge Hierarchie mit der entsprechenden Pyramide aus Abhängigkeiten widerspiegeln und deren Konsequenz im Grunde nur strikte Einschränkung von Verhaltensmöglichkeiten ist. Egal, ob diese Regeln einsichtig begründbar oder begründet sind (feuerpolizeiliche Vorschriften), sie appellieren an die Vernunft der Schüler. Die in der Schule herrschende Vernunft ist die Vernunft einer Institution, manche Lehrer machen sie zu der ihren und verwechseln diese Realität dann mit der des Lebens, sie kann aber nicht die Vernunft der Schüler sein. Emotion ist weder gefordert noch erwünscht. Schon deshalb kann so etwas wie Identifikation mit der Situation Schule und ihren Normen beim Schüler nicht eintreten. Dies aber wäre für ihn Voraussetzung für die Entwicklung von Initiative und Aktivität, die seinen Bedürfnissen entsprechen würden.

Von dieser Realität der Schule und ihren Konsequenzen für die Betroffenen, die eigentlich jedem Lehrer aus seiner eigenen Praxis vertraut sein müßten, wird in verschiedenen Zusammenhängen immer wieder die Rede sein. Es soll hier genügen festzuhalten, daß in unseren Schulen offenbar Lernmöglichkeiten durch die institutionellen Bedingungen beschränkt sind und nicht, wie es sinnvoll erscheinen muß, die umgekehrte Abhängigkeit besteht. Darüber hinaus scheint hier ein Merkmal aller sich in unserer Gesellschaft abspielenden Sozialisationsvorgänge zu sein. »Der Sozialisationsprozeß ist anscheinend eine Funktion des sozialen Systems. Er dient der Reproduktion des Bestehenden und der Stabilisierung der herrschenden Ordnung« (Rückriem)[1]. Die »herrschende Ordnung« stabilisieren heißt auch die entsprechenden Lebensbedingungen stabilisieren, die diese Ordnung hervorgebracht hat. In Umwelt und Lebensraum aber vollziehen sich Entwicklungen, die der Kontrolle der herrschenden Ordnung entglitten sind. Sie sind, wenn man etwa die Entwicklung in den Städten betrachtet, Folge einer Ordnung, die weder sozial noch demokratisch ist. Die Betroffenen sind von der herrschenden Ordnung sozialisiert. Sie sind weder in der Lage, die herrschende Ordnung noch deren Lebensbedingungen zu revidieren. Die Fähigkeit, das zu tun, kann von der Schule in ihrer gegenwärtigen Struktur nicht vermittelt werden. Jeder Versuch, Lernprozesse in Gang zu setzen, die zum Ziel haben, soziale Fähigkeiten und politisch wirksame Verhaltensweisen zu erlangen, kann in der Konsequenz nur gegen die Schule oder außerhalb der Schule stattfinden.

Aus den bisherigen Ausführungen lassen sich zwei Begründungen ableiten, warum Lernen in realen Umweltsituationen angesiedelt werden soll:
– Um Lernen von den restriktiven Bedingungen der Institution zu befreien und dadurch effektiver zu machen
– und um das zu vermeiden, was mit dem Stichwort »future shock« bezeichnet werden kann. Das bedeutet die Erfahrung, daß die Realität, auf die die Schule vorbereitet, gar nicht existiert, beziehungsweise daß die erlernten Fähigkeiten und Kenntnisse wenig Hilfe bieten, um in einer sich rasch verändernden Umwelt zu bestehen und aktiv an diesem Prozeß teilzunehmen.

2 Umweltbereiche / Situationsfelder

Welche Merkmale und Bestandteile besonders wirksam im Lernprozeß sind, wird allgemein und vor allem in den Beispielen (s. Teil 2) noch zu klären sein. Zunächst soll erläutert werden, an welche Lebensbereiche gedacht ist, wenn von Umwelt als Lernraum die Rede ist. Dabei geht es nicht darum, eine systematische Gliederung zu erstellen, in der bestimmte Bereiche Priorität haben, sondern um eine Aufzählung, die zeigen soll, wie breit das Feld für Handlungsansätze zu aktivem Lernen ist. Eine Priorität muß sich jeweils aus den Interessen und Zielen der Gruppen ergeben, deren Tätigkeiten eng mit bestimmten Bereichen verbunden sind. Es wäre unsinnig, das Museum als Lernraum zu empfehlen, wenn die Gruppe, die einen Lernprozeß entwickeln will, aus Lehrlingen besteht. Auch die Entscheidung für die Situationen, in denen versucht wird, den Prozeß zu initiieren, kann nicht nach verallgemeinerten Kriterien gefällt werden. Anstelle von Überlegungen wie: eignet sich die Situation, um bestimmte Probehandlungen durchzuspielen (z. B.: Strategien entwickeln, um gemeinsame Interessen durchzusetzen), stehen taktische Erwägungen. Diese sollen versuchen, die vorgegebenen Bedingungen der Situation einzuschätzen. Welche realen Machtverhältnisse beherrschen die Situation, welche

Interessen versuchen sich durchzusetzen, welche Normen bestimmen das Verhalten, welche Tabus sind wirksam, welche Freiräume vorhanden?
Würde die Zugänglichkeit und das Vorhandensein von Freiräumen zum entscheidenden Kriterium, dann würde der Prozeß auf ein Lernen in öffentlichen Schonräumen und auf Verinnerlichung der Konfliktvermeidung hinauslaufen.

Bildungsbereiche:
Alle Institutionen, die mit Ausbildung und Lehren beauftragt sind, von der Vorschule bis zur Hochschule und zu Fortbildungsinstituten, bieten eine Fülle von Ansatzpunkten für Aktionen und Lernprozesse, die über den herkömmlichen Unterricht und den Rahmen der Schule hinausgehende Erfahrungen vermitteln können. In der Folge sind derartige Ansatzpunkte für Überlegungen und Versuche aufgezählt, die natürlich zusammenhängen und je nach der aktuellen Situation der Schule ergänzt werden können.
– Ort: Schulhaus, Klassenzimmer, Lehrerzimmer, Hof, Schulwege
– Schulzeiten: Unterrichtsstunde, Schultag, Pausen
– Sonderveranstaltungen: Wandertage, Schulfeste, Elternabende
– offizielle und nichtoffizielle Kommunikationsformen
– Vorschriften, Schul-, Hausordnungen
– Zusammenschlüsse, Lehrer-, Schüler-, Studenten-, Elternverbände
– Verhältnis der Rollenträger zueinander
– Herrschaftsstrukturen, Konferenzen, Schülerversammlungen
– Schul- und Unterrichtsmedien
– Wissenschaftsbereiche, Disziplinen, Fächer
– Kongresse, Kommissionen, bildungspolitischer Überbau

Arbeitswelt:
Eine dem Ausbildungsbereich entsprechende Sammlung von Aspekten der Struktur und des Alltags von Produktionsbereichen gälte es hier zusammenzustellen. Parallelen finden sich z. B. in Herrschaftsstrukturen und Abhängigkeiten. Unmittelbare Auslöser können vor allem die Interessenkonflikte der Betroffenen sein. Bemerkenswerte Versuche von Selbstorganisation, Medieneinsatz und Einbeziehung der Öffentlichkeit zeigen die Beiträge, die das ZDF in seinem Jugendmagazin ›direkt‹ ausstrahlt. Handlungsansätzen von Lehrern und Schülern ist dieser Bereich relativ entzogen, da hier Erfahrungen und existentielle Betroffenheit fehlen.

Freizeit, Urlaub:
Dieser Bereich ist hier gesondert aufgeführt, da er heute als komplementär zum Arbeitsbereich betrachtet wird und in einem stürmischen Entwicklungs- und Vermarktungsprozeß begriffen ist. Die von Arbeit freie Zeit scheint immer stärker zur unfreien Konsumzeit zu werden. Wenn die Gewohnheiten des Freizeitverhaltens fremdbestimmt und durch Fluchttendenzen und kompensatorische Funktionen gekennzeichnet sind,

dann stellt sich die Frage, in welchen Situationen Gruppen innovative Versuche machen können, um alternative Verhaltensweisen zu entwickeln. Jede Kritik, die als Konsequenz nur fordern kann, sich des Freizeitkonsumangebots zu enthalten, unterschätzt dessen Faszination und ist ebenso realitätsfern wie lustfeindlich.

Eine geläufige Unterteilung von Umwelt- und Lebensbereichen ist orientiert an der Unterscheidung von öffentlicher und privater Sphäre. Wenn hier entsprechende Bereiche angegeben werden, dann nicht, um diese ideologieverdächtige Trennung hinzunehmen, sondern weil im allgemeinen Bewußtsein die Identität von Wohnbereich und privater Sphäre ganz stark verankert ist.

Wohnen, Familie:
Die Ansätze können ähnlich wie in den anderen Bereichen bei der räumlichen Situation – Wohnung – oder bei den Tätigkeiten – Wohnen – liegen.
– Innenstruktur der Wohnung, Einrichtung
– äußere Struktur der Wohnung, Wohnlage, Hochhaus – Reihensiedlung
– Bedingungen des Wohnens, Familienstruktur, Nachbarschaften, ökonomische Bedingungen

Der sog. 'öffentliche Bereich' unserer Umwelt:
Hier muß genügen, Stichworte anzuführen, die auf relevante Umweltsituationen hinweisen.
– Stadt, Architektur, Verkehr
– Landschaft, Erholung
– Spielplatz
– Konsum, Warenverkehr
  usw.

Qualität, Inhalte, Werte und Gestalt unserer Umwelt bestimmen nicht wir, sondern die Entscheidungsträger unserer sozialen und politischen Organisationsformen. Es ist notwendig, mit Projekten auch bei diesen Entscheidungsmechanismen und Strukturen anzusetzen.

Strukturen der Demokratie, politische Entscheidungsprozesse, Wahlen, Planungs- und Verwaltungsstrukturen, Bürokratien.

Selbstorganisationsformen, Bürgerinitiativen.
Zwei Bereiche sind noch aufzuführen. Der erste, weil er mit allen anderen in Beziehung steht, der zweite, weil er ein starkes Gewicht in den in diesem Buch angeführten Beispielen hat.

Kommunikations- und Informationsmedien der Gesellschaft
Die Bedeutung dieses Bereichs ist dem Ausmaß, in dem unsere Erfahrungen, Erlebnisse

und Einstellungen heute massenmedial vermittelt sind, entsprechend hoch. Hier muß der Akzent vor allem auf den Versuch gelegt werden, sich aktiv der vorhandenen Medien zu bedienen und Medien als Produktionsmittel anzueignen und den eigenen Interessen entsprechend einzusetzen.

Etablierte Ästhetik: Kultur, Kunst, Museum, Ausstellungen
Die eigene Position und Interessenlage der Autoren (Kunsterziehung, Sozialpädagogik) bringt es mit sich, daß der in den Beispielen erkennbare Schwerpunkt auf den Bereichen Schule, Umweltplanung, Ästhetik, Medien, Selbstorganisation liegt. Die Aufzählung der anderen Bereiche soll vor allem zur Anwendung der Modellvorschläge unter anderen Interessens-, Fach- und Berufsvoraussetzungen auffordern.

Zwei Randbemerkungen zum Thema 'Umwelt'
Umweltschutz – Umweltverschmutzung
Dies sind die geläufigsten Assoziationen zum Stichwort Umwelt. Nach unseren Vorstellungen ist es durchaus richtig, Aktionen mit der Thematik der Umweltverschmutzung zu verknüpfen; nur darf die Bedeutung dieses Problems nicht dazu führen, daß andere Zielvorstellungen davon überdeckt werden. Der Anlaß bleibt auch hier austauschbar, denn nicht ein paar Aktionen können am Zustand unserer Umwelt etwas ändern, sondern nur langfristig erworbene und erprobte politische Fähigkeiten.

'Erziehung durch Umwelt'
Unter diesem Begriff kann man eine Reihe von Ansätzen zusammenfassen, die als pädagogische Konzeption mit bestimmten Gestaltungsvorstellungen verbunden waren.
  Bekannte Beispiele sind der Werkbund und das Bauhaus. Beide strebten hohe Qualität in der Gestaltung von Umwelt an und verbanden damit die Hoffnung auf eine entsprechende erzieherische Wirksamkeit dieser Umwelt. Bei derartigen Versuchen handelt es sich im Grunde genommen um die Suche nach einer zeitgemäßen Kultur. Pädagogische Intentionen können sich nur auf die Schulung eines Sinnes für formale, funktionale und technische Qualität von Objekten beschränken. So läßt sich im Idealfall eine gewisse Urteilsfähigkeit in bezug auf die äußeren Merkmale der persönlichen Umgebung vermitteln, wobei noch zu fragen wäre, ob eine Abhängigkeit, in der man das Opfer der Qualitätsnormen von Gestaltern ist, ein Idealfall sein kann.
Derartige Versuche, durch Gestaltung von Umwelt zu erziehen, lösen allenfalls ästhetische Probleme unter Umgehung oder Verschleierung der eigentlichen Probleme menschlichen Zusammenlebens.
  Eine ähnliche Verkennung der Relevanz ästhetischer Aspekte läßt sich heute bei Phänomenen wie 'Schöner Wohnen' oder 'Stadtkosmetik' beobachten.

Die Aufzählung relevanter Umweltbereiche und Umweltstrukturen zeigt Ansatzmöglichkeiten für Aktivität – prinzipiell bieten alle diese Bereiche und Strukturen die

Möglichkeit, Lernsituationen zu organisieren, da sie ja die Umwelt definieren und diese Umwelt natürlicher Lernraum ist. Es kommt nun darauf an, wie und welche Lernsituationen und Lernprozesse in der Umwelt organisiert werden. Das ist entscheidend abhängig von den Qualifikationen und objektiven Bedingungen und Bindungen derer, die die Lernsituation bereitstellen und die Lernprozesse machen.
Drei Bedingungen sind bei der Realisierung von umweltbezogenen Lernsituationen zu berücksichtigen
– Offizielles Lernen, Erwerb von Qualifikationen und damit die Verteilung von Lebenschancen ist im derzeitigen Bildungssystem unlösbar mit Institutionen und Bürokratien verknüpft. Deshalb liegt hier eine für alle Realisierungen relevante Bezugsgröße, wenn man neue Lernstrategien anzielt. Rückkoppelung an diesen Bereich ist notwendig.
– Die individuellen Bedingungen der Lern- oder Lehrindividuen (Schüler, Lehrer, Gymnasiast, Kunsterzieher, Lehrling, Sozialpädagoge usw.) und ihre Bindungen an diese Institutionen bringen es mit sich, daß Prioritäten bei den einzelnen Lerngruppen von vornherein gegeben sind. Da diese Bindungen eben von den Institutionen abhängen und die Lernumwelt definieren, sind diese Bereiche notwendigerweise Felder und Ziele der jeweiligen Lernstrategien.
– Da einerseits Veränderungspotentiale nicht in allen Bereichen gleichermaßen vorhanden sind und Interessen, Zwänge und Möglichkeiten die taktischen und strategischen Ansätze qualifizieren, andererseits bestimmte Bereiche mehr Spielraum, mehr aktuelle Realität, mehr Information und substantielle Erfahrungen ermöglichen, ergeben sich Schwerpunkte bei der Realisierung von Lernsituationen: Sozialpädagogik, ästhetische Erziehung, Medien, Selbstorganisationsformen, Umweltplanung (siehe dazu die Beispiele und Projekte im Teil 2). Grundsätzlich aber ist die Organisation wünschenswerter Lernsituationen in allen Bereichen notwendig.

Ausgangslage bei der Organisation von Lernsituationen
Die reale Situation, in der der Organisator von Lernsituationen selbst steht (in der Regel ein Pädagoge mit institutioneller Bindung), wird von ihm eingeschätzt
– entweder als zufriedenstellend, nicht veränderbar, man muß sich anpassen, im Rahmen seiner Möglichkeiten das Beste daraus machen usw.
– oder als unzureichend, ungerecht, verfahren und deshalb als notwendigerweise veränderungsbedürftig. Es muß also etwas geschehen, Aktivitätsansätze beziehen sich nicht nur auf die persönliche Situation. Die Unzufriedenheit ist noch nicht in Resignation umgeschlagen.
Diese zweite Position ist interessant. Im Folgenden wird nun versucht, Trends, tendenzielle Voraussetzungen und Übereinstimmungen zu konstruieren, die bei der Organisation von Lernsituationen als gemeinsame Basis und Hintergrund dienen, und worauf sich alle Handlungsansätze beziehen.

1 Die Zielgruppe (= Leser)

Es wird sich in der Regel um engagierte Pädagogen, Kindergärtner, Jugendleiter, Lehrer, Sozialpädagogen usw., um Schüler und Studenten handeln, die ihre Praxis nicht nur nach den Bedingungen der Institution oder nach ihren individuellen Bedürfnissen orientieren, sondern ihre Praxis verstehen als Feld für Durchsetzungsstrategien allgemein gesellschaftlicher und bildungspolitischer Ziele. Die Effektivität dieser Durchsetzungsstrategien ist eine Frage der Quantität und der Qualität, d. h., das Interesse muß in der Verbreitung der eigenen Wirksamkeit und der Optimierung der Organisation von Lernsituationen liegen. Dazu braucht der Pädagoge zuerst einmal Distanz zu seinem Alltag und Perspektiven für seine Realität.

»Wir haben bei der Arbeit mit Lehrern... immer wieder bemerkt, wie der Druck, alles unter dem unmittelbaren Gesichtspunkt der nächsten Stunde morgen sehen zu müssen, zu einem allzu engen Begriff von Schulpraxis führt. Indem der Praxisbegriff gerade an der 'Basis' sehr eng an den Problemen der einzelnen Stunde orientiert ist und die Neigung besteht, sich von der Curriculumarbeit Verhaltensanweisungen für 'erfolgreichen' Unterricht zu erwarten, werden aber die Schule als Institution und die Gesellschaft als der Zusammenhang, aus der sich die Funktion dieser Institution und ihre Inhalte als Produktionsstätten für Qualifikationen der Arbeitskraft ergibt, zu sehr aus dem Blickfeld gedrängt.«[2]

Veränderung des eigenen Verhaltens und Selbstreflexion sind notwendiger Bestandteil für die Organisation neuer Lernsituationen. Hier sind auch Überlegungen zum Beamtenstatus des Pädagogen anzustellen, denn in dem Maße, wie der Widerspruch zwischen Bürokrat und Pädagoge größer oder kleiner wird, wird auch wünschenswerte pädagogische Wirksamkeit größer oder kleiner. Die im Lernprozeß geforderte politische Abstinenz des Beamtenpädagogen verhindert Parteinahme in einem mindestens halbpolitischen Raum, der Erziehung. Die Verweigerung des Streikrechts beraubt den Beamtenpädagogen eines Durchsetzungsmittels, so daß er allen Pressionen der ja politisch nicht neutralen, sondern parteigebundenen Machtträger ausgesetzt ist[3]. Die Vermittlung mitbestimmender demokratischer Verhaltens- und Handlungsqualifikationen muß somit offiziell aus allen institutionellen Lernprozessen ausgeklammert bleiben. Die Überzeugung, daß »pädagogische Autonomie als Voraussetzung eines auf Emanzipation zielenden Erziehungsverhaltens an ein höheres Maß politischer Aktionsfreiheit geknüpft ist«[4], zwingt zur Taktik, die institutionellen Zwänge nicht als Handlungsrahmen zu akzeptieren, sondern als Herrschaftsinstrumente und Emanzipationsblockaden zu umgehen und zu unterlaufen in dem Maße, wie es den gesamtgesellschaftlichen und bildungspolitischen Zielsetzungen nützt und den Betroffenen nicht existentiell gefährdet.

Als erste Übereinstimmung bei der Organisation von Lernsituationen ergibt sich: Nicht die vorgeschriebene Rolle und der gegebene Rahmen, sondern die engagierte Perspektive der Organisatoren der Lernsituationen und der Lerngruppe geben die Kriterien für Handlungsansätze.

Damit ist konstatiert: Die institutionelle Bindung muß relativiert werden durch Bindung an frei verfügbare, autonome, selbstbestimmte Strukturen, in denen Erfahrungen und Entscheidungen möglich sind ohne die formalen Zwänge der Institution. Der erweiterte Erwerb von außerinstitutioneller Sachkompetenz und die Verfügung über autonome Kommunikationsfelder liefert die Distanz, die notwendig ist, Resignation zu verhindern. Eine tragfähige Alternativstruktur ist eine günstige Voraussetzung für die Organisation von Lernsituationen.

2 Die gesellschaftliche Situation und die Möglichkeiten zur Veränderung

Es geht hier um eine notwendigerweise unscharfe, sehr allgemein ausgedrückte Einschätzung der aktuellen Situation. Es soll damit nur eine Position zitiert werden, die heute für viele dann gelten kann, wenn es um Abgrenzung innerhalb von Praxisfeldern und Institutionen geht, d. h. wenn Strategien und Gruppierungen zur Handlungsfähigkeit notwendig sind. Eine weitere Differenzierung und Abgrenzung ist zwar prinzipiell nötig, als Voraussetzung für Handeln aber vor dem Hintergrund der gegenwärtigen Erziehungssituation durchaus gefährlich, das zeigt die Entwicklung bzw. Zersplitterung der Linken seit 1968.

Zur Einschätzung der aktuellen Situation kann ein Text von Klaus Matthies dienen[5]: »Bei der Betrachtung der gesellschaftlichen Verhältnisse der BRD wird – entsprechend einem bestimmten Betrachtungsstandpunkt – bestritten, daß es sich um eine Klassengemeinschaft handle und daß man infolgedessen keine definitive Aussage über ein Proletariat machen könne.

Dem kann hier nicht im einzelnen nachgegangen werden. Festzuhalten ist, daß der überwiegende Teil der Bevölkerung zur Gruppe der Lohnabhängigen gehört, die für ihre Produktionsleistung in der Weise entlohnt wird, daß ein im Produktionsprozeß miterzeugter Mehrwert einer anderen (relativ kleinen) Gruppe zugute kommen kann. Diese Trennung in eine Gruppe von Arbeitnehmern, die ihre Arbeitskraft (quasi als Ware) verkaufen, und Arbeitgebern, die Privateigner der Produktionsmittel sind und entsprechend ihr Kapital einsetzen können, ist eine unbestreitbare Tatsache. Im Zusammenhang mit Lohnkämpfen wird sie anschaulich, d. h. öffentlich sichtbar.

Abgesehen von Zwischenformen und Abstufungen in diesem Verhältnis und einem in der Realität sehr komplexen Sachverhalt, kann von dieser gegenwärtig unverändert bestehenden Polarität von Arbeiterklasse, die nicht nur ökonomisch, sondern auch sozial und geistig abhängig ist, und Kapitaleignerklasse, die ökonomisch, sozial (und in relativem Sinne auch geistig) in der genannten Form nicht abhängig ist, gesprochen werden. Der relativ verbesserte Lebensstandard der Abhängigen ändert an der Grundtatsache nichts, da nur innerhalb der Abhängigkeiten (der Ausbeutung) die Schwerpunkte verschoben sind.«

»In diesen Zusammenhang gehört, daß die BRD gemäß dem Grundgesetz und dem Selbstverständnis ihrer politischen Organe als Demokratie verwirklicht werden soll.

Die Frage nach dem Selbstverständnis als Demokratie führt unvermeidbar auf die Folgefrage, ob diese als verwirklicht anzusehen oder als Verwirklichungsprozeß begriffen ist.

In einem prozessualen Verständnis von Demokratie, das die Annäherung an den Idealzustand als Aufgabe definieren würde, muß auch das jeweilige Defizit durch kritische Analyse kenntlich gemacht werden. Hierzu gehört die Feststellung, daß im wirtschaftlichen und im kulturellen Bereich nicht mehr als erste Ansätze zu verzeichnen sind und daß deshalb die funktionierende politische Demokratie für einen Großteil von Bürgern nur punktuell existent ist.

Zugleich kann aber nur das Interesse derjenigen, für die fortschreitende Demokratisierung tatsächliche Verbesserung der Lebensverhältnisse bedeuten kann, als potentielle Kraft in diesem Prozeß eingebracht werden. Das heißt, daß ein Mehr an Demokratisierung nur durch die Lohnabhängigen verwirklicht werden kann und daß deshalb die sozialistische Perspektive zugleich auch die des demokratischen Fortschritts ist.«

Damit ist die Priorität der ökonomischen und politischen Situation konstatiert, gesellschaftliche Unterstrukturen müssen sich darauf beziehen. Die Erscheinungsformen des Spätkapitalismus, der Widerspruch von Kapital und Arbeit, immer wieder aufkommende faschistische, nationalistische Tendenzen und bürokratische Herrschaftshierarchien (natürlich auch in sogenannten sozialistischen Ländern) können aber nur da bewußt werden, wo sie sichtbar und erfahrbar auftreten bzw. sichtbar und erfahrbar gemacht werden. Das sind die realen Strukturen der Umwelt, des eigenen persönlichen Lebensbereichs. Hier liegt der pädagogische Ansatz einer Veränderungsstrategie.

Auszüge aus den ›Thesen zur politischen Ökonomie und Strategie‹, Juso-Bundeskongreß Dezember 1971:

»Die Jusos gehen davon aus, daß die Grundwidersprüche der kapitalistischen Gesellschaft außer im Produktionsbereich (Betriebe) auch im Reproduktionsbereich (Wohnen, Bildung, Erholung, Verkehr) auftreten und damit auch hier Inhalt einer Politik im Interesse der werktätigen Bevölkerung sein müssen. Diese Widersprüche zwischen
- den Interessen der Kapitalverwertung einerseits (hohe Mieten, Bildung nur mit dem Ziel hoher Arbeitsleistung, für den Verbraucher unwirtschaftliche Konsumgüter) und
- den kollektiven Bedürfnissen der Betroffenen andererseits (niedrige Mieten, Bildung mit dem Ziel der Selbstverwirklichung des Menschen, Kommunikation statt Konsumfetischismus) sind der Ansatzpunkt für die Doppelstrategie in der Kommunalpolitik.

Die praktisch erfahrbaren Widersprüche der kapitalistischen Gesellschaftsordnung sind die Ansätze für systemkritisches Bewußtsein. Damit sich Bewußtsein in praktischen Veränderungswillen fortsetzt, genügt es nicht, verbale Aufklärung zu betreiben; es muß die praktische Veränderbarkeit der Verhältnisse erfahrbar gemacht werden. Dieses wird letztlich nur in der Selbstorganisation der jeweils Betroffenen erreicht.«

»Die Wahrnehmung der Interessen der Bevölkerung ist letztlich nur durch die Bevölkerung selbst möglich. Selbstorganisation der Bevölkerung in allen Bereichen ist nicht nur ein Mittel zum Zweck der Systemüberwindung, sie ist zugleich ein wichtiges Element eines zukünftigen demokratischen Sozialismus ... Die Aktivierung und Mobilisierung von abhängig Beschäftigten ist auf Grund der konkreten Widersprüche des kapitalistischen Systems ... möglich. Praktisch geschieht dies durch Aufdeckung, Information, Umfragen, Unterschriftensammlungen, Presseberichte, Demonstrationen und sonstige Aktionen. Die Gruppen sollen das Austragen von Konflikten mit der 'kapitalistischen Umwelt' absichern und nach außen die Artikulierung von Interessen der abhängig Beschäftigten ermöglichen und den Kampf um deren Durchsetzung vorantreiben. Illusionäre Erfolgserwartungen und Resignation können durch den Gruppenprozeß überwunden werden. Praktisch wird diese Phase in Bürgerinitiativen, Aktionsausschüssen, Projektgruppen, Basisgruppen, Wohngemeinschaften, Arbeitskreisen, Mieterräten etc. Damit muß die Politisierung dieser Gruppen stattfinden, die die so artikulierten Interessen der Bevölkerung in die institutionelle Ebene tragen ...«

Die Relevanz von Produktions- oder Reproduktionsbereichen als Strategieansatz ist in pädagogischer Sicht keine Entscheidungsfrage. Verhaltensweisen und Einstellungen werden in der Sozialisation primär im Reproduktionsbereich erworben. Die Qualität dieser Lernprozesse erst ergibt das Veränderungspotential im Produktionsbereich.

Als zweite Übereinstimmung bei der Organisation von Lernsituationen ergibt sich: Pädagogische Praxis dient zur aktiven Reduzierung des Defizits zwischen Ist- und Sollzustand der gesamtgesellschaftlichen Realität, die bestimmt wird von ungleichen, ökonomischen und politischen Positionen. Reproduktionsbereiche sind geeignete Ansatzpunkte für Veränderungsstrategien.

3 Die Funktion der Bildungseinrichtungen im Sozialisationsprozeß

Zuständig für die Einweisung der Individuen in die Gesellschaft und für die Vermittlung von Normen und Perspektiven sind die offiziellen Bildungssituationen wie Kindergarten, Schule, Hochschule. Jede Lernstrategie muß sich in ihrer Aktivität darauf beziehen. Ausgehen kann man dabei von der Feststellung, daß die heutige Schule den Anforderungen der notwendigen Gesellschaftsveränderungen nicht genügt bzw. sie verhindert. Einige Zitate aus der heute in der Pädagogik vielerorts geleisteten Schulkritik sollen dies belegen und die Problematik der Schulorganisation umreißen.

Hartmut von Hentig zitiert eine Definition von Schule und entwickelt daraus Merkmale von Schule[6].

»In dem Buch von Everett Reimer finden sich an zwei weit auseinander liegenden Stellen zwei unterschiedliche Definitionen von Schule:

'Wir definieren Schule als Einrichtungen, die Menschen eines bestimmten Alters zwingen, den größten Teil ihrer Zeit in einem von Lehrern überwachten Unterricht mit dem Studium eines gestuften Pensums zu verbringen.'

'Schulen können aufgefaßt werden als ein Mittel, die Lernmöglichkeiten (resources of learning) zu organisieren. Dies wäre zugleich die beste Weise, Alternativen zur Schule zu beschreiben.'

Die erste Definition scheint mir alle Merkmale aufzuzählen, gegen die Illich und Reimer wichtige und genau formulierte Einwände haben; die letztere gibt eine schlüssige Formel für ihre Ablösung. Die kritisierten Merkmale sind:
- der Monopolcharakter der Schule
- der Zwangscharakter
- die Verkoppelung von Lernvorgängen mit Einstufungen, Bewertungen, Berechtigungen
- die auf den Lehrer konzentrierte Form des Unterrichts
- die Beschränkungen des Lernens auf eine Altersstufe – auf Kindheit und Jugend.«

An dieses Merkmal schließt Hentig eine allgemeine Schulkritik an[7].

›Verhindert die Pädagogik die Schulreform? 11 Thesen‹ Johannes Beck – Hans Jochen Gamm[8].

1 »Die Möglichkeit zeigt sich an: Die Pädagogik verhindert vielleicht die Zukunft, die sie verspricht.
2 Die gegenwärtig anlaufende technokratische Schulreform muß als Veranstaltung zur Stabilisierung der bestehenden Verhältnisse begriffen werden.
3 Technokratischen Überlegungen wäre entgegenzusetzen die Auffassung, daß es nicht darauf ankommt, die Schule für die Anforderungen der spätkapitalistischen Leistungsgesellschaft zuzurichten, sondern sie zu einer der Kräfte zu machen, die die Demokratisierung der Gesellschaft weitertreiben.
4 Die etablierte bürgerliche Pädagogik hat mit der Justiz gemeinsam, daß ihre bisherige Praxis immer auf der Seite der Macht stand, auch wenn die Pädagogen es weder wußten noch wollten.
5 Die traditionelle idealistische Pädagogik lieferte und liefert mit ihrer idyllischen Kulturkritik die ideologische Rechtfertigung des Bestehenden: Wer da voller Tiefsinn vom drohenden Untergang redet, hält doch den Status quo noch für das beste.
6 Die neue analytisch-empirische Pädagogik hat sich als Verdoppelung der schlechten Realität zum Anwalt ihrer Perfektion machen lassen.
7 Die Lehrerbildung bleibt noch hinter der technologischen Pädagogik und der formierten Bildung zurück, die zu durchschauen ihr die Kriterien fehlen.
8 Theorie und Praxis demokratischer Veränderung der Schule und durch die Schule zu entwickeln, ist die Aufgabe emanzipatorisch-dialektisch vorgehender Pädagogik.
9 Kritische Pädagogik darf ihre Forschungsergebnisse nicht blind dem Zugriff der Technokraten ausliefern. Als politische Pädagogik ist sie auch für ihre Folgen verantwortlich.
10 Der Wissenschaftsbegriff emanzipatorischer Pädagogik muß politische Praxis einschließen.

11 Es bleibt festzustellen: Die technokratische Schulreform ist die Fortsetzung der kapitalistischen Herrschaft mit pädagogischen Mitteln. Die technologische Pädagogik verhindert diese Schulreform nicht, aber auch nicht die Zukunft, die sie nicht einmal mehr versprechen kann – dazu ist sie zu häßlich.«[9]

Helmut Kentler: Schule und Sozialpädagogik:

»Warum die Schule, auch die reformierte Schule, die Ganztags- und Gesamtschule, eine für sozialpädagogische Arbeit ungeeignete Institution ist, liegt vor allem an folgendem:
1 Die einzelne Schule besitzt zu wenig Autonomie von den übergeordneten Verwaltungsebenen, um den in der Schule existierenden Gruppen größere Mitbestimmungsrechte einzuräumen und damit eine innere Demokratisierung einzuleiten.
2 Die Fixierung auf das Leistungsprinzip bewirkt, daß Konflikte vorwiegend als Lernbehinderung aufgefaßt werden.
3 Die Isolierung der Schule vom realen Leben der Gesellschaft, die in der Gesamt- und Ganztagsschule durch die Illusion verstärkt wird, in einer Klassengesellschaft seien Schulinseln möglich, für die Klassengegensätze bedeutungslos sind, hat zur Folge, daß das 'Schulleben' an Harmoniemodellen orientiert ist, und daraus resultiert weiter, daß nur kontrastarme, von widersprüchlichen Erfahrungen möglichst freie Lernprozesse organisiert werden.

Entscheidend ist wohl in der gegenwärtigen Situation vor allem der dritte Punkt, wenn man bedenkt, daß Kontrasterfahrungen die notwendige Voraussetzung dafür sind, daß der Wille zu gesellschaftlichen Veränderungen überhaupt entsteht.«[10]

Wem dient die Schule? Karl-Heinz Evers (und andere):

»Neue Strukturmodelle sagen wenig über den Zweck und die Ziele der Bildungsreform aus. Zweck und Ziel könnte ja sein, besser funktionierende Arbeitskräfte zu schulen. Denn die moderne Produktionsweise erfordert hochqualifizierte Arbeitskräfte, die die von Wissenschaft und Technik entwickelten komplizierten Maschinen und anderen Produktionsmittel sachkundig bedienen und pflegen können. Soll dieser Prozeß in Gang gehalten werden, dann müssen die Schulen einen solchen Bedarf 'ausstoßen'. Dadurch würden diejenigen, die die Produktionsmittel besitzen, noch höhere Profite machen, die sie wiederum dazu benutzen würden, noch mehr Kapital und noch mehr Macht in noch weniger Händen zu konzentrieren.«[11]

Die 'Entschulung der Schule' ist für den in der Institution Tätigen die wichtigste Perspektive. Das heißt, die Veränderung seiner beruflichen Alltagsumwelt. Hartmut von Hentig nennt Merkmale einer solchen 'entschulten Schule'[12]:

»Die Wiederherstellung offener und realer (nicht künstlich isolierter) Erfahrung;
- die Wiederherstellung der instrumentellen Funktionen des Wissens;
- die Wiederherstellung des dialektischen Verhältnisses von Wissen und Erfahrung;
- eine Organisation der Lernmöglichkeiten, in der die 'Lehrer' und 'Erzieher' die Funktion von Helfern und Vermittlern haben, ihre Ziele und Mittel selbst und im Konsens bestimmen und dadurch selbst zu Modellen dessen werden, wozu sie erziehen wollen – Modelle lernender, politischer, autonomer Menschen (so daß das 'versteckte Curriculum' dem offen behaupteten nicht widerspricht);
- die Ermittlung der Probleme, die von allen gemeinsam als Frage, Zweifel, Aufgabe erfahren und verstanden werden muß, damit über der erweiterten Pluralität und Indirektheit unseres Lebens die Möglichkeit des gemeinsamen Handelns und der Verständigung nicht verlorengeht.
- Die Herstellung eines breiten Spektrums freier Wahlmöglichkeiten in Ergänzung dieses gemeinsamen Kerns und damit der Möglichkeit einer Kritik des Bildungssystems aus sich selbst heraus;
- die Aufstellung einer Strategie für den Übergang aus der schon geschlossenen und fast totalen Institution zu einem offenen und wahrhaft öffentlichen Kommunikations- und Kooperationssystem.«

Als dritte Übereinstimmung bei der Organisation von Lernsituationen ergibt sich: Die bestehenden Bildungseinrichtungen selbst müssen verändert werden in bezug auf ihre Organisationsstrukturen und die darin vermittelten Inhalte, wenn die zu verändernde gesellschaftliche Situation als Bezugsrahmen für Erziehung gesehen wird.

Zusammenfassung
Die drei hier konstatierten Voraussetzungen beziehen sich auf die Differenzierung der Organisation von Lernsituationen (siehe Teil 2) und der dargestellten Beispiele und Projekte. Erst die tendenzielle Übereinstimmung mit diesen Feststellungen macht die Auseinandersetzung damit und die Versuche eigener Realisierungen sinnvoll. Eine distanzierte, nicht von dieser Einschätzung
- der fremdbestimmten Rolle des Pädagogen in den Institutionen,
- der ökonomischen und politischen Ungleichheit in der bestehenden Gesellschaft,
- der bestehenden Schule als pädagogischer Verhinderung von notwendigen Veränderungen
ausgehende Haltung verhindert eine entsprechende Praxis. Die Realisierung von Handlungsansätzen auch bei scheinbar problemlosen Projekten braucht diese Perspektive, schon um Qualifikationsmerkmale zu haben, die von der augenblicklichen Wirklichkeit (z. B. Schulalltag) auf übergeordnete Strukturen verweisen.

3 Politische und existentielle Folgerungen für den Einzelnen

Daß damit eine, wenn auch nicht explizite Definition der Zielgruppe, die über Interesse und Qualifikation verfügt, wünschenswerte Lernsituationen zu organisieren, gegeben ist, ist klar. Eine weitere Konsequenz ist ein pädagogisches Selbstverständnis, das sich grundsätzlich vom traditionellen und verordneten Berufsbild des Erziehers unterscheidet.

»Parteinahme vollzieht sich in zwei Schritten: im Bewußtmachen der nicht durch Anlage, sondern sozial bedingten unterschiedlichen Ausstattung der Schülerrolle und im Bereitstellen eines Instruments, mit dem der Kampf gegen die undemokratischen Strukturen aufgenommen werden kann, die solche Verhinderungen verursachen. Wenn der Erzieher diese politische Sicht akzeptiert, dann ist sie in die altersmäßig bedingten Vorstellungsmöglichkeiten der Schüler zu übersetzen. Deren Emanzipation zu unterstützen, gehört im Bereich pädagogischer Konzeptionen heute freilich noch zu den am wenigsten geklärten Aufgaben. Das Verhältnis von Theorie der Emanzipation zu ihrer pädagogischen Praxis dokumentiert das auf weite Strecken ungeklärte Theorie-Praxis-Problem der Erziehung überhaupt, das die bürgerliche Pädagogik mit erzieherischen 'Leitbildern' oder normativen Vorgaben zu lösen versucht, obwohl sich die gesellschaftlichen Diskrepanzen damit nicht fortzaubern lassen.

Die Übernahme des Bildungsprinzips 'Parteilichkeit' durch die Pädagogen setzt der bisherigen Neutralität dieser Gruppe ein Ende...«

»Der Verzicht auf Neutralität wird den Pädagogen endgültig aus der fatalen Anlehnung an die kapitalistischen Werte der Staatsideologie entlassen. Er kann dann nicht mehr als der Zeremonienmeister getarnter ökonomischer Wünsche mißbraucht werden, sondern nimmt das Recht jedes Bürgers für sich in Anspruch, seine berufliche Funktion auch politisch zu verstehen und zu nutzen. Der Staat ist eben keineswegs neutral, sondern hat im Kapitalismus eine dienende Rolle für die herrschenden Kräfte zu spielen...

Parteilichkeit wird zum Bildungsprinzip, weil nur mittels Parteinahme für die Beseitigung des fundamentalen Unrechts des kapitalistischen Systems auch erst Erkenntnis der inhumanen Bedingungen selbst entsteht. Parteinahme ist radikale Behauptung eines richtenden Standorts, von dem aus es nicht länger möglich ist, die Verhältnisse zu tolerieren, nur weil sie bestehen und weil etwa 'der' Sozialismus in seiner realen Gestalt sich noch nicht hinlänglich als Alternative habe profilieren können. Der richtende Standpunkt denunziert vielmehr die lediglich aus organisatorischen und pragmatischen Erwägungen noch behaupteten Sicherheiten des kapitalistischen Systems und erschließt die Erkenntnis, daß die Gesellschaft als kostbare Summe und kollektive Gestalt humaner Bedürfnisse es nicht dulden kann, Unzählige um ihre fundamentale Verwirklichung betrogen und zur Entfremdung verurteilt zu sehen.«[13]

Die Politisierung des pädagogischen Selbstverständnisses ist durch das Berufsverbot (Frankenthaler Beschlüsse der Kultusministerkonferenz) aktualisiert worden und hat damit eine existentielle Dimension erhalten. Der linke Lehrer lebt gefährlich:

»Und links ist ein politischer Erzieher in dem Augenblick, wo er die Interessenspositionen der benachteiligten großen Mehrheit im Rahmen des Spielraums des Grundgesetzes aktiv unterstützt oder zumindest tolerant zum Zuge kommen läßt. Dies kann er nämlich nicht, ohne den (tatsächlichen oder vermeintlichen) Interessenspositionen derjenigen zu widersprechen, denen ja gerade Macht und Einfluß abgerungen werden soll. Und dieser Konflikt kann sich innerhalb der sozialen Zusammensetzung der Schulklasse selbst abspielen.

Genau dies ist der Punkt, wo 'linke' Lehrer der Schulbürokratie und darüber hinaus den ökonomisch-politisch bevorteilten Interessengruppen unbequem werden. Diese haben bisher nämlich streng darauf geachtet, daß die Schule 'politisch exterritorial' blieb, und sie haben dies pädagogisch begründet: Es sei der jugendlichen Entwicklung schädlich, wenn die Schule zum Tummelplatz politischer Auseinandersetzung würde, und zudem sei Politik sowieso eine Sache der Erwachsenen. Dahinter stand aber immer die Erkenntnis, daß diese Art von Neutralität letzten Endes dem 'Establishment' zugute kommen würde, zumindest dem Status quo der Machtverteilung nicht entgegenwirke.

Alle Lehrpläne und die allermeisten Schulbücher gehen deshalb von der Fiktion aus, die Schüler seien alle 'gleiche Staatsbürger' — was sie zwar in einem formal-rechtlichen Sinne, nicht aber im sozio-ökonomischen Sinne sind. Der 'linke' Lehrer wird nun nicht etwa deshalb verfolgt, weil er das Grundgesetz verletzt, sondern umgekehrt gerade deshalb, weil er es den Interessen der großen Mehrheit nutzbar machen will. 'Grundgesetzwidrig' handeln also nicht die fraglichen Lehrer, sondern die Schulbürokratien selbst, indem sie verhindern wollen, daß die Benachteiligten durch politisches Lernen zur Ausnutzung der ihnen vom Grundgesetz ermöglichten Chancen gelangen.«[14]

Parteiliches, politisches Interesse bestimmt die Organisation von Lernsituationen und taktischen Maßnahmen in der Institution. Das außerhalb der Institutionen liegende und von deren Intentionen abweichende Interesse qualifiziert zudem außerschulische Bereiche als Ansatzpunkte für Lernstrategien, die ihrerseits wieder in die Institutionen wirken.

Von diesem Selbstverständnis aus stellen sich für den einzelnen entsprechend seiner Bindungen und Bedingungen die Probleme verschieden. Durch die Beantwortung eines Fragenkatalogs kann der einzelne für sich selbst vielleicht seine Situation ansatzweise klären, seinen Spielraum und seine Handlungsfähigkeit. – Beispiel Lehrer[15]:

»Zur Funktion des Lehrers:

– Wie bringt die Schule den Lehrer dazu, immer wieder etwas zu lehren, was inhaltlich von denen, die es lehren, und von denen, die es lernen (sollen), gar nicht diskutiert wird?
– Sollte sich der Lehrer als Organisator von entpersönlichten, enthistorisierten Lernprozessen verstehen als Didaktikingenieur und Motivationsstratege oder als Identifikationsmuster?

- Wie muß ein angehender Lehrer ausgebildet werden, um normative Handlungsmuster zu erkennen?
- Wie muß ein angehender Lehrer ausgebildet werden, um sich Kriterien zu verschaffen, an Hand derer er die normativen Handlungsmuster beurteilen und eventuell in sie verändernd eingreifen kann?
- Hat der Lehrer die Möglichkeit, trotz der sicher auch sehr gegensätzlichen Erwartungen, sein Verhalten einigermaßen selbst zu bestimmen, oder ist dieses von Zwängen determiniert?
- Welchen Handlungsspielraum hat der Lehrer? Was kann in der Schule getan werden, wenn nicht einfach angepaßt werden soll?
- Welche weiteren Rollenerwartungen werden an den Lehrer noch gestellt?
- Wie wird der Lehrer durch das Schulrecht reguliert?
- Die Bestrebungen nach einer Reform des Schulwesens sind politischer Natur. Wieweit ist es auf der Basis von Eigeninitiative wünschenswert und möglich, dieses Ziel anzustreben (ohne vom Dienst enthoben zu werden)?«

4 Alternativen und Gegenschulmodelle

Diese Alternativen beziehen sich generell auf alle Lernbereiche, sind aber im Bereich Schule von besonderer Bedeutung, da die Schule eine Leitfunktion in Sachen Lernen ausübt. Es soll hier nur konstatiert werden, daß es Modelle und Ansätze zu Schulalternativen gibt, teilweise mit Tradition und unter allgemeiner Anerkennung. Die Beschäftigung mit neuen Formen der Organisation von Lernsituationen bewegt sich nicht im luftleeren Raum, sondern ist vor dem Hintergrund dieser Gegenschulmodelle zu sehen. Daß es dabei nicht um ein Entweder–Oder gehen kann, sondern um die Frage, inwieweit und mittels welcher Maßnahmen die bestehende Schulstruktur in Richtung auf die prinzipiellen Merkmale der Gegenschulmodelle verändert werden kann, muß vorausgesetzt werden. Bei der Beurteilung der Schulalternativen ist ihr pragmatischer erfahrungsorientierter Ansatz entscheidend und liefert Handlungsansätze: Daß nämlich nicht die theoretische Vorabklärung und in sich konsequente Konstruktion von neuen Schulmodellen zur Realisierung geführt haben, sondern der tätige, sich ausweitende Prozeß der konkreten Realisierung. Das bedeutet eben auch die Auseinandersetzung mit Bürokratien, politischen Pressionen, Schulalltag. Als komplexe Projekte integrieren Gegenschulmodelle ihre Inhalte und ihre Methoden ineinander und beziehen sich auf die realen Umweltbereiche der Lerngruppen, die sie als Lernräume organisieren unter Einbeziehung ihrer eigenen Strukturen und Bedingungen.

Informationen über die bekannten Gegenschulmodelle können verschiedenen Veröffentlichungen entnommen werden, deshalb soll hier auf eine detaillierte Darstellung verzichtet werden. Genaueres über Schulalternativen allgemein ist nachzulesen bei

Hartmut von Hentig, der sich ausführlich mit dem Problem der Gegenschulen befaßt und dabei folgende Ansätze aufführt[16]:

1 »Das Kinder-Kollektiv als Alternative für die herkömmliche Trennung von Familie und Schule, von 'Erziehung' und 'Bildung plus Ausbildung' – nach dem Muster des Kibbuz.
2 Schülerschulen als Alternative für die Trennung von Lehren und Lernen, d. h. für die Einteilung in hier berufliche Lehrer, die ausschließlich das eine, und da 'berufliche' Schüler, die zwangsweise und ausschließlich das andere tun – nach den Anregungen von Barbiana.
3 Schulen aufgrund privater Vereinigungen von Eltern als Alternative zur inhaltlich genormten öffentlichen Schule – nach dem Muster geeigneter amerikanischer, dänischer, englischer free schools, also etwa nach dem der Children's Community Workshop School in New York von Anita Moses.
4 Die politische Selbst-Bildung von Erwachsenen als Alternative zur Pflichtschule für Kinder, in der diese auf die vorgegebenen und vorgeschriebenen, nicht selbstgewählten Kultur-Mittel eingelassen werden – nach dem Prinzip (wenn schon nicht Muster) der chinesischen Parteiversammlungen, der 'Schreib- und Lesekurse' von Paulo Freire, der Kulturtheorie von Margaret Mead.
5 Verschiedene Anrechts-Systeme (entitlements schemes), der voucher oder Bildungsgutschein und die learning opportunity bank als Alternativen zum staatlichen Monopol auf Auswahl, Anordnung und Einrichtung von Lerngelegenheiten und zu ihrer Konzentration auf bestimmte Lebensabschnitte – nach den Vorstellungen von Christopher Jencks.
6 Ein System von Vermittlungsdiensten als Alternative zur monopolisierten obligatorischen, lehrerorientierten, mit Berechtigungen verknüpften Kinder- und Jugendschule nach dem Muster der Four Networks von Ivan Illich und Everett Reimer.
7 Kleine spontane Lernsymbiosen bis zum 12. Lebensjahr und individuelle Lehrlingsverhältnisse auf allen Gebieten für die folgenden Lebensjahre als Alternative zur institutionalisierten, rationalisierten, schulmäßigen Unterweisung – nach dem anarchistischen Modell von Paul Goodman und der First Street School von George Dennison.
8 Die Entschulung der Schule als Alternative sowohl zur Verschulung wie zur Entschulung der Gesellschaft und die allmähliche Herstellung einer erziehlichen Gesellschaft, eines environment to grow up in – nach meinen Vorstellungen.«

Was Gegenschulmodelle in der gegenwärtigen Situation leisten können und sollen, beschreibt Jürgen Zinnecker[17]:

»Welchen gesellschaftlichen Sinn hat die Konstruktion von schulischen Gegenmodellen, wenn man den naiven Standpunkt des Utopisten verläßt? Sicher ist: Ihnen kommt keine revolutionäre Funktion zu. Sie bleiben im Kapitalismus vereinzelte Versuche und gefährden das bestehende Schulsystem nicht direkt. Ihre Möglichkeiten liegen in der kritischen Aufklärung über die Beschränktheit der herrschenden Praxis.

Diese kritische Rolle können sie aber nur übernehmen, wenn sie nicht im Scheinradikalismus verlaufen, der auf die Verbesserung von Nebensächlichkeiten abzielt. Die Gegenmodelle müssen vielmehr aus der Verneinung konstitutiver Elemente des herrschenden Schulsystems abgeleitet sein. Zu den Merkmalen nichtkonformer Gegenmodelle gehört demnach:

1 Sie stellen einen Beitrag zur Entschulung des Lernens dar. Sie durchbrechen die vorherrschende Praxis, der Schule das Lehr- und Lernmonopol zuzuschanzen und dem Kapitalismus dadurch die Legitimierung zu verschaffen, die übrigen sozialen Institutionen ihrer Qualifikation als gesellschaftliche Lernfelder zu entkleiden.
Ein Beispiel hierfür liefern die Überlegungen von Ivan Illich, die ökonomische, technische und soziale Umwelt zu reorganisieren: Sie durchschaubar, allen Interessierten zugänglich und ihre Bewältigung schnell erlernbar zu machen.

2 Sie befreien das schulische Lernfeld und die in ihm Handelnden aus der gesellschaftlichen Isolierung und integrieren sie tendenziell in die gesellschaftlichen Handlungsfelder.
Der rein verbale Unterricht wird durch Formen sittlicher Erfahrung von Gesellschaft ergänzt; neben die Schulklasse als bevorzugten Ort des Lernens treten die Fabrik, der Gerichtssaal, die Familie, die Straße.

3 Sie proben die Selbstorganisierung der Lernenden und zerstören die Formen bürokratischer Organisierung von Lernen.
Die abstrakten Lehrinhalte werden von Lernprojekten abgelöst, die sich an den konkreten Bedürfnissen und der konkreten Lage der Lernenden ausrichten. Die abstrakte Disziplinierung durch verwaltungsmäßig fixierte Erwachsenenautoritäten wird durch selbstbestimmte Formen der Assoziierung abgelöst.

4 Sie heben die Schülerrolle als Altersrolle und die Schule als triebeinschränkende Instanz für Heranwachsende auf.
Die Rollen der Lehrenden und Lernenden sind nicht an zugeschriebenen Statuskategorien festgemacht. Die individuelle Gleichzeitigkeit der Rollen ist der Regelfall.

Ihre letzte Rechtfertigung erfahren schulische Gegenmodelle daraus, daß sie an einem gesellschaftlichen Lernbegriff festhalten, der von den Interessen kapitalistischer Klassenherrschaft zugeschüttet zu werden droht. Der herrschaftsabhängige Lernbegriff definiert Lernen als individuellen Vorgang: Der einzelne lernt, sich in den gegebenen Verhältnissen manipulativ zu behaupten. Der revolutionäre Begriff von Lernen zielt dagegen auf dessen kollektiven Charakter. Lernen bleibt der Möglichkeit gemeinsamen gesellschaftsverändernden Handelns einer Klasse oder einer Gesellschaft verpflichtet. In der Notwendigkeit, das Lernpotential der Masse der Lohnabhängigen zu unterdrücken oder als Schullernen zu kanalisieren, erweist sich der Klassencharakter und die Inhumanität der kapitalistischen Gesellschaft.«

Fortschrittliche Unterrichtsmodelle und Projekte versuchen im Rahmen der bestehenden Schulorganisation heute vielfach, wenigstens teilweise alternative Unterrichtsformen zu verwirklichen. Aber immer wieder stellt sich das Problem der Struktur der Lernsituation selbst als Verhinderung dieser Absichten, da meist die Veränderung nur fortschrittliche Inhalte unter Beibehaltung traditioneller Lernsituationen betrifft. Kriterien für die Qualität von neuen Modellen und Projekten müßten immer entsprechend der – in den meisten Fällen natürlich nur ansatzweisen und vielleicht auch subversiven – Veränderung der Lernsituation selbst abhängen. Das bedeutet aber konkret die Tendenz der Entschulung, der Koppelung der Schule an die Realitäten, Konflikte, Perspektiven der gesellschaftlichen Entwicklung nicht nur durch Inhalte, Zitate, Theorien, sondern vor allem durch Organisationsstrukturen und relevante Lernräume mit Handlungs- und Veränderungsmöglichkeiten.

5 Exkurs: Tendenz und Technik

Das Begriffspaar Tendenz und Technik geht zurück auf Walter Benjamins Aufsatz ›Der Autor als Produzent‹[18] und wurde durch Klaus Matthies[19] als »kategoriale Dynamik« und Verflüssigung starrer und blockierender Begrifflichkeit in die Theorie der Kunstdidaktik eingebracht. Diese begrifflichen Ansätze können außer auf ästhetische auch auf andere Lernsituationen angewendet werden und dienen dann als Transfer- und Vermittlungshilfen.

Matthies verarbeitet die Benjaminschen Gedanken zu zwanzig Thesen, in denen er die »kategoriale Kompetenz« von Tendenz und Technik darlegt und ihnen eine ambivalente Dynamik zuschreibt: »Sie weisen der Kunst bzw. der ästhetischen Produktion und Reflexion im Vermittlungsprozeß (z. B. in der ästhetischen Erziehung) eine progressive Funktion zu, an der bestehende Produkte wie auch zukünftige Hervorbringungen orientiert werden können, und sie zeigen eine Perspektive der Regeneration des gesellschaftlichen Lebens, in der der Mensch mit dem Verlust seiner individualistisch verstandenen Identität versöhnt werden kann.« Er versteht sie dabei als sich wechselseitig bedingende Funktionen »in einem als notwendig erkannten Veränderungsprozeß, in dem ästhetische Produktion zum gesellschaftlichen Fortschritt beiträgt und die Aufgabe der gesellschaftlichen Erneuerung in ihrer spezifischen Auslegung den Fortbestand ästhetischer Praxis notwendig macht und legitimiert«.

Bezogen auf die eigene Praxis bedeutet dies, sie weist eine Tendenz auf und ist daran zu messen. Diese Tendenz als Grundlage einer pädagogischen Praxis ist notwendig eine politische, da jede Erziehung, gleichgültig wie sie sich begreift, die Vergesellschaftung des Individuums beinhaltet und damit seine soziale Bestimmung. Diese politische Tendenz schließt notwendig eine ästhetische Tendenz ein, die sich als sozialästhetische Praxis darstellt.

Die Tendenz bestimmt sich aufgrund psychologischer und soziologischer Kategorien als den entsprechenden Determinanten jeglicher sozialen Existenz. Die Tendenz sozialästhetischer Praxis realisiert sich durch Technik. Diese wird bestimmt durch das in ihr zur Geltung gebrachte Prinzip. Es geht also nicht darum, fixierte und nachvollziehbare

Modelle zu entwickeln, sondern um die jeweils richtige Tendenz und Technik in der realen Situation. Diese sind als dynamische Größen aufzufassen und orientieren sich an den Produktions- und Reproduktionsverhältnissen unserer Gesellschaft. Eine entscheidende Kategorie ist dabei das Problem der Distribution, d. h., inwieweit werden alle Gesellschaftsmitglieder an der Produktion und Verteilung geistiger wie materieller Erzeugnisse beteiligt, die ja ihre gesellschaftliche Lage definieren.

Die Tendenz unserer sozialästhetischen Praxis muß also dahin gehen, die Unterscheidung zwischen Produzent und Rezipient aufzuheben – und damit Wissen als Herrschaftsmittel bzw. Sanktionsmedium (vgl. Teil 2, 10 – Selbsterfahrung und Rolle) untauglich zu machen, indem nicht nur die Inhalte ästhetischer Produktion und Reflexion verändert werden, sondern vor allem die Vermittlungsweisen (Technik), in denen jeweils unmittelbar die Interessen der Lernenden zur Geltung gebracht werden können. Dadurch werden die Rezipienten zu Sachverständigen und erlangen potentiell Zugang zur Produktion.

»Allerdings würde dem im großen nur ein verändertes System der Ausbildung entsprechen können, in dessen Zentrum eine polytechnische Ausbildung stünde, die die Praxis in den Arbeitsprozeß einbezieht« (K. Matthies). Das Musterbeispiel für die soziale Ohnmacht eines kritischen Intellektuellen stellt die Frankfurter Schule in Th. W. Adorno, der diese letztlich kompensiert in der zum Selbstzweck gewordenen Ästhetisierung der Vermittlung seiner geistigen Existenz. Er beliefert selbst noch in seiner kritischen Analyse den Produktionsapparat, ohne diesen zu verändern.

»Damit ergibt sich die konkrete Aufgabe, nicht mehr vorrangig auf individuelle Erlebnisse zu rekurrieren und den individuellen Werkcharakter zu betonen, sondern auf die Umgestaltung von Institutionen einzuwirken« (K. Matthies). Die richtige Tendenz kann sich nur ableiten von den zur Verfügung gestellten Techniken für die Individuen zur Bestimmung der Institutionen gemäß ihren eigenen Interessen, d. h. als Medien zur Selbstbestimmung der Individuen (während sie heute als bürokratische Herrschaftsmittel gegen diese eingesetzt werden). Die Vermittlungsweisen von Lernprozessen, die angewandten Techniken müssen also eine »organisierende Funktion« haben, d. h., sie müssen »aus Konsumenten Mitwirkende zu machen imstande sein« (K. Matthies). Die Mitglieder einer Lerngruppe müssen an der Organisation des Lernprozesses beteiligt sein, das bedeutet im weitesten Sinne, daß sie ihre gesellschaftliche Existenz in eigene Regie nehmen.

»Je vollkommener der Produzent und in der Folge seine Produktion auf diese Aufgabe ihre Aktivität ausrichten, desto richtiger die Tendenz, desto höher notwendigerweise auch die technische Qualität der Arbeit.« Die Qualität der Arbeit wird also nicht an abstrakten Wertvorstellungen gemessen, sondern bestimmt sich aus dem gesellschaftlichen Zusammenhang, in dem die Arbeit steht, und ihren strukturellen Bedingungen.

Um es anschaulich zu machen: Das Olympiazeltdach in München ist nach abstrakten ästhetischen Wertvorstellungen als hervorragende Leistung klassifiziert; in gesellschaftliche Zusammenhänge gestellt, muß dies stark relativiert werden, betrachtet man z. B.

die Bildungs- und Krankenhausmisere, die Wohnraumnot und den Mangel an sozialen Einrichtungen usw., richtet sich der Blick nicht allein aufs Partikulare (dem immer Ideologisches eignet), so erhält die Ästhetik solcher architektonischer Leistungen den Charakter von Verschleierung: Auf ihrer Folie wird die manipulative Identifikation des einzelnen mit dem ihm entfremdeten Gesamten gesellschaftlicher Verhältnisse bewerkstelligt. Erst in diesem Kontext wird eine Beurteilung sinnvoll, aber in einer Gesellschaft, die ihr Bezugssystem im Hinblick auf die unterschiedliche Verteilung von Glück und Nutzen ein für alle Male fixiert hat, ist eine solche Betrachtungsweise selbstverständlich unzulässig und wird nicht akzeptiert.

Tendenz und Technik können grundlegende Orientierungsmuster sein, an denen auszuweisen ist, in wessen Interesse und für wen der Pädagoge seine Arbeit betreibt. Wer behauptet, es gäbe keine Alternativen, benützt sein Informationsdefizit, um sich stillschweigend auf die Seite herrschender Interessen zu schlagen und geht damit allen Schwierigkeiten aus dem Wege. Seine Tendenz gilt ihm unbesehen als richtige und braucht nicht auf ihre Qualität hin untersucht zu werden: Das ist auch eine Form von Technik – die allerdings nicht den von Benjamin, bzw. Matthies aufgestellten Qualifikationen entspricht.

Teil 2   Die Lernsituation und ihre Faktoren

Die für wünschenswerte Lernsituationen und Lernprozesse als konstitutiv angeführten Faktoren zeigen, daß es sich dabei
- nicht um begriffliche Innovationen handelt, sondern um Begriffe, die in der aktuellen Diskussion in verschiedenen Kategorien und Bezugssystemen auftauchen,
- nicht um einen Versuch zu einer Didaktik handelt, die für sich beansprucht, ein neues, in sich konsequentes Lehr-Lernsystem darzustellen,
- nicht um einen Systematisierungsversuch handelt, der das Leitmotiv Lernsituation widerspruchsfrei operationalisieren will und damit die antagonistischen Realitätsstrukturen, in denen Lernsituationen organisiert werden müssen, wenigstens im Überbau harmonisieren möchte. Damit ginge der entscheidende Ansatzpunkt, die Übereinstimmung eines auf Wirkung angelegten Konzepts mit der Realität, in der die Wirkung erzielt werden soll, durch den Rückzug ins Begrifflich-Stimmige, verloren.

Die Faktoren für wünschenswerte Lernsituationen haben sich in einem Prozeß mit folgenden Merkmalen herauskristallisiert:
- Die Reflexion über verschiedene realisierte Lernsituationen und Projekte der eigenen Praxis zeigt Übereinstimmungen und Tendenzen auf, die jeweils Impulse und positive Wirkung für den in der Lernsituation ablaufenden Prozeß bedeuteten.
- Die so entstandenen Faktoren, die sich am Interesse der Lerngruppe in den verschiedenen Lernprozessen qualifiziert haben, geben den Rahmen eines pädagogischen Trends ab.
- Die einzelnen Faktoren werden nicht wertneutral gesehen, sondern in ihrer Brauchbarkeit und ihrer Funktion als Klärungsvehikel für die Qualität und die Tendenz einer Lernsituation.
- Die Differenzierung der Faktoren hat mehr den Charakter von Empfehlungen und Argumentationshilfen als von konsequenter Theoriebildung und kategorialer Zuordnung, um dem Leser eine Sehweise von Lernsituation zu vermitteln und ihn zur Schaffung von Lernsituationen zu motivieren, indem Theorie und Überbauziele mit Realräumen und Praxisfeldern verbunden werden.
- Da die einzelnen Faktoren sich auf die Lernsituation als Rahmen zielgerichteter Lern-

prozesse beziehen, sind sie primär auf die Konstituierung dieser Lernsituation ausgerichtet. Deshalb liegen diese Faktoren nicht auf einer begrifflichen Ebene. Sie haben verschiedenen Stellenwert und Abhängigkeit in ihrem Bezug zueinander.

Es geht im Folgenden also nicht um die systematische Differenzierung des Begriffs Lernsituation: Es wäre ein inkonsequenter Versuch, durch eine sich durch sich selbst rechtfertigende Theorie die Relevanz einer eigenen konkreten Praxis nachzuweisen – wobei diese Verfahrensweisen auf dem Markte pädagogischer Innovationen und neuer Didaktiken üblich sind (und vielleicht deshalb die pädagogische Theorienbildung die Bedingungen ihrer eigenen Praxis und Produktionsweisen nie ernsthaft selbst bestimmen konnte und ihre Vertreter in der Auseinandersetzung mit dem realen Interesse von Funktionsträgern und Praktikern in der Regel unterliegen, jedenfalls was die Effektivität von Veränderung im Realraum betrifft).

Praxis, durch Projektbeispiele veranschaulicht, legitimiert sich durch ihren faktischen Prozeß, aus dem sich die Tendenz der Aktivität ablesen läßt, und ihre Theorie ist eine Funktion dieses Prozesses: Im Rahmen des Mediums Buch werden Aussagen gemacht, die in Form von reflektierter Praxis, von in reale Prozesse integrierter Theorienbildung über Bedingungen und Realisierungsmöglichkeiten einer bestimmten Praxis (Bereitstellung von Lernsituationen) informieren.

Entsprechend dieser pragmatischen Tendenz von Theorie ergibt sich die begriffliche Differenzierung von Lernsituationen im Nachdenken über die Bedingungen und Konstruktionen, unter denen die eigene Praxis möglich war. Dabei finden sich, gerade wenn man vergleichende Erfahrungen einerseits über eigene angepaßte Praxis als Funktionsträger einer Institution und andererseits über eigene progressive Praxis mit relativer Autonomie in freigewählten Lernsituationen hat, eine Reihe von Faktoren, die die Qualität einer Lernsituation ausmachen.

Erst eine alternierende Praxis und erst die Erfahrung verschiedener Lernsituationen, z. B. im normierten Schulsystem und in einem autonomen Lernprozeß einer Lerngruppe ist wahrscheinlich Voraussetzung, die Bedingtheit von Lernsituationen zu erkennen. Notwendig ist ja, daß sich der Betroffene (z. B. Lehrer oder Schüler) selbst als Bedingungsgröße begreifen muß. Jahraus, jahrein in Lehrer- oder Schülerrolle einen im Prinzip immer gleichen ritualisierten Unterricht zu erfahren, vermittelt den Eindruck, daß Lernsituation etwas Starres, Unveränderbares sei, daß man selbst als Faktor dieser Lernsituation eine unveränderliche Größe sei, bzw. zu sein habe, daß man sich einem scheinbar in sich logischen Mechanismus von Vermittlung unterordnen müsse.

Die Auflösung dieses sich selbst ständig fortsetzenden Mechanismus von zuerst 'Vermitteltbekommen' und dann 'Weitervermitteln', diese Rollenteilung zu Gunsten von Statik und Angst vor Veränderung ist ein Teil der Praxis wünschenswerter Lernsituationen, bezogen auf das konkrete Feld.

Eine Lernsituation, die
– eigene Dynamik entwickelt

– auf Realität gerichtet ist
– im Lernprozeß Reagieren in Agieren umwandelt und dies auch als Lerninhalt/Lernziel begreift

konstituiert sich deshalb als *Projekt*
und definiert ihre Verfahrensweise als *Aktion*

1 Projekt und Aktion

Projekt beinhaltet den konkreten Bereich und die eingeschlagene Richtung einer Lernsituation.

Der *Bereich* ist der Ausschnitt der Realität, in dem sich der Lernprozeß vollzieht, d. h., ein Projekt geht von Realität, von konkreten Umweltsituationen aus. Erkenntnisse und Handlungsansätze, die im Projekt entstehen, müssen auf diese Realität zu 'projizieren' sein. Das Projekt muß faktische Auswirkung auf den betroffenen Bereich haben – wobei es allerdings nicht darum geht, daß die anfänglichen Zielsetzungen erfüllt werden müssen bzw. daß die Qualität des Projekts sich daran erweist, daß der angezielte Bereich, die bearbeitete Realität im Sinne des Projekts umstrukturiert werden konnten. Diese Idealforderung als Anspruch und Legitimation an Projekte zu stellen, würde bedeuten, den Lernprozeß, der durch die Auseinandersetzung mit der Realität im Rahmen des Projekts durchlaufen wurde, zu negieren. Die durch Projekte möglichen Veränderungen in realen Lebenssituationen wie Schule, Ausbildung, Freizeit, Medien usw. können nur Vorgriffe von Veränderung bzw. Veränderungsansätze sein, die allerdings in der betreffenden realen Situation weitere realistische Veränderungsschritte ermöglichen und der Lerngruppe neue Aspekte und Handlungsansätze vermitteln.

Die *Richtung*, die die Aktivität im betroffenen Bereich qualifiziert, ergibt sich aus der Einschätzung der eigenen Möglichkeiten und dem an weitergehenden Zielvorstellungen festgemachten Interesse der Lerngruppe. Ihre Funktionen sind Strategie und Taktik, nicht als einmal fixierte Handlungsabfolge, sondern als Maßstab für mehr oder weniger effektive Aktivitäten – immer in bezug auf die Bedingungen und Abhängigkeiten der Lerngruppe und des Bereichs. Lernsituationen in Projektform haben immer einen bildungspolitischen Stellenwert. So läßt sich eine Richtung qualifizieren und legitimieren sowohl in bezug auf die für den Projektbereich möglichen und notwendigen Veränderungen (Beispiel Schule: Abbau von hierarchischen Strukturen im wahrnehmbaren Realraum der Lerngruppe) als auch in bezug auf den gesellschaftlichen Hintergrund, der für die vorhandenen Strukturen verantwortlich ist (Beispiel Schule: Verlagerung politischer und ökonomischer Machtpotentiale von konservativen Verwaltungseliten zu fortschrittlichen, demokratisch legitimierten Gremien aus Beteiligten und Betroffenen). Richtung als Merkmal von Projekt heißt auch: Nicht das Erreichen eines 'Klassenziels', das am Beginn des Projekts ohne die im Verlauf des Projekts möglichen Informationen und Erfahrungen fixiert wurde, ist entscheidende Leistung der Lerngruppe, sondern a. die Verstärkung von Handlungsmotivationen und Interessen im Sinne der eingeschlagenen Richtung, b. die Vermittlung von Verhaltensweisen und Handlungsansätzen innerhalb der Lerngruppe, die die Richtung unterstützen, und c. die Auswirkung der eigenen Aktivität im realen Bereich in Übereinstimmung mit der Richtung.

Das Projekt selbst gibt Auskunft über die gesellschaftliche Relevanz der Richtung, die in den Verfahrensweisen selbst sichtbar werden muß. Beispiel Schule, Zielsetzung Abbau hierarchischer Strukturen: Die Projektgruppe selbst muß in ihrem eigenen Lernprozeß diese Strukturen so weit abgebaut haben, wie es im Rahmen ihrer Kompetenz, d. h. auch in dem von ihr beanspruchten Freiraum möglich ist. Die Richtung wiederum qualifiziert Projekte. Beispiel Schule: Für die Richtung Abbau hierarchischer Strukturen eignet sich folgendes Projekt bestimmt nicht: Schüler übernehmen Lehrerfunktionen bei der Aufsicht während der Pause und organisieren die Zeitpläne dafür selbst.

In der gegenwärtigen Didaktikdiskussion wird der Projektbegriff verschieden gebraucht, vgl. dazu ›Kunst und Unterricht‹, Heft 14/71, S. 38/39:

»a Zusammenfassung einiger Merkmale von Projekt (bezogen auf Schule)
Projekte sind ihrer Struktur und Zielsetzung nach:
– überfachlich (mit Bezug auf die Schulorganisation)
– interdisziplinär (mit Bezug auf die inhaltliche Struktur und die für Problemlösung relevanten Disziplinen)
– an Zielsetzungen orientiert, die außerhalb der engeren Lernsituation (z. B. Schule) liegen oder die die konventionelle Lernsituation verändern.
Projekte sind in ihrer Organisationsform gekennzeichnet durch:
– kooperative Arbeitsformen zwischen den prinzipiell gleichberechtigten, mit unterschiedlichen Sachkompetenzen ausgestatteten Mitgliedern der Lerngruppe
– gemeinsame Planung, Durchführung und Auswertung innerhalb der Lerngruppe
– Bezugnahme auf Realsituation (Praxis)«

»b Projekt heißt, bezogen auf Hochschule: Entwurf, Vor-wurf, Vorentwurf; allgemein gefaßt besagt Projekt: sich selbst entwerfen in der Strukturierung von Sachen. Ein Projekt ist demnach ein Versuch, Lernprozesse und Produktionsprozesse zu integrieren.

Allgemeine Bestimmung des Projektbegriffs
1 Die Fragestellung eines Projekts muß bezogen sein auf die zukünftige Berufspraxis der Studenten, hier also der Lehrer.
2 Das Projekt muß von einer relevanten gesellschaftlichen Problemstellung ausgehen und von ihr her seine Legitimierung beziehen.
3 Das Projekt muß fächerübergreifend (fokushaft integrierend) und methodenpluralistisch angelegt sein.«

Das erste Zitat geht von der Lernsituation Schule, das zweite von der Lernsituation Hochschule aus.

Dem Begriff 'Projekt' gegenübergestellt ist der Begriff Lehrgang, dessen Merkmale im Projekt nicht auftauchen dürfen – bzw. eine negative Abgrenzung bedeuten.
»Zusammenfassung einiger Merkmale von Lehrgängen:
Lehrgänge
– isolieren Sachverhalte aus realen Zusammenhängen
– zerlegen Sachverhalte (im Rahmen unterschiedlicher Modelle und Orientierungen, vgl. oben) in faßliche Teileinheiten
– enthalten Vorentscheidungen der Lehrenden«

Projekte beanspruchen Autonomie und eine enge Verknüpfung von Lernprozeß, Organisation der Vermittlung und dem angezielten Ausschnitt an Realität. Damit ist in jedem Projekt, das im Rahmen etablierter Lern- und Lehrsituationen organisiert wird, ein potentieller Konflikt enthalten: Sollen zugunsten des Projekts die institutionellen Strukturen unterlaufen, überspielt werden, oder wird die Qualität und Effektivität des Projekts so weit reduziert, daß sie sich problemlos in die übliche Organisation von Lernen einfügt und damit letztlich die entscheidenden Qualifikationen verliert?

Projekte mit einigem Anspruch bringen immer wieder für den formal Verantwortlichen Konfliktsituationen, die den Lernprozeß der Lerngruppe zwar intensivieren und bildungs- und gesellschaftspolitische Hintergründe grell beleuchten, sich für den Betroffenen aber nur bei aller Vorsicht und unter Absicherung und Verwendung aller möglichen Alibis nicht negativ auswirken. Das in ›Kunst und Unterricht‹, Heft 14/71, vorgestellte Projekt: »Tulp und die Getulpten. Oder: von den Schwierigkeiten, einen Schülerfilm zu machen und zu zeigen« von Heinrich Dreidoppel zeigt, wie die Mechanismen gegen ambitionierte Projekte, die die traditionellen Vermittlungsstrukturen angreifen, funktionieren. Wie ein solcher Konflikt durchgestanden wird und was dabei alles möglich und nötig ist in der Auseinandersetzung mit der Dienstaufsicht, ist in ›BDK-Heft‹ 1/72, Mitteilungen des Bundes Deutscher Kunsterzieher e. V., nachzulesen: ›Ästhetische Erziehung im politisch-sozialen Umfeld – Konflikte‹, einem Bericht über den Unterricht in der Klasse 6 von Hennig Freiberg, der dann unter anderem daraus folgert:

»1 Die jeweilige konkrete Situation, in der kritischer Unterricht geschehen soll, muß vor Beginn jeder Aktivität auf zu erwartende politische Reaktionen analysiert werden; d. h., daß die Hochschule nicht nur auf die Unterrichtssituation selbst vorbereiten muß, sondern auch auf die Arbeit des Lehrers im politischen Umfeld.
2 Das politische Umfeld wird bestimmt durch Öffentlichkeit, Bürokratie, Kollegen, Eltern, Schüler und Berufsverbände. Berufspraxis umfaßt also auch Öffentlichkeitsarbeit, Elternarbeit, Kooperation mit Kollegen, Mitarbeit in Berufsverbänden, Einfluß auf die Bürokratie durch aktive Mitarbeit in Planungsgremien und genaue Kenntnisse der Reaktionsweisen von Bürokratien in Abhängigkeit der anderen im politischen Umfeld für Unterricht verknüpfte Gruppen.«

Ähnliche Fälle, oft an nichtigen Anlässen festgemacht (Lehrer hängt umgestaltetes CSU-Plakat im Zeichensaal auf, Lehrer läßt zu Collagezwecken Illustriertenbilder verwenden, Schüler machen daraus 'Pornografie', Lehrer stellt Antivietnambilder aus usw.), zeigen, wie unsinnig die Trennung ästhetischer von politischer Erziehung ist, bzw. welche Interessen dahinter stehen, wenn gefordert wird, Sachverhalte zur besseren Vermittlung zu zerlegen und isolierte Bereiche Lehrspezialisten zu übertragen – z. B. Ästhetik den Kunsterziehern – und das als Erziehung mit diesem und jenem anspruchsvollen Lernziel zu deklarieren. Projekt als Organisationsform von Lernprozessen erweist sich hier in der aktuellen bildungspolitischen Situation als Notwendigkeit.

Abgrenzung vom Begriff Unterrichtsmodell ist notwendig, gleichzeitig die Forderung, Projekte (mit ihrer Realitätsbindung und Berücksichtigung der jeweiligen institutionellen und personellen Bedingungen und der Tendenz zur Veränderung traditioneller Lehr-Lern-Organisationen) gegenüber Unterrichtsmodellen zu favorisieren.

›Schule als Gegenstand von Schule‹, der Titel einer Kritik in ›betrifft: erziehung‹, Heft 5/72, von H. Stubenrauch zu: R. Schmiederer: Bildungskrise und Schulreform (EVA), Frankfurt 71 (Modelle für den politischen und sozialwissenschaftlichen Unterricht), weist darauf hin, daß in der Institution Schule deren Lernsituationen wichtigster Projektinhalt sein sollte und daß es dabei entscheidend um methodische Fragen geht: »Das Lesen von Quellentexten, individuell oder in Gruppen, Diskussionen über die gefundene Information in einer größeren Gruppe (Klassenverband) konstituieren allein weder ein Modell noch ein Projekt. Der Projektbegriff und der Untersuchungsbegriff – der eine entstammt der amerikanischen (Dewey), der andere der chinesischen Schule (Kulturrevolution) – sind, wie ich meine, aufeinander bezogen. Sie sprengen den Rahmen der Schule, des verordneten Unterrichts, der Fremdbestimmung des Lernens, sie enthalten beide 'Arbeit' (manuelle und intellektuelle), sie verändern Praxis, sie sind 'handlungsrelevant'.«

In der »Übersicht über Modelle und Materialien für einen antikapitalistischen Unterricht« (Autorenkollektiv Göttingen – Ästhetik und Kommunikation, Heft 9, Rowohlt) werden Projekte und Unterrichtsmodelle subsumiert, was nahelegt anzunehmen, die angeführten Unterrichtsbeispiele seien von ihrem Modellcharakter her geeignet, als übertragbare Lernsituation übernommen werden zu können. »In der Übernahme von bereits durchgeführten Unterrichtsmodellen müssen die jeweiligen institutionellen und personellen Bedingungen mitbedacht werden, unter denen ein solcher Unterricht praktiziert wurde«, heißt es in der obengenannten Übersicht, und damit ist der Modellcharakter entscheidend relativiert gegenüber dem Projektcharakter. Modelle beinhalten den Anspruch der Übertragbarkeit und Operationalisierung, d. h., sie müssen Realität verallgemeinern und das Bedingungsgefüge schematisieren – damit sind aber Kennzeichen der traditionellen Lehr-Lern-Organisation gegeben. Relevante gesellschaftliche Problemstellungen als Lerninhalte und -ziele sollen sich für das Lernindividuum und für die Lerngruppe aber gerade situationsgebunden, auf die eigene Erfahrung und Rolle bezogen, darstellen. Ein Lernprozeß, der in seiner Auswirkung reale Veränderung bewirken soll, wird durch Formalisierung und Abstraktion verhindert – das ist der Trick unseres Schul- und Ausbildungssystems.

Die Durchführung von Projekten und eine nachfolgende Dokumentation hat immer eine 'historische' Komponente, d. h., ein durchgeführtes Projekt ist bestenfalls Material und Erkenntnishilfe für neue Aktivitäten der gleichen oder anderer Lerngruppen.

Die Verselbständigung von Projekten und der daraus folgende Katzenjammer hat sich am ›Projekt Wohnen. Lernziel Emanzipation‹ (siehe ›betrifft: erziehung‹, Heft 7/72) gezeigt, wobei es um die Funktion eines bestimmten, im pädagogischen Überbau angesiedelten Projekts zur Curriculumsrevision geht. Der durch die Veröffentlichung in ›betrifft: erziehung‹ vollzogenen Loslösung des verbalen Konzepts von seinen Produktionsbedingungen folgte die Kritik auf der gleichen Ebene, die ansetzt an der Organisationsfrage: »Demokratisierung und Ideologie«? und »Wirklichkeit in gebrochener Form. Anmerkungen zum Projekt Wohnen«, ›betrifft: erziehung‹, Heft 8/72.

In der Erwiderung von Helmut Hartwig: »Die Geschichte des Projekts Wohnen, ein Beitrag zum Verlauf der hessischen Curriculums-Revision« wird klar, daß das Mißverständnis mit dem ›Projekt Wohnen‹ in der Erwartungshaltung der auf verfügbare Innovation begierigen Curriculumsplaner aller Bundesländer und Schulgattungen lag. Modellhafte Ergebnisse, unabhängig von ihrer realen Entstehungsgeschichte vor dem Hintergrund bildungspolitischer Interessen, hätte man gerne gehabt und dachte, durch die solide, theoretische, formalisierte Abfassung des Projekts nun einen Hebel zur Veränderung der eigenen Schulstruktur durch eine Curriculumsrevision zu haben. Das aber hat nicht funktioniert und konnte nicht funktionieren, weil »Curriculumsrevision immer ein Prozeß ist, zu dessen inhaltlicher Bestimmung die kontinuierliche Berichterstattung von Organisationsproblemen gehörte« (Hartwig), und die eigene Konzeption darauf ging, »unbedingt die Verselbständigung von Produkten aus dem Produktionsprozeß (Curriculumsrevision) zu verhindern« (Hartwig). Dieser Ansatz wurde im Entwicklungsprozeß des ›Projekts Wohnen‹ selbst durch die Wahl der Arbeitsmethoden und der Darstellung unabsichtlich unterlaufen: Ein Produkt = begrifflich-theoretische Fassung des ›Projekts Wohnen‹, das scheinbar logisch-widerspruchsfrei einen Zusammenhang darstellt, in dem es die bildungspolitischen und organisatorischen Fragen und notwendigen Aktionen abtrennt und durch diese Struktur letztlich konservative Erwartungshaltungen scheinbar erfüllt, muß durch diese Verfahrensweise die formulierten inhaltlichen Zielsetzungen suspekt erscheinen lassen.

Als fatal erweist sich allerdings, daß die an das ›Projekt Wohnen‹ geknüpfte Erwartungshaltung vieler Curriculumsplaner, die in irgendwelchen Curriculumsgremien ihre eigene innere Legitimation vom Produkt: ›Projekt Wohnen‹ bezogen, seit der allseitigen Kritik an diesem Produkt enttäuscht wurde und ihnen so die eigentliche taktische und strategische Basis entzogen ist. Diese im Ansatz progressiven Planer geraten nun in eine gewisse Identitätskrise und laufen Gefahr, durch Festhalten am ungeeigneten Objekt oder durch Anzeichen resignativen Verhaltens im Dschungel der Bildungspolitik unterzugehen.

Projekte müssen von außerhalb der Lerngruppe stehenden Interessierten während des Projektablaufs als inhaltliche und methodische Einheit gesehen werden, wo Inhalte und Ziele nur in Verbindung mit Organisationsfragen und dem Bedingungsgefüge der realen Situation verhandelt werden können. Nach Abschluß des Projekts ist die durch verschiedene Medien mögliche Dokumentation so etwas wie historisches Material – nicht mehr und nicht weniger – und dient vor allem als »Kapital« für die weiteren taktischen und strategischen Schritte.

Die für die Durchführung von Projekten in einem bestimmten Bereich mit einer bestimmten Richtung notwendige Verfahrensweise und Verhaltensdisposition der Lerngruppe ist die reflektierte Aktivität: *die Aktion*.

Ein Projekt lebt von der Aktivität, die eingebracht wird, und ist nur in dem Maße effektiv, wie sich bei der Lerngruppe die Motivation entwickelt, Aktivität zu investieren.
- Aktion bezieht sich auf die Verhaltensebene, auf das gegenseitige Verhältnis von Reflexion und Handlungsfähigkeit, deren Bedingtheit erst jene Dynamik erbringt, die Veränderungen im Realraum mit der wünschenswerten Tendenz bewirkt.
- Aktion bedeutet die Priorität des Agierens – vor allem gegenüber der üblichen Verhaltensweise in institutionellen Lernsituationen, des Reagierens (auf Vorgesetzte, Lehrer, Schulordnungen, Bücher, Aufgaben, Stundenpläne, Fächerdifferenzierungen, Autoritäten, Traditionen). Das gilt gleichermaßen für den Schul- wie für den Ausbildungsbereich.
- Aktion bedeutet einen Akt der Innovation durch Faktensetzung, dimensioniert je nach Situation und Vermögen der Lerngruppe oder einzelner Mitglieder.
- Aktion schafft durch einen innovativen Vorgriff mit Veränderungscharakter eine Intensivierung der Lernsituation, in der sich dadurch neue Erfahrungs- und Handlungsmöglichkeiten für die Lerngruppe eröffnen.
- Aktion ist ein Teil des Lernprozesses, der über lustvolle Erfahrungen der eigenen Wirksamkeit und der eigenen Aktivität Motivationen schafft, die wiederum das Projekt weitertreiben.

Zur Klarstellung muß kurz gesagt werden, daß Aktion als Verfahrensweise, auch im ästhetischen Bereich, sich keineswegs von Markenartikeln, 'Kunstaktionen' à la Beuys, Schult, Nitsch usw. herleitet, sondern ein für Vermittlung, für didaktische Zielsetzungen besonders geeignetes Lernverfahren zu sein scheint, wenn es seine Relevanz im konkreten Einzelfall entsprechend dem Faktorenkatalog von wünschenswerten Lernsituationen nachweisen kann.

Daß die Beschäftigung und Identifizierung mit der Verfahrensweise Aktion im Schul- und Ausbildungsbereich im Gegensatz zu außerschulischen fortschrittlichen Bereichen relativ gering ist, beruht
- auf der mehr intellektuellen Auseinandersetzung von Lehrern und Ausbildern mit dem Problem der Motivation – da ja auch der progressive Lehrer seine Lerngruppen (= Klassen, Seminare etc.) in seinem Normalunterricht angeliefert bekommt, und sich die Lernenden im Konfliktfall kraft der Institution nicht entziehen können;

– auf der Verhaltensbarriere sowohl bei Lehrenden als auch bei Lernenden, die dann auftritt, wenn es darum geht, verbalisierte Zielvorstellungen in Handlung zu übersetzen, wozu Verhaltensänderungen und Rollenwechsel nötig sind. Das aber ist ja gerade in den Lernsituationen, von denen die Betroffenen geprägt wurden und die als zu Verändernde erkannt wurden, nicht vermittelt worden;
– auf dem Image, das intellektuelle Theorienbildung und inhaltliche Konzeptionsarbeit trotz seiner erkannten Gefahr des Elitären, Harmonisierenden und Formalisierenden immer noch gegenüber Organisationsfragen und Handlungsfähigkeit hat. Das ist wiederum, auch in fortschrittlichen Lehrerkreisen, eine Folge der intellektuellbegrifflich orientierten Sozialisationsbedingungen des bürgerlichen Mittelstandes.

Für das Beispiel Schule ist daher zu folgern: »Politisches Denken und Handeln lernt man gewiß anders als grammatikalische Formeln von Ausnahmen und Regeln; ohne Aktion am konkreten sozialen Ort 'Schule' lernt man Schule überhaupt nicht begreifen.« (H. Stubenrauch)

In anderen Bereichen, in denen Lernen und Effektivität im Sinne einer gemeinsamen, allgemein akzeptierten Tendenz viel pragmatischer gesehen wird, hat sich der Begriff Aktion als theorie/praxisintegrierendes Verfahren durchgesetzt.

– Beispiel Gewerkschaftsjugend (engagiert sich im Produktionsbereich):
Großes Muffensausen (Spiegel Nr. 40/70)
»Das 'Denkmal eines ausgebeuteten Mieters' enthüllte am vergangenen Mittwoch die Jugend der Deutschen Angestellten-Gewerkschaft (DAG) bei einer Aktion gegen 'Wucherer und Spekulanten' auf der Hamburger Moorweide.
Eine Kapelle blies Trauerchoräle, und in einem Sketch jammerten als Hausbesitzer verkleidet Lehrlinge über ihre Sorgen. Dabei verbreiteten sie üble Gerüche. 'Wir haben die Jungens vorher mit Stinkbomben beworfen', verriet DAG-Jugendleiter Philipp von Kodolitsch, 'damit auch die anwesenden Parteifunktionäre einmal merken, daß das bestehende Miet- und Bodenrecht zum Himmel stinkt.'
Die zahlreicher werdenden Aktionen sind politische Spiele ohne Grenzen. Einerlei ob Teilnehmer Mitglieder unter dem Dach des Deutschen Gewerkschaftsbundes (DGB) oder Anhänger der Deutschen Angestellten-Gewerkschaft (DAG) sind: Sie solidarisieren sich ohne Ansehen der Verbandszugehörigkeit.
Danach sollen Interessenkonflikte zwischen Arbeitern und Unternehmern 'bewußt herausgefordert' werden, nicht allein, um die Lohn- und Arbeitsbedingungen zu verbessern, sondern auch um kritisches politisches Bewußtsein zu entwickeln. Die Verfasser empfahlen eine Strategie, nach der alle Junggewerkschaftler verfahren sollen:
– Zunächst werden Betriebsanalysen angefertigt und Konflikte aufgespürt, die eine größere Anzahl von Arbeitnehmern direkt betreffen und überbetrieblich zu verallgemeinern sind;
– sodann wird ein Konfliktkatalog entwickelt, in dem betriebliche Mißstände verzeichnet sind. Gesetzesverstöße des Arbeitgebers sollen dabei 'nur Orientierungshilfen sein, aber keine Begrenzung der Aktivitäten darstellen';
– schließlich sollen nur erfolgversprechende Aktionen eingeleitet werden, 'weil sonst Kollegen vorzeitig resignieren und ihnen nicht das Erlebnis vermittelt wird, daß durch kollektiven Einsatz Änderungen möglich sind'.

In den letzten Monaten veranstalteten die Jung-Gewerkschaftler in verschiedenen Bezirken Strategie-Seminare, in denen Aktionsmodelle für ausgewählte Betriebe und Berufsschulen durchgespielt und in einigen Fällen bereits praktisch erprobt wurden.
Der DGB-Vorsitzende Heinz Oskar Vetter, 52, und sein für die Jugendarbeit zuständiges Vorstandsmitglied Franz Woschech, 51, beobachten die ideologische Tummelei an der Basis mit einer Mischung aus Sympathie und leichtem Unbehagen. 'Einige andere ältere Herren', so mokiert sich ein Mitglied des Bundes-Jugendausschusses, 'haben allerdings das große Muffensausen.'«

- Beispiel Kirche (*Aktion Entwicklungshilfe*, Aktionen zur Bewußtseinsveränderung):[1]
  Es werden Erfahrungen und Beispiele von Aktionen in Sachen Entwicklungshilfe dokumentiert und verknüpft mit dem Begriff: Aktion – Plädoyer für ein Arbeits- und Lernverfahren.
  »Gerade in den Protokollen älterer Aktionen zeigt sich deutlich der Wandel von der zunächst rein karitativ intendierten zur politisiert-informativen Aktion. An die Stelle der Einzelaktion, deren Erfolg an der Höhe des Spendeneinkommens gemessen werden konnte, tritt die anhaltende (Selbst-)Information, tritt die Aktion als Arbeits- und Lernprozeß. Die Schaffung und Erhaltung eines sozialen Problembewußtseins rückt in den Mittelpunkt der sich primär gesellschaftsbezogen und nicht mehr nur karitativ definierenden Aktionsarbeit.«

»Es ist an der Zeit, sich nicht länger nur im stillen darüber zu ärgern, daß für diese Berichterstatter die verschiedenartigsten Aktionen nur ein Anlaß sind, immer wieder auf die grundsätzlichen Schwächen und Gefahren der Aktion als solcher hinzuweisen und den Akteuren (un)politische Naivität, billigen Aktionismus, pädagogischen Dilettantismus, Selbstbefriedigungsmotive u. a. m. zu unterschieben. Neuerdings werden uns nämlich immer öfter die gleichen vorgefertigten Urteile über den Unsinn unserer Aktivität als Entschuldigung für das Fehlen eines konkret sich äußernden entwicklungspolitischen Engagements serviert, und auch innerhalb unserer Gruppen tauchen solche Verallgemeinerungen als bequeme Erklärungen für Fehlschläge wieder auf, womit sich die für manchen peinliche Frage erübrigt, inwieweit am Versagen persönliches Unvermögen, technisch-taktisches Ungeschick, unrealistische Erwartungen o. a. in Zukunft vermeidbare Fehlerquellen beteiligt sind.«

- Beispiel Bürgerinitiativen:
  Aktion Maxvorstadt München beschäftigt sich mit Problemen der Stadtplanung, Mietproblemen, Altstadtsanierung und greift initiativ in kommunalpolitische Entwicklungen ein. Das folgende Zitat stammt aus einer Selbstdarstellung in der Zeitschrift ›Baumeister‹ 3/72, Callwey-Verlag, München
  »Organisation: keine.
  An der inneren Struktur der Gruppe hat sich seit dem Tag der Gründung nichts geändert. Die Aktion Maxvorstadt ist kein Verein, besitzt weder Satzung noch Vorstand, ist an keine Partei oder Konfession gebunden, stellt keinerlei Aufnahmebedingungen, schließt niemanden aus, erhebt keine Mitgliedsbeiträge und verteilt keine Ämter und Ehren. Eine organisatorische Struktur im engeren Sinne ist nicht vorhanden. Das wöchentliche Treffen ist der äußere Rahmen, die gemeinsame Erfahrung der Hilflosigkeit des einzelnen Bürgers gegenüber der Macht der 'Wirtschaftskräfte' liefert das Gruppenbewußtsein. Die Gruppe ist organisatorisch nicht abgesichert; wenn ihre Aktivität und Dynamik nachlassen, wird sie zerfallen.
  Diesem Risiko stehen erhebliche taktische Vorteile gegenüber, die der Gruppe aus ihrer lockeren Organisationsform erwachsen. Sie kann ihre gesamte Energie nach außen richten, ist

schnell und handlungsfähig, kann Anregungen von außen leicht aufgreifen und läßt der Spontaneität viel Spielraum.«
»Die Aktion Maxvorstadt bedient sich dabei des breiten Methodenspektrums, das von den Bürgerinitiativen in den letzten Jahren entwickelt oder aus der gewerkschaftlichen und parteipolitischen Arbeit übernommen wurde:
- Sammlung von Informationen durch Schlüsselpersonen, durch Beobachtung und durch engen Kontakt zur Bevölkerung
- Information und Aufklärung der Bevölkerung über die Entwicklungstrends im Wohnviertel und ihre Hintergründe durch Flugblätter, Zeitungen, Informationsveranstaltungen und Ausstellungen
- Herstellung eines Meinungsdrucks und Gründung einer Gegenlobby, die die Interessen und Bedürfnisse der Wohnbevölkerung vertritt durch Weitergabe von Informationen an die Medien, durch Anzeigen, Eingaben, Beschwerden und durch Herstellen einer kritischen Öffentlichkeit, z. B. bei Kommunalwahlen.«

Bei der Überprüfung der aufgezählten Beispiele zeigt es sich, daß hier die für wünschenswerte Lernsituationen notwendigen Faktoren und ihre gegenseitige Bedingtheit wesentlich ausgeprägter vorhanden sind als bei etablierten Lernsituationen in Kindergarten, Schule, Hochschule.

Die jeweilige Ausrichtung auf Projekte in der für die Gruppe wahrnehmbaren realen Situation und das wenn auch unscharf und nur tendenziell vorhandene gemeinsame Interesse bedingen, daß die bei diesen Aktionen möglichen Lernprozesse wesentlich weniger anfällig sind für die Degeneration von Zielvorstellungen zu dogmatischen, sich verselbständigenden Leerformeln, für Manipulation von Mehrheiten durch einzelne, die im Besitz von Funktionen sind oder die die Fähigkeit zur Produktion von Verbalformeln haben.[1]

Weitere Informationen über Aktionen als Lernverfahren sind zu entnehmen:
- ›Politische Aktion und politisches Lernen‹, Gieseke/Baake/Glaser/Ebert/Jochheimer/Brückner, Juventa-Verlag, München 1970
- ›Manyfold Paedaktion‹, Buchholz/Klein/Müller-Egloff/Mayrhofer/Popp/Zacharias (Hrsg.), Aktionsbeispiele aus dem Feld Schule/Umwelt/ästhet. Erziehung, Nürnberg 1970

2 Dokumentation von Projekten und projektinitiierenden Aktivitäten

Verhältnis theoretische Lernziele – Praxisbeispiele

Die Summe der vorgestellten Projekte und Beispiele ist selbst Bestandteil eines sehr komplexen Lernprozesses (der Autorengruppe), in dem auch Veröffentlichungen wie die vorliegende einen bestimmten Stellenwert haben, also nicht Ziel, sondern Teilstrecke mit Schwerpunkt Theoriebildung und Weitervermittlung des eigenen Lernprozesses sind. Dabei stellt sich immer wieder die Frage der Begriffsbildung – wieweit ist da

Präzision und Formalismus aus Vermittlungsgründen notwendig –, wo wird dies Selbstzweck bzw. Verhinderung von Dynamik und Autonomie des eigenen Lernprozesses oder der Ausweitung dieses Lernprozesses.

»Die Kommunikationsstruktur im Lernprozeß hängt davon ab, wie es gelingt, aus subjektiven Erfahrungen durch Zusammenarbeit handlungsanweisende Begriffe zu produzieren, die die Veränderung der Realität organisieren. Die Begriffsbildung im Lernprozeß muß ohne vorgegebene Normen erfolgen, nicht aber außerhalb gesetzmäßiger Abläufe, die empirisch überprüfbar sind und in einem System entwickelt oder zerstört werden. Die historisch notwendige Parteilichkeit der Begriffe ist wissenschaftlich so weit formulierbar, daß sie kommunizierbar ist: Gegen wen kämpft dieses Wort, oder wen unterdrückt es?«[2]

Allgemeingehaltene Lernziele, Lerninhalte und pädagogische Forderungen können ihre Tendenz und ihre Qualität nur in Koppelung und Übereinstimmung mit realen Lernsituationen und praktikablen Handlungsansätzen legitimieren. Legitimationsverfahren, in denen versucht wird, deduktiv von übergeordneten Lernzielen (wie Emanzipation) zu praktikablen Unterrichtsverfahren zu kommen, scheitern dann, wenn nicht nur Erkenntnisziele, sondern auch Verhaltensziele angestrebt und gleichzeitig nur kognitive Verfahrensweisen angeboten werden. Ein deduktives Legitimationsverfahren produziert nur begriffliche Kategorien. Die zu einer fortschrittlichen Praxis nötigen Vermittlungs- und Verhaltensweisen sind bestenfalls in Form von Sätzen im Spiel. Diese Sätze wiederum sind ohne Bindung an Realität und Situation für die verschiedensten Interessen manipulierbar.

Beispiel Schule: Das aus dem obersten Lernziel Emanzipation abgeleitete Lernziel *Schülerselbstbestimmung* kann so weit degenerieren, daß Schüler bereitwillig Aufsichtsfunktionen der Lehrer übernehmen und dies für sie von seiten der Schulleitung an dem Begriff Selbstbestimmung festgemacht wird.

Beispiel Umwelt: Das aus dem obersten Lernziel Emanzipation abgeleitete Lernziel *Solidarität* kann so weit degenerieren, daß sich Anwohner eines freien Grundstücks mit der Verwaltung gegen die Errichtung eines Kinderspielplatzes 'solidarisieren' und dazu eine Bürgerinitiative 'Umweltschutz' gründen. Auch der sich ständig an Aktualität anpassende Sprachschatz von Politikern erweist die Manipulierbarkeit und Verschleierungskraft von Sprachfloskeln. Es ist die Frage des jeweiligen Informationsniveaus und der Autonomie einer Lerngruppe, inwieweit ihre Interessen durch scheinbar positive Verbalisierungen vertreten bzw. unterlaufen werden. Allgemeine Zielvorstellungen sind deshalb grundsätzlich auf das dahinterstehende Interesse und auf die Auswirkungen in der realen Situation zu überprüfen.

Damit Tendenz und Interesse im Zusammenhang mit Lernprozessen offenliegen, müssen Lernziele auf allen Ebenen an konkrete Verhaltensweisen, an Handlungen und realen Situationen festgemacht sein. Daraus und aus den aktuellen Erfahrungen mit Lernzielkatalogen kann man folgern, daß ein formal-begrifflich konsequenter und in sich schlüssiger Lernzielkatalog nur in einer relativ widerspruchsfreien Realität sinnvoll ist. Wenn man allerdings von der Annahme einer antagonistischen Gesellschaftsstruktur (Bundesrepublik – Bildungsbereich – Schul- und Hochschulsystem – ökonomischer Grundwiderspruch usw.) ausgeht, sind harmonisierende Modelle bestenfalls von taktischem Interesse – die eigentlich relevante Ebene ist die des Handelns, der Faktensetzung, der Interessensdurchsetzung.

Wenn die Qualität von Inhalten und Zielen sich erst in der realen Situation erweist, dann muß bei der Darstellung von Lernsituationen und Lernprozessen das Schwergewicht auf der Dokumentation von Projekten und Aktivitäten verschiedener Lebensbereiche liegen, als Beispiel und Legitimation der Theoriebildung und Verallgemeinerung, die wiederum nur Sinn hat als Erkenntnis- und Handlungshilfe für die weitere Praxis auf der Ebene und in dem Bereich, wo eine Lerngruppe oder der engagierte Einzelne tätig ist.

Funktionen der dokumentierten Beispiele

Die Dokumentation der Beispiele ist im vorliegenden Buch der Teil, der die vertretene Tendenz und das Interesse legitimieren soll bzw. überprüfbar macht – soweit es eben im Medium Buch möglich ist. Die eigentliche Legitimationsebene ist das Verhalten und Handeln im Handlungsraum selbst und im Bedingungsgefüge, in dem Lernsituationen organisiert werden.

Die adäquateste Form der Darstellung dieser Situationen ist die Dokumentation der Abläufe und Prozesse. Bei der Dokumentation sollen die verwendeten Begriffe an wahrnehmbare und realisierte Aktivitäten gekoppelt und damit in vorhandene Prozesse integriert werden, so daß ihre abstrakte Begrifflichkeit nicht isoliert werden kann. *Die Bindung einer Theorie an eine konkrete Praxis kann dem Mißbrauch auch einer progressiven Theorie wenigstens tendenziell vorbeugen.* Beispiel Schule: Selbstbestimmung wird nur da verwirklicht, wo jemand entscheidende Kompetenzen irreversibel abgibt, nicht da, wo jemand nur Informationen über Möglichkeiten von Selbstorganisation liefert (Lesen von Selbstorganisationsvorgängen in der Literatur, Malen von Streiksituationen, Analyse von Abhängigkeitsstrukturen), oder da, wo Selbstorganisation mit Beschäftigungstherapie verwechselt wird: Hausmusikabend, Faschingsveranstaltungen organisieren, Weihnachtsschmuck der Klassenzimmer.

Die beabsichtigte Aussage über Lernsituationen ist also die Summe aus den allgemein abgehandelten Faktoren und deren Lokalisation in Beispielen und Handlungen sowie der Verknüpfung mit realen Situationen und Prozessen.

Das Verhältnis der Beispiele untereinander

Die optimale Form von Lernsituation ist das Projekt, wie bereits ausgeführt. Nicht alle im folgenden angeführten Beispiele erfüllen diesen Anspruch, vor allem nicht Aktivitäten aus der Schule, da dort die Lernsituation am meisten eingeschränkt ist. Das Gefälle der Beispiele – Umfang und Qualität betreffend – soll die Spannweite realer Praxismöglichkeiten aufweisen und in verschiedenen Ebenen und für verschiedene Engagementstufen Ansätze bieten. Es soll ein Prinzip sich ausweitender Praxis vermittelt werden, vor allem auch im Anfangsstadium eine Motivation zur Verstärkung eigener Initiativen (das betrifft alle Beteiligten und Betroffenen, z. B. Schüler und Lehrer, nach dem Motto »So was ist eigentlich auch in meiner Situation zu machen«).

Gemeinsam ist den dokumentierten Aktivitäten verschiedenster Komplexität und Wirkung Tendenz und Interesse, hergeleitet von der Einschätzung der gesamtgesellschaftlichen Situation und dann speziell der bildungspolitischen. Und diese Tendenz und dieses Interesse qualifizieren auch die vom Leser durch die hier angeführten Beispiele initiierten eigenen Aktivitäten in der jeweiligen Lernsituation. Beispiel Schule: Nicht die Benutzung von Videorekordern, Tonbandgeräten und Flugblättern mit Bildchen an sich ist Kriterium für die Legitimation des Einsatzes dieser Medien, sondern für welche Interessen dies geschieht und mit welchen Handlungsweisen dies verknüpft ist.

Die angeführten Beispiele mit verschiedenem Anspruchsniveau können je nach Situation Anregungen geben, – sie können jedoch nicht konsumiert werden. Es kann im Interesse der intendierten Ziele nicht genügen, mehrere dieser Beispiele z. B. im Rahmen von Unterrichtseinheiten durchzuziehen, da damit z. B. ein entscheidender Faktor und ein entscheidendes Ziel wünschenswerter Lernsituationen außer acht bliebe: Selbstbestimmung. Es geht dann darum, primär Situationen für Selbstbestimmung zu schaffen. Für den Lehrer bedeutet das, sich mit solchen Aktivitäten und Lernsituationen möglichst vielseitig vertraut zu machen – nicht durch die Lektüre, sondern durch Handlungen – um damit entsprechende Situationen zu organisieren, wenn Lerngruppen aufgrund des Defizits an Verhaltensdispositionen nicht selbst zu entsprechender Artikulation und zu in ihrem Interesse liegenden Projekten gelangen.

Gemeinsam allen Aktivitäten soll auch, soweit es sich bei der Lernsituation noch nicht um Projekte handelt, das auf ein zukünftiges Projekt gerichtete Interesse der Lerngruppe sein. Projektinitiierende Aktivitäten verändern tendenziell hierarchische in selbstbestimmte Strukturen und sind in bezug auf Taktik und Strategie in allen Bereichen notwendig.

Vor der Differenzierung der Faktoren wünschenswerter Lernsituationen soll
- die Lernsituation schulischer Unterricht in seiner heute üblichen Ausprägung kritisch untersucht werden;
- der Vergleich zweier Unterrichtssituationen aus dem Kunstunterricht Kriterien für die Beurteilung von Lernsituationen anhand von Unterrichtspraxis geben;
- die relativ ausführliche Darstellung einer autonomen Lernsituation die Realisierbarkeit von Lernalternativen zeigen und Perspektiven für eine Umstrukturierung ergeben.

Dabei wird versucht, die Begriffe, die für die Faktoren von Lernsituationen stehen, im konkreten Zusammenhang so zu verwenden, daß für den Leser eine Bindung der Begriffe an wahrnehmbare Prozesse und Situationen möglich ist.

Die Lernsituation: Schulischer Unterricht

Die Untersuchung der Lernsituation geschieht mit der Absicht, die Mechanismen von Lernen da festzumachen, wo Lernen Zentrum aller Bemühungen ist und wo sofort Assoziationen mit eigenen Erfahrungen (als Schüler, als Eltern, als Lehrer) auftreten, wo Erfahrungen erlebter Rollen und Erfolge/Mißerfolge selbst zu machen waren. Es geht dabei darum,
– die Bedingungen, die Organisationsformen von Lernen in den konkreten Lernsituationen wie Klasse, Unterrichtsstunde (gleich welcher Schulstufe) als den entscheidenden Lerninhalt selbst ins Bewußtsein zu holen;
– die Art der Lernerfahrungen zu definieren anhand der wahrnehmbaren Operationen der Umwelt, die dieses Lernen organisiert: der Institution Schule;
– die Strukturen der offiziellen Lernsituation schulischer Unterricht, die ja entscheidende alltägliche Umwelt der 5–20jährigen ist, als Verhinderung wünschenswerter, umweltbezogener Lernsituationen zu erkennen;
– die offiziellen, gesetzten Inhalte von Schule (= die Fächer und die Veranstaltungen) als Fassade darzustellen, mittels der die für den Lernerfolg wichtige Verhaltens- und Handlungsebene verschleiert wird und hinter der ein permanenter Konflikt verborgen ist, der regelmäßig zuungunsten der Lernenden entschieden wird –;
– zu demonstrieren, daß das Problem der schulischen Vermittlung eine Folge ihrer hierarchischen Gliederung ist, die psychische, politische und soziale Bedürfnisse zum Zwecke ihrer Selbsterhaltung unterdrücken muß.

Folgende Literaturzitate können den Zusammenhang von offiziellen und inoffiziellen Lerninhalten der Schule illustrieren.[3]

Erich Kästner: Ansprache zum Schulbeginn:
»Liebe Kinder,
da sitzt ihr nun, alphabetisch oder nach der Größe sortiert, zum erstenmal auf diesen harten Bänken, und hoffentlich liegt es nur an der Jahreszeit, wenn ihr mich an braune, blonde, zum Dörren aufgefädelte Steinpilze erinnert. Statt an Glückspilze wie sich's eigentlich gehörte. Manche von euch rutschen unruhig hin und her, als säßen sie auf Herdplatten. Andere hocken wie angeleimt auf ihren Plätzen. Einige kichern blöde und der Rotkopf in der dritten Reihe starrt, Gänsehaut im Blick, auf die schwarze Wandtafel, als sähe er in eine sehr düstere Zukunft. Euch ist bänglich zumute, und man kann nicht sagen, daß euer Instinkt tröge. Eure Stunde X hat geschlagen. Die Familie gibt euch zögernd her und weiht euch dem Staate. Das Leben nach der Uhr beginnt, und es wird erst mit dem Leben selber aufhören. Das aus Ziffern und Paragraphen, Rangordnungen und Stundenplan eng und enger sich spinnende Netz umgarnt nun auch euch. Seit ihr hier sitzt, gehört ihr zu einer bestimmten Klasse. Noch dazu zur untersten. Der Klassenkampf und die Jahre der Prüfungen stehen bevor. Früchtchen seid ihr, und Spalier-

1 Schülerverhalten als Projekt in der Schule

obst müßt ihr werden! Aufgeweckt wart ihr bis heute, und einwecken wird man euch ab morgen! So, wie man's mit uns getan hat. Vom Baum des Lebens in die Konservenfabrik der Zivilisation, – das ist der Weg, der vor euch liegt. Kein Wunder, daß eure Verlegenheit größer ist als eure Neugierde.«

Bernard Shaw: ›Die Schule‹:
»Was ich mir in der Schule aneignete.
Was mich betrifft, fielen die Ergebnisse wie erwartet aus. Meine Schule erhob nur geringen Anspruch darauf, etwas anderes als Griechisch und Latein zu lehren. Als ich, ein sehr kleiner Knabe, in die Schule kam, besaß ich schon ziemliche Kenntnisse der lateinischen Grammatik, die mir

in wenigen Wochen durch meinen Onkel beigebracht worden waren. Nachdem ich einige Jahre in der Anstalt verlebt hatte, prüfte mich dieser selbe Onkel und fand als Reinertrag meiner Schulzeit, daß ich, ohne anderes hinzuzulernen, das vergessen hatte, was er mich gelehrt hatte. Bis zum heutigen Tage, obwohl ich noch ein lateinisches Hauptwort deklinieren und einige der Musterreime in der alten, gedankenlosen Weise wiederholen kann, weil der Rhythmus mir im Gehör geblieben ist, vermochte ich niemals eine lateinische Inschrift auf einem Grabstein vollkommen zu übersetzen. Ich kann vielleicht den größeren Teil des griechischen Alphabets entziffern. Kurz, was meine klassische Bildung betrifft, bin ich ein zweiter Shakespeare. Ich lese Französisch mit derselben Leichtigkeit wie Englisch und kann unter dem Zwang der Notwendigkeit einige Brocken Deutsch und aus Operntexten entlehnte italienische Worte verwerten, doch wurde mir all dies nicht in der Schule beigebracht. Stattdessen lehrte man mich lügen, würdelose Unterwürfigkeit vor Tyrannei, schmutzige Geschichten, die gotteslästerliche Angewohnheit, Liebe und Mutterschaft zum Gegenstand obzöner Witze zu machen. Hoffnungslosigkeit, Ausflüchte, Spott, Feigheit und alle Lumpenkniffe, mit denen ein Feigling den anderen einschüchtert. Und wäre ich Internist in einer englischen Schule, statt Externist in einer irischen gewesen, so könnte ich dieses Verzeichnis wohl noch um schmachvollere Dinge vermehren.«

»So lange die obligate Schule in ihrer gegenwärtigen Form besteht, so lange wird uns Unterwürfigkeit eingedrillt werden. Mehr noch: ehe die tätigen Stunden des kindlichen Lebens nicht getrennt von den tätigen Stunden des gereiften Lebens organisiert sind, so daß Erwachsene einen vernünftigen Genuß aus der Gesellschaft der Kinder ziehen können, ohne durch sie geplagt, gestört, gehetzt, belastet und in ihrer Arbeit gehemmt zu werden, wie dies jetzt der Fall ist, kann es keine obligaten Schulen und keine Kinder geben, die nicht in den Glauben hineinhypnotisiert werden, daß sie zahm zur Schule gehen und sich einkerkern, prügeln und überarbeiten lassen müssen. Ehe das nicht anders wird, werden wir unter dem einen oder dem anderen Vorwand immer Schulen haben. Wir werden alle üblen Folgen und die ganze soziale Hoffnungslosigkeit erfahren, die daraus entsteht, daß eine Nation von Männern und Frauen, die frei sein könnten, zu einer Nation zweibeiniger Malteserhündchen gemacht wird, in deren Wesen jede Regung zertrampelt worden ist mit Ausnahme der Furcht vor der Peitsche. Freiheit ist der Lebensodem für die Nationen und gleichzeitig das Einzige, an dessen Ausrottung Eltern, Schullehrer und Herrscher ihr Leben lang arbeiten, einem für den Augenblick ruhigen und schließlich unglücklichen Dasein zuliebe.«

Bertolt Brecht: ›Geringe Forderungen der Schule‹

»Groß tritt dem jungen Menschen in der Schule in unvergeßlichen Gestaltungen der *Unmensch* gegenüber. Dieser besitzt eine fast schrankenlose Gewalt. Ausgestattet mit pädagogischen Kenntnissen und langjährigen Erfahrungen erzieht er den Schüler zu seinem Ebenbild.

Der Schüler lernt alles, was nötig ist, um im Leben vorwärts zu kommen. Es ist dasselbe, was nötig ist, um in der Schule vorwärts zu kommen. Es handelt sich um Unterschleif, Vortäuschung von Kenntnissen, Fähigkeit, sich ungestraft zu rächen, schnelle Aneignung von Gemeinplätzen, Schmeichelei, Unterwürfigkeit, Bereitschaft, seinesgleichen an die Höherstehenden zu verraten usw. usw.

Das Wichtigste ist doch die Menschenkenntnis. Sie wird in Form von Lehrerkenntnis erworben. Der Schüler muß die Schwächen des Lehrers erkennen und sie auszunützen verstehen, sonst wird er sich niemals dagegen wehren können, einen ganzen Rattenkönig völlig wertlosen Bildungsgutes hineingestopft zu bekommen. . . .

Der Staat sicherte die Lebendigkeit des Unterrichts auf eine sehr einfache Weise. Dadurch, daß jeder Lehrer nur ein ganz bestimmtes Quantum Wissen vorzutragen hatte, und dies jahraus, jahrein, wurde er gegen den Stoff selber völlig abgestumpft und durch ihn nicht mehr vom Hauptziel abgelenkt: dem sich Ausleben vor den Schülern. Alle seine privaten Enttäuschungen, finanziellen Sorgen, familiären Mißgeschicke erledigte er im Unterricht, seine Schüler so daran beteiligend. Von keinerlei stofflichem Interesse fortgerissen, vermochte er sich darauf zu konzen-

2 Lernraum Klassenzimmer, Unterrichtsformen und Herrschaftsstrukturen stellen sich in der Sitzordnung dar

trieren, die Seelen der jungen Leute auszubilden und ihnen alle Formen des Unterschleifs beizubringen. So bereitete er sie auf eine Welt vor, wo ihnen gerade solche Leute wie er entgegentreten, verkrüppelte, beschädigte, mit allen Wassern gewaschene.«

Der Lehrstoff, der die Unterrichtsstunde, den Schulalltag, den Ablauf des Schuljahres und die Schulkarriere bestimmt, ist im Verhältnis zur Wichtigkeit der dabei erlernten, verlernten, verhinderten Verhaltensweisen und Handlungsmöglichkeiten sekundär – was die Wirkung auf die Lernindividuen und Lerngruppen betrifft.

Die für die schulische Lernsituation Verantwortlichen postulieren jedoch immer noch die Priorität der inhaltlichen, verbalen, kognitiven Leistung und verteilen danach Lebenschancen. Die dadurch entstehende Diskrepanz zwingt zu einer in Konfliktsituationen mit eindeutigen Machtpositionen immer wieder feststellbaren Verfahrensweise: Die Schulstrukturen stellen sich dem Schüler dar in Form von Ritualen. Der Schüler reagiert mit ANPASSUNG, DESINTERESSE, AGGRESSION in subtilen Formen des täglichen

Kleinkriegs im Klassenzimmer, durch Ventile, die die Lernsituation weiter verhärten. Die Geschickten sichern sich durch Raffinesse und Abstumpfung ihr schulisches Überleben, die anderen bekommen einen Knacks fürs Leben.

DAS RITUAL definiert sich nach Diethart Kerbs folgendermaßen:[4]
»Das Ritual ist ein nach bestimmten Regeln ablaufendes, wiederholbares, inszeniertes Geschehen zwischen mehreren Menschen. Es hat eine integrative Funktion und erzwingt Verhaltensnormierungen bei seinen Teilnehmern. Das Ritual ist also erkennbar

1 an seinem Handlungscharakter, an seiner mehr oder minder ausgeprägten Dramatik,
2 an seiner Regelhaftigkeit, d. h. an den standardisierten Formen, die eine Wiederholung des gleichen Handlungsablaufes ermöglichen,
3 an dem seelischen Druck, den es auf seine Teilnehmer ausübt, der sich je nachdem als Angst oder auch nur aus Befangenheit aktualisiert, woraus dann der Drang resultiert, etwas Bestimmtes zu tun oder nicht zu tun,
4 an seinem integrativen Sog, der alle Teilnehmer in das Ritual hineinziehen, d. h. in die rituelle Gemeinschaft einbeziehen will,
5 an der sozialen Resonanz, die sich z. B. im Zuweisen von Rollen oder im Verhängen von Sanktionen äußert, und schließlich
6 darin, daß es Konflikte zwischen den Teilnehmern neutralisiert, verdeckt oder verschiebt.

Typische Rituale sind z. B. die Initiationsriten der primitiven Völker, die Aufnahmefeiern in Männerbünde, der Fahneneid bei den Soldaten oder die Immatrikulationsfeiern an den Universitäten.

Rituale lassen sich besonders bei solchen Gesellschaften oder sozialen Gruppen finden, die

1 unter direktem oder indirektem *äußeren* Druck stehen, die einer Bedrohung standhalten müssen, die
2 – was damit häufig verbunden ist – Mangel leiden und Entbehrung auf sich nehmen, die sich die Erfüllung vitaler Bedürfnisse versagen müssen oder wollen und also häufig auch unter innerem Druck stehen, und die
3 kein besonders hohes Reflektionsniveau haben, die über kein hinreichendes kritisches Denken verfügen, deren 'Intellektualitätspegel' relativ niedrig ist.«

Angewendet auf die schulische Lernsituation heißt das: *Unterricht wird inszeniert nach Regeln und immer wieder imitierbaren Normen unter Ausübung von Druck, ohne Ausnahmen zu machen, unter Rollenfixierung und der Drohung von Strafe und unter Verschleierung der eigentlichen Interessen aller Beteiligten.*

Die Lerngruppe steht unter äußerem Druck, muß vitale Bedürfnisse unterdrücken und muß auf einer niedrigen Bewußtseinsebene gehalten werden – jedenfalls was die Reflexion psychologischer, gesellschaftlicher, sozialer und politischer Zusammenhänge betrifft.

Daß die Zurichtung der schulischen Lernsituation tatsächlich so ist – vor allem in ihren zentralen Funktionen: Unterrichtsstunde, Hausaufgaben, Prüfung und Leistungsmessung, Schulordnungen, Strafen – wird man zugeben müssen bei Nachdenken über die eigenen Erfahrungen als Lehrer oder Schüler.

SPRACHE: Ihre Verwendung in der Schule zur Aufrechterhaltung ihrer Organisationsschemata und ihrer Hierarchie zeigt die Ritualisierung im konkreten Vollzug. Sprache als Artikulationsmedium des eigenen Verhaltens und Handelns und als Steuerungsmittel von fremdem Verhalten und Handeln ist in der Schulstunde zwar nicht offizieller Inhalt des Lernens, es ist allerdings effektivster Inhalt der Lernerfahrungen.

Johannes Beck: ›Gruß und Pfiff und Ordnung muß sein. – Über Schulrituale‹[5]

»Die Lehrer:
Guten Morgen!
Guten Morgen Herr Lehrer –
Beten!
Setzt Euch!
Halt!
Steht auf!
Wie lange soll ich noch warten!
Still hab ich gesagt!
Jetzt reicht's aber bald!
Bitte!
Nun red' schon!
Los, weiter!
So, danke.
Ich diktiere!
Im Gleichschritt marsch!
Schreiben!
Wird's bald!
Ruhe jetzt!
Es spricht keiner mehr!
Also, guten Morgen habe ich gesagt!

Was heißt hier eigentlich guten Morgen? Schließlich dauert das hier fünf Stunden, sechsmal in der Woche, zweihundertfünfzig Mal im Jahr: 'Lehrer richten in Unterrichtsstunden von 40 Minuten Dauer durchschnittlich 51,9 Aufforderungen und Befehle an ihre Schüler, also durchschnittlich alle 46 Sekunden.'

Was da zu Beginn der Stunde als Grußfreundlichkeit getarnt ertönt, ist ein Befehl: Ruhe! Guten Morgen hab ich gesagt! Oder ist es eine verzweifelte Beschwerde? Je nachdem.«

»In der offiziellen sprachlichen Kommunikationsstatistik der Schule fallen die Schüler kaum auf. Statistisch könnte man sie fast vernachlässigen. Lehrerfragen, Befehle und Demut beherrschen die Szene des Unterrichtsrituals: Während 800 Lehrerfragen gestellt werden, fragt ein Schüler dreimal. Vielleicht ist Fragen eben einfacher, wenn man, wie die Lehrer, die Antworten schon weiß und nicht so viel Angst haben muß. Lehrerfragen sind auch meistens keine Fragen, sondern verschleierte Befehle und Erpressungen. Wenn keine Antwort kommt, befiehlt der Lehrer: 'Wirds bald!' Nur 48,2 % der gegebenen Befehle, die alle 46 Sekunden auf die Schüler niedergehen, sind verbal, 51,8 % erfolgen stumm, visuelle durch Berührung. Blicke – Zeigefinger – Stöße – Klopfzeichen – Klatschen – Pfeifen – sind die Befehlssignale, mit denen man sich den Schülern verständlich macht. In Unterrichtsgesprächen mit Stillarbeit, Lehrerfragen, Denkanstößen muß gereizt und reagiert werden, damit es 'schöne Stunden' gibt. Die nächste 'Besichtigung' kommt bestimmt.«

-6 Von Schülerinnen fotografiert: Pausensituationen in der Schule

Was die Institution Schule nicht in den Lernprozeß der Schüler einbezieht, bzw. wo sie schon über Verhaltens- und Handlungsweisen entschieden hat und einen Versuch von Normüberschreitung und Innovation mit Repression beantwortet, demonstriert eine Sammlung von Auszügen aus heute noch gültigen Schulordnungen:[6]

»Persönliche Sauberkeit muß für den Schüler selbstverständlich sein. Klassenräume und Inventar sind zu schonen. Das wird jeder einsehen, der sich dem Ganzen gegenüber verantwortlich fühlt. Gut erzogene Schüler beschmutzen oder beschädigen weder Fenster noch Türen, weder Wände noch Einrichtungsgegenstände.«

»Das Zusammenleben von vielen Menschen in der Schule erfordert diszipliniertes und ruhiges Verhalten auf Treppen, Fluren, Schulhöfen und in Unterrichtsräumen. Die Schüler betreten und verlassen die Klassenzimmer und Sonderräume nur unter Aufsicht der Lehrkräfte. Vor dem Betreten der Schule säubern ordentliche Schüler ihre Schuhsohlen auf den Abtritten. Jeder Schüler muß durch sein Verhalten dazu beitragen, Schäden oder Unfälle zu vermeiden. Das Schlittern, Rutschen und Turnen in der Klasse und auf den Fluren ist streng verboten. Das gilt auch für Schneeballwerfen auf dem Schulhof, ja für das Werfen mit Steinen und anderen Gegenständen überhaupt. Unter dem überdachten Gang des Schulhofes darf nur in gemäßigtem Schritt gegangen werden.«

»Die Toiletten sollen möglichst nur in den Pausen benutzt werden; Ordnung, Sauberkeit und ruhiges, ordentliches Verhalten auf den Toiletten werden erwartet. – Die gärtnerischen Anlagen dürfen nicht betreten, die Schutzdrähte und -ketten nicht überschritten werden usw. (Draufsetzen verboten!)«

»Im Treppenhaus und im Klassenzimmer verhalten wir uns ordentlich und ruhig.«

»Das Toben auf dem Schulhof unterlassen wir. In den Pausenhallen wollen wir das Laufen und Spielen seinlassen.«

»Wir wollen uns innerhalb und außerhalb der Schule gut betragen.«

»Wenn die Schüler warten müssen, bis ihnen aufgeschlossen wird, müssen sie sich ruhig und diszipliniert verhalten.«

»In den großen Pausen gehen die Schüler auch bei ungünstigem Wetter auf den Hof. Der Aufenthalt in den Treppenhäusern und auf dem Sportgelände ist nicht gestattet.«

»Auf dem Schulgelände und in den Räumen der Schule soll von allen auf Ruhe und Sauberkeit geachtet werden. Nichts soll auf dem Boden liegen und auch dort liegen bleiben. Die Rasenflächen sind nur auf Anordnung der Lehrer zu betreten.«

»Wenn sich eine größere Zahl von Klassen gemeinsam zu einer Schulveranstaltung begibt, muß das in einem geordneten Zug vor sich gehen.«

Die erfahrbare, wahrnehmbare Umwelt Schulalltag wird damit als Bereich offizieller Lernprozesse tabuisiert. Das hat wiederum Folgen für den Unterrichtsablauf, in dem die nicht an dieser Umweltsituation festgemachten, vom konkreten Erfahrungszusammenhang isolierten Inhalte vermittelt werden. Der beabsichtigte Ablauf der Vermittlung in der Unterrichtsstunde ist immer wieder gestört, die Schüler verschaffen sich nach Möglichkeit Ventile emotioneller und affektiver Art.

Das beeinträchtigt das Planen von Unterricht und die didaktischen Entscheidungen. Der Versuch, methodisch saubere Inhalte anzubringen, muß sich nun dieser Störfaktoren annehmen und sie irgendwie neutralisieren: durch Repression oder durch Kompensation.

Im Sonderheft 71 von ›Kunst und Unterricht‹[7] werden dazu anhand eines Unterrichtsbeispiels aus dem Kunstunterricht folgende Verhaltensweisen zur Überprüfung der eigenen Situation angeführt:

»Wie sieht es in Ihrer Klasse aus?
Bitte kreuzen Sie in dem nachfolgenden Katalog alle Verhaltensweisen an, die in Ihrer Klasse vorkommen und die Sie sich aus *Umweltreizen* erklären können:
- Übermüdung am Montag, weil
- Geringe Bereitschaft zu Hausarbeiten, weil
- Häufiger Mangel an Arbeitsmaterial, weil
- Zerreißt Arbeiten seiner Mitschüler, weil
- Weigert sich überhaupt mitzuarbeiten, weil
- Bringt nie Arbeitsmaterial mit, weil
- Albert im Unterricht herum, weil
- Behauptet, nicht malen zu können, weil
- Niemand will neben Klaus sitzen, weil
- Hans möchte dauernd gelobt werden, weil
- Inge will alles extra erklärt haben, weil
- Günther will heute nicht, weil

Wahrscheinlich können Sie die obenstehenden Erklärungen um so leichter finden, je genauer Sie an einzelne Schüler denken!

Generalisiert heißt das:
- wenig Platz zum Spielen – daher oft aggressive Verhaltensweisen;
- wenig Möglichkeiten, Aggressionen abzubauen – daher starke Frustrationen;
- wenig Sozialkontakte der Kinder untereinander – daher starke Rivalitäten.

Und der Versuch, damit fertig zu werden, gelang ansatzweise:
Im Laufe des Schuljahres gelang es, einige dieser Verhaltensweisen abzubauen:
- durch häufige gruppenunterrichtliche Verfahrensweisen;
- durch häufige Entlastung von Aggressionen im Malen und Zeichnen;
- durch partnerschaftliches Arbeiten und
- durch Spielsituationen.«

Die Lernsituation selbst wird bei diesen Techniken nicht umstrukturiert, es werden nur die Störfaktoren reduziert. Hier muß einsetzen, was die Schulstruktur verhindert und auch eine progressive Didaktik immer wieder verdrängt: *daß der wichtigste Gegenstand der Schule die Schule sein muß*, daß auch kritische Inhalte so effektiv oder sinnlos sind, wie es gelingt, die Situation ihrer Vermittlung zu verändern, daß die Bedürfnisse und Interessen einer Lerngruppe nur von ihr und mit ihr bestimmt werden können.

Vorbestimmte Lerninhalte und Lernziele im Unterricht durchzusetzen, bedeutet, vorher über Verhalten und Handeln der Lerngruppe zu entscheiden und den Lernprozeß programmiert zu haben – auch wenn das in liberaler, offener Form mit Gruppenarbeit usw. geschieht. Lösungsversuche dieser Art haben mehr therapeutische als emanzipatorische Wirkung, da sie alternative Verhaltensweisen nicht an Perspektiven knüpfen und Handlungsfähigkeiten letztlich doch nur dann positiv beurteilen, wenn es im Sinne des vorher definierten Lernziels liegt.

Kriterien für Alternativen können beispielsweise gewonnen werden, wenn man die offiziellen schulischen Lernsituationen an den Kennzeichen des Gegenbegriffs zu Ritual, dem Spiel mißt. Kerbs: »Das Spiel ist nur möglich in einer sozialen Gruppe, die

1 keinen direkten äußeren Druck erleidet, unter keiner akuten Gefahr oder Bedrohung steht, die

7-8 Von Schülerinnen fotografiert: außerschulisches Verhalten

2 – was damit häufig verbunden ist – keinen direkten und harten Mangel leidet, die sich ihre wichtigsten vitalen Bedürfnisse erfüllen kann und unter keinem deutlichen inneren Druck steht, und Spiel ist
3 stets *auch* möglich in Gesellschaften von fortgeschrittener Intelligenz und Kritikfähigkeit.«

Angewandt auf die schulische Lernsituation heißt das: *Die Lerngruppe darf bei ihrem Lernprozeß keinen sie zerstörenden äußeren Repressionen ausgesetzt sein, sie braucht Mittel und Medien zur Organisation ihrer Aktivität und sie begreift Reflexion über die eigene Situation und Kritik auch an den Lernzielen als Bestandteile ihres Lernens.*

Wegen der Diskrepanz zwischen der Definition der Institution Schule durch sie selbst und durch die Gesellschaft sowie den darin ablaufenden Lernprozessen, Wahrnehmungen und Erfahrungen der Lernenden liegt es nahe, die Lernsituation aus zwei verschiedenen Blickwinkeln zu charakterisieren, unter Verwendung der für Lernsituation entscheidenden Faktoren:
1 *Absichten der Institution Schule*
2 *Auswirkungen auf den Lernenden*

Faktoren	(1) Organisierte Lernsituation Schule	(2) Lernendes Subjekt
Lernraum	Isolierung in einem Klassenzimmer, auf einem festen Platz mit vorgeschriebener Blickrichtung zu einem bestimmten Zeitpunkt (8.00–9.30 Uhr)	Verdrängung von aktuellen Wünschen, Widerwillen, Versuche des Ausbrechens (sich Umdrehen, nicht ins Buch schauen), Ausweichen unter die Bank, oder durch Phantasie (Paß auf, träum nicht!)
Wahrnehmbare Realität	Unattraktiver Raum und unattraktive Unterrichtsmittel (Bücher, Hefte), Lehrer als Zentrum, als Entscheidungsinstanz	Abwechslung: durch andere Schüler, durch Ereignisse; Angst vor dem Auffallen, achten auf Nebensächlichkeiten wie Versprecher des Lehrers, Fehler anderer Schüler, Biene/Fliege im Klassenraum, Geld einsammeln; offizielles Lernen ist identisch mit einer langweiligen Situation

Freiraum Spielraum	Sich im Rahmen des Themas in der richtigen Weise äußern, sich melden, freiwillige Arbeit übernehmen. Eine andere Meinung haben (aber keine andere Verhaltensweise)	Abschalten, an anderes denken, etwas unter der Bank tun, 'Schwätzen', träumen, verbotene Kommunikationsversuche mit Mitschülern organisieren, Toleranzgrenze des Lehrers ausloten
Faktoren	(1) Organisierte Lernsituation Schule	(2) Lernendes Subjekt
Lernziele Lerninhalte	Reproduzieren, Wissen speichern, Verallgemeinern im kognitiven Bereich; denken, in isolierten Portionen verpackt, weitergeben, ohne reale Auswirkungen	Verhaltensweisen erwerben: sich durchschlagen, Tricks anwenden, sich offizielle und inoffizielle Verhaltensweisen aneignen, die Konkurrenz übertreffen, sich Image und Vorteile verschaffen, sich bei den Mächtigen anbiedern, Inhalte und Wissen von der realen Situation isolieren können
Lerngruppe	Lehrer, Schüler, zufällig nach einem formalen Organisationsprinzip entstanden	auf sich gestellt sein, Überwindung dieser Isolation nur durch Unterschleif, Fremdbestimmtheit der eigenen Person und der Lerngruppe, Organisierung informeller Kleingruppen zur Entlastung und als interne Herrschaftsinstrumente
Selbstbestimmung	nur Randerscheinung wie Schulfeier, Fasching und Teile der objekthaften Intimsphäre: Kleider, Schulmappe; Einschränkungen beginnen bei der Haarlänge, Rocklänge usw.	Entwicklung von inoffiziellen Kommunikationsformen, eigenen Sprachformen und Signalen, fehlende Selbstbestimmung bewirkt: Lustlosigkeit, Desinteresse, Ohnmachtsgefühl
Transfer	Kulturtechniken für das spätere Berufsleben, abendländisches Weltbild	Lernen, sich Vorteile zu verschaffen, Abhängigkeit und Fremdbestimmung als normal erfahren, Leistungsnormen in Konkurrenz erfüllen
Leistung	Vorgesetzte Aufgaben mit vorgegebenen Lösungsschemata in Sondersituationen (Ausfragen, Schulaufgabe, Abitur) im begrifflich kognitiven Bereich möglichst schnell zu lösen	Seine Taktiken auf das Erreichen guter Noten abstellen, Ängste, Hemmungen als persönliches Versagen ansehen, Erfolge und Qualitäten an der formalen Belohnung durch Übergeordnete messen, eigene Interessen ausschalten, Verhalten reglementieren
Rollen	Lehrer als Schiedsrichter zeigt dem als Menschen unfertigen Schüler, was	Schülerrolle ist die Rolle eines Abhängigen, Untergebenen, das Ver-

	richtig und was falsch ist und wie man es zu etwas bringt	hältnis ist nicht zu ändern, Schule, Lernen und Erfolg ist mit dem Akzeptieren dieser Rollenfixierung verbunden
Vermittlung des eigenen Lernprozesses	nur als Kontrolle an den Lehrer, der aber daraus keine Sachinformationen oder neue Einsichten in Inhalte gewinnt, die Veränderung bewirken	Demonstration des Grades der eigenen Anpassung, Prahlen mit Unterschleif, Tricks, Weitergabe von Repressionen nach unten
Ausweitung des Lernraums	jedes Jahr neue Bücher, ein neues Klassenzimmer, neue Lehrer	Zunehmende Frustration aufgrund des statischen Lernraums, Ausweichen auf außerschulische Felder, Trennung von Schule und eigentlichem Leben

Diese beiden Ebenen klar voneinander zu trennen, ist nur möglich durch eine Veränderung der Institution, nicht durch die Feststellung eines Schülerfehlverhaltens und der Forderung, diese müßten sich ändern.

Daß das, was wünschenswerte Lernsituation meint, in der Pädagogik keine Innovation ist, und durchaus in verschiedenen Bereichen realisiert wurde und wird, zeigt die Beschreibung eines Lernprozesses von E. Hoernle in: ›Das proletarische Kind‹, 9. Jahrgang (1929), Heft 8, neu abgedruckt in ›Soll Erziehung politisch sein?‹, Frankfurt, März Verlag 1970

Edwin Hoernle: ›Warum sind die Kokosnüsse so teuer?‹ (1929)

»Ungefähr 30 elf- bis zwölfjährige Jungen und ich waren beisammen und sprachen über dies und das. Plötzlich berichtete einer 'Au, ich habe heute 'ne Kokosnuß gesehen!' Alles spannt, fragt nach wie und wo, auch nach dem Preise. '16 Mark', sagte unser Entdecker. 'Oo...', lange Gesichter. Das ist natürlich nichts für uns. 'Ja, warum denn so teuer?' 'Die wächst ja von allein', setzte gleich die Diskussion ein. Ein eifriger Leser von Forschergeschichten teilte uns empört mit, daß er gelesen habe, die Kokosnüsse würden in Afrika gegen Glasperlen und ähnlichen wertlosen Flittertand eingetauscht.

Ich versuchte nun den Kindern zu erklären, wie es kommt, daß die Kokosnüsse so teuer sind. So recht wollte es nicht gehen, und mir fiel beim Sprechen ein, daß es sich praktisch ohne großen Vortrag, viel besser erläutern lasse.

Kurz und gut, wir kommen überein, daß wir an einem schönen Tage ins Freie gehen wollen und draußen studieren: 1. Warum die Kokosnüsse so teuer sind, 2. warum gerade die Arbeiterkinder sich keine kaufen können.

Der Tag kam heran, und wir zogen schwerbeladen hinaus. Kindereisenbahnen, Schienen, Bahnhöfe, Signale, Dampfer, Boote, Kaufmannsläden, Kinderpost, Baukästen und vieles andere wurde mitgeschleppt.

Anhand von Schulatlanten wurde auf dem freien Felde Berlin festgelegt, Hamburg gegründet, die Eisenbahn Berlin–Hamburg mit allen Schikanen gebaut, an einer Tümpelecke der Hafen eingerichtet, der Tümpel Atlantischer Ozean getauft, die Nordsee angedeutet und Afrika erforscht. Eigentlich soll ja Afrika schon vor dem Bau der Bahn Hamburg–Berlin erforscht worden sein, das genierte uns den Augenblick aber nicht, wir kamen später noch darauf zu sprechen.

Also, wir hatten Afrika erforscht und entdeckt, daß es dort unter anderem auch Kokosnüsse gibt. Diese Früchte sollten nun nach Berlin geschafft werden.

Unsere kleinen Kaufleute fuhren nach Afrika, mußten Fahrgeld für Bahn und Überfahrt zahlen – Erbsen stellten das Geld dar – und tauschten die Kokosnüsse – Haselnüsse nahmen wir als Ersatz – gegen minderwertige Glasperlen ein. Eisenbahn und Dampfer kamen in Betrieb. Die Kaufleute schrieben an Angehörige und Freunde, teilten mit, wie es ihnen ginge, bestellten Glasperlen nach usw. Die Post fing an zu arbeiten. Post, Bahn, Dampfer und Handel hatten Arbeiter und Angestellte, die beiden letzteren sogar ausgesprochene Unternehmer. Kleine Rollwagen fuhren die Ladungen von den Bahnhöfen zu den Kaufleuten usw. Es würde zu weit führen, alle die kleinen Einzelheiten aufzuführen.

Jedenfalls haben wir mit dem scheinbaren Spielzeug gearbeitet und ein ganzes kapitalistisches System aufgebaut. Der Knalleffekt war der Schluß.

Wer hat die meisten Erbsen?

Die Kaufleute, die Dampfereigentümer, die Eisenbahn, die Post hatten die Taschen voll.

Die Angestellten und Arbeiter ...?

'So 'ne Gemeinheit!' 'Ick habe eben soviel gemacht wie der!' 'Der hat ja bloß eingetauscht und ick habe den ollen Wagen durch den Sand ziehen müssen!' 'Wat soll ick denn mit die paar Erbsen!'

Man beruhigte sich endlich. Wir setzten uns ins Gras und besprachen nun unsere Arbeit. Ich konnte ihnen nun erzählen von der Erforschung Afrikas und seiner Ausbeutung durch die Weißen. Ich erzählte ihnen von den Missionaren, die den Schwarzen einreden: 'Seid untertan der Obrigkeit' usw., damit die Weißen sie früher als Sklaven, jetzt als Lohnsklaven besser ausbeuten und betrügen können. Ich erzählte ferner von Amerika, wie dort die reichen Leute, die Kapitalisten, die Schwarzen als Lohndrücker benutzen. Das klang natürlich etwas anders als die Salbadereien des Herrn Pfarrers, der die Kinder zuvor angehalten hatte, Staniolpapier und Korken zu sammeln, um die Mission des Christentums an den Heiden, den in 'Finsternis' lebenden Schwarzen vollbringen zu können.

Die Kinder hatten nun erfahren, was es heißt, Arbeiter zu sein. Sie wußten nun, warum die Kokosnüsse und nicht nur die, sondern auch alle anderen Erzeugnisse der Natur sowie der Menschenhand bzw. Maschine so teuer sind. Sie wußten auch, wer diese Produkte verteuert und seinen Nutzen daraus zieht. Und ferner wußten sie nun, warum ihre Väter, die Arbeiter und Angestellten und kleinen Beamten, ihnen nicht diese verteuerten Produkte kaufen können. Sie haben das Grundübel im kapitalistischen System erlebt, gesehen und erkannt.«

Vergleich zweier Lernsituationen aus dem Kunstunterricht

Der Vergleich zweier realisierter Unterrichtseinheiten soll zeigen,
– wie die Umwelt Schule als wünschenswerte Lernsituation organisiert werden kann,
– wie auch fortschrittliche Unterrichtsinhalte unwirksam bleiben dadurch, daß die Organisation der Lernsituation nicht wenigstens ansatzweise in den Lernprozeß eingebracht wird, sondern stillschweigend akzeptierte Voraussetzung ist. Damit wird der Lernprozeß fragwürdig, da die Realisierung des Unterrichts letztlich nicht übereinstimmt mit den angegebenen übergeordneten Lernzielen.

Die beiden angeführten Unterrichtsbeispiele dienen zur Veranschaulichung und Charakterisierung dessen, was als wünschenswerte Lernsituation bezeichnet wird, und sollen vom Leser selbst daraufhin überprüft werden, inwieweit sie folgenden Feststellungen gerecht werden:
– Wenn die Bedingungen und die Organisation der Lernsituation die Lernprozesse selbst entscheidend qualifizieren, dann heißt das, daß der Wert der Unterrichtsinhalte

so gut oder so schlecht ist, wie es gelingt, sie im Rahmen einer wünschenswerten Lernsituation zu organisieren.
- Wenn die Diskrepanz zwischen den Intentionen der offiziellen Schule und den realen Auswirkungen auf die Schüler emanzipatorische Lernziele verhindert, dann heißt das, daß der Wert der Unterrichtsinhalte so gut oder schlecht ist, wie es gelingt, sie für die Aufklärung und Veränderung dieser Diskrepanz einzusetzen.
- Wenn die Handlungsfähigkeit im eigenen Interesse mit einer bestimmten Tendenz als Summe von Erkenntnis und Verhalten Lernziel sein soll, dann heißt das, daß der Wert der Unterrichtsinhalte so gut oder so schlecht ist, wie es gelingt, Erkenntnis- und Verhaltensziele im Vermittlungsprozeß, in einem Projekt, das die eigene Situation einbezieht, in Übereinstimmung zu bringen.

Die Unterrichtsbeispiele:
1   Protest gegen den geplanten Flugplatz, 5. Klasse
    (Dieses Beispiel ist übernommen aus ›Kunst und Unterricht‹, Sonderheft 71: Lehrprogramm Kunstdidaktik und dort nachzulesen)
2   Projekt Schülerverhalten

Zu 1   Protest gegen den geplanten Flugplatz
Vorbemerkung:
Dieses Unterrichtsbeispiel wurde aus folgenden Gründen ausgewählt:
- es ist repräsentativ für eine relativ fortschrittliche kunstpädagogische Unterrichtspraxis
- es vertritt durch seine Veröffentlichung im Rahmen eines kunstdidaktischen Lehrprogramms eine wichtige Position in der kunstpädagogischen Diskussion
- es bezieht Umwelt und Realität irgendwie in den Lernprozeß ein.

Verkürzte, nach ›Kunst und Unterricht‹ zitierte Darstellung
Unterrichtssituation:
»Neufahrn ist ein Dorf, ca 20 km nördlich von München. Noch bis vor wenigen Jahren war Neufahrn eine rein ländliche Gemeinde. In der letzten Zeit haben sich hier größere Industriebetriebe niedergelassen. Eine große Kosmetikfirma, eine Fabrik für Baufertigteile, Papier- und Pappfabrikation und anderes...

Seit zwei Jahren schwelt die Unzufriedenheit über den geplanten Großflughafen, die sich in den letzten Monaten in Protestaktionen zunehmend Luft macht. Die Kinder erleben die Diskussionen ihrer Eltern zu Hause über dieses Thema. Sie erleben, wie man sich über die eigene Zukunft, die mit dem Wohl der Gemeinde Neufahrn verbunden ist, Sorgen macht. Sie erleben, wie die Menschen ihrer Umgebung sich gegen eine Obrigkeit zur Wehr setzen, von der sie nicht glauben, daß sie gerecht zu der Entscheidung kam, daß der Flughafen in dieses relativ dicht besiedelte Gebiet kommen soll.

Es entsteht Gemeinsamkeit in der Forderung nach Mitbestimmung, Mitentscheidung an den Regierungsbeschlüssen, die alle betreffen. Die Bevölkerung solidarisiert sich.

Ein Schulstreik ist geplant. Die Kinder, um deren Zukunft es im Besonderen geht, sollen zu Wort kommen.

Daher malt die 5. Klasse Protesttransparente.«

Unterrichtsentwurf des Lehrers:
»Hier handelt es sich um ein PROJEKT ...
- Die Kinder sollen lernen, Probleme visuell, bildnerisch umzusetzen (strukturieren). Sie sollen lernen, optische Ausdrucksformen zu finden.
- Die Kinder sollen dadurch einbezogen werden in die politischen Aktivitäten der Erwachsenen (kommunizieren).
Motiv: Protesttransparent gegen den geplanten Flughafen.
Eine genauere Fixierung des bildnerischen Motivs wird gemeinsam erst gefunden. Welche Darstellung eignet sich am besten?
Problemstellung: Wie kann man sichtbar machen, daß dieser Flughafen uns bedroht? Welche bildnerischen Mittel wählen wir?
Phase 1:
Materialausgabe, Organisatorisches.
(Die vorbereiteten Malflächen für die Transparente haben in diesem Falle die Maße 200 x 90 cm).
Phase 2:
Vortrag des Problems im allgemeinen. Diskussion des Problems. Auszug aus dem Protokoll der Stunde (weiter unten im Text).
Gemeinsamer Entschluß einer Aktivität. Vorschläge, Entscheidung für ein gemeinsam gefundenes, darstellbares Motiv.«
Es folgt ein ausführliches Unterrichtsgespräch. Davon folgende Auszüge:

»Lehrer: Warum protestieren die Bürger?
Kinder: Wegen Lärm, Gestank. Niemand will in Neufahrn bleiben. Die Gemeinde stirbt aus. Die Fabriken gehen weg. ...
Lehrer: Wie würde es in 15 Jahren aussehen?
Kinder: Die Neufahrner ziehen weg. Neufahrn würde eine Geisterstadt, die Tiere gehen ein. Blei ist in der Milch. Der Badeweiher wird verdreckt sein. Wenn man aus dem Weiher kommt, wird man eine ganz braune Schicht haben...
Lehrer: Was kann man dagegen tun?
Kinder: Plakate ausstellen. Demonstrieren. An den Abgeordneten schreiben. Streik machen...
Lehrer: Was können *wir* tun?
Kinder: Streiken, einen Schulstreik machen. Demonstrieren. Plakate malen.
Lehrer: Plakate können wir jetzt gleich malen. Ich schlage vor, wir malen große Transparente zum Herumtragen, auf denen zu sehen ist, was geschehen würde, wenn der Großflughafen herkommen würde.
Kinder: Wir malen ein Flugzeug über Neufahrn, dem hinten der ganze Dreck herauskommt und alles darunter versaut.
Lehrer: Wie könnte man das malen?
Kinder: Die Bäume sind dürr. Die Bäume sind ganz schwarz. In der Luft Dreck. Die Menschen sind ganz braun. Voll Schmutz. Die Häuser verfallen. Die Häuser sind dreckig. Der Himmel ist trüb. Die Wiesen sind verschmutzt. Die Kühe sterben, weil sie Blei fressen müssen. Man könnte einen Leichenwagen malen. Man könnte jemand malen mit einem Hörgerät. Einen Kranken im Bett. Vorschlag: Links alles sauber, rechts, wo das Flugzeug war, alles verdreckt. Da wachsen keine Blumen mehr. Das Gras ist ganz gelb.«

Es folgen in Gruppen die Bildproduktionen und die Abschlußorganisation und darauf die 'analytische Beurteilung der eigenen Arbeit' mit den möglichen Gesichtspunkten (Auswahl):
»– Ist die Größe des Transparents richtig? d. h. zweckmäßig? Sollte es größer sein oder wäre ein kleineres Plakat wirkungsvoller oder besser zu gestalten?

Haben wir die richtigen Farben gewählt? Wo sind die Farben besonders wirksam?
- Welche Gruppe hat das Bild besonders gut eingeteilt, so daß es leicht verstanden werden kann und alles was wir sichtbar machen wollen richtig zur Wirkung kommt?
- Ist zu wenig oder zu viel auf dem Bild?
  Stört etwas? Wird das Bild durch Zuviel unverständlich oder unklar?
- Haben wir für die einzelnen Dinge im Bild die richtige Größe gewählt?
- Wird unsere Absicht eindrucksvoll genug sichtbar? Wird die Protestabsicht deutlich genug? Ist dies oder jenes zum Beispiel nicht zu lieblich? Kommt das Gefahrvolle massiv genug heraus?
- Ist es gut, daß dieses Flugzeug rot gemalt wurde, obwohl es keine roten Verkehrsflugzeuge gibt?
- Wie hat es sich bewährt, daß wir in einer Gruppe ein Bild gemalt haben? Was hat dabei nicht geklappt und warum? Wie könnte man diese Schwierigkeit beheben?
- Welche Gruppe hat ein besonders originelles Transparent gemacht? Ist es wirkungsvoll, wenn etwas besonders andersartig, neuartig, originell gemacht ist?
  Erregt es die Aufmerksamkeit besonders?
- Wie sind wir mit den Farben zurechtgekommen? Waren das die richtigen Pinsel? Waren sie zu groß, zu klein, zu hart, zu weich? War die Farbe zu dick, zu dünn? War das Material, auf das wir gemalt haben, zweckmäßig?
- Was hat gestört bei der Durchführung der Arbeit?«

Damit schließt die Darstellung dieses ›Protestprojekts‹.

Überprüft werden kann das Beispiel
- anhand der im gleichen Lehrprogramm angeführten Zielsetzungen von Kunstunterricht,
- anhand der Faktoren für wünschenswerte Lernsituationen.

Die im gleichen Lehrprogramm angegebenen Lernziele subsumieren sich unter dem »Generalziel der Schule«: *Emanzipation.*
Der Begriff Emanzipation wird durch Reiz- und Stichworte abgegrenzt:
»– Freisein von der Bestimmung durch andere und anderes
- Selbstbestimmung
- Bereitsein zu Veränderungsprozessen
- Fähigsein, sich Veränderungen vorstellen zu können
- sich mit der eigenen Gruppe identisch fühlen,
- Zustände und Objekte rational analysieren können,
- sich mit anderen solidarisieren können
- Ich-Stärke haben«

»Kunstunterricht (als Teilbereich ästhetischer Erziehung) teilt das Ziel« aller Lehr-Lernprozesse: Fähigmachen zur
»– *Änderung des Verhaltens* (innerhalb eines spezifischen Feldes) in Richtung auf *Emanzipation.*
 Emanzipation wird als das Verhalten verstanden, das die Bereitschaft voraussetzt,
 die *prinzipielle Veränderbarkeit* bestehender Zustände zu erkennen
 und an *Veränderungsprozessen* mitzuwirken.«

Was das »spezifische Feld«, innerhalb dessen die Änderung von Verhalten als Lernprozeß relevant ist, betrifft, ist festzustellen: es muß die Umweltstrukturen des erfahrbaren Hier und Jetzt (= Unterricht) miteinbeziehen, weil sonst veränderte Verhaltensweisen nur als Fiktion möglich sind. Veränderte Verhaltensweisen haben nur einen

Sinn, wenn sie in der konkret erfahrbaren Lernsituation zumindest ansatzweise Veränderung bewirken.

Im vorliegenden Unterrichtsbeispiel waren keine veränderten Verhaltensweisen im Lernprozeß selbst
- in bezug auf die Bedingungen der vorgegebenen Lernsituation
- in bezug auf das Umweltproblem: Protest gegen den geplanten Flugplatz möglich.

Der Unterricht endet in der Analyse und ermöglicht offiziell Verhalten von der Planung her nur im Bereich des Themas, des Inhalts: Die Problemstellung bildnerisch umzusetzen.

»Die prinzipielle Veränderbarkeit bestehender Zustände zu erkennen« heißt für das Beispiel: nicht die hautnahen bestehenden Zustände = schulische Lernsituation, die momentan wahrnehmbare Umwelt, die Verhalten und Erkenntnis bestimmt, ist der Bereich, in dem die prinzipielle Veränderbarkeit erkannt werden soll, sondern ein Problem, das im Lernraum selbst, im Klassenzimmer nur als Zitat, verbal beschworene Wirklichkeit vorhanden ist. Das bedeutet einen Widerspruch zwischen Lernziel und Lernprozeß, wenn man davon ausgeht, daß das Interesse auch von Kunstunterricht »die Veränderung der Gesellschaftsstruktur« ist mit der Tendenz, »Umwelt so zu gestalten, daß sie ein menschliches Wohlbefinden ermöglicht« (zitiert nach Aussagen zur Zielsetzung von Kunstunterricht im oben genannten Lehrprogramm Kunstdidaktik). Die Qualität dieser Zielsetzung bemißt sich daran, wie effektiv ihre Realisierung organisiert wird. Die Abstinenz des Unterrichtsbeispiels, in den Erkenntnisprozeß auch die Lernsituation selbst einzubeziehen, macht dann auch die Zielsetzung selbst fragwürdig.

Zudem ist die Isolierung von Erkenntnis aus dem konkreten Verhaltens- und Handlungszusammenhang (z. B. Protest) in vorliegendem Beispiel typisch für die traditionelle Organisation von Lernprozessen. Damit wird ja gelernt und vermittelt, daß zwar im kognitiven Bereich vieles erlaubt und möglich ist, Handeln im konkreten gesellschaftlichen Zusammenhang aber etwas ganz anderes ist.

Die Mitwirkung an Veränderungsprozessen reduziert sich im Beispiel darauf, »Probleme visuell, bildnerisch umzusetzen«. Die Behauptung, daß damit »die Kinder in die politischen Aktivitäten der Erwachsenen einbezogen werden«, degradiert die »Mitwirkung bei Veränderungsprozessen« im Lernprozeß zum bloßen Reagieren und erweist, daß Autonomie, Selbstbestimmung, Solidarität unter Akzeptierung der traditionellen Institutionen und ohne Perspektive auf Veränderung dieser Institution eingeplant werden, d. h. eigentlich gar nicht eingeplant werden. Der angezielte Umweltbereich und der Unterrichtsinhalt: Protest gegen einen geplanten Flugplatz, wird nicht an politische, sondern an ästhetische Kategorien geknüpft, was die Aussagen über die Analyse der Ergebnisse beweisen. Das bedeutet, der politisch außerhalb der Einflußsphäre der Schüler und des Unterrichts liegende Anlaß dient der Organisation ästhetischer Strukturen, denn mit ihnen endet das ›Protestprojekt‹, und sie geben den Maßstab für die Beurteilung. Das ist gefährlich, denn in Wirklichkeit werden die Schüler von der möglichen politischen Brisanz des Themas abgelenkt – außer die Lerngruppe (Lehrer und Schüler)

wäre irgendwie einig, das formale Problem als Alibi, Vorgabe, Vorbereitung für den übergeordneten Bereich = die gesellschaftspolitische Bedeutung des Themas anzusehen. Aber dazu liefert die Darstellung des Projekts keinen Hinweis, im Gegenteil: Die Transparente werden bildnerisch analysiert und damit hat sich die Sache. Die durchaus konventionellen Verhaltens- und Handlungsdimensionen, die ein Transparent bedingt (wie Protestmarsch, Aufstellen vor, in der Schule, Diskussions-Interview-Anlässe, Besuch bei Befürwortern und Gegnern des Flughafenprojekts) werden aus dem Lernprozeß ausgeblendet, bewußt als Planungsentscheidung. Damit werden Aktionsformen, die bisher mit Solidarität, Autonomie, Selbstbestimmung, Artikulation zu tun hatten, von diesen Erfahrungen isoliert und im Rahmen von traditionellen Lernsituationen als Motivation für nicht an emanzipatorische Zielsetzungen gebundene Lernziele benutzt (verschleudert). Das ist Operationalisierung mit einer die jetzige Schulsituation stabilisierenden Tendenz. Die Ergebnisse zeigen, daß das bildnerische Schwergewicht auf der Farbverteilung (Kontrast bunt/leuchtend – gedeckt/gemischt), auf der Raumaufteilung (flächig-rhythmisch, formale Sonderstellung des Flugzeugs usw.) lag. Diese in der Analyse als Kriterien erscheinenden Qualifikationen der Lernziele haben auf das Flughafenproblem und auf die Lerngruppe keine reale, beabsichtigte, verändernde Wirkung. Sehr suspekt ist, daß sich die gleichen Qualifikationen und Lernziele mit ganz anderen Themen auch erreichen lassen: Zum Beispiel
– Putzfrau putzt bunten Teppich mit Mustern: Wo sie noch putzen muß, sind die Farben grau und gedämpft
– Indianer mit Federschmuck usw. entzündet Feuer in einer Höhle
– Produktion bunter Autos in grauer Fabrik.
Bildnerische Themen dieser Art beherrschen den normalen Kunstunterricht.
 Bewußte *Irreführung* und *Entpolitisierung* (d. h. auch emanzipationsverhindernde Tendenzen durch Begriffsmanipulationen im Rahmen eines seriösen Lehrprogramms Kunstdidaktik) sind dem Unterrichtsbeispiel durch die Betitelung: ›Protestprojekt‹ für den Lehrer vorzuwerfen.
– Protest passiert nicht. Protest wird nur zitiert als Motivation und benutzt als Vehikel formaler Probleme. Damit ist Protest seiner entscheidenden, verändernden Funktion beraubt.
– Projekt braucht reale Situationen und nicht die verbale Beschwörung der realen Situation. Projekt braucht Bindung an Realität und mißt sich an Veränderungen dieser Realität.
 Dadurch, daß dies hier entfällt, wird der Projektbegriff soweit relativiert und in bezug auf seine Auswirkung auf die Veränderung schulischer Lernsituationen entschärft, daß in der Folge durch diese methodische Definition von Projekt keine strukturellen Veränderungen zu erreichen sind.
 Die Beantwortung der Frage, welche bildungspolitischen Interessen und welche pädagogischen Tendenzen sich aus diesem Beispiel entwickeln lassen, fällt zugunsten der herrschenden traditionellen Auffassungen von Lernen und Lehren aus.

Das zweite Beispiel soll Alternativen aufzeigen, wie im Rahmen des Kunstunterrichts in der Institution Lernprozesse organisiert werden können, die den Forderungen wünschenswerter Lernsituationen eher gerecht werden.

Zu 2   Projekt Schülerverhalten
Das im folgenden dargestellte Projekt wurde nicht geplant – es entwickelte sich. Es ist nicht ein einheitliches, in sich geschlossenes Projekt, sondern eine Folge mit mehreren Schwerpunkten, die sich aufgrund einer inhaltlichen Entwicklung ergaben. Die Schwerpunkte wurden in größeren zeitlichen Abständen mit Unterbrechungen und von unterschiedlichen Klassen bestimmt.

Zeitlicher Ablauf

1. Phase – Schule
In der 2. Jahreshälfte einer 11. Klasse wurde vom Lehrer ein Thema vorgeschlagen: Schule, ihre architektonische Umgebung und das Geschehen in ihr. Die Bearbeitung dieses Themas erstreckte sich ungefähr über einen Zeitraum von eineinhalb Monaten im Rahmen eines einstündigen Kunstunterrichts und erfolgte in Gruppen. Die Gruppen wurden durch ein Aussageinteresse und den Einsatz eines bestimmten Mediums gebildet: Videoaufzeichnung, Tonband, Fotografie, Plakatgestaltung. Nach einer kurzen Analysephase verließen einige der Gruppen den Zeichenraum und stellten während der darauffolgenden Wochen in der Unterrichtszeit und in den Pausen ihre Beiträge her. Dabei bewegten sich die Schülerinnen in Schulgängen und Klassenzimmern, aber auch in Räumen, die regulär tabuisiert sind (Lehrerzimmer) oder die in einem fixierten Rollenverständnis betreten werden (Direktorat). Dabei kam es während der Arbeit mehrmals zu Zusammenstößen zwischen den Schülerinnen und Lehrern. Diese Beiträge – Bilderanalyse von Sitzsituationen, Fotos aus den Schulgängen, den Klassenzimmern, Aufzeichnungen aus dem Direktorat, ... aus dem Lehrerzimmer .... – wurden abschließend der ganzen Klasse präsentiert und besprochen.

2. Phase – Projekt Schülerverhalten I (12. Klasse)
Das Projekt wurde mit verändertem Schwerpunkt (ein halbes Jahr später) im darauffolgenden Schuljahr fortgesetzt.

Ein Teil der Klasse, die das Projekt Schule bearbeitet hatte, und der Teil einer anderen Klasse, der ebenfalls Kunsterziehung als Wahlfach in der 12. Klasse gewählt hatte, bildeten für dieses Fach eine Großgruppe. In der ersten Schuljahrshälfte hatte die Klasse in einem projektähnlichen Verfahren das Thema Telefon bearbeitet. Es sollte darum gehen, die verschiedenen Wahrnehmungsmöglichkeiten bzw. Interessen diesem Kommunikationsobjekt gegenüber zu bestimmen. Wegen der verschiedenartigen arbeitstechnischen Voraussetzungen (mangelnde Erfahrung in Gruppenarbeit und Medieneinsatz der zugestoßenen Gruppe) war es im Verlauf der Arbeit immer wieder zu Interessensdivergenzen und Kollisionen zwischen den beiden Gruppen der Klasse 12 a und 12 b gekommen. Die in den notwendigen Arbeitstechniken untrainierten Schülerinnen waren durch das Projekt und den Lehrer überfordert und hatten Schwierigkeit, den Vorsprung der anderen Gruppe einzuholen. Das führte teilweise zu einer Verweigerung der Bearbeitung der im Projekt gestellten Probleme, teilweise zu zunehmenden Gruppenkonflikten. Diese Spannung drückte sich in der strikten Trennung der beiden Klassenhälften aus – während der Diskussionsphasen saßen sich die beiden Klassen gegenüber, während der praktischen Arbeit hatten sich die Gruppen nur innerhalb der Klassenhälften gebildet. Dieses äußere

Erscheinungsbild der Klassentrennung wurde dann zum Anlaß, dieses Problem zu thematisieren. In Zusammenarbeit mit dem Lehrer, mit Studenten, die ihr Praktikum ableisteten, und der Schüler, wurde aus der Kritik an dem 'Projekt' Telefon und der Analyse der divergierenden Interessen ein Thema umrissen, das mit dem Begriff ›Schülerverhalten‹ bezeichnet wurde (im folgenden: Schülerverhalten I).

Innerhalb der Arbeit wurden zuerst die Ursachen für die Trennung bzw. der Isolation einzelner Schüler und ganzer Klassen diskutiert, konkretisiert an der Analyse des Verhaltens einzelner Schülerinnen in der Klasse (Beispiel Adelheid). Obwohl in der Diskussion eine ganze Reihe bestimmter Verhaltensweisen (Passivität, Egoismus, Konkurrenzverhalten u. a.) kritisiert wurden, gelang es (für den Schulalltag) nicht, aus dieser Kritik Konsequenzen für das eigene Verhalten zu ziehen. Obwohl die Diskrepanz verbal beklagt wurde, war keine Schülerin in der Lage, sie zu überwinden, jedesmal von neuem saßen sich die beiden Gruppen gegenüber. Von seiten des Lehrers wurde der Zustand fortgeschrittener Verhaltensgestörtheit konstatiert, d. h. festgestellt, daß im Alter von 18 Jahren kaum mehr Verhaltensänderungen als Folge von Erkenntnissen realisiert werden können. Zu diesem Zeitpunkt schien den Studenten und dem Lehrer eine beinahe therapeutisch angelegte Aktion notwendig. Als Stimulus wurde die Kamera eingesetzt. Jede Schülerin wurde aufgefordert, je einmal die übrigen Schülerinnen zu fotografieren, in einer Anordnung, die sie für eine Aussage kennzeichnend hielt. Es sollte eine Hilfe gegeben werden, die starre Sitzarchitektur zu überwinden und sich in wechselnden Anordnungen – sitzend, stehend, liegend, eng zusammen, voneinander abgewandt ... – zu beggnen. Damit war Bewegung angeregt zur Überwindung der Unbeweglichkeit, dieser 'Verhaltensruinen' in bestimmten Situationen, z. B. Unterricht. Die Ergebnisse waren in dieser kurzen Zeit nicht sehr effektiv mit Ausnahme einer Situation, die sich als letzte ergab. Eine Schülerin forderte alle, den Lehrer eingeschlossen, dazu auf, sich langgestreckt auf den Boden zu legen und sich kreisförmig zu organisieren. Das Außergewöhnliche dieser Situation hat schließlich einen bis dahin unüberwindbaren Bann gebrochen und die Schülerinnen zu einem minutenlangen befreienden Lachen veranlaßt. Diese momentane Verhaltensänderung, die in der darauffolgenden Stunde anhand von Vergrößerungen der Fotos noch einmal in Erinnerung gerufen und hinterfragt wurde, konnte natürlich keine grundlegende langfristige Veränderung bewirken.

Zum Problem Klassentrennung wurde anschließend ein neuer Anlauf versucht, in der Absicht, konkrete Fortschritte zu erzielen. Man beschloß, Arbeitsgruppen zu bilden, an denen jeweils Schülerinnen beider Klassen beteiligt sein sollten. Inhaltlich hatte die Gruppenarbeit zum Ziel, die Hintergründe, die zu den einzelnen Verhaltensweisen führten, zu erklären und die Verhaltensphänomene zu systematisieren. Bis zu diesem Zeitpunkt war von den Studenten mehrmals der Mangel an verfügbaren Arbeitstechniken kritisiert worden. Mit einem eigenen Papier, von Matrizen abgezogen und in der Klasse verteilt, hatten sie versucht, den Gebrauch verschiedener Arbeitstechniken anzuregen. Als Folge dieser Maßnahmen wurden jetzt von einzelnen Schülerinnen Protokolle über die Gruppengespräche geführt, stichwortartig zusammengefaßt, abgezogen und der ganzen Klasse zur Diskussion gestellt. In einer nächsten Phase wurden aus den Diskussionsergebnissen konkrete Handlungsansätze gewonnen. Dazu wurden je nach dem Interesse an den einzelnen Inhalten und Medien nochmals neue Arbeitsgruppen gebildet.

– Eine Gruppe begann mit dem Videorecorder (Fernsehaufzeichnungsgerät) den Unterricht der eigenen und anderer Klassen in verschiedenen anderen Fächern aufzuzeichnen. Man hatte in der Diskussion einen Zusammenhang zwischen dem Verhalten der Schüler und dem der Lehrer und der Organisation der Lernsituation erkannt und versuchte, dies zu dokumentieren und näher zu ergründen. Dazu wurde häufig die Zeit außerhalb des Kunstunterrichts benutzt. Gegen die Begründung, die Klasse wolle ihr Verhalten über einen längeren Zeitraum und in verschiedenen Fächern dokumentieren, konnten die angesprochenen Lehrer kaum etwas einwenden. In der Regel geschahen die Anfragen auch sehr kurzfristig, so daß die Lehrer kaum eine Chance zu einer Beschönigung ihrer alltäglichen Unterrichtspraxis hatten.

- Eine zweite Gruppe stellte ebenfalls Aufzeichnungen aus dem Unterricht zusammen, dies aber mit dem Tonbandgerät. Durch Schnitte wurde dieser Darstellung eine kritische Tendenz gegeben. Zwischen die Unterrichtsszenen wurden zusätzlich Schülerinterviews eingeblendet, die subjektive Meinungen zum Unterricht lieferten.
- Eine andere Gruppe führte Untersuchungen zum Problem ›Schülerverhalten‹ außerhalb der Schule durch. Hierzu wurden von einigen Schülerinnen Fotos gemacht, andere entwarfen einen Fragebogen und führten diese Befragung in altersverschiedenen Klassen der Schule und in anderen Schularten durch. Hypothese: das Freizeitverhalten wird zu einem guten Teil durch schulisches Verhalten bestimmt: der passive Konsum setzt sich vielfach auch nachmittags fort.
- Einigen Schülerinnen war es trotz mancher Einstiegshilfen nicht möglich, sich zu einer Gruppe zusammenzufinden und das Ziel eines eigenen Arbeitsvorhabens zu bestimmen. An dieser Stelle muß auch die Organisationskapazität eines Lehrers versagen, der sich nicht gleichzeitig so intensiv um mehrere Gruppen kümmern kann, daß er arbeitstechnische und organisatorische Hilfen gibt und gleichzeitig individualtherapeutische Maßnahmen ergreifen kann. Diese Schülerinnen artikulierten sich zu den von allen bestimmten Projektbereichen in der aus früheren Klassenstufen bekannten und geübten Arbeitsform – in Einzelarbeit mit Hilfe von Bildern und Plakaten.

Die Ergebnisse wurden der gesamten Klasse sowohl zwischendurch als auch abschließend bekanntgemacht und kritisiert. Das Abschlußgespräch war – das aber vielleicht nur aus subjektiver Lehrersicht – unbefriedigend, denn es gelang den Schülern nicht, sich gegen den – durch das Vorabitur verursachten – rigiden Leistungszwang anderer Fächer durchzusetzen und das Projekt mit einem fächerübergreifenden Schwerpunkttag zu akzentuieren, um sich mit den gewonnenen Erfahrungen und Forderungen an die Lehrer dieser und anderer Klassen zu vermitteln.

3. Phase – Schülerverhalten II
Die dritte Phase dieses Projekts begann im nächsten Schuljahr, als eine andere Klasse die Unterrichtsinhalte des vorausliegenden Halbjahres diskutierte und abgrenzte. Dieser Klasse waren die Aktivitäten im Zusammenhang des Projekts Schülerverhalten aufgefallen (die Arbeit der Videogruppe, die Fragebogenaktion u. a.). Durch Fragen hatte die in dieser Klasse dominante Schülergruppe herausgefunden, daß dieser thematische Ansatz ihrer momentanen Interessenlage stark entsprach. Mit der Diskussion dieses Projekts bahnte sich aber gleichzeitig eine Spaltung der Klasse an. Während die erwähnte Gruppe entschlossen war, einen begonnenen Diskussionsprozeß fortzusetzen (der sich im Rahmen eines Projekts ›Städtebau‹ entwickelt hatte), rebellierte eine andere Gruppe gegen diese »Theoriearbeit« und verlangte nach praktischer Betätigung. Diese Gruppe entschied sich für Keramikarbeiten.

Die Diskussionsgruppe (Schülerverhalten II) grenzte in einer ersten Phase das Projekt ab, verarbeitete während der nächsten Stunden die Ergebnisse der 12. Klasse (mit dem Durcharbeiten der Protokolle und der Betrachtung der Videobänder) und stellte nach dieser Orientierungsphase fest, daß sich für sie auf diesem Weg kein konkreter Einstieg zu praktischen Ansätzen ergeben könne. »Im Gegensatz zu diesem Vorgehen müsse man bei der eigenen Situation beginnen. Diese Situation sei zum gegenwärtigen Zeitpunkt durch die Trennung der Klasse in eine Gruppe mit Theorie- und eine Gruppe mit Praxisinteressen gekennzeichnet.« Die Gruppe begann nach den Ursachen dieser Trennung zu fragen und stellte als einen der Gründe eine gewisse Rollenfixiertheit fest. »Man drängte sich gegenseitig in bestimmte Rollen und den Zwang, diese weiter auszufüllen. Dieses treffe auch auf das Rollenverhalten theorie- oder praxisinteressiert zu.« Man beschloß, diese starre Rollenfixierung abzubauen, beispielsweise in einem Gespräch mit der Praxisgruppe. Einzelgespräche mit Tonbandaufzeichnung wurden verworfen (wegen ihres zu stark 'aushorchenden' Charakters) zugunsten einer offenen Gesprächssituation der gesamten Klasse. Dieses Gespräch wurde durch ein hypothesenartiges Arbeitspapier, das der anderen Gruppe vorgelegt wurde, vorbereitet. Der Diskussionsverlauf war durch ein äußerst behutsames und differenzierendes Vorgehen von beiden 'Parteien' gekennzeichnet. Das hatte schließlich zur Folge, daß gegensätzliche Standpunkte nicht verhärtet, sondern abgebaut wurden. Man wollte sich gegenseitig verstehen und helfen. Konkret wurde von einigen Schülerinnen geäußert, man wolle bewußt Situationen schaffen, die es denjenigen Schülerinnen, die ein besonders großes Defizit an emanzipiertem Verhalten haben, ermöglichen, dieses Defizit auszugleichen. Die Verhaltensweisen wurden im Unterrichtsgespräch näher bezeichnet, z. B., daß es manchen Schülerinnen nicht möglich ist, die Angst vor unbekannten Situationen abzubauen. So seien einige Schülerinnen entgegen ihrer vorherigen Zusage nicht zu 'freiwilligen' Aktionen, z. B. dem ›Nürnberger Kunstmarktspiel‹ gekommen, weil sie Angst hatten, schlechter zu sein als die bereits eingespielte Gruppe, die schon mehrmals Situationen dieser Art bewältigt hatte. Man hatte sowohl Angst, sich dieser ungewohnten Lernsituation auszusetzen, als auch Angst vor Mitschülern, da die Verhaltensweise 'sich gegenseitig helfen' in der Schule (in den meisten bekannten Unterrichtssituationen) nicht gefordert und nicht gewohnt ist.

Für einen anderen Drehpunkt dieser Diskussion ist dieser Ausschnitt aus einem *Tonbandprotokoll* Beleg: Einige führen immer das große Wort, andere schweigen immer.

Eva: »... Wir sollten uns überlegen, wie wir das verändern können, daß immer dieselben reden und wie wir erreichen könnten, die anderen zu interessieren, ich bin nämlich der Meinung, daß bei uns viele in der Klasse sind, die an manchen Problemen interessiert sind, die sich das aber nur anhören und nichts dazu sagen... Beispiel ist die Helga, die Helga macht sich bestimmt über alles Gedanken, ja, aber die schreckt manchmal wirklich noch zurück etwas zu sagen...«

Helga: »Zum Beispiel am Samstag, da hat die Eva mich gefragt, ob ich das Protokoll nicht vortragen möchte und da hab ich mich des net sagn traun, ich hab das Gfühl ghabt, des schaff ich irgendwie nicht.«

Christiane: »Ja aber wieso, du hast das Protokoll doch selber gemacht? Du hättest das ja nur vorzulesen brauchen und nichts dazu zu sagen.«

Helga: »Ja, ich hätt sagen solln, warum ich das vortrag und so, daß die Klasse des net aggressiv auffassen soll.«

Gigi: »Ja schau, das wär aber der erste Schritt gewesen, das abzubauen, was ihr euch da gegenseitig vorgeworfen habt.«

Helga: »Ja, das hab ich aber net geschafft...«

Gigi: »Da können aber die anderen auch nichts dazu helfen...«

Eva: »Doch doch, man könnte sie auffordern, das zu sagen.«

Gigi: »Ja aber wenn die nicht wollen.«

Eva: »Vielleicht ist ein Weg, daß die Leute, die immer viel reden, sich etwas zurückhalten und daß es vor allem nicht passieren dürfte, daß man die Leute auslacht oder so was.«

Gigi: »Ich glaub nicht, daß das bei uns noch passieren würde...«

Christiane: »Doch, zum Beispiel in der letzten Stunde – wir haben auch, wie das Gespräch hier läuft, zuerst ganz allgemein geredet 'die eine Gruppe machts so und die andere Gruppe machts so und da gibts welche' und dann haben wir angefangen und ganz bewußt auch Namen genannt, z. B. hat die Eva dann die Christine und die Kuzzi angesprochen, warum sie voriges Jahr nicht richtig mitgemacht haben und nur ab und zu dagewesen sind... Einwürfe... weil die Christine oft als stiller Zuhörer dabeisitzt, sie interessiert sich dafür, aber sie sagt halt nichts dazu, aber ich finde jeder hat gute Argumente und es steht ihm einfach nicht zu, die für sich zu behalten... Lachen... Und man sollte die Leute schon direkt ansprechen, auch wenn es für sie im Moment nicht sehr schön ist, anders kommt man mit dem Problem, glaube ich, nicht weiter...«

Nachdem der Lehrer diesen Vorschlag zur Konkretisierung, dem direkten Ansprechen aufgegriffen hatte und die Aufmerksamkeit auf zwei äußerst ruhige Schülerinnen, Anita und Sylvia, gelenkt hatte: Christiane: »Ich hab zum Beispiel vorhin, während jemand geredet hatte, die Anita gefragt, warum sie sich nicht mit hereinsetzt (in den Diskussionskreis), und da hab ich zur Antwort gekriegt, daß sie's von da auch sieht, das wußte ich vorher auch ... (Lachen) ... das ist doch wahr, aber das geht doch nicht, das stört mich, daß da jemand außerhalb ... zum Beispiel die Birgit und die Barbara, die sitzen auch da hinten.«
Barbara: »Das hat einen praktischen Grund, weil wir als letzte gekommen sind.«
Lehrer: »Die waren noch weiter hinten und sind, als sie nichts hörten, schon herangerückt, das Interesse war schon da. Ich glaube da ist ein Unterschied, ob ich sage 'ich höre nichts' und rücke deshalb an den Rand der Gruppe oder ob ich sage 'ich seh's von da auch'. Diese Runde ist ja nicht eine zum Besichtigen ...«
(Lachen)
Renate: »Das war bei der Anita und Sylvia dasselbe, sie sind dahergekommen und haben gesagt, 'da seh'mer ja nichts' und sind da vorgegangen.« ... Anita meldet sich und wird längere Zeit, während der Lehrer spricht, übersehen.
Karin, zum Lehrer gewandt: »Die hat sich vorher schon gemeldet, und dann ist ihr wieder das Wort abgeschnitten worden.«
Lehrer: »Oh, Entschuldigung, das ist aber auch, weil wir sie nicht sehen.«
Anita: »Ich will einmal feststellen, ich fühl mich überhaupt nicht außerhalb der Diskussionsrunde, und zweitens würde es auch nichts ausmachen, wenn ich mich mitten in den Kreis reinsetzen würde ... ich weiß nicht, ich seh des net ein, daß an mir rumkritisiert wird, daß ich da außerhalb sitz oder irgendsowashalt, ich seh des net ein ...«
Eva: »Aus deinem letzten Wort 'rumkritisiert' kann ich entnehmen, das ist eine Hypothese (Lachen), daß du dich irgendwie angegriffen fühlst, und das hat man manchmal wirklich, das Gefühl ... wenn ich mit dir persönlich allein spreche ja nicht ..., daß du dich angegriffen fühlst, aber sobald man dich ... oder wenn er dich (gemeint ist der Lehrer) was fragt, dann hab ich den Eindruck, daß du dich sofort und grundsätzlich angegriffen fühlst.«
Anita: »Angegriffen ist glaub ich nicht das richtige Wort, das hab ich noch nicht gemerkt, also wirklich, das kann ich von mir net sagen ... ich kann net widersprechen, aber das ist mir noch nie aufgefallen ...«
Renate: »Ich finde auch nicht, daß das stimmt. Wenn man die beiden, Sylvia und Anita, hört, wie sie sich unterhalten, die haben zwar einen aggressiven Ton, aber die meinen es nicht so ...«
(Bestätigender Tumult, darunter Imitieren der Unterhaltungssituation der beiden quä, quä, quä) ... (Lachen)
Der Lehrer versucht, an einem Beispiel aus seiner Kinderladenerfahrung verständlich zu machen, wie unter Umständen ein entsprechender Tonfall oder ein Gesprächsgestus auf andere wirken kann.
Anita: »Also, ich wollt dazu noch sagen, was da grad noch kommen ist, ich glaub, bei mir ist es vor allen Dingen so, ich habe jedenfalls das Gefühl, wenn ich mit jemand geredet hab, ich hab auch oft schon jemand getroffen, der dann beleidigt war, daß ich anderen gegenüber angeblich zu aggressiv war, und deshalb bin ich oft ziemlich vorsichtig und denk mir oft mein Teil und zieh lieber vor, still zu sein, bevor ich ins ... Fettnäpfchen tret ... mir ist auch schon oft passiert, daß, wenn ich was sag, daß es dann heißt: 'nein, auf keinen Fall, wie kannst du so was sagen', deswegen ...«
Eva: »Des ist dir doch bei uns noch net passiert ...«
Anita: »es kam halt vor ... usw.«
In dieser Phase befindet sich Schülerverhalten II (bei Redaktionsschluß dieses Buchs).

Faktoren der Lernsituation im Projekt Schule – Schülerverhalten

Im folgenden wird versucht, einige Faktoren von Lernsituationen, die für die Entwicklung dieses Projekts eine Rolle spielten, zu verdeutlichen und in einem emanzipatorischen Interesse zu werten. Dabei bleibt die Chronologie des Projekts unberücksichtigt – zusammengehörige Aspekte werden aus den verschiedenen Phasen zusammengefaßt.

Für dieses Projekt konnten von der Seite des Lehrers aus kaum Vorüberlegungen angestellt bzw. Vorbereitungen getroffen werden. Deshalb können vorab auch keine fixierten inhaltlichen Zielvorstellungen gegeben werden, die sich lediglich auf dieses Projekt beziehen würden. Als Vorgabe bleibt (und das wiederum nur in der ersten Phase des Projekts ausschließlich durch den Lehrer) die Abgrenzung und damit die Bestimmung des *Lernraums*. Eine gewisse Bestimmung des Projekts liegt noch in dem begrenzten Angebot an Darstellungsmedien und Arbeitsmaterialien – entsprechend den technisch-materiellen Bedingungen.

Diese Überlegungen liegen auf dem Feld der *Organisation* von Lernräumen. Die vorherige inhaltliche Bestimmung des Projekts durch den Lehrer würde der emanzipatorischen Absicht nach Selbstbestimmung des Lernprozesses durch den Schüler widersprechen.

Mit dieser organisatorischen Bestimmung des Lernraums sind entscheidende Veränderungen getroffen. Sie wirken sich nachhaltiger auf den Unterrichts-/Lernprozeß aus als zum Beispiel die inhaltlichen Überlegungen zum Thema Flughafenprotest. Das läßt sich an Konflikten aufzeigen, wie sie im folgenden beschrieben werden.

Statt Klassenzimmer – damit Isolation, Einschränkung – wird im Projekt Schule/Schülerverhalten das gesamte Feld schulischer Umgebung angesprochen: die Architektur, die hier stattfindenden Tätigkeiten und schwerpunktmäßig die daraus resultierenden Verhaltensweisen. Damit ist Begegnung, Kommunikation, gegebenenfalls Konflikt bestimmt. Damit ist eine weitere Entscheidung angelegt: Da man sich unter anderem auf den regulären Unterricht anderer Fächer bezieht, muß die *Zeit* als Komponente des Lernraums bestimmt werden, Zeit also als eine der Entscheidungsgrößen des Lernraums. In diesem Fall werden nicht nur die Stunden des Fachs Kunsterziehung zur Unterrichtszeit, sondern auch Pausen, Freizeit und die Stunden anderer Fächer. Die 'Unterrichtszeit' bemißt sich nach der Dauer des Projekts, ob es 4 oder 10 Wochen beansprucht. Diese Entscheidung wird über Interesse und Arbeitsintensität durch die Schüler getroffen. Mit diesen Entscheidungen sind innerhalb der angelegten Lernsituation Freiraumanteile gegeben. Die relative Freiheit des Kunsterziehungslehrplans wurde genutzt, Schule und Schülerverhalten zum Unterrichtsgegenstand zu erklären. Als Folge dieser Bestimmung kann der Zeichensaal als begrenzter Lernraum verlassen und die gesamte Schule zum Lernfeld definiert werden. Der Lehrer muß diesen Lern- bzw. Freiraum gegen Eingriffe absichern. Eingriffe sind Einschränkungen durch den Direktor, durch andere Lehrer, durch den Hausmeister.

Der Freiraum kann durch den Lehrer nur dann abgesichert werden, wenn er sich auf seiner Ebene des Lehrplans und der Dienstaufsicht ebenfalls einen Freiraum erarbeitet. In diesem Fall geschah das dadurch, daß man die eigene Praxis als innovativen Prozeß erklärt, Unterrichtsmodelle als Versuch ausgibt und die gewonnenen Erfahrungen auf einer übergeordneten Ebene der Lehrerfortbildung in Form von Veranstaltungen und Veröffentlichungen vermittelt.

Für einen noch in Ausbildung befindlichen Referendar kann dieser Freiraumanspruch in einem entsprechend gewählten Zulassungsthema behauptet und abgesichert werden.

Die *Wahrnehmung* im Lernprozeß: Die Wahrnehmung im Projekt Schülerverhalten ist mit der Wahrnehmung der unmittelbar umgebenden *Realität* identisch. Es muß nicht auf eine außerhalb des Klassenzimmers bzw. der Schule befindliche Realität verwiesen werden. Damit entfällt eine mögliche Gefahr, die darin liegt, daß Bereiche, die außerhalb der Lernsituation liegen, im Moment der Vergegenwärtigung manipuliert werden (zum Beispiel die Reduktion von komplexen Strukturen auf lediglich bildnerische Kategorien – H. Hartwigs Aufsatz zur Ideologiekritik von *Sehen – Lernen*).[8]

Da sich Wahrnehmung auf vorhandene Realität bezieht, wird es möglich, unmittelbare Eingriffe vorzunehmen und deren Auswirkung – ebenfalls unmittelbar – wahrzunehmen. Realität und ihre Veränderung werden intensiver wahrgenommen, weil sie erfahrbare Folgen haben. Eine Schülergruppe, die in der ersten Phase des Projekts den Tabubereich 'Lehrerzimmer' verletzt hatte, wurde dieses Raumes verwiesen. Dabei hatte die Schülergruppe um Erlaubnis gebeten, im Lehrerzimmer fotografieren zu dürfen. Diese Erlaubnis wurde auch von den wenigen, anfangs anwesenden Lehrern gegeben. Als sich in der Pause die anderen Lehrer einfanden, war die Basis für Emotionen gegeben, die Schüler wurden als Störenfriede empfunden und mußten den Raum verlassen. Die bis dahin gemachten Aufnahmen und dieser Vorgang belegten einige Aspekte der Realität, die als konkrete Erfahrungen in den Lernprozeß eingebracht wurden.

Neben dieser Qualität von Realität liegt ein weiteres Stimulans für Wahrnehmung im Einsatz von *technischen Medien*. Der Gebrauch dieser Medien setzt die Schüler in eine Beobachterrolle, er weist ihnen eine herausgehobene Rolle zu. Er ermöglicht ihnen gleichzeitig eine distanzierte und bewußte Betrachtungsweise/Wahrnehmung. Das Projekt Schule/Schülerverhalten war in allen 3 Phasen durch die Verwendung technischer Medien bestimmt. Eine besondere Rolle spielt hierbei die Arbeit mit dem Videorecorder.

Exkurs Videorecorder

Der Videorecorder ist ein Gerät, mit dem man Sendungen der öffentlichen Fernsehanstalten vom Fernsehgerät (Monitor) aufzeichnen und wiedergeben kann. Mit einer zusätzlichen beweglichen Kamera lassen sich eigene Aufzeichnungen speichern.

Erfahrungen des Lehrers:
»An unserer Schule war ein Videorecorder vor allem zur Speicherung von Schulfunksendungen angeschafft worden. Da gleichzeitig eine Kamera bestellt worden war, waren wir in der Lage, die gesamte Anlage für eigene Aufzeichnungen im Kunstunterricht einzusetzen und

Erfahrungen zu sammeln. Nach einem 3/4 Jahr war es wegen der unterschiedlichen Interessen des produktiven und rezeptiven Gebrauchs zu einer Reihe von Zwischenfällen gekommen. Daraus ergab sich die Notwendigkeit, eine eigene Anlage für das Fach Kunsterziehung anzuschaffen.«

Der Preis einer Halbzoll-Anlage beträgt ca. 9000 DM (Halbzoll bezeichnet die Breite der Bänder und damit die Genauigkeit der Auflösung). Der Preis umfaßt das Standardaufzeichnungsgerät, die Kamera und den Monitor. Neben diesen Anlagen werden heute Aufzeichnungsgeräte – zu einem Viertel dieses Preises – angeboten, die jedoch nur zur – qualitativ verbesserten – Aufzeichnungswiedergabe, nicht aber zur Eigenproduktion ausgerüstet sind.

Der Gebrauch solcher Videoanlagen durch Schüler ist im gegenwärtigen Entwicklungsstand nicht risikofrei. Dennoch hat der Einsatz dieses Mediums, beispielsweise dem Filmen gegenüber, entscheidende Vorteile:

– Die Gebrauchskosten sind gering, da die Bänder nach einmaliger (kostspieliger) Anschaffung beliebig oft bespielbar sind. So können viele Schüler Erfahrungen in der produktiven Handhabung eines technischen Kommunikationsmittels erwerben.
– Das Ergebnis der Aufzeichnung ist, im Gegensatz zum Super-8-Filmverfahren, sofort sichtbar und beliebig oft abrufbar. Nach gemeinsamer Kritik kann jede Einstellung sofort verbessert werden. Auf diese Weise ist ein optimaler Lernprozeß in bezug auf die Aussageklarheit der filmischen Bildsprache gegeben. Wiederholt wurde bei verschiedenen Gruppen die Erfahrung gemacht, daß den Schülern schon nach einer Stunde wesentliche Fortschritte in der Kameraführung, im Umgang mit Licht und den Möglichkeiten des Bildschnittes gelangen, ohne daß vorher Anweisungen im Gebrauch filmischer Gestaltungsmittel gegeben wurden – Anweisungen subjektiver Natur, die gewöhnlich mit dem Anspruch objektiver Norm vermittelt werden.
– Ohne Schwierigkeit hat man zu den entsprechenden Szenen den Originalton auf dem gleichen Band (eine ideale Voraussetzung für Interviews), ebensogut läßt sich ein kommentierender Ton auf ein schon bespieltes Band aufbringen.
– Da in der Handhabung einer Videoanlage gleichzeitig eine Reihe von Handgriffen ausgeführt werden müssen, ist ganz natürlich die Notwendigkeit der Zusammenarbeit in der Gruppe gegeben. Fotografieren und Filmen sind demgegenüber eher 'individuelle' Medien.

Vor allem während der Arbeit mit dem Videorecorder wurde den Schülern ein weiterer Aspekt der produktiven Handhabung technischer Medien im Rahmen projektbestimmten Unterrichts bewußt: Der *Rollenwechsel* im Lernprozeß. Den Schülern ist es möglich, innerhalb kürzester Zeit Kompetenzen der technischen und bildtechnischen Beherrschung des Mediums zu erwerben, Kompetenzen, die der Großteil der Lehrer aufgrund einer ideologiebedingten Medienfeindlichkeit kaum erwerben kann. Der Kompetenzbesitz der Schüler steht nun im Widerspruch zur allgemeinen Rollenerwartung: Lehrender – Lernender. Während des Projekts kam es mehrmals zu Aggressionen der Lehrer, die auf diesen Rollenwechsel zurückzuführen sind. Mit der Definition des Lernfeldes waren die Schüler nämlich motiviert, in allen Räumen der Schule und in anderen Fächern eine beobachtende und dokumentierende Rolle einzunehmen. Im ersten Zusammenstoß zwischen den Lehrern und einer Arbeitsgruppe wurde dann versucht, den Unwillen zu rationalisieren: »die Schüler würden Unruhe stiften, den Unterricht durcheinanderbringen, die Schulgänge blockieren (es hatten sich um das Fernsehteam jeweils Trauben interessierter Schüler gebildet), der zuständige Lehrer sollte sich im übrigen an seinen Lehrplan halten«. Der betroffene Lehrer mußte an dieser Stelle vor allem den Freiraum der Schüler absichern. Deshalb forderte er die Kollegen auf, den

Unmut gegen diese Herausforderung nicht hinter seinem Rücken gegen die Schüler abzuladen, sondern die Konflikte im Rahmen einer pädagogischen Diskussion zu klären. Das Angebot wurde nicht angenommen.

Für den Fall, daß innerhalb der Schule nicht genügend Freiraum für den im Lernprozeß notwendigen Rollenwechsel abgesichert werden kann, müssen aus taktischen Überlegungen Freiräume außerhalb der Schule gesucht und organisiert werden. Diese Freiräume finden sich in Museen, in Ausstellungen oder – im Fall Nürnberg – mit der Arbeit im Aktionsraum[9]. Die 11. Klasse, deren Lernprozeß in der 3. Projektphase beschrieben ist, hatte vor diesem Zeitpunkt mehrmals Freiraumerfahrungen machen können und so auch Gelegenheit zu Rollenwechsel gehabt. Das geschah durch die Teilnahme an Projekten wie dem Kybernetikon (einer experimentellen Bildungsveranstaltung zum Thema Fernsehen), in dessen Verlauf die Schülerinnnen ein großes Maß an Selbstsicherheit in der Öffentlichkeit erwerben konnten.

In den unter Schülerverhalten I und II dargestellten Phasen des Projekts entwickelten sich die Schwerpunkte in Richtung auf *Verhalten* – wie der Projekttitel ausdrückt – der Schüler. Da aber der Zusammenhang zum Verhalten der Lehrer erkannt worden war, wurde auch dieses analysiert.

Verhaltensweisen sind Bestandteil jeder Lernsituation. Allerdings sind in der Regel Lernsituationen so angelegt, daß Verhaltensweisen *passiv, reproduktiv, konsumorientiert, konform* und *fremdbestimmt* ausfallen müssen. Die Schwerpunkte dieses Unterrichts werden auf Erkenntnisziele gelegt, Verhalten bleibt weitgehend unberücksichtigt. Nun gibt es in der jüngeren Curriculumsdiskussion eine Richtung, die zwischen Erkenntnis- und Verhaltenszielen unterscheidet, das heißt, den Verhaltenszielen einen gleichberechtigten Eigenwert zumißt. Untersucht man allerdings die dabei aufgeführten Verhaltensziele, so wird man feststellen, daß etwa 80 Prozent dieser Ziele mehr zur Erkenntnisseite neigen, keine echten Verhaltensziele angeben. Denn meist soll dabei etwas *über* Verhaltensweisen *erkannt* werden. Mit keiner Andeutung ist erwähnt, ob überhaupt und in welcher Weise diese Verhaltensweisen in der Praxis realisiert werden sollen. Verhalten kann aber nicht theoretisch, sondern nur im konkreten Vollzug erfahren und gelernt werden. Das wurde entschieden an einer Stelle der 2. Projektphase deutlich, in der, wie schon erwähnt, das Problem der Klassentrennung überwunden werden sollte. Im verbal ausgeführten Bereich eines theoretischen Anspruchs war den meisten Schülerinnen vollkommen klar, daß es besser sei, die nebeneinander arbeitenden und lernenden Gruppen zu integrieren, als die Trennung beizubehalten. Praktisch war es ihnen nicht möglich, Mittel zu finden und anzuwenden, die diese Integration herbeigeführt hätten.

Im Rahmen der ersten Phase des Projekts (›Schule‹) hatten Verhaltenskomponenten noch eine untergeordnete Rolle. Zwar waren äußerlich viele verschiedenartige Aktivitäten abzulesen (Fotografieren, Abzüge vergrößern, Plakate gestalten, Fernsehaufzeichnungen herstellen, in Gruppen zusammenarbeiten, in der Schule herumlaufen, Erkundungen einholen, Ergebnisse vorstellen usw.), jedoch waren alle diese Aktivitäten auf ein außerhalb von Verhalten liegendes Ziel gerichtet: Hergestellt werden sollte das ästhetische Erscheinungsbild der Schule.

Erst im Verlauf des Projekts Schülerverhalten I entwickelte sich das Bewußtsein aller am Lernprozeß Beteiligten derart, daß Verhalten – seine Analyse und Veränderung – zum Inhalt von Lernprozessen gemacht werden konnte. Besonders konkret wurde diese Veränderung in der Diskussion um das Verhalten einer Schülerin namens Adelheid erlebt. Sie war – im Gegensatz zur Mehrzahl der Schülerinnen – nicht bereit, der veränderten Zielvorstellung bewußt zu folgen. Deshalb protestierte sie jedesmal von neuem gegen diese Art von Unterricht, dagegen, daß man 'lediglich' von Schülerproblemen, Sitzordnungen u. ä. sprach. Ihre Erwartenshaltung eines ergebnisfixierten Unterrichts war so groß, daß sie dieser Unterricht ohne konkrete Endergebnisse stark verunsichern mußte. Indem die Klasse mit ihr diskutierte, wurden Adelheids Probleme und Verhaltensweisen zum Gegenstand des Lernprozesses: ihre ergebnisfixierte Haltung, ihr durchgehendes Desinteresse an jeder Art von Unterricht, ihre Grundhaltung, die mitunter stark faschistoide Züge aufwies, die nach eindeutigen autoritären Entscheidungen verlangte, ihre Unfähigkeit zu eigenen Entschlüssen und Vorschlägen.

Das bemerkenswerte Ergebnis dieser Projektphase war die feststellbare Verhaltensänderung Adelheids. Durch den Umstand nämlich, daß sie Gegenstand von *Lernen* wurde, war sie beständig zur Aufmerksamkeit, Mitarbeit und Aktivität gefordert. Diese Aufmerksamkeit half ihr, die Oppositionsrolle allmählich abzubauen und sich stärker in den Arbeitsprozeß der gesamten Klasse zu integrieren.

Diese beiden Beispiele, »Klassentrennung« und »Verhaltensweisen Adelheids«, zeigen – wie es ebenso aus einigen Protokollen hervorgeht –, daß Verhalten nicht als ein Nebenaspekt, sondern als eigenständiger und wichtiger Inhalt von Lernen begriffen wurde. Koppelt man die Ziele dieses Lernens mit einem Leitziel 'Emanzipation', so ergibt sich: Im Rahmen des Lernprozesses muß gewährleistet sein, daß Verhaltensziele nicht nur diskutiert und erkannt werden, sondern notwendige Verhaltensänderungen auch vollzogen werden. Das Lernziel ist dann erreicht, wenn die Verhaltensänderung in dieser Situation (und übertragbar auf andere Situationen) vollzogen werden kann. Die *Leistung* bemißt sich am Grad der Veränderung der Realität.

Eine andere Leistungsmessung als die der erfahrbaren Realitätsveränderung existierte bis zum Zeitpunkt der unabwendbaren Notengebung und der damit verbundenen Kompromisse nicht. Ebensowenig bestand während der Durchführung des Projekts der Zwang, eine bestimmte Leistung zu erbringen. Nun könnte man als Zwang auch die psychologische Zwangssituation bezeichnen, die viele Schüler als Folge des permanent wirksamen Leistungsdrucks fast aller Fächer verinnerlicht haben. Die Wirkung dieses Systems wird mit Lernen gleichgesetzt, das entsprechende Verhalten wird auf alle Lernsituationen übertragen. Die über Angst vor schlechten Noten erzwungene sekundäre Motivation tritt anstelle der primären Motivation des Interesses an Lernziel und -gegenstand. Die hier erzeugten Angstvorstellungen bestimmen die Verhaltensweisen auf lange Zeit. Auf dem Klassentreffen einer Mädchenschule – die Situation ist beliebig übertragbar – erklärten ca. 70 % der Mädchen 10 Jahre nach Schulabschluß, noch heute, 1973, Angstträume aus ihrer Schulzeit zu haben.

Nimmt man in diesem Fall des Projekts Schülerverhalten an, daß ein unmittelbarer Leistungsdruck entfiel oder reduziert war, so mußte die Motivation zur Arbeit aus anderen Quellen gespeist werden. Die Tatsache der interessierten Mitarbeit kann dann nur darin liegen, daß *diese* Arbeit mit *Lustgewinn* verbunden ist. Die Arbeit an einem Projekt, das *Selbstbestimmung* ermöglicht, Entscheidungen fordert und über Aktivitäten Bestätigung vermittelt, wird lustvoll erlebt. Diese Lust ist Motor, ein Projekt immer weiter, manchmal über viele Monate fortzusetzen, in Phasen der Produktion leichter als in Phasen der Reflexion.

Erfahrung des Lehrers:
»Während einer der Reflexionsphasen ergab sich über mehrere Wochen hinweg eine Situation, in der ich als Lehrer fortwährend Angst hatte, eine Stunde könne ausfallen und die Kontinuität des Projekts gefährden. In dieser Hinsicht steht die Organisationsstruktur der Schule mit der zeitlichen Portionierung von Lernstoffen im Widerspruch zu den erfahrenen Bedingungen autonomen Lernens. (Besonders sind davon ein- oder zweistündige Fächer wie Kunsterziehung betroffen.) Die Einheit von Planung, Aktion und Reflexion wird zerrissen. Während der Reflexionsphasen droht nach einer Woche das totale Vergessen. Verfahren des Protokollierens sind dabei notwendig, aber ihre Herstellung und ihre Vergegenwärtigung zeitraubend. Ein solches Projekt kann dann scheitern,
– wenn die Inhalte und die verfügbaren Arbeitsweisen keinen Lustgewinn mehr vermitteln,
– wenn die ungünstigen Lernbedingungen gegenwärtiger Schule den Bedingungen autonomen Lernens entgegenstehen und die Zusammenhänge zerreißen.«

Ein weiterer wichtiger Aspekt im Rahmen des Projekts ist der der *Vermittlung des eigenen Lernprozesses*. Diese Vermittlung erfolgte mehrmals im Rahmen der eigenen Klasse, wenn beispielsweise
– in Diskussionen die Erfahrungen und Meinungen einzelner Schüler an die Klasse vermittelt wurden (die Klasse zuhört, wie Adelheid 'laut lernt')
– Arbeitspapiere vorgelegt wurden
– Ergebnisse der Arbeitsgruppen vorgestellt und diskutiert wurden.
Die Vermittlung des Lernprozesses über den Rahmen der Lerngruppe 'Klasse' hinaus ist im Zusammenhang dieses Projekts nicht exakt feststellbar. Es wurde beispielsweise nicht erfaßt, in welcher Weise die verhaltensbezogenen Lernprozesse über einzelne Schülerinnen in organisierte Jugendgruppen oder andere Sozialisationsbereiche (Elternhaus) hineinwirkten. Für die Tatsache der Außenvermittlung können 2 Beispiele stehen:
– Das Projekt Schülerverhalten II würde illegitim den ersten beiden Phasen des Projekts – die ja den Lernprozeß einer anderen Klasse darstellen – zugeordnet werden, wäre nicht – außer der ähnlichen Aufgabenstellung – an einer Stelle eine unmittelbare Verknüpfung gegeben: Der Lernprozeß der höheren Klasse hat sich über sein äußeres Erscheinungsbild (Videoaufzeichnung in den Schulgängen, Fragebogenaktion und Erwähnung in der Schülerzeitung) für andere Klassen attraktiv dargestellt, sie zur Aufnahme der gleichen Problematik motiviert.

- Der zweite Fall äußert sich – wie eben angedeutet – im wiederholten Aufgreifen der Problematik in der Schülerzeitung. Hier wurden Unterrichtsinhalte für die Darstellung von Schülerinteressen relevant.

Der Vergleich der beiden Lernsituationen (Unterrichtsbeispiele: Protest gegen den geplanten Flugplatz und Projekt Schülerverhalten) soll anhand der für Lernsituationen konstitutiven Faktoren Bewertungskriterien für Unterrichtssituationen ergeben und klären helfen, wo die entscheidenden Ansätze zu einer Veränderung und Neubestimmung von Lernorganisationen liegen. Daß es sich bei den beiden Beispielen um unterschiedliche Lerngruppen handelt (einmal 5. Klasse, einmal 12. Klasse), ändert nichts an den entscheidenden inhaltlichen und methodischen Unterschieden. Die Aussagen beziehen sich auf die Situationen und die Möglichkeiten der Schüler während der Lernsituation.

Vergleich:

Die Faktoren der Lernsituation	Unterrichtsbeispiel: Protest gegen den geplanten Flugplatz	Projekt Schülerverhalten
Lernraum	Zeichensaal, Unterrichtsstunde, Ausstattung: Pinsel, Papier, Farbe, Kunsterziehung	– Vom Zeichensaal ausgehend die ganze Schule: Räume, Personen, Organisationsstrukturen
		– Unterrichtsstunden (Kunsterziehung) über einen längeren Zeitraum, Unterrichtsstunden anderer Fächer, Pausen, Freizeit
		– Verschiedene Medien: Foto, Tonband, Video, Plakate
Realität	Unterrichtsorganisation, Lernraum Zeichensaal, institutionelle Zwänge, Schüler-Lehrer-Verhältnis, Klassenstärke, Wissen über Flughafenproblem	Unterrichtsorganisation, Lernraum Schule, institutionelle Zwänge, Schüler-Lehrer-Verhältnis, Klassenstärke, Interessen und Bedürfnisse
Freiraum Spielraum	Bildhafte Organisation der besprochenen Inhalte mit Farben und Formen auf dem Papier, Zusammensetzung der Kleingruppen	Wahl und Definition des Projekts, Verwirklichung von Verhaltensweisen und Arbeitsmethoden, die die normale Unterrichtssituation überspielen. Einbeziehung der Pausen, der Freizeit und anderer Fächer, Zusammensetzung der Arbeitsgruppen, Aufteilung der Arbeit
Die Faktoren der Lernsituation	Unterrichtsbeispiel: Protest gegen den geplanten Flugplatz	Projekt Schülerverhalten

Wahrnehmung	Wahrnehmungen über ein außerhalb der Lernsituation liegendes Problem werden zitiert. Die aktive Wahrnehmung wird reproduziert und kanalisiert auf die bildnerische Darstellung des Problems. Der Reduktionsvorgang geht parallel zum Produktionsvorgang. Damit zerfällt die Lernsituation in einen offiziellen, sehr engen Wahrnehmungsbereich = Thema, und inoffiziellen, der sich auf die aktuelle Situation und den Lernraum bezieht.	Aktives Wahrnehmungsverhalten in der Lernsituation selbst ist Inhalt und Thema des Unterrichts, Individuen und Lerngruppen treten in direkten Bezug zur umgebenden Realität. Kommunikation und soziale Struktur im Lernprozeß sind nicht auf ästhetisch-visuelle Aspekte reduziert, sondern selbst Gegenstand des Lernprozesses. Durch Wahrnehmen und Weitergeben des Wahrgenommenen, verstärkt durch Medien, wird die Wirkung der eigenen Aktivität rückgekoppelt an den Lernprozeß.
Lernen und Verhalten	Der Inhalt des Lernens (Protest) und die im Unterricht geforderten Verhaltensweisen ergeben eine Diskrepanz, die notwendigerweise zugunsten von Anpassung notfalls durch pädagogische Maßnahmen entschieden werden muß. Abweichendes Verhalten kann nicht zum offiziellen Lernprozeß konstitutiv beitragen. Der auf dem Bildnerischen liegende Lernzuwachs hat keine Auswirkung auf das Verhalten in der Lernsituation.	Lernen und Verhalten fallen zusammen, gelernt wird am eigenen und am fremden Verhalten. Das bedeutet Thematisierung der Verhaltensweisen der Lernsubjekte. Der relative Freiraum ermöglicht Verhaltensvorgaben, die den Lernenden Ausweitung ihrer Verhaltensweisen ermöglichen. Lernen organisiert sich in der wechselweisen Bedingtheit von Verhaltensweisen Einzelner, der Lerngruppen untereinander, der außerhalb der Lerngruppe Stehenden.
Lerninhalte und Lernziele	Lerninhalt: Bildnerische Darstellung eines außerhalb der Lernsituation liegenden Inhalts (Protest gegen den Flugplatz). Das Thema (= Inhalt Protest) ist isoliert von seinen Bedingungen, die Beschäftigung mit dem Thema (= Inhalt visuelles Strukturieren) hat keine Auswirkungen auf die Lernsituation und auf den Problembereich. Die Lernziele: Probleme bildnerisch umsetzen, sich entsprechend in Gruppen zu organisieren, die eigene Arbeit kritisch überprüfen (allerdings immer nach den Maßstäben der bildnerischen Qualität), in die	Lerninhalte: Wahrnehmen und Verändern des Erscheinungsbildes und der dahinterliegenden Strukturen in der eigenen konkret erfahrbaren Situation. Lernziele leiten sich von den Interessen und Bedürfnissen der Lerngruppe ab, entsprechend den gewonnenen Erfahrungen und Analysen, z. B. Überwindung von Passivität und Isolation, Aufbrechen von Tabus, Erweiterung des Spielraums für sich und andere, Darstellung und Vermittlung eigener Probleme und Bedürfnisse.

	politische Aktivitäten der Erwachsenen einbezogen werden.	
	Die bildnerische Priorität des Lerninhalts gerät in Widerspruch zu den beschworenen Emanzipationszielen wie Gruppenorganisation, Kritikfähigkeit, politische Aktivität.	
Die Faktoren der Lernsituation	Unterrichtsbeispiel: Protest gegen den geplanten Flugplatz	Projekt Schülerverhalten
Lerngruppe	Klasse als Organisationseinheit, die nicht aufgrund gemeinsamer Interessen und Motivationen entsteht. Parallele Kleingruppen, die sich im Sinne wünschenswerter Interaktion und Arbeitsteilung organisieren.	Klasse als Organisationseinheit, die nicht aufgrund gemeinsamer Interessen und Motivationen entsteht. Im Lauf des Lernprozesses verlagert sich der Schwerpunkt der Aktivität auf Gruppen, die autonome Teilprojekte durchführen. Klasse ist nur noch ein formeller Bezugsrahmen, in den sich die Gruppen hineinvermitteln und der gleichzeitig die Funktion einer kritischen Instanz hat.
Selbstbestimmung und Lustprinzip	Lerninhalte und Lernziele sind von außen gesetzt. Selbstbestimmung geschieht im Bereich der Organisation von Formen und Farben. Lustvoll erfahren kann der Malvorgang werden – je nach Situation des Schülers.	Selbstbestimmung von Lerninhalten und Lernzielen des Projekts, Veränderbarkeit dieser Entscheidungen, Möglichkeit zur Ausweitung des Lernraums, des Einsatzes der Medien. Selbstbestimmung wird gleichgesetzt mit Lerninhalt und Lernziel (das entspricht auch der Definition des Projektbegriffs). Durch Verzicht auf repressive Maßnahmen, Leistungsdruck und Autoritätsanspruch bei der Strukturierung der Lernsituation ist das Projekt von der Motivation, also von lustvollen Erfahrungen abhängig. Sobald diese wegfallen, scheitert das Projekt.
Transfer	Angestrebt ist die Übertragung von Erfahrungen der Visualisierung eines Problems: wie können Inhalte mit Form und Farbe ausgedrückt werden.	Der Transfer muß nicht künstlich konstruiert und konzipiert werden, da der Lernprozeß ja selbst schon in Situationen stattfindet, auf die Erfahrungen übertragen werden soll-

		ten: konkrete, relevante Lebensbereiche der Lernenden, wie z. B. Schule.
		Transfer geschieht weiter durch Erwerb von Verhaltensweisen, die die Organisation von Lernprozessen in Umweltbereichen betreffen und die Wahrnehmung und Handeln an reale Lebenssituationen knüpfen.
Leistung und Leistungsmessung	Leistung wird erbracht durch die bildnerische Darstellung eines Themas. In der Regel werden diese Leistungen nach den aufgestellten bildnerischen Kriterien vom Lehrer in Noten gemessen.	Leistung ergibt sich aus dem persönlichen Einsatz und der Wirkung, die dieser Einsatz (Arbeitsschritte) auf die anderen, die Gruppe, die Klasse, die Schule hat. Leistungsmessung außerhalb der Lerngruppe ist kein konstitutives Element des Lernprozesses. Leistung bemißt sich am Maß der Veränderung in der von der Gruppe angezielten Richtung, bezogen auf das Verhalten und die Realität. Um dem formalen Anspruch der Schule zu genügen, qualifizierte die Gruppe sich und den Einzelnen. Daraus wurde eine Note bestimmt.
Die Faktoren der Lernsituation	Unterrichtsbeispiel: Protest gegen den geplanten Flugplatz	Projekt Schülerverhalten
Selbsterfahrung, Rolle und Rollenwechsel	Für den Schüler zu erfahren war, inwieweit er in der Lage ist, das vorgegebene Thema bildnerisch auszudrücken. Rollen: Durch die Festlegung von Lerninhalten und Lernzielen dominiert der Lehrer, er muß den Lernprozeß notwendigerweise überschaubar organisieren. Innerhalb der Kleingruppen verflüssigen sich die Rollen, die im Klassenverband selbst fixiert sind: Lehrer–Schüler. Unterschwellig vermittelt sich dem Schüler noch etwas: ich muß eine Erwartung erfüllen, eine vorgegebene Leistung erbringen, mich einem engen Rahmen entsprechend verhalten.	Durch die Anlage und die Organisation des Projekts ist die aktive Erfahrung von ihm selbst abhängig. Er erlebt sich als Handelnder, nicht als Abhängiger, passiv Wahrnehmender. Kann er diese Bedingungen nicht realisieren, scheitert das Projekt. In den Lerngruppen sind die Rollen nicht festgelegt, sie entstehen entsprechend den Qualifikationen und dem Engagement der Einzelnen. Durch Verfügung über Medien und durch Selbstdarstellung verändert sich die Stellung gegenüber anderen Lehrern und Schülern.

Vermittlung des eigenen Lernprozesses	In der Diskussion innerhalb der Klasse, betrifft das gemeinsame Finden der bildnerischen Maßstäbe und die Organisation des Malvorgangs.	Die Einzelnen vermitteln sich der Gruppe, die Gruppen der Klasse, die Klasse anderen Schülern und Lehrern durch Diskussion und Verhalten, durch Medien. Der eigene Lernprozeß vermittelt sich wahrnehmbar in der Lernsituation Schule und muß deshalb immer wieder verbalisiert und verteidigt werden. Die Vermittlung des eigenen Lernprozesses ist Teil der Lerninhalte und Lernziele des Projekts. Beispiel: Projekt Schülerverhalten wird von einer anderen Klasse übernommen als Folge des offenen Lernprozesses.
Ausweitung des Lernraums	Der Lernraum bleibt auf das Zimmer und die anfänglich vorhandenen Materialien beschränkt. Keine Außenkontakte.	Entsprechend der zeitlichen Entwicklung: – vom Zeichensaal in die Schule – von der Lerngruppe auf andere Schüler und Lehrer – vom Fach Kunsterziehung auf andere Fächer – von der Unterrichtsstunde auf Pause und Freizeit

Komplexes Beispiel
Aktionsraum IKI Düsseldorf

1 Bedingungen

1.1 Die Kunstmarktsituation

Der ›Internationale Markt für aktuelle Kunst 1972‹ (IKI) fand vom 6. bis 11. Oktober 1972 in Düsseldorf auf dem Messegelände statt. Über 180 Galerien hatten Stände aufgebaut; das Spektrum der ausgestellten Bilder und Objekte zeigte alles, was an Stilrichtungen und Techniken derzeit im Kunstgeschäft ist. Die Aufschlüsselung nach Kunstkategorien – klingenden Begriffen im Katalog – ergab ein wirres Bild der Kunstszene und diente mehr dem Versuch nach repräsentativer Seriosität für Eingeweihte als dem Bedürfnis nach Information und Überschaubarkeit.

Die Selbstdarstellung der einzelnen Galerien ergab ein ebenso diffuses wie abwechslungsreiches Sammelsurium an Inhalten, Aussagen und Präsentationsweisen: teure Expressionisten in der Galerie Ketterer (Museumsatmosphäre, tiefe Teppiche und Gummibäume), politisch Engagiertes in der Galerie Tangente (Staeck) als Massenware zu kleinen Preisen, Wiener Pornografisches und amerikanischer Superrealismus, lustiges Künstlervölkchen im Galeriecafé Fongi, Naive und Formalisten usw. Galerien und Produkte versuchten sich entsprechend ihrer Käuferschicht darzustellen und die Besucher anzulocken – Marktatmosphäre mit kulturellem Anstrich.

Als Rahmenprogramm wurden Filmvorführungen, Kunstaktionen, Diskussionen, Vorträge, Künstlerselbstdarstellungen, Musikavantgarde angeboten. Geöffnet war der Kunstmarkt 6 Tage lang von 11 bis 22 Uhr.

Galeristen, Künstler, Kritiker als die Profis des Kunstmarkts, standen den vornehmlich aus dem Bildungsbürgertum stammenden Besuchern gegenüber, jede Gruppe mit verschiedenen Interessen: Verkaufen, Repräsentieren, Informieren, Kontakte knüpfen, Kaufen, Konsumieren – Geschäft, Arbeit, Selbstdarstellung, Vermittlung, Kunstgenuß, Unterhaltung, Erkenntnis. Zwischen diesen Rollenträgern mit mehr oder weniger festgelegten Verhaltensweisen versah das Messepersonal seine Arbeit, das für den organisatorischen Ablauf zu sorgen hatte: Techniker, Handwerker, Kontrolleure, Putzkolonnen, Bedienungen, Zigaretten-/Eis-Verkäufer, Hallenmeister usw.

1.2 Der Aktionsraum

Das Projekt Aktionsraum IKI wurde vom Verlag DuMont veranstaltet, der die Initiatorengruppe KEKS (München–Nürnberg) eingeladen hatte und den Raum samt Ausstattung zur Verfügung stellte.

Aktionsraum: eine lange Koje mit verdunkelbarem Teil und einer kleinen Koje daneben in der Halle des Kunstmarkts, insgesamt etwa 120 qm, weiße Wände.

Ausstattung:
- Projektionswand, Hocker, Tische
- Videogerät (Sony), Kamera, Recorder, Monitor, Bänder
- Filmprojektor, Overheadprojektor, Epidiaskop, Diaprojektor, Schreibmaschine, Vervielfältigungsapparat, Papier
- Schwarze Plastikfolie (50 m Rolle), Styroporplatten, Makulaturpapier (Rolle), farbige Plastikfolien (Reste), Holzlatten, Werkzeug
- dicke Filzschreiber, Farbkreiden, Scheren, Schnüre, Stecknadeln, Klebebänder usw.
- Fotomaterial (Fotoapparate und Tonbandgeräte stellten die Mitglieder der Gruppe selbst)

1.3 Die Lerngruppe entstand aus der Initiatorengruppe (Studenten, Lehrer) und dem kunstpädagogischen Arbeitskreis eines Düsseldorfer Mädchengymnasiums (12 Schülerinnen der Oberstufe, 2 Lehrerinnen).
Der Kontakt kam über den Veranstalter zustande. Die Beteiligten kannten sich vorher nicht.

1.4 Rahmenfestlegungen für den Ablauf des Projekts: Für die beiden letzten Tage waren Kunsterzieher und Interessierte eingeladen worden, und zwar mit folgender Information:
»Dienstag und Mittwoch, den 10. und 11. Oktober, findet jeweils ab 16.00 Uhr ein speziell für die IKI organisiertes Aktionsprogramm der Projektgruppe KEKS statt, zu dem besonders Lehrer, Studenten und Schüler herzlich eingeladen sind.

Die Projektgruppe KEKS stellt zusammen mit Schülern einer Düsseldorfer Schule den Ablauf eines Lernprozesses mit Hilfe verschiedener Medien wie Film, Foto, Tonband und Video den Ausstellungsbesuchern vor. Dabei soll in Form einer *Spielaktion*, an der sich jeder als aktives Mitglied beteiligen kann, die Zirkulation von Kunstwerken im Kunstbetrieb vermittelt werden.

Im Anschluß an das Spiel werden die Erfahrungen aus dem Spielgeschehen, aus dem gesamten Verlauf der Ausstellungtage sowie die Vermittlungsmethoden der Projektgruppe diskutiert, vor allem unter der Perspektive Kunsterziehung.«

Damit war für die Lerngruppe ein Rahmen gegeben, der einerseits zur Konzipierung und Vorbereitung dieser Veranstaltung zwang, der andererseits die Weitervermittlung des eigenen Lernprozesses im Projekt selbst verankerte.

Eine für die Schüler relativ wichtige Bedingung des Projekts war die Zeitspanne vom 6. bis 11. Oktober: bis auf den ersten Tag waren Schulferien ('Kartoffelferien'). Die formale Bindung an Schulunterricht entfiel also – damit waren für die Lerngruppe Fragen der Motivation und des Engagements am eigenen Verhalten überprüfbar: mach ich mit oder nicht, wieviel Zeit will ich investieren usw.

Das Projekt war bis zum ersten Treffen der Gruppe im Aktionsraum nur sehr vage und allgemein konzipiert:
Zitat aus dem Konzept vom August 72:

1. Phase   Lernerfahrungen der Gruppe   6. 10.–10. 10. 72

Eine Projektgruppe (aus KEKSleuten und Schülern einer Düsseldorfer Schule) organisiert einen Lernprozeß, dem das Feld der Kunsttage als Medium dient. Die Projektgruppe ist offen und kann im Ablauf der Tage interessierte Mitarbeiter integrieren.

Der Lernprozeß betrifft zunächst die Projektgruppe. Sie versteht sich als autonome Gruppe, die nach selbstbestimmten Zielen das Erfahrungsfeld sondiert. Durch verschiedene Formen aktiver Auseinandersetzung mit dem Erfahrungsfeld wird dieses zur Lernsituation (interviewen, dokumentieren mit Film, Foto, Tonband, Video, diskutieren, Informationen sammeln und visualisieren, ...).

Lernerfahrungen ergeben sich sowohl auf der Ebene von Verhaltensdispositionen als auch im kognitiven Bereich. Lernziele sind:
- Einblick in den Kunstbetrieb (Analyse)
- Fähigkeit, Analysen und Erkenntnisse zu vermitteln
- projektorientierter Umgang mit verschiedenen Medien
- lernen, wie man lernt.

Die Kunsttage sind also Gegenstand von Lernerfahrungen, die nicht nur auf inhaltliche Erkenntnisse, sondern auch auf die Fähigkeit zur Organisation von Lernprozessen hinzielen.

Für Außenstehende wird der Prozeß dadurch deutlich, daß er sich in einem 'workshop' der Gruppe durch Dokumentation und Diskussion fortlaufend darstellt. Im Ablauf dieser Phase werden Informationen und Materialien gesammelt, die zur Durchführung der zweiten Phase notwendig sind.

2. Phase   Vermittlung der Lernerfahrungen in einem Spiel
Während in der ersten Phase die Lernsituation so organisiert ist, daß sie vorwiegend Lernerfahrungen in der Gruppe vermittelt, bezieht die zweite Phase die Besucher der Kunsttage mit ein. Es soll den Besuchern in einem Spiel, das sie als aktive Mitspieler integriert, die Zirkulation von Kunstwerken vermittelt werden.
Zu diesem Zweck soll ein großer Raum (eventuell mehrere kleinere Räume) als Spielraum so ausgestattet werden, daß darin wesentliche Einrichtungen des Kunstbetriebs erkennbar sind: Atelier, Galerie, Museum, Öffentlichkeit und Medien. Spezifische Zitate sollen diesen Spielraum insbesondere als Modell der Kunsttage vorstellen.
Rollen, die gespielt werden können, sind: Künstler, Galerist, Museumsdirektor, Kunstsammler, Kritiker.
Im Anschluß an das Spiel werden in kleineren Gesprächsrunden, deren Kern jeweils Mitglieder der Projektionsgruppe bilden, die Erfahrungen aus dem Spiel, aus dem Besuch der Kunsttage sowie die Vermittlungsmethoden der Projektgruppe diskutiert, vor allem unter der Perspektive Kunsterziehung.

Damit sind hauptsächlich Aussagen über die Lernsituation, ihre Organisation und ihre Ausstattung, über ihre Möglichkeiten gemacht, der Ablauf des Projekts, die Entwicklung der Lerngruppe und die Schwerpunkte der Aktivitäten waren nicht definiert, d. h., der Lernprozeß war offen mit allen möglichen Risiken wie: Schüler machen nicht mit, Lehrer streiten sich untereinander, kein Konzept für die eingeladenen Kunsterzieher, usw. – diese Offenheit allerdings ist gleichzeitig Stimulans und Freiraum des Projekts (siehe → Selbstorganisation und → Spielraum).

2   Ablauf
1. Stufe: Lernerfahrungen der Gruppe

Der Aktionsraum stellte sich am ersten Tag als Rahmen ohne Attraktivität dar: leere weiße Wände, die Geräte und Materialien waren weggeschlossen oder noch nicht da.
Das erste Kontaktgespräch der Lerngruppe fand in der Nebenkoje statt, die nach außen abgeschlossen und nicht einsehbar war, d. h., die hier ablaufenden Aktivitäten vermitteln sich nicht nach außen in den IKI-Betrieb. Im Gespräch versuchten die Initiatoren zuerst, die aktuelle Situation (Realität IKI, Kunsthintergrund, Vorhandensein des Aktionsraums und Hintergrund Schule/Kunsterziehung) zu charakterisieren und die Rollen der Mitglieder der Lerngruppe und ihre Interessen zu klären (Zustandekommen und Bedingungen des Projekts): Absicht der Initiatoren, einen Lernprozeß zu starten, in dem auf verschiedenen Ebenen für alle Beteiligten Neuland betreten wird, Erwartungshaltung der Schülerinnen, etwas über Kunst und die Organisation von Lernen zu erfahren, Verpflichtung, an den letzten beiden Tagen für die eingeladenen Kunsterzieher etwas zu veranstalten. Es wurde also geredet über das, was abstrakt Lernziel und Lerninhalt meint, ohne allerdings diese abstrakte Ebene zu gebrauchen. Die Bindung von Motivationen an die reale Situation beginnt schon in diesem Anfangsstadium des Projekts, allerdings mit einer massiven Aktivitätsvorgabe der Initiatoren, deren Beitrag ja die Strukturierung und Bereitstellung einer Lernsituation ist, die einen Lernprozeß mit den als wünschenswert erkannten Faktoren ermöglichen will. Diese Vorgabe besteht aus:

9 Besucher übernehmen die Rolle des Galeristen, Künstlers oder Kritikers im Aktionsspiel ›Kunstmarkt‹ (IKI)

- der Klärung der Situation und der Rollen
- der verbalen Vermittlung von konkreten Handlungsangeboten und deren Begründung
- dem Hinweis auf die vorhandenen Medien und Materialien im verfügbaren Aktionsraum und auf die Strukturen, Objekte und Rollenträger im Lernraum IKI
- dem Abbau der Rollendistanz von Lehrern und Schülern durch Verhalten und Artikulieren: hier muß vermittelt werden, daß die Möglichkeiten zur Selbstorganisation und Selbsterfahrung wahrnehmbar vorhanden sind und tatsächlich über den Ablauf des Lernprozesses entscheiden
- der Entwicklung von Perspektiven und möglichen Abläufe für den Lernprozeß.

Hier geht das gegenseitige Informieren und Abtasten in die konkrete Aktivität über, da durchführbare Arbeitsansätze diskutiert werden und die Einzelnen sich für oder gegen dies und jenes aussprechen und sich dabei in Beziehung zum Lernprozeß setzen, sich vorstellen, ob sie ein bestimmtes Teilgebiet übernehmen können oder wollen. Entsprechend den vorhandenen Dispositionen der Einzelnen identifizieren sich diese auf der ihnen zugänglichen Ebene – sowohl die Lehrer als auch die Schülerinnen. In dieser Phase ergibt sich eine Übereinstimmung von Motivation und Aussicht auf Lustgewinn und Selbsterfahrung. Wenn nicht, werden Einzelne oder die Lerngruppe ihre Aktivität von der Verbalebene nicht auf die Handlungsebene transferieren können.

Die erste Perspektive: Informationen über IKI sammeln, führt zur Fragestellung, wer mit wem welche Informationen mit welchen Techniken beschafft. Nachdem die verschiedenen Handlungsansätze und ihre Medien umrissen sind, bilden sich Kleingruppen, die die Details bearbeiten. Damit ist erreicht:
a Die Lerngruppe bearbeitet gleichzeitig verschiedene Teilbereiche, die den Einzelnen entsprechend ihres Interesses Engagement ermöglichen und die eine Summe an Information ergeben. Im Gegensatz zur Schule wird die Arbeit nicht in Konkurrenz und für alle gleich organisiert. Die Kleingruppen arbeiten autonom und erwerben sich für ihren Bereich spezielle Kompetenz. Ihre Ergebnisse sind notwendige Bestandteile des kollektiven Lernprozesses und sind für die jeweils anderen Kleingruppen wichtiges Lern- und Informationsmaterial. Jede Kleingruppe vermittelt ihren Lernprozeß (Erkenntnisse, Ergebnisse, Einstellungen, Verhaltensweisen) an den Rest der Lerngruppe. Die Reaktionen der Lerngruppe, wo ja jedes Mitglied seinerseits inzwischen über Erfahrungen im gleichen Lernraum verfügt, ist Kontrolle und Bestätigung der eigenen Leistung.
b Lernen geschieht gleich in dieser ersten Phase durch Verhalten, durch Aktivwerden in der realen Situation Kunstmarkt. Sich diese vorhandene Realität von Anfang an unter selbstbestimmten, unabhängigen Zielvorstellungen vorzunehmen und dabei im Gegensatz zum reagierenden Besucher selbst agieren, Fakten setzen zu müssen, das alles weist die Lernsituation der Lerngruppe als wesentlich vorteilhafter im Sinne der geforderten Faktoren aus, im Vergleich zu der Lernsituation, die IKI für den normalen Besucher darstellt: Ihm werden keine Ansätze zu Autonomie und Distanz gegeben, da ja letztlich die ganze Veranstaltung IKI darauf abzielt, daß Vorhandenes konsumiert und möglichst auch gekauft wird.

Informationsbeschaffung
(Tonbandinterviews, Videoaufnahmen, Fotoserien, Fragebogen, Statistiken)
Im Sinne des Lernprozesses hat die Informationsbeschaffung zwei Aspekte:
- lernen, sich selbst Techniken und Verhaltensweisen anzueignen, die Information ermöglichen: d. h., das Ergebnis darf nicht unabhängig vom Produktionszusammenhang und von der Situation der Gruppe beurteilt werden. Die Qualität der Informationsinhalte ist abzumessen am Informationsstand der Lerngruppe. Das notwendige Engagement für die Informationsbeschaffung zu entwickeln und die Aneignung von Techniken dazu ist ein durchaus auch unter

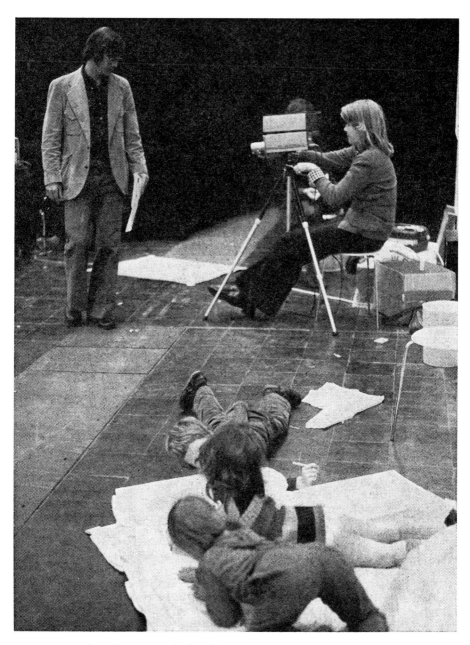

10 Benutzung des Video-Systems in der Aktion

psychologischen Gesichtspunkten zu sehender Vorgang (Entwicklung von Ichstärke, Abbau von Ängsten, Hemmungen, Konflikte durchstehen, die eigene Person in Relation zur Umwelt bringen, eigenes Verhalten auf die Gruppe abstimmen usw.)
– erst nach diesen Gesichtspunkten entscheidet die inhaltliche Aussage der beschafften Information über die Qualität der durchgeführten Aktivität. Für die Vermittlung des eigenen Lernprozesses und für Argumentationen allerdings ist die objektive Information, z. B. über Hintergründe von Kunst und die Marktmechanismen, entscheidend. Aus diesen Informationen resultieren auch alle weiteren Arbeitsansätze, hier wird die eigene Interessenlage und die subjektive Einstellung objektiviert.

2.1 Tonbandinterviews

Mit den zwei vorhandenen Geräten wurden zwei Zielgruppen angesteuert:
a Besucher, b Künstler und Galeristen
Jeweils zwei Schülerinnen übernahmen diese Aufgaben. Für den weiteren Verlauf und die Struktur der Lernsituation bezeichnend war dabei folgender Vorgang: Noch während der Arbeitsverteilung und der Organisation der Kleingruppen verbreitete sich die Nachricht, daß in einer Galerie in der Nähe Vivi Bach, bekannt aus Film und Fernsehen (›Wünsch dir was‹), als Künstlerin ausstellte und gerade selbst anwesend sei. Man könnte sie doch gleich interviewen. Damit war das Problem gegeben, eine (spontane) Idee, einen konzeptionellen Ansatz in Handlung umzusetzen, der Punkt, wo die Schule ihre Vermittlung abbricht, und wo es oft Einzelnen und Gruppen an Verhaltensweisen zur Realisierung der eigenen Idee fehlt. Eine Schülerin, die sich in außerschulischen Bereichen eben dieses Durchsetzungsvermögen erworben hatte, machte ohne lange Überlegungen dieses Interview:
Interview mit Vivi Bach
(I. = Interviewer)
I.: Wir sind vom Aktionsraum, und wir haben einige Fragen, die wir Ihnen gerne stellen würden. Wie würden Sie Ihre Bilder selber einstufen, welche Kunstrichtung vertreten Sie?
V. B.: Na ja, das sieht man ja wohl, das ist schon naiv, und gegen Kunst habe ich überhaupt etwas, Kunst ist etwas, was die Menschen daraus machen, ich habe einfach die Bilder gemalt, weil es mir sehr viel Spaß gemacht hat und weil ich glücklich bin, wenn ich male und ich male einfach Bilder; was es nun ist, überlasse ich den Leuten.
I.: Wie gefällt Ihnen diese Ausstellung? Was, meinen Sie, wollen viele Künstler hier ausdrücken? Sind Sie zufrieden mit dem, was Sie hier geboten bekommen?
V. B.: Ja, ich finde es ist wahnsinnig vielfältig, ich sehe sehr viele alte Bekannte hier. Ich finde diese Messe ist sehr schön, die Skala ist sehr groß.
I.: Fühlen Sie sich als Allroundkünstlerin neben Ihrem Beruf als Schauspielerin, Quizmasterin?
V. B.: Ich bin vielleicht produktiver als normale Menschen.
I.: Glauben Sie, daß die Hausfrau auf dieser Messe auch angesprochen wird?
V. B.: Ich hoffe das sehr. Dadurch daß ich z. B. meine Bilder vervielfältigt habe, hoffe ich, daß sie vom röhrenden Hirschen wegkommen.
I.: Wie finden Sie die Preisskala für Ihre Bilder*? Finden Sie es richtig, für Kinderbilder, wie sie es in diesem Rahmen darstellen, diese Preise anzusetzen? Meinen Sie, daß das sich jeder leisten kann?
V. B.: Es blieb uns nichts anderes übrig, denn ich wollte die Bilder so vielfarbig wie möglich machen und das kostet einfach Geld. Ich hoffe auch, daß das nicht nur Kinder kaufen, also für Kinder, sondern auch Erwachsene; es gibt ja sehr viele, die naive Bilder sammeln.
I.: Wir danken Ihnen.

* Ein Druck von Vivi Bach (Größe ca. 40 x 40 cm) kostete mit Rahmen 160,- DM.

11 Schüler interviewen Künstler auf dem Kunstmarktgelände

Dieses Interview wurde dann gleich abgespielt, kommentiert und als erste Leistung der Lerngruppe akzeptiert. Für die anderen Kleingruppen war dieses Erfolgserlebnis Motivation und Signal, ihrerseits jetzt möglichst schnell die Schwelle zwischen Konzipierung der Arbeit und ihrer Realisierung im Lernraum IKI zu überwinden.
Die von den Interviewgruppen gemachten Interviews wurden im Laufe der Zeit im Aktionsraum abgespielt und teilweise abgetippt. Beispiele (Befrager waren Schüler):
a Interview mit Besuchern
b Interview mit Galeristen und Künstlern
Die folgenden Beispiele wurden im Aktionsraum von den Interviewgruppen in der vorliegenden Form abgeschrieben.

Zu a Besucher
(F. = Frage, A. = Antwort)
Ausländer, vergammelter Typ:
F.: Was halten Sie von dieser Messe?
A.: Sie ist der mißlungene Versuch, die schizophrene Vervielfältigung zu vereinbaren.
F.: Wie kommen Sie zu dieser Ansicht?
A.: Da die Abbildung von einem Original zu machen an Todsünde grenzt.
F.: Können Sie mir das näher definieren?
A.: Nur durch den Obenstehenden wäre das Gelingen der Sache (Kunstmarkt) möglich.

F.: Wer ist für Sie dieser Obenstehende?
A.: Ich.
F.: Sind Sie Künstler?
Er wendet sich ab mit einem Ausdruck den ich so empfunden habe, als wolle er sagen »Ihr habt ja alle keine Ahnung von Kunst!«

Ehepaar, ca. 40–50, die weibliche Hälfte spricht:
F.: Welchen Eindruck haben Sie von dieser Messe?
A.: Einen sehr verwirrenden Eindruck, zumal das sehr viel ist... und das in ziemlich vielen Kunstrichtungen, in die Moderne z. B. in die Moderne geht und meinen Sie daß, jetzt muß ich sie etwas fragen: ob solche Ausstellung Erfolg hat, verkaufsmäßig? Können Sie nicht beurteilen, nicht?
F.: Stimmt. Welche Stände hielten Sie für interessant? Sind Sie von einigen schockiert worden?
A.: Nee, also schockiert hat mich nichts. Nur daß man bei manchem effektiv nicht weiß, was die Künstler damit gemeint haben, was sie darstellen wollen, nicht, daß man sich oft gar nichts drunter vorstellen kann, nee wir hatten leider keinen (Katalog). Ganz interessant sind vorne in der Halle die Bilder von Picasso, Chagall und so und vor allen Dingen, Ferdi (ihr Mann), die zu 50 000 Mark dahinten, diese naiven, also kann ich z. B. nicht verstehen, wie jemand für solch'n Bild – einfache Kleckserei manchmal, oder auch so Häuser – wie jedes Kind sie malen kann, 30 000 bis 40 000 Mark nimmt, nicht. Würde mich mal interessieren, ob die das wohl dafür bekommen, ob sich das wohl verkauft.

Mann, 50–60 Jahre
(1. Hälfte des Interviews fehlt.)
F.: Worin sehen Sie die Qualität von Bildern?
A.: Die Qualität von Bildern...
F.: Es gibt ja auch Grenzfälle dabei...
A.: Was für Grenzfälle, natürlich gibt es Grenzfälle, und das nebeneinander zu sehen, ist vielleicht ganz interessant, ich würde sagen... die... Versuche der... Moderne... hm, sind vielleicht etwas ausgeufert gegenüber dem Klassischen, Anerkannten... und über die Moderne sich ein Urteil zu bilden, das ist natürlich wesentlich schwerer. Wesentlich schwerer und auch wahrscheinlich ein Prozeß eines längeren Auseinandersetzens. Nicht? Kann man nicht in einer Ausstellung machen.
F.: Also Sie halten diese Messe nicht für gelungen?
A.: Doch, an und für sich, ja. An und für sich halte ich sie für gelungen und für notwendig, nur würde ich sagen etwas übersichtlicher angeordnet. Vielleicht eine Steigerung – dieses Nebeneinander ist etwas verwirrend.
F.: Wie finden Sie den Katalog?
A.: Ich habe da noch nicht rein geguckt, aber 5 DM ist er bestimmt wert.

Zu b Künstler und Galeristen
Künstler, ca. 35, arbeitet in einer Koje an einer Siebdruckmaschine
F.: Sind Sie Künstler, ja, wie gefällt Ihnen diese Ausstellung?
A.: Ich halte sie für ziemlich breit und gut durchorganisiert. Es ist aber eine ziemlich kommerzielle Messe geworden.
F.: Wie stehen Sie zu dieser Kommerzialisierung?
A.: Ich bekenne mich zur kommerziellen Seite der Messe, sonst würde ich hier nicht so arbeiten und mitmachen.
F.: Wie steht Ihr Galerist dazu. Ist er zufrieden mit den geschäftlichen Abschlüssen?
A.: Das kann man heute noch nicht sagen.

F.: Sind Sie selber zufrieden mit Ihrem Verdienst – entsprechend zur Galerie?
A.: So kalkuliere ich nicht. Wenn ich hierher gehe, ist das ein ziemliches Risiko wirtschaftlicher Art. Ich rechne nicht damit, daß man hier unmittelbar verdient. Es bringt aber auf die Dauer gesehen doch was, es ist meine eigene Werbung hier.
F.: Ihre eigene Werbung besteht also mit darin, den Leuten dieses Siebdruckverfahren zu zeigen. Glauben Sie, daß Sie den Leuten damit dieses Verfahren näherbringen?
A.: Die Absicht ist schon didaktischer Art, daß man den Kontakt über die Arbeit zum Publikum findet. Es ist keine Informationsstunde über die Technik – ich kombiniere es in einer lockeren Weise – wer will kann fragen und bekommt das erklärt. Aber ich glaube, daß es schon einen Effekt hat, wenn die Leute sehen, wie es gemacht wird. Ich glaube, wenn hier gearbeitet wird, daß schon ein Kontakt zustande kommt zwischen Künstler und Publikum.

Interview mit dem Maler Attersee (aus Wien)
F.: Was wollen Sie mit dieser Art von Bildern ausdrücken?
A.: Das ist ein bissel sehr schwer gefragt. Hier sieht man den Zyklus Segelsport, die Arbeit der letzten eineinhalb Jahre. Es handelt sich da um Objekte, z. B. wie bei dieser Tasse um Aufsätze, Schmuckaufsätze. Bei dieser Frau um ein Modeobjekt – Knieschmuck. Also immer wieder um Objekte mit Takelage.
F.: Inwiefern hier Modeobjekt?
A.: Ja, weil es ein Knieschmuck ist, daß man eine gewisse Körperstellung einnimmt, wie hier auf dem Bootssteg und das trägt wie eine Badehose.
F.: Ist diese Sache eine Persiflage?
A.: Nein, wieso, das ist ein Objekt, kann man alles ausführen. Dieser Blumenschmuck – hier neigen sich die Blumen mit den Aufsätzen immer in Windrichtung.
F.: Sprechen Ihre Bilder an?
A.: Ja – glaub ich schon.
F.: Worauf stützen Sie das?
A.: Ich bin hier in Deutschland schon ziemlich bekannt, und dann sind sie durch die Gegenständlichkeit leicht verständlich.
F.: Ist das ein Auftrag, den Sie ausführen. Haben Sie es sich selber zum Thema gesetzt, ausschließlich diese Dinge zu malen?
A.: Wieso ausschließlich – das ist das Gebiet mit dem ich mich das letzte Jahr beschäftigt habe.
F.: Wie ist es geschäftlich gesehen – günstig, ungünstig? Verkaufen sich Ihre Bilder gut?
A.: Ja, verkaufen sich gut. Es geht von Jahr zu Jahr besser.
F.: Die Objekte, sind das Zukunftsvisionen, weil Sie sagten Mode?
A.: Wieso? Es ist ein Objekt, ein Bekleidungsstück.
F.: Hat es eine Beziehung zu der Umwelt jetzt?
A.: Ja, dieses Segel hat eine Beziehung zum Wind z. B. oder zum Wasser.
F.: Steht das zu einem Zeitgeschehen in Beziehung – das ist keine Provokation, es interessiert mich nur.
A.: Ja, zum Tagesablauf z. B.
F.: Was hat der Wind damit zu tun?
A.: Weil ein Segel mit dem Wind einfach zu tun hat – meistens.
F.: Es ist doch absurd, daß dieses Segel dieser Frau verhilft, sich in die Luft zu heben.
A.: Wieso, ein Segelboot fliegt doch auch nicht. Der Winddruck auf dem Segel ist auf dem Knie spürbar und das ist ein Lustgewinn.

2 Videoaufnahmen

Die Beschäftigung mit der Videotechnik ist einerseits durch die Verfügung über ein komplexes Produktionsmittel für Schüler attraktiv, andererseits ermöglicht es durch die sofortige Wiedergabemöglichkeit des Aufgenommenen direkte Überprüfung der eigenen Aktivität. Die Videogruppe setzte das Gerät zuerst als Mittel ein, subjektive Ausschnitte aus der Gesamtsituation IKI festzuhalten, wobei die technische Beherrschung der Apparate im Vordergrund stand und die Fragen des Inhalts und der Aussage des Filmprodukts notgedrungen zurücktraten. Das änderte sich im Laufe der Tage.

Das Videogerät wurde eingesetzt für
- Situationsschilderungen aus dem Kunstmarkt: Galerie und Besucher, Betrieb im Café Fongi, Ablauf und Eingriff in die Aktion: Emanzipation der Frau, Aktivitäten der Lerngruppe im Aktionsraum und auf dem Kunstmarkt;
- die Einrichtung eines 'Interviewstudios' im Aktionsraum. Besucher und Galeristen wurden zu einem Gespräch 'im Rahmen einer Kultursendung' gebeten und mit etwa gleichlautenden Fragen konfrontiert, die von der Gruppe, halb aus Interesse, halb aus Ironie formuliert worden waren.

Schülerfragen für Videointerviews
1 Sind Sie Galerist, Besucher oder Künstler?
  Warum sind Sie zum Düsseldorfer Kunstmarkt gekommen?
2 Viele Leute kaufen Bilder, um damit ihre Wohnung zu schmücken.
  Können Sie uns sagen, was bei Ihnen zur Zeit im Vorzimmer hängt?
3 Welcher Unterschied besteht für Sie zwischen der Darstellung einer nackten Frau auf einem Bild und einer wirklich nackten Frau hier als Ausstellungsobjekt?
4 Sehen Sie einen Unterschied zwischen einem Kaufhaus und einer Kunstmesse?
- Darstellung selbstgewählter Themen, die sich aus dem wahrnehmbaren Repertoire des Lernraums IKI ergaben: z. B. eine Folge von Köpfen, gemalte, plastische, echte, die in der filmischen Addition durch Kontraste oder Übereinstimmungen, durch Ausdruck, Tätigkeit (essen, reden usw.) einen Ausschnitt der gegebenen Realität zeigen;
- eine Direktschaltung Kamera – Monitor, wobei eine Reiz-Reaktionssituation initiiert wird. Die im Aktionsraum installierte Kamera wurde von einer Schülerin auf Besucher gerichtet, das Bild erschien gleichzeitig auf dem den Besuchern zugewandten Fernsehschirm. Der Besucher reagiert auf sein Bild – daraus ergeben sich die verschiedensten Interaktionen, die Beteiligte und Umstehende wieder über die Wirkungen des Mediums und über Verhaltensweisen der Betroffenen informieren.

3 Fotografieren

Diese Gruppe gab sich Themen: Besucherverhalten, Kinder und Hunde auf dem Kunstmarkt, Präsentationsweisen von Galeristen, Porträtserie von Galeristen, Aktivitätsangebote für Besucher. Zusätzlich wurde hier der Lernprozeß selbst dokumentiert: Die einzelnen Gruppen bei Aktivitäten auf dem Kunstmarkt (z. B. Fotografieren, wie Heidrun Vivi Bach interviewt, oder wie die Videogruppe einen Konflikt auslöst, der die letztlich konsumorientierte Aktion zum Thema Emanzipation der Frau durcheinanderbringt und zu stundenlangen Diskussionen führt). Die Dokumentation des eigenen Lernprozesses und der Weitervermittlung an die Lerngruppe wurde in dem Maße vorherrschendes Fotothema, wie es der Lerngruppe gelang, Wirkung und Interesse wahrnehmbar nach außen, d. h. in den Lernraum IKI zu vermitteln, vor allem später beim Kunstmarktspiel.

4 Fragebogen

Die Durchführung einer Besucherbefragung hat verschiedene Stufen: Herstellung des Fragebogens (entscheiden: was will ich wissen?). Besucher ansprechen, erklären, worum es geht, ausfüllen lassen, Auswertung der Antworten.

Die Fragebogen (mit Auswertung):

Fragebogen der Gruppe aus dem Aktionsraum der IKI
(Ungefähr 90 Fragebogen wurden ausgefüllt und ausgewertet. Hinter den Frageformulierungen steht in Klammern die Anzahl der jeweils dazu positiven Antworten)

 I. Zur Person:
  Alter: Beruf: Geschlecht: Wohnort:
 II. Warum sind Sie zur IKI gekommen?
  a. um ein Bild zu kaufen (6) b. um den Betrieb einer Messe kennenzulernen (9)
  c. als Kunstinteressierter (73)
 III. Was bedeutet Ihnen Kunst?
  a. Geldanlage (9) b. Wohnung auszuschmücken (23)
  c. Künstler unterstützen (17) d. sie kann etwas Wichtiges sagen (60)
 IV. Wo kommen Sie im täglichen Leben mit Kunst in Kontakt?
  a. am Arbeitsplatz (25) b. als Hobby (35)
  c. auf anderen Ausstellungen (56) d. Zeitungen, Illustrierte (37)
  e. Fernsehen (11) f. in der Wohnung (4)
  g. in der Umwelt (36) h. gar nicht (2)
 V. Wodurch sind Sie ursprünglich mit der Kunst in Berührung geraten?
  a. Elternhaus (38) b. Schule (42)
  c. Beruf (14) d. Massenmedien (18)
 VI. Was halten Sie von der Messe?
  a. schlechte/gute Information (3/56) b. zu sehr aufs Kommerzielle aufgebaut (18)
  c. kein großes/großes Angebot (–/43) d. sind die Preise angemessen ja/nein? (–/52)
 VII. Mit welchen Erwartungen sind Sie auf die Messe gekommen?
  a. um Informationen über spezielle Künstler zu erhalten? (9)
  b. um sich über die aktuelle Kunst zu informieren? (54)
  c. um Kontakte mit Künstlern und Galeristen aufzunehmen? (17)
 VIII. Wie würden Sie die Zukunft einer Messe sehen?
  (die häufigsten Antworten:)
  – bedarf des Ausbaus; – weitermachen; – aussichtsreich; – wenig Zukunft; – daß das Angebot zu groß ist; – müßte besser organisiert sein; Luxus; – zu sehr für Profis; – für Geschäfte machen positiv; – problematisch; – zu kommerziell.

Im Verlauf des weiteren Prozesses wurden Fragebogen zu Teilproblemen aus aktuellen Anlässen spontan entworfen, wie z. B. für Eltern, die Kinder auf dem Kunstmarkt dabei hatten: Befragung im Rahmen eines Schülerprojekts – Kunstmarkt als Lernraum –
Alter: Geschlecht: Beruf: Wohnort:
Warum haben Sie Ihr Kind mitgebracht?
Wie ordnen Sie einen solchen Kunstmarktbesuch für Ihr Kind ein?
Ist der Verlauf dieses Besuches auf Ihr Kind abgestimmt?

Welche Möglichkeiten geben Sie Ihrem Kind zur Verarbeitung eines solchen Tages?
Welche Funktion würden Sie diesem Raum zusprechen?
Halten Sie einen solchen Aktionsraum für Kinder auf einer Messe für notwendig?
Sonstige Bemerkungen von Ihrer Seite zu diesem Thema:

5 Informationen und Statistiken über Kunstmarktmechanismen

a Es wurden bei Galeristen und Künstlern Fakten und Zahlen gesammelt, aus denen sich Schlüsse über den Marktcharakter des Kunsthandels und den Warencharakter der Kunstobjekte ziehen ließen. Beispiele:
- Wieviel ist z. B. ein Stand wert (die Summe der Preise aller ausgestellten Bilder): Ein daraufhin untersuchter Stand war 54 000,- DM wert.
- Die teuersten und die billigsten Waren auf dem Kunstmarkt, welche Inhalte, Stile, Künstler?
- Wieviel wird verkauft, wer kauft?
- Wieviel verdient der Künstler, wieviel der Galerist bei einem Verkauf?
- Haben Bilder des gleichen Künstlers verschiedene Preise, z. B. bei verschiedenen Galerien?

Gr = Gruppe   St = Stand

	Gr. 1 St. 19	Gr. 1 St. 46	Gr. 5 St. 98	Gr. 5 St. 118
1. Wie viele Künstler stellen Sie aus?	20	13	6	3
2. Stellen Sie hauptsächlich bekannte Künstler aus oder Künstler, die Sie fördern wollen?	bekannte Künstler	bekannte Künstler	geförderte Künstler	1 bekannt 2 gefördert
3. Haben Sie Ihre Bilder versichert?	pauschal 110 000 DM	keine	teilweise	pauschal
4. Welche Preisdifferenzen haben Sie? (niedrigster Preis... höchster Preis...)	1 800 Rolfs 13 000 Chesini	80–400	50–100 000 Stenvert	2500–6000
5. Wieviel Prozent des Verkaufspreises geht an den Galeristen?	etwa 30 %	–	20–30 %	–
6. Wer bestimmt den Preis?	Galerist u. Künstler	Verlag	Galerist u. Künstler	–
7. Werden die Bilder von Privatleuten oder Fachleuten gekauft?	–	–	–	beides zur Hälfte

	Gr. 5 St. 117	Gr. 6 St. 130	Gr. 7 St. 36	Gr. 8 St. 148
1. Wie viele Künstler stellen Sie aus?	21	3	15	3
2. Stellen Sie hauptsächlich bekannte Künstler aus oder Künstler, die Sie fördern wollen?	vorwiegend gefördert	beides zur Hälfte	beides zur Hälfte	1 bekannt 2 gefördert
3. Haben Sie Ihre Bilder versichert?	pauschal 100 %	pauschal	keine	pauschal
4. Welche Preisdifferenzen haben Sie? (niedrigster Preis... höchster Preis...)	550–12 500	15–1500 6000 Chagall	300–10 000 Vecenaj	180–7500
5. Wieviel Prozent des Verkaufspreises geht an den Galeristen?	–	–	–	–
6. Wer bestimmt den Preis?	Galerist u. Künstler	–	Galerist u. Künstler	Galerist u. Künstler
7. Werden die Bilder von Privatleuten oder Fachleuten gekauft?	beides zur Hälfte	vorwiegend Fachleute	Privatleute	Privatleute

Die Gruppe mußte erfahren, daß diese Informationsbeschaffung schwierig ist, daß hier die Tabubereiche und empfindliche Stellen des Kunstmarkts IKI berührt werden und daß diese Informationen oft nicht zugänglich sind – es wurde also sichtbar, daß hier Interessen vorhanden sind, die verschiedene Ebenen meinen.

Antwort eines Kunsthändlers auf die Frage nach Preisen:
Was stellt ihr denn dauernd so dumme Fragen. Hier gibt es nichts zu fragen, es ist ein ganz simpler Vorgang, hier werden Bilder an den Mann gebracht. Durch mich. Die Frage nach dem teuersten Bild ist blöd, frag nicht nach den Preisen im Zusammenhang mit Kunst, eher kannst du nach dem billigsten fragen. Kunst ist für mich mein Empfinden, wenn ich davor stehe. Ihr sollt nicht fragen, was ein Bild kostet, sondern Wesentliches. (Später, bei längeren Gesprächen, wurde er zusehens freundlicher, da wurde aber auch nicht mehr über Preise gesprochen.)

b Informationen über die Attraktivität von Galerien und Kunstobjekten anhand der Besucherzahlen: wie viele Besucher bleiben innerhalb eines bestimmten Zeitraums stehen, welche Routen beim IKI-Rundgang verfolgen die Besucher (das wird in den vervielfältigten IKI-Plan eingetragen).

Bei der Durchführung dieser Aktivitäten traf sich die Lerngruppe gelegentlich zu festgesetzten Zeiten (1- bis 2mal täglich), womit allerdings keinerlei Verpflichtung verbunden war, da die Kleingruppen sich selbst organisierten, was ihre Zeiteinteilung und ihre Arbeitsschritte betraf. Das gegenseitige Interesse aber, die eigenen Erfahrungen und Produkte weiter zu vermitteln bzw. anderes vermittelt zu bekommen, ergab ein Informationsgefüge, das zwar unstrukturiert, aber wirkungsvoll war, so daß die zur Informationsverbreitung notwendige Kommunikation und Interaktion ohne formale Regelung funktionierte.

2. Stufe: Vermittlung in den Realraum IKI

Die Rückvermittlung von Arbeitsergebnissen der Kleingruppen leitet eine neue Phase ein, in der sich die Arbeit innerhalb der Teilbereiche so ausweitet, daß sich die Gesamtgruppe immer intensiver in der Realität Kunstmarkt wahrnehmbar macht, daß sie selbst initiativ wird und ihre Interessen und Aktivitätsansätze bewußt an die Kunstmarktrollenträger (Besucher, Galeristen, Künstler usw.) vermitteln will. Das stellt sich deutlich dar am äußeren Erscheinungsbild des Aktionsraums, der selbst mit Aktivitäten gefüllt wird (schreiben, hektografieren, mit Video filmen, Tonbänder abspielen, projizieren, Transparente malen usw.) und an dessen Wänden immer mehr nach außen gerichtete Informationen und Handlungsaufforderungen erscheinen: Die Lerngruppe agiert und versucht dieses Agieren als Verhaltensweise selbst zu vermitteln. Die Arbeit der Kleingruppen liefert aus dem Kunstmarkt Produkte und Informationen, die im Freiraum des verfügbaren Aktionsraums aufbereitet und weitervermittelt werden. Zum permanenten Kommunikationsprozeß innerhalb der Lerngruppe tritt die natürlich in der Regel distanziertere Kommunikation mit interessierten Außenstehenden.
  Damit ist zweierlei bewirkt:
– *Die einzelnen Mitglieder der Lerngruppe betrachten es als Teil ihres Lernprozesses, Lernsituationen für andere zu organisieren. Damit lernen sie selbst anhand von Reaktionen, die aus den von ihnen gesetzten Fakten entstehen.*
– *In der direkten Interaktion werden Verhaltensweisen gefordert, die Aktivität zur Bedingung und zur lustvollen Erfahrung machen, indem man sieht, daß Beeinflussung, Interesse und wiederum Aktivität bei Außenstehenden durch die selbst organisierte Veränderung einer Situation (z. B. des leeren Aktionsraums) entsteht.*
Im einzelnen wurden folgende Teilprojekte konzipiert und teilweise durchgeführt, wobei sich die verschiedenen Ansätze und Realisationen überlagerten, auseinander entwickelten oder auch in Konkurrenz traten. Für die Wahrnehmung Außenstehender stellt sich der Aktionsraum als ein intensiver, vielseitiger und relativ schwer durchschaubarer Prozeß dar – was ja wieder Aufmerksamkeit abverlangt.

Video
– Im Kunstmarkt aufgenommene Videobänder wurden abgespielt.
– Die in vorangegangenen Interviews aufgenommenen Texte wurden immer wieder abgespielt. Das bedeutet Rückkoppelung von Besuchermeinungen an die Besucher.
– Die oben beschriebene Reiz-Reaktionssituation zieht Besucher an, viele halten sich wesentlich länger auf als in den Galerien: nach der eigenen Erfahrung beobachten sie die Reaktionen anderer Besucher.

Großplan
Ein auf 2 m vergrößerter IKI-Plan dient zur Eintragung aller möglichen Informationen aus dem Kunstmarkt (Preise, Besucherzahlen in einzelnen Galerien, Führungslinien usw.). Es soll ein Zeichen- und Farbsystem entwickelt werden, damit dieser Plan alle zugänglichen Informationen aufnehmen kann. Aus Zeitgründen wird dieses Projekt nur ansatzweise realisiert.

Kleinpläne
Es standen nach dem IKI-Plan im Katalog vervielfältigte Pläne im DIN A 4-Format zur Verfügung. Darauf sollten

- Besucher ihren Weg durch IKI eintragen und im Aktionsraum aufhängen
- Führungslinien für verschiedene Zielgruppen vorgeschlagen werden: für alte Leute, junge Leute, Familien, Kinder, Schulklassen, Pfarrer, Linke, Rechte, an abstrakter Kunst Interessierte, an realistischer Kunst Interessierte usw.
- Stil und Themenübereinstimmungen bei den verschiedenen Galerien eingetragen werden
- verschiedene Galerien, in denen der gleiche Künstler auftaucht, markiert werden
- Verteilung von Bildern, Plastiken, Objekten usw.
- Möglichkeit zur Eigenaktivität von Besuchern
- nichtkultureller Konsum: Essen, Trinken, Zigaretten usw.

Wände: Information – Aktion

a Kleine Zettel mit 6 verschiedenen Frageversionen wurden den Besuchern angeboten bzw. im Kunstmarkt verteilt. Die ausgefüllten Zettel wurden mit entsprechender Zuordnung an einer Wand zugänglich gemacht. Diese Wand war zeitweise umlagert von Besuchern, die Lerngruppen selbst hatten hier auch für sich ein wichtiges Informationsmittel, das über Motive und Ansichten der Rollenträger von IKI differenziert Auskunft gab:
Befragung im Rahmen eines Schülerprojekts: Kunstmarkt als Lernraum

1 »Was denken Sie als Besucher über Künstler?«

Beruf	Alter		Antwort
Lehrer	27	m	Der Freiraum ist immer noch zu groß, die politische Begründung des Tuns fehlt noch viel zu sehr im Hinblick auf Bewußtmachung + Verhaltensänderung.
Beobachter	36	m	Sind Egoisten höchsten Grades, die glauben, mit ihren 'Talenten' etwas für die Gesellschaft zu tun – was realiter nicht stimmt.
Werklehrerin	26	w	Menschen, die sich entweder getragen oder von der Gesellschaft ausgeschlossen fühlen, mit einer speziellen Form ihrer Auseinandersetzung mit der Umwelt.
Kunststudent	$18^{1}/_{2}$	m	Was ist ein Künstler? Beuys und Steack etc. sind schizophren. Für sie ist Sozialismus zur Ware degradiert. (Ansonsten ist die Fragestellung beschissen.)
–	35	w	... daß das Gros der 'Künstler' in provozierender Form den Realismus pervertiert. Warum? Ist Provokation die einzige Möglichkeit sich auszudrücken?
Grafiker	18	m	Kunst ist die persönliche Freiheit des Einzelnen.
Dr. E.	33	m	Gut, daß es Künstler gibt! Nur die Kunsthändler sind zu penetrant.
	22	m	Sagen Sie mir, was ein Künstler ist, dann kann ich Ihnen die Frage auch beantworten!

Beruf	Alter		Antwort
Richter	59	m	Zuviel Originalität, zuwenig wirkliches Können (Ausnahmen bestätigen die Regel).
Kfz-Schlosser	20	m	Was ist ein Künstler? Kann man das noch als Kunst bezeichnen? Für mich ist das keine Kunst.
Zeichner	17	w	Weltfreund, menschlich naiver, unfähig, die erworbenen Erfahrungen und Erkenntnisse auf das tägliche Leben zu übertragen. Ich glaube, daß Künstler menschenfreundlich und friedlich sind.
Schüler	16	m	Künstler sind hauptsächlich Leute, die sich die Faulheit der anderen, sich schöpferisch zu betätigen, zunutze machen und ihren Profit daraus schlagen. Dabei sollte ihre Aufgabe darin bestehen, die Leute an die schöpferische und praktische Arbeit (auch zur Veränderung der Gesellschaft) heranzuführen. Dazu gehört vor allem der direkte Kontakt mit den Besuchern.
Hausfrau	28	w	Künstler sind Menschen(!), die dank ihrer Begabung in der Lage sind, ihre Gedanken, Meinungen, Phantasien in Bildern etc. auszudrücken. Manche sind Spinner!!!
Techn. Kaufmann	31	m	Diskrepanz zwischen arbeiten und sich gehenlassen.
Hausfrau	51	w	Teils – teils, einige Sachen gehören nicht hierher. Mit welchem Recht (nicht immer) die enormen Preise?
Pensionär	62	m	Die Anzahl ist zu groß, dadurch ist sehr schwer zu erkennen, wer ist hier der Größte?
Arzt	42	m	Menschen wie Du und ich, vielleicht mit mehr Phantasie, sicher mit mehr Drang zur persönlichen Freiheit.
–	40	w	Ich denke über 'Künstler' dasselbe wie über 'Ärzte', 'Fabrikanten', 'Neger', 'Juden' usw. Es gibt gute und schlechte. Befragung Unsinn.

2 »Was denken Sie als Besucher über Galeristen?«

Beruf	Alter		Antwort
Gymn.-Lehrer	43	–	Sie geben dem Besucher die Möglichkeit zur Information über neue Versuche künstlerischer Unternehmungen innerhalb unserer Gesellschaft.
Arzt	48	m	Die Galeristen sind sicher als Mittler zwischen Künstler und 'Konsumenten' notwendig. Ihre Chancen wie ihr Profit ist sicher oft nicht gerechtfertigt.
Kaufmann	29	w	Ein Markt wie jeder andere, wie eine Möbelausstellung oder Mode.

Volksschullehrerin	30	w	Sie informieren mich begrenzt über die gegenwärtige und vergangene Kunst. Ihre Auswahlkriterien allerdings kenne ich nicht.
	46	m	Notwendiges Übel.
Journalist	40	m	Galeristen sind ein notwendiges Übel wie viele Vermittler innerhalb einer profitorientierten Gesellschaft.
Med. Assistentin	23	w	Absolute Kapitalisten, die die Künstler ganz schön bescheißen.
Hausfrau	63	w	*Negativ.*
Arzthelferin	16	w	Geldmacher, mir fällt jetzt nichts mehr ein.
Oberstudienrat	37	m	Sie (die Galeristen) sind Geschäftsleute mit speziellen Fähigkeiten, die sie sich verdientermaßen bezahlen lassen.
Lederbearbeiter	32	m	Leute, die Spaß an ihrer Arbeit haben und dabei uns an der Nase herumführen, gleichzeitig zuviel Geld dafür bekommen.

3 »Was denken Sie als Galerist über Besucher?«

Stand	Alter		Antwort
Stand 179	32	m	Ich denke gar nicht über Besucher. Ich rede mit ihnen, wenn ich Lust dazu habe.
	31	m	Notwendig, weil wenn Dialog dann ist die Messe eine Möglichkeit.
Stand 59	–	–	Der Besucher kommt, um etwas mit nach Hause zu nehmen, nicht, um sich zu informieren.
Stand 64	34	m	Wir sehen in den Besuchern nicht nur Käufer. Da wir hauptsächlich populäre Dinge wie Plakate, Postkarten etc. anbieten, freuen wir uns über jede Reaktion. Die meisten reagieren auch positiv.
Stand 56	–	–	Markt ohne Besucher hat keinen Sinn.
Stand 168/132	42	–	So eine Frage: Meinen Sie das allgemein oder hier auf der IKI oder daheim in der Galerie? Natürlich freut man sich über viele Besucher, z. B. über die, die etwas

kaufen, und über die, mit denen man ein interessantes Gespräch hat, oder ganz einfach die, die sich für Kunst und Künstler oder auch den Kunsthandel interessieren.

Natürlich gibt es aber auch Besucher, die sich nur aufwärmen wollen, oder stehlen, oder die einen mit unausgegorenen Weltanschauungen langweilen oder womöglich provozieren wollen. Solche Besucher sollten bleiben, wo der Pfeffer (oder ihre merkwürdigen Anschauungen) wachsen.

Stand			
Stand 147	37	m	Braucht man, um zu verkaufen!
Stand 176	–	w	Pupplico enumerato: 10 % bello, 30 % diserto, 58 % insignificante, 2 % probabile lampatiori che disastro!
Stand 68	49	m	Je mehr Besucher, desto größer der Anteil an Käufern. Auch wenn nicht gekauft wird, ergeben viele Besucher Positives – weil es Werbung für die Kunst schlechthin ist. Wer heute nur konfrontiert wird mit Kunst, kann später auch Käufer werden.
Stand 171	28	–	Menschliche Wesen, die nicht gelernt haben, aufmerksam zu schauen.
Stand 159	42	m	Der IKI-Besucher, offensichtlich zu dumm, um den größtenteils betrügerischen Kunstrummel zu durchschauen. Kunstgläubige auf einer Irrfahrt durch Gags und Blödsinn. Der Kunstgläubige wird zum 'Schuldner' (durch seine Käufe), damit die heutigen Untalente und 'Kunst'-Macher überhaupt existieren können.

4 »Was denken Sie als Galerist über Künstler?«

Stand	Alter		Antwort
Stand 159	42	m	IKI = Abgewöhnung des guten Geschmacks, die 'Künstler' machen sehr regen Gebrauch davon. Das Angebot reicht von aufgeblasener Dummheit bis zu sehr wenigen guten Werken. Der Künstler und sein Galerist wird langsam und sicher zum Betrüger und Ausbeuter einer gutgläubigen, kritiklosen Masse.
Stand 74	–	–	Der Unterschied zwischen Teppichhändler und Kunsthändler: der Teppich liegt auf dem Boden – das Bild hängt an der Wand.
–	–	–	Künstler ist ein Prostituierter. Er verkauft sich an den Meistbietenden.
Stand 132	42	m	Es gibt heute nur noch ganz selten Künstler, die diese Bezeichnung verdienen. Die Jungen glauben oft, ohne

jedes Können auszukommen und verwechseln Künstlertum mit (pseudo-)politischem Engagement. Künstler, die kommerziellen Erfolg haben, den sie schließlich ihrer Galerie verdanken, sind oft launisch, arrogant und unglaublich geldgierig. Diese Art Künstler hält sich viel in Fernsehstudios und Sommerfrischen auf, arbeitet selten und lächelt mitleidig über die Dummheit des Kunsthändlers, der ihn bekannt gemacht hat. Es gibt eine Reihe von Künstlern, die ein höheres Einkommen als ein Generaldirektor eines Konzerns haben und die denen, die ihnen dazu verholfen haben, nicht die Butter auf dem Brot gönnen.

Natürlich können diese Bemerkungen mißverstanden werden. Aber da Sie Schüler sind, hoffe ich, daß sie Anregung zu einer Diskussion sein werden, und daß Sie sie nicht absichtlich falsch interpretieren, so wie das oft diejenigen tun, die schon (pseudo)sozialistisch indoktriniert sind.

Stand 40	30	m	Das Beste, sonst würden wir nicht mit Ihnen zusammenarbeiten! Frage *idiotisch!*
–	49	m	Nichts – beurteile nur die Arbeit.
Stand 179	32	m	Künstler sind unsichere Menschen und vermögen, wenn es sich um einen guten Künstler handelt, den Leuten, ob sie nun Kunstkenner sind oder nicht, Dinge, Situationen, Relationen zu zeigen, die ein normaler Mensch nicht sieht. Als Galerist sehe ich meine Aufgabe darin, dem Künstler für sein Schaffen eine Plattform zu geben. Ansonsten lebe ich von diesem Beruf. Kunst zu verkaufen, macht Spaß.
–	31	m	Notwendig, weil Galerist + Künstler eine Zweck/Notgemeinschaft bilden.
Stand 64	34	m	Künstler sind meist arme Wesen, die immer auf der Suche nach ihrem Platz in dieser Gesellschaft sind. Sie schwanken oft zwischen Größenwahn und Hilflosigkeit. Insoweit ähneln sie den Kindern. Ich halte nicht allzuviel von *Mode*künstlern.

5 »Was denken Sie als Künstler über Galeristen?«

	Alter	Wohnort	Antwort
1	20 m	Düsseldorf	Galeristen kommerzialisieren die Kunst, sind aber in der momentanen Gesellschaftsstruktur zu meinem Lebensunterhalt kaum umgänglich.

2	46	m	Düsseldorf	Wenn Künstler + Publikum *Mut* hätten, dann kann man durch eigene Initiative die Galeristen ausschalten. Ihre Funktion ist durch die Entwicklung der Kommunikationsmittel überflüssig geworden. Mut zur Kommunikation Publikum–Künstler, Künstler–Publikum.
3	27	m	Wuppertal	Mut müssen die Künstler fassen und die eigenen Werke selbst vertreten und ausstellen. Die Galeristen sind überflüssig. M. Mustafa

6 »Was denken Sie als Künstler über Besucher?«

	Alter		Wohnort	Antwort
1	43	m	Köln/Wien	von wenigen viel – von vielen nichts.
2	46	m	Düsseldorf	Es ist interessant, wie viele Besucher sich informieren. Vielleicht zuwenig Besucher. Es können mehr werden.
3	21	–	Düsseldorf	Kann man Besuchern an der Nase ansehen, wie ihr Verhältnis zur Kunst ist?

b Im Katalog waren alle möglichen Kunstrichtungen, Stile und Strömungen ohne Erklärung aufgeführt. Auf einer Wand wurden die Besucher aufgefordert, an freigelassenen Stellen bei der Begriffserklärung mitzuhelfen.
c Die Fragebogenauswertung wurde groß aufgeschrieben, ebenso waren abgetippte Interviews zu lesen.

Fotos
Die vergrößerten Fotos wurden nach Themen geordnet ausgestellt:
– Galerie der Galeristen, ca. 50 IKI-Galeristenporträts auf einer Wand
– Kunstmarktbetrieb: Besucher, Kinder im Kunstmarkt
– Dokumentation des eigenen Lernprozesses

Kindermalraum
Am Sonntag waren viele Kinder auf dem Kunstmarkt. Für sie wurden im verdunkelbaren Teil des Aktionsraums Papierbahnen an den Wänden und auf dem Boden befestigt. Mittels Epidiaskop und Overheadprojektor wurden Bilder aus dem IKI-Angebot projiziert, die die Kinder mit Kreiden und Filzstiften bemalten, veränderten oder auch gar nicht beachteten und selbst etwas malten. Eine Interviewgruppe besprach mit den Kindern deren Eindrücke vom Kunstmarkt.

Filme
Im Laufe der Tage wurden im Aktionsraum einige Male Filme von früheren Aktivitäten der Initiatorengruppe KEKS (München–Nürnberg) gezeigt.

12 Galerie der interviewten Galeristen, Künstler und Besucher auf der IKI

In der Organisation dieser Teilbereiche wird die 'Kunst' zum Medium der Aktivität, sie tritt zwangsläufig als Erkenntnis- und Erfahrungsvehikel zurück zugunsten der aktiven Kommunikation und Interaktion innerhalb der Lerngruppe und zwischen Lerngruppe und umgebender Realität. Die Anteilnahme dieser Kunstmarktrealität, personalisiert durch die Rollenträger, am Lernprozeß der Lerngruppe ist die faktische Überprüfung der eigenen Leistung und Effektivität. Die Koppelung von Erfahrung über die eigene Person, über Aktivität und Veränderung an den Überbau Kunst/Kultur geschieht durch das Vorhandensein der diesen Überbau repräsentierenden objekthaften und personalen Strukturen. Der Transfer der vor allem im Bereich Lernen und Agieren möglichen Erfahrungen wird immer dann geschehen, wenn die Schüler sich zukünftig mit Kunst/Kultur und Organisation von Lernen beschäftigen, da die Intensität des Erlebten und die lustvolle Aneignung von Aktivität wenigstens tendenziell auf die Wahrnehmung und Beurteilung zukünftiger Situationen einwirken, in denen Kunst und Lernen auftauchen.

3. Stufe: Kunstmarktspiel

Das Kunstmarktspiel wurde unter großem Zeitdruck konzipiert und praktisch an dem Tag organisiert, an dem es um 4 Uhr ablaufen sollte.

Dazu war nötig:
1 Festlegung des Spielmechanismus
Ein Blatt mit den Spielregeln wird hergestellt:
»*Lernspiel ›Kunstmarkt‹*
Einführung:
Eine Projektgruppe aus 12 Schülern und 2 Lehrern einer Düsseldorfer Schule und aus Mitgliedern der Gruppe KEKS hat im Ablauf der IKI-Tage den Kunstmarkt als Lernfeld benutzt. Dabei wurden Erfahrungen gewonnen über Mechanismen des Kunstmarktes, sowie darüber, wie man Erfahrungen organisiert. Das Lernspiel ›Kunstmarkt‹ ist der abschließende Teil des Projekts. Das Spiel soll die als wesentlich erkannten Faktoren des Kunstmarktes im Funktionszusammenhang vermitteln. Damit wirkt das Spiel als Vermittlungsprozeß auf zwei Ebenen:
Es vermittelt wahrnehmungsintensiv Inhalte mit dem Schwerpunkt 'Kunst als Ware' an die Mitspieler und in geringerem Maße an die Beobachter.
Es demonstriert das Spiel als mögliche Organisationsform der Vermittlung von Lernprozessen. Diese Lernprozesse beziehen sich auch und gerade auf Verhaltensweisen.
Das Lernspiel ›Kunstmarkt‹ hat Modellcharakter und ist in seiner Grundstruktur anwendbar auf verschiedene Projektfelder ästhetischer Erziehung.

Die Situation:
Die Projektgruppe ist durch die Vorbereitung und durch Funktionszuweisung ins Spiel integriert. Die relativ komplexen Steuerungsmechanismen werden von der Gruppe bedient. Die Besucher (Zielgruppe Kunstpädagogen) stehen vor der Entscheidung, aktiv am Spiel teilzunehmen und damit kompetente Erfahrungen bezüglich des Projekts zu machen, oder das Spiel nur als Beobachter am Rande zu verfolgen.
Das Spielgeschehen wird entscheidend bestimmt vom Spielraum, von der Aktivität der Mitspieler, vom Funktionieren der Informationsorgane. Das Spiel bietet viel Raum für Entscheidungen der Aktiven, riskiert damit natürlich auch das Scheitern.

Der Spielraum:
– 4 Ateliers mit je 3 Künstlern. (Produktionsstätte der Kunstwerke)
– 5 Galerien, pro Galerie ein Team von 3 Galeristen
– Museum: Endstation einiger Kunstwerke.
– Wände für Privatsammler (die Fläche, die einem Privatsammler zusteht, ist durch eine Spielnummer gekennzeichnet)
– Börse: Info-Stand (hier laufen alle Informationen zusammen und werden visualisiert)
– Magazin (gibt Künstlervordrucke aus, – Verkauf von Sekt an die Galeristen, Geldwechsel – usw.)
– Kritikerredaktion
– Fernsehstudio
– Start: hier werden die Rollen verlost

Die Spielrollen:
Künstler: Produzieren und verkaufen in den Ateliers – besorgen sich Material und Vordrucke im Magazin – informieren sich über ihren Marktwert und den anderer Produzenten.
Galerist: An- und Verkauf von Kunstwerken, Spezialisierung auf Stilrichtung, Verträge mit Künstlern und Kritikern, Kontakt zum Museum, Preislisten aushängen, Vernissagen mit Sekt.
Sammler, Besucher: Kauft Kunstwerke in den Galerien, hängt sie an seiner Wand aus, investiert, kann weiterverkaufen, Stiftungen machen, Reputationspunkte sammeln.
Museumsleiter: Kauft Kunstwerke mit öffentlichen Geldern, tritt als Gutachter und Entscheidungsinstanz in Kunstfragen auf, Ausschreibung von Wettbewerben.

Kritiker: Schreiben Artikel und verteilen damit Reputationspunkte (positive, negative). Kritiker sind eventuell bestechlich.
Fernsehen: Macht Fernsehsendungen und verteilt damit Reputationspunkte (positive, negative).
Spielmedien: Objekte als Waren, Geld als Tauschwert, Reputationspunkte.

Spielablauf:
Die Mitspieler erhalten am Start durch Los ihre Rolle und das Einführungspapier. Der Mechanismus des Produzierens, Kaufens und Verkaufens beginnt durch die Bereitschaft der Mitspieler, ihre Rollen auszufüllen: das bedeutet z. B. für die Sammler (Besucher) die Bereitschaft, Geld zu investieren. Jeder Kaufakt (Künstler – Galerist – Sammler oder Museum usw.) wird auf einem Zettel festgehalten. Dieser Zettel mit Information über Preis, Galerie, Künstler usw. wird sofort an die Börse weitergegeben. Das Funktionieren dieser Information ist mitentscheidend über das Funktionieren des Kunstmarktspieles. Jeder Kaufakt bedeutet für jeden beteiligten Künstler einen Reputationspunkt. Jeder Kaufakt eines Galeristen bedeutet Reputationspunkte. Er bekommt für das verkaufte Bild so viel Punkte, als der Künstler im Augenblick des Verkaufs Reputationspunkte aufzuweisen hat.
Zeitungskritiken und Fernsehsendungen bedeuten Reputationspunkte oder Abzug von Reputationspunkten für Künstler und Galeristen.
Es gibt zwei Gewinnebenen: Profit und Reputation.
Rollentausch ist möglich, indirektes Tauschverfahren.

Steuerungsmöglichkeiten:
Die Börse ist die Informationstafel, auf der sich der aktuelle Kunstwert von Künstlern und Galeristen ablesen läßt. Der Kunstwert ist veranschaulicht durch Punkte. Außerdem enthält die Infotafel einen Preisindex für Künstler. Die Börse ist ein passives Steuerungsmedium. Es liegt an den Galeristen, Künstlern, Privatsammlern, ihre Chancen durch Informiertsein zu steuern.
Der Würfel wird in zeitlich nicht festgesetzten Augenblicken des Spiels geworfen. Die Zahlen sind jeweils besetzt mit bestimmten Ereignissen, deren Wortlaut per Projektor vermittelt wird. Diese Ereignisse gelten als objektive, den Kunstmarkt beeinflussende Fakten. Ihr Vollzug ergibt sich durch die Initiative der diesbezüglich informierten Betroffenen oder durch Verfügung seitens der Kunstmarktfunktionäre.

Kritik, Fernsehen:
Positive oder negative Kritiken, die über die Medien Fernsehen oder Zeitung bekannt werden (an einer bestimmten Stelle der Infowand angeschlagen), wirken sich auf den Kurswert der Künstler und Galeristen aus.«

2 Raum einteilen: Umbau des Aktionsraums mit Holzlatten, schwarzer Plastikfolie und Stellwänden.
Plan:
1 Museum: relativ abgeschlossen mit leeren Wänden für die Bilder
1 Magazin: Erwerb der Künstlervordrucke, Malmaterialien, Sekt
1 Informationszentrale mit Info- und Börsentafel, Auskunft, Organisation des Würfelspiels
1 Fernsehstudio für Interviews, aktuelle Berichterstattung (Video)
1 Kritikerecke mit Schreibmaschine und Infotafel für die Kritiken
5 Galerien: Kojen mit leeren Wänden
3 Ateliers zur Kunstproduktion
Wände für Privatsammler

3 Rollenverteilung
Schildchen mit den Rollen für die Besucher/Kunsterzieher wurden hergestellt: Galerist, Künstler, Privatsammler, Kritiker

4 Die 'Kunstwerke'
sollten aus den vorbereiteten Vordrucken produziert werden, um einerseits den Produktionsprozeß abzukürzen und andrerseits den Marktmechanismus an etablierte, aber veränderbare Kunst zu binden.

5 Verteilung der Organisationsaufgaben, die die Lerngruppe im Spiel zu leisten hatte:
– Empfang (2)
– Fernsehteam (3)
– Informationszentrum (3)
– Museum (2)
– Magazin (2)
– Fotografieren (1)
Zudem übernahmen einige Lerngruppenmitglieder Galeristen-, Kritiker-, Künstlerrollen.

Ablauf Kunstmarktspiel (1. Tag)
Während anfangs wenige Künstler langsam produzierten, hatten Galeristen und Privatsammler keine Waren. Sie belagerten die Ateliers und feilschten mit den Künstlern, wobei die

13 Sprechblasenwand vor dem Aktionsraum

14 Atelier der 'Künstler' im Aktionsraum

Privatsammler als Konkurrenz der Galeristen auftraten. Erst als mehr Künstler schneller produzierten und immer mehr Waren in Umlauf kamen, verlagerte sich das Geschehen in den Bereich der Galerien und des Museums, das eine Eröffnungsfeier inszenierte und damit auch Kritiker und Fernsehen beschäftigte.

Es waren genug aktive Mitspieler vorhanden, so daß sich der Spielablauf im Sinne der Initiatoren komplex entwickelte und alle Arten von Spielhandlungen in Sachen Kunstmarktmechanismen zu beobachten waren. Beispiele:
- Verschiedenste Stile durch Bearbeitung der Drucke
- Künstler ohne Interesse, mit viel Interesse am Marktgeschehen
- Verträge Künstler–Galerist
- Schenkungen ans Museum
- Handel Galerist–Sammler, Galerist–Museum
- Galerieaufgabe, Galeriefusionen
- Einsatz 'privaten Kapitals'
- Kritiken und Fernsehsendungen, wobei Galeristen und Künstler auch von sich aus an diese Institutionen mit bestimmten Ansinnen herantraten
- Ausstellungseröffnungen (mit Sekt), Versteigerungen (›lebendes Kunstwerk‹)

17 'Museum'

An der Börsenwand kristallisierten sich Künstler und Galerien heraus, die systematisch Reputationspunkte sammelten.

Das Kunstmarktspiel war ein Abbild der Kunstmarktrealität, in dem die Mechanismen der Kunstgeschäfte wesentlich klarer hervortraten als in der eine gewisse kulturelle Aura wahrenden Atmosphäre Kunstmarkt.

Das Durchsichtigmachen dieser Mechanismen geschah durch Verhalten in einer komplexen, aber durch Einbringen von Realien (Kunstobjekte, Geld, Sekt, Medien, Rollen) zugerichteten Lernsituation Kunstmarktspiel, wobei die Strukturierung durchaus Tendenz hatte, die 'Kunst' ihrer Aura zu entkleiden und ihre ökonomischen Bedingungen offenzulegen.

In der nach Abklingen des Spiels organisierten Diskussion war dies einer der Kritiken von seiten der Kunsterzieher: Die Ebene der Gehalte und ästhetischen Qualitäten von Kunstobjekten würde unterdrückt bzw. negiert. Dem wurde von der Initiatorengruppe entgegengehalten,
– daß nicht der ästhetische Gehalt, die Aussage von Kunst, durch den Marktcharakter verdrängt würde, sondern daß viel eher ästhetische und formale Wertungen den Warencharakter von Kunst verschleiern, was vor allem auch in der Praxis des etablierten Kunstunterrichts sichtbar wird;
– daß Ästhetik nicht reduziert werden darf auf visuell-formale Fragen, die in kognitiven Bereichen abgehandelt werden, sondern Verhalten und Emotionalität beinhalten müßte, wenn

◁ 15 Galerie der produzierten Bilder
◁ 16 'Kunstbörse'

sie emanzipatorischen Anspruch hat, und daß z. B. auch die Situation ›Kunstmarktspiel‹ eine im positiven Sinn ästhetische, wahrnehmungsintensive Dimension hat, die aus dem Interesse der Lerngruppen entstanden ist.

Die zweite in der Diskussion aufgeworfene Fragestellung war die Relevanz solcher Lernsituationen für die schulische Vermittlung, wobei
– die Realisierbarkeit solcher Projekte im Rahmen Kunstunterricht
– der Erkenntniswert und die Eignung der intendierten Lernziele/Lerninhalte für die Schüler fraglich erscheinen.

Dabei ist passiert (was die Schüler nach der Diskussion bestätigten), daß die anwesenden Lehrer die Schülerinnen mehrfach baten und aufforderten, sich doch zu artikulieren und ihren eigenen Lernprozeß im Rahmen des Projekts darzustellen. Sie bekamen keine befriedigende Antwort (vielleicht auch deshalb, weil die Schülerinnen im Laufe des Projekts eine zusätzliche Sensibilität für Rollenverhalten bekommen hatten), weil damit eine Situation hergestellt war, die typisch schulisch ist: die Überprüfung von Gelerntem durch verbale Rechtfertigung und Darlegung. Die Schülerinnen sollten den Lehrern Auskunft geben, damit sie, die Lehrer, den Wert der Schülerleistung beurteilen könnten. Von den für Lernsituationen geforderten Faktoren wie Selbstorganisation, Autonomie, Gruppenidentität und Leistung durch faktische Veränderung ist diese (für das Schülerbewußtsein) außerhalb der eigenen Lernprozesse stehende Reflexionsphase in Diskussionsform (es geht ja um typische Lehrerprobleme) kein adäquates Verhaltensfeld. Gerade die Schule hat ja die in dieser Situation nötigen Verhaltensqualitäten und das Durchsetzungsvermögen verhindert.

Deshalb versuchte die Initiatorengruppe genau dieses Problem an die Lehrer selbst zurückzugeben und an deren Verhaltensweisen rückzukoppeln und daraus die Notwendigkeit von Lernsituationen wie dem Kunstmarktspiel abzuleiten, in dem die Rollenfixierung Lehrer/Schüler aufgehoben war, vor allem dadurch, daß Schüler über Kompetenzen und Medien verfügten und wo sowohl spontanes Verhalten als auch feinsinniges Verbalisieren in den Spielprozeß gleichberechtigt eingebracht werden konnten.

Dokumente aus dem Kunstmarktspiel:
a Kunstprodukte
b Kritiken
c Fernsehinterviews (Video)

Mit Verbesserungen sollte das Kunstmarktspiel am 2. Tag wiederholt werden. Aus Mangel an Mitspielern kam das Spiel nicht recht in Schwung, so daß nur wenige Marktoperationen durchgeführt wurden (am gleichen Tag, zur gleichen Zeit fand in Düsseldorf eine Protestversammlung für den Kunstprofessor Beuys statt, der gerade vom zuständigen Kultusminister entlassen worden war – was sicher einen Teil der Eingeladenen verhinderte).

Nach 2 Stunden, die sich mühsam hinschleppten, setzte sich die Lerngruppe mit einigen Mitspielern zusammen. Die dann folgende Diskussion, in der nicht der am Vortag bestehende Leistungsdruck für die Schüler bestand, war ein vorläufiges Resümee des gesamten Lernprozesses, festgemacht an der aktuellen Erfahrung des gescheiterten zweiten Kunstmarktspiels.

Diskussion am Ende des 2. Spieltags
In der ans zweite Spiel anschließenden Besprechung überlagerten sich zwei Erwartungen: 1. Das Publikum wollte gemäß der Ankündigung über das Spiel und seine pädagogische Konzeption diskutieren. 2. Die Schülerinnen wollten das längst fällige Gespräch über den Zustand der Gruppe.

Der äußere Anlaß der Diskussion war die programmgemäße Fortsetzung des Kunstmarktspiels. Deshalb kamen die etwa zehn der Gesprächsrunde verbliebenen Teilnehmer aus dem Spiel-Publikum zunächst auf organisatorische und pädagogische Probleme zu sprechen. Es entwickelte sich daran eine sehr lustlose Diskussion. Das Gespräch war in dieser Phase die konsequente Fortführung der gescheiterten Inszenierung dieses Nachmittags. Dies war allerdings den Leuten aus dem Publikum weniger bewußt, so lange zumindest, wie die Organisatoren nicht über die Gründe des Scheiterns sprachen. Hier wurden die Schülerinnen, die sich bislang zurückhielten, um die vom Publikum erwartete Diskussion nicht zu behindern, wieder gesprächig. Nur kurz wurden die äußeren, organisatorischen Gründe des Scheiterns erörtert. Dann standen schließlich jene für das Scheitern eigentlich ursächlichen Probleme zur Diskussion. Es ging also um die Entwicklungsgeschichte der Lerngruppe, um das Verhältnis zwischen psychischem Befinden der Gruppe und den verschiedenen Phasen ihrer Aktivität. Diese Aktivität, so stellte sich heraus, war eine zeitlich begrenzte. Das Projekt hatte einen Zeitrahmen. Am letzten Tag des IKI-Projekts mußte es zu einer Krise kommen. Da war die vom Programm her vorgesehene Aktivität zur wiederholten Organisation des Spiels zu erbringen. Da war aber andererseits das Bewußtsein, daß ein Gruppenprozeß, der erhebliche emotionale Bindungen geschaffen hatte, ohne innere Notwendigkeit zu Ende gebracht wurde. Vor allem die Schülerinnen, die ja nicht wie die Initiatoren des Projekts eine konkrete Perspektive für die Fortsetzung des Projekts auf einer anderen Ebene hatten, mußten das Bedürfnis haben, das von äußeren Zwängen bestimmte Ende der Projektgruppe wenigstens im Gespräch zu problematisieren. Unter diesem Gesichtspunkt war es nicht anders zu erwarten, als daß die Gruppe sich an diesem Tag den Anforderungen an Aktivität und Organisationsleistung mehr oder weniger verweigerte.

Am letzten Tag hatten einige Schülerinnen eine Art Testbogen für die Lerngruppe selbst entwickelt und verteilt, der zeigte, wo die Schwerpunkte des Lernprozesses lagen und wo, ermöglicht durch den Freiraum und den Autonomiecharakter des Aktionsraums, die primären Bedürfnisse und Interessen der Lerngruppen lagen: im Bereich der Kommunikation, Interaktionen, Selbstbestimmung und Selbsterfahrung innerhalb der Lernsituation.

Testblatt von IKI
1 Mit wem hast Du am liebsten zusammengearbeitet?
2 Wodurch entstanden Schwierigkeiten bei der Arbeit?
  a aus zwischenmenschlichen Beziehungen
  b aus technischen Gründen
  c aus persönlichen Schwierigkeiten
    (physisch, psychisch)
3 Was hast Du durch die Aktion gelernt?
4 Mit welchen Erwartungen bist Du hierher gekommen?
5 Haben sich diese Erwartungen erfüllt?
6 Was hättest Du zurückblickend ganz anders gemacht?
7 Welche Gedanken stellten sich ein?
  a beim Spiel
  b bei den Diskussionen
  c bei der Kunst
  d bei den Interviews
8 Würdest Du eine Aktion mit der Gruppe KEKS noch einmal mitmachen?
9 Konntest du irgendwelche Veränderungen bei Dir wahrnehmen?
10 Hast Du eigene Ideen gehabt, wenn ja, konntest du sie verwirklichen?
11 Mit wem aus der Gruppe hast Du gedanklichen Austausch gehabt?
12 Wen hast Du oft zur Behebung Deiner Schwierigkeiten herangezogen?
13 Bevorzugst Du selbständiges Arbeiten?
  a War die Möglichkeit im Rahmen dieser Aktion dazu gegeben?
  b Hast Du persönlich selbständiges Arbeiten hier verwirklichen können?
14 Welche Tage warst Du da?

Lernsituation IKI – bezogen auf die konstitutiven Faktoren wünschenswerter Lernsituationen

Lernraum
IKI = Internationaler Kunstmarkt
Düsseldorf 5.–12. Oktober 1972

1 Dimension: Ausstellungs- und Marktsituation mit Kunstobjekten, Bildern, Kojen, Aktionen, Verwaltung, Presse, Rollenträgern: Künstler, Aussteller, Besucher, Ausstellungspersonal.
2 Dimension: Aktionsraum mit Ausstattung: Treffpunkt, Wände, Geräte, Medien.
3 Dimension: Hintergrund Kunst – aktuelle Ästhetik.
Hintergrund Schule – Vermittlungsweisen.
4 Dimension: Zeitraum, im Rahmen des Gesamtprojekts wird die Arbeitszeit entsprechend individueller Bedingungen und Interessen frei gewählt, zudem waren gerade Schulferien.

Spielraum – Realität
1 Realität der ungefilterten, aktuellen Kunst und ihres offensichtlichen Warencharakters, der in der Schule nicht unmittelbar erfahren werden kann. Als Partner, als 'Medien' des Lernprozesses stehen Rollenträger mit echten Interessen (künstlerischen und ökonomischen) zur Verfügung. Die Lernsituation IKI ist in bezug auf Kunst wesentlich relevanter und realer als die Lernsituation Kunsterziehung in der Schule. Innovation in bezug auf die bisher erfahrene Wirklichkeit geschieht für die Lerngruppe sowohl inhaltlich (= Kunst) als auch methodisch (= Vermittlung).
2 Spielraum – Freiraum für die Lerngruppen
ist gegeben in bezug auf
  1 die Rezeptionsweisen von Kunst, die sonst vorgeprägt sind (als Rollenträger in der Schule: Schüler, als Rollenträger auf dem Kunstmarkt: Besucher)
  2 die möglichen Informationsangebote und Verhaltensweisen: Information über Bilder, ästhetische Phänomene, Marktmechanismen, Einstellungen und Verhaltensweisen der Rollenträger beim Kunstmarkt, Reaktionen auf Aktivitäten, Umgang mit Medien, Verhaltensweisen: Sammeln, Befragen, Medien einsetzen, Meinungen weitergeben, sich vermitteln usw.
Der Freiraum vermittelt sich der Lerngruppe wahrnehmbar im Aktionsraum.
3 Als Projekt bedeutet der Lernprozeß der Lerngruppe einen realutopischen Vorgriff in bezug auf das Vermittlungssystem Schule: Verlassen der ritualisierten Schulsituation, Aufsuchen des Kunstmarktes, keine verordnete Zielsetzung, sondern Zielsetzung anhand der in der realen Kunstmarktsituation entstehenden Bedürfnisse. Damit ist eine aus der Perspektive der Schule als Utopie erscheinende Vermittlungsform wenigstens in diesem Modell realisiert worden und damit operationalisiert.

Wahrnehmung
1 Für die Gruppe bedeutet der Lernprozeß im Lernraum IKI das Aufbrechen der üblichen, diesen Situationen anhaftenden Rezeptionsweisen. Die Ästhetik von IKI und ihren Objekten, die den aktuellen Stand der anerkannten Kunst repräsentieren, wird nicht als Norm, d. h. als gültig übernommen. Die Lerngruppe ist durch ihre besonderen Bedingungen: eigenes, selbstorganisiertes Zentrum (= Aktionsraum), Medien zur Artikulation, eigene unabhängige Lerninhalte und Lernziele (die von der Gruppe autonom definiert und verändert werden können), hohes Informationsniveau, in hohem Maße immun gegen die Rezeptionsweisen, die dem Besucher zugedacht sind, letztlich unterschwellig aufgezwungen werden

durch das Arrangement der Marktsituation und durch die Kanalisierung der Verhaltensweisen.
2 Die Lerngruppe entwickelte eigene ästhetische Formen beim Ablauf und bei der Vermittlung des eigenen Lernprozesses und der erarbeiteten Information an Außenstehende: durch Papers, Schrifttafeln, Infospiele, Tabellen, Fotos, Video, Tonband und eine den Aktivitätsformen der Gruppe entsprechende Innenausstattung des Aktionsraums. Die Betriebsamkeit selbst die daraus resultierende Veränderung im eigenen Aktionsraum und die über den ganzen Kunstmarkt verstreuten wahrnehmbaren Aktivitäten entwickeln eine dem eigenen Anliegen gemäße Ästhetik.
3 Beim Kunstmarktspiel wurden aktivierende ästhetische Mittel zur Konstruktion und Attraktion der Spielsituation bewußt eingesetzt. Der Anreiz zum Mitspielen, Sich-Engagieren wurde über Botschaften (verbal und visuell) und über Objekte gesteigert: Schrifttafeln, Papers, Aufforderungen, vorgegebene Kunstwerke, Malmaterial, Medien, Räume, Geld, Sekt, Rollenschilder usw.

Lernen und Verhalten
sind hier identisch. Wechsel zwischen Reflexionsphasen und Aktionsphasen, wobei aber keine langfristigen Verbindlichkeiten festgelegt werden. Lernen vollzieht sich an Realitäten: Kunstmarktmechanismen, Kunstobjekte, Rollenträger, mit Hilfe von Medien. Diese Lernprozesse ermöglichen und benötigen Verhaltensweisen, die in den gewohnten Lernsituationen (Schule, Klasse, Fächer) nicht vorkommen. Verhaltens- und Einstellungsänderungen basieren auf aktuellen Erfahrungen, Aussagen und Reaktionen. Informationsbeschaffung durch Fragebogen, Interviews, Fotografieren, Videoaufnahmen erfordern aktives Verhalten. Die Ergebnisse ermöglichen Klärung der Kunstmarktsituation und neue Handlungsansätze.

Lernprozeß: Inhalte und Ziele
Lerninhalte und Lernziele entstammten gleichermaßen den Bereichen: Kunst, Geschäft und Vermittlung, Selbstorganisation / Selbsterfahrung – Differenzierung erfolgt im Prozeß selbst, und zwar nicht primär durch Formulierung, sondern durch Verhalten und Handeln.

1 Inhalt Kunstmarkt
Mechanismen von Kunst als Ware, von Kunst als Aussage und Kunst als Medium von Selbstdarstellung. Entstehung von Wertmaßstäben für Kunstobjekte, Überlagerung von Stilen, Inhalten, Hintergrund von Kunstaussagen, z. B. gesellschaftspolitische Signale, privatistische Statements, romantische Rückzieher, Provokation, Tabuüberschreitung, progressives Alibi, usw.
Gleichzeitig damit: Überprüfung der Kunst auf ihre Relevanz für den Einzelnen der Lerngruppe durch die Alternative in der Lernsituation IKI: Kunst anschauen, vergleichen oder den Kunst- und Marktmechanismus im Sinne des Aktionsraums nutzen.
Der Inhalt Kunstmarkt ist die Möglichkeit für die Lerngruppe, die über den Aktionsraum verfügt, sich der eigenen Interessen und Bedürfnisse bewußt zu werden und im gegebenen Lernraum ansatzweise durchzusetzen, nicht nur in bezug auf Kunst, sondern vor allem in bezug auf Alternativen zur schulischen Vermittlung: Wo Lerninhalte in einzelne Stücke / Fächer zertrümmert werden, wo sie aus ihrem realen Zusammenhang isoliert werden und als abstrakt formulierte Lernziele auftauchen, die in der für die Lerngruppe (= Schulklasse) wahrnehmbaren Realität nicht eingelöst werden.

2 Lernziele
waren von der Lerngruppe selbst zu formulieren und zu wählen – wobei die Initiatoren ihre Vorstellungen und Interessen (= Lernziele und Lerninhalte) als Angebot einbrachten. Die Angebote und die in der Diskussion entstehenden Vorschläge haben verschiedene Richtungen und

Schwierigkeitsgrade: Fragebogen, Schautafel, Fotodokumentation, Video, Informationsbeschaffung, Flugblätter machen, Spiel vorbereiten, Organisationsfunktionen und Rollen im Kunstmarktspiel übernehmen. Lernziele und Lerninhalte sind nicht außerhalb der Lerngruppe operationalisiert, d. h., der Ablauf selbst ist die Operationalisierung der Lernziele.

Lerngruppe
Alle Aktivitäten der Lerngruppe, also der Ablauf des kollektiven Lernprozesses im Aktionsraum, des gesamten Projekts (mit auch qualitativ unterschiedlichen Anteilen der Teilbereiche) als Summe konstituiert die Identität der Lerngruppe, ihr gemeinsames Bewußtsein. Dabei gilt jeweils der aktuelle Stand des Lernprozesses, ablesbar an der Kommunikation der Gruppe untereinander und der wahrnehmbaren Selbstdarstellung im Aktionsraum, als Identifikationsanlaß. Eine enge Zielsetzung von Anfang an, die durchzuhalten ist, gibt es nicht als gemeinsame Übereinkunft. Das schließt allerdings nicht aus, daß einzelne Mitglieder oder Untergruppen bestimmte Interessen und Ziele im Rahmen des gemeinsamen Lernprozesses durchsetzen wollen. Bei IKI war das das Kunstmarktspiel oder das Fotografieren, oder das Lernen, wie man Interviews macht, oder einen Fragebogen für die Gruppe oder für die Besucher anfertigen, oder, beim Kunstmarktspiel die Rolle eines Künstlers oder Galeristen übernehmen zu können.

Hier liegt auch ein Konfliktfeld, das durch Interessengegensätze oder Überschneidungen entsteht, das aber die Lerngruppe als Erfahrungsfeld für die ganze Gruppe oder einzelne Individuen nicht ausschließen darf, wenn sie ihren Realitätsanspruch aufrechterhalten will. In Sachen Vermittlung / Selbsterfahrung entsteht hier wieder eine Identität von Lerninhalten / Lernzielen und Lernprozessen. Konflikte gibt es zwischen aktiven und passiven Haltungen, zwischen verschiedenen Erwartungshaltungen, Informationsniveaus und unterschiedlichem Durchsetzungsvermögen. Positiv entwickeln sich diese Konfliktstoffe, wenn im Rahmen einer nicht fixierten Ziel- und Inhaltssituation verschiedene durch Konflikte entstandene Handlungs- und Reflexionsansätze das Aufbrechen einer festgefügten, verkrampften Struktur ermöglichen.

Die autonome Lerngruppe hat Kompetenzen zu vergeben, die sich an den realen Prozessen messen: Umgang mit Medien, Vorschläge und Aktivität produzieren, Erfolg nach außen haben.

Die Lerngruppe ist nicht homogen in bezug auf den Status der einzelnen Mitglieder: Schüler, Studenten, Lehrer haben verschiedene Sachkompetenz usw.

Die Lerngruppe muß nicht konstant bleiben (Schüler z. B. kommen nachträglich dazu oder springen ab). Die einzelnen Beteiligten investieren mehr oder weniger Zeit, oder interessieren sich nur für Teilbereiche. Die Lerngruppe sichert den Einzelnen auch gegen Enttäuschungen ab wie beim Kunstmarktspiel am zweiten Tag. Kontakte aus dem Gruppenzusammenhang dehnen sich auf privater Ebene aus.

Selbstorganisation und Lustprinzip
Die Freiheit, Zeit, Intensität nach Interesse zu investieren und Inhalte und Ziele allgemein als Lerngruppe oder Teilinhalte und -ziele selbst zu bestimmen, konstatiert die Priorität der Selbstbestimmung und Selbstorganisation, die Voraussetzung für einen effektiven Lernprozeß sind. Die Strukturierung der Lernsituation ist deshalb abhängig von den durch Lernraum und in der Lerngruppe vorhandenen Lustpotentialien. Großveranstaltungen wie IKI (mit dem Image: Kunst) verfügen über Attraktivität. Die angebotenen Verhaltensweisen und Selbsterfahrungsmöglichkeiten durch Medien, Interaktion mit (relativ) kompetenten Rollenträgern, die tendenzielle Aufhebung der üblichen Erfahrung (Lehrer-Schüler-Verhältnis) und die im Ablauf des Prozesses sichtbar gewordenen anerkannten Möglichkeiten der eigenen Aktivität: Fragebogen machen, Video bedienen, Interviews machen usw. motivieren stark genug, um dieses Projekt auch als Ferienbeschäftigung attraktiv zu machen. Parallel dazu geht eine immer stärker werdende Identifizierung mit dem Aktionsraum und dem Lernprozeß, so daß am Ende das Kunstmarktspiel, das, unter Druck und aus der Interessenlage der Initiatoren heraus, ziemlich ver-

ordnet und vorbestimmt von der Gesamtgruppe organisiert ist, als im Sinne des gemeinsamen Lernprozesses anerkannt wird. Die Frage des Grades an Selbstorganisation ist auch eine Frage der bisherigen Lernstruktur an der Schule und ist vor diesem Hintergrund im Lernprozeß wichtiger als der Inhalt Kunst.

Leistung
Leistung bemißt sich primär am eigenen Erfolgserlebnis (andere hören den eigenen Interviews zu, Informationen werden eingeholt, die Übernahme und das Ausfüllen einer Funktion beim Kunstmarktspiel trägt zum Gelingen des Spiels bei) und an der Erfahrung über die Nützlichkeit neuerworbener Techniken und veränderter Verhaltensweisen. Das mißt sich wieder an der Reaktion und am Interesse
– der einzelnen Mitglieder der Lerngruppe
– der Außenstehenden: Besucher, Rollenträger IKI
    Handlungsfähigkeit und Leistungsmessung sind nicht getrennt und sind an die reale Situation hier und jetzt gebunden.

Transfer
Transfer bezieht sich auf 2 Bereiche:
– Kunst als Geschäft: die durch Aktivität gemachten Erfahrungen sind zukünftig immer Bestandteil der Auseinandersetzung mit Kunst.
– Vermittlung Aktionsraum IKI als Alternative zur schulischen Vermittlung, d. h. die im Lernprozeß vertretenen Realitäten (Lehrer/Schüler/Medien/Kunstobjekte) stellen sich in der schulischen Vermittlung anders dar: die auf Lustgewinn und Reflexion beruhenden positiven Einstellungen zum Lernprozeß ermöglichen eine Distanz zur schulischen Realität und die neuen Verhaltensweisen (z. B. Medieneinsatz, Selbstorganisation) vermitteln Handlungsansätze in der zu verändernden Situation Schule.

Rollen
Entscheidend für das Rollenproblem im Lernprozeß ist nicht die Ausgangslage, sondern die Veränderung während des Prozesses. Anfangs waren die Initiatoren aktiv, die Schüler passiv, aufgrund der jeweils mitgebrachten Interessen und erworbenen/anerzogenen Verhaltensweisen. Die Qualifikation der Initiatoren bemißt sich an den Lernsituationen und gegebenen Angeboten, die den Schülern die Überwindung ihrer Passivität ermöglichen: durch Handlungsansätze, die mit relativer Wahrscheinlichkeit positive Erfahrungen für die handelnden Subjekte bedeuten, durch den Rückhalt und die Autonomie der Lerngruppe, die eine stabile Identität entwickelt. Das Verlassen des Aktionsraums (als verfügbaren Freiraum) in die Realität IKI mit Aufgaben und Handlungsansätzen (Medien, Fragestellungen usw.) und die Rückkoppelung der geleisteten Arbeit durch Verfügbarmachen für die ganze Gruppe (Diskussion, Flugblätter, Vorspielen von Interviews, Videorecorder, Wandtafeln, Füllen des Aktionsraums, etc.) und für die Ausstellungsbesucher hat bei Anerkennung die Tendenz zum Weitermachen. Im Laufe dieser Lernprozesse Einzelner entwickeln diese Kompetenz und Autonomie für Teilbereiche, die Abhängigkeit und Passivität unterlaufen. Schüler, als Informationsträger über Inhalte, Aussagen, Strukturen von IKI, als Verfüger über Medien und Techniken (Video, Interviews), als Auswerter von Fragebogen übernehmen entscheidende Funktionen der Lerngruppe und setzen sich damit in die Lage, auf den Lernprozeß kompetent einzuwirken und notfalls auch gegen andere Interessen aktiv zu reagieren (und sich nicht einfach zu entziehen); Rollenwechsel geschieht real im Kunstmarktspiel: vom Informationsaufnehmer zum Informationsverteiler, vom Passiven zum Aktiven, vom Reagieren zum Agieren.

Vermittlung des eigenen Prozesses
geschieht auf drei Ebenen:
- Der Lerngruppe gegenüber: die unterschiedlichen Teilinhalte und Tielziele wie Fragebogen, Galerie der Galeristen, Tonband- und Videoaufnahmen usw. werden von Einzelnen der Gesamtgruppe vermittelt, allerdings nicht in einem formalisierten Verfahren, sondern durch das Demonstrieren (visuell und akustisch) und das Interesse der anderen.
- Der Öffentlichkeit gegenüber: IKI-Rollenträger, Besucher, eingeladene Kunsterzieher, durch Informationswände, Aktionsangebote (Video, Tonband, Ausfüllen von Zetteln), durch Ansprechen, Zettel verteilen, Verlassen des Aktionsraums.
Und durch das Kunstmarktspiel: der Sammlung von Information folgt die Weitergabe von Information, und das nicht primär über intellektuell-verbale Systeme, sondern über Handlungsaufforderungen und Verhaltensangebote, die wiederum Verbalisierungen enthalten, diese aber nicht präjudizieren und als entscheidendes Qualifikationsmerkmal haben.
- Im jeweiligen Hintergrund der Individuen der Lerngruppe: Schule und Familie, pädagogischer Überbau durch Publikationen und Diskussionen, von hier aus möglicherweise über neue Projekte auf die Ausgangssituation Lernraum Kunstmarkt.

Ausweitung des Lernraums
Anfangs stellte sich der Aktionsraum leer dar, die ersten Gespräche und Diskussionen fanden im abgeschlossenen Nebenraum statt. Im Lauf der Tage wirkte sich die Aktivität im Aktionsraum sichtbar aus: Wände, Aktionsangebote (Video, Malen, Ausfüllen).
Der Betrieb beim Kunstmarktspiel wirkt anziehend auch auf die Besucher.
Die inhaltliche Auswertung des Lernraums bedeutet das Eingehen auf die Vermittlungsweisen und die psychischen Strukturen der Lerngruppe – womit eine Dimension erreicht ist, die an Wirksamkeit und Wichtigkeit den Inhalt Kunst weit übertrifft.

3 Die konstitutiven Faktoren der Lernsituation

Im Nachdenken über die wesentlichen Momente der verschiedenen konkret organisierten Lernsituationen (Projekte) ergeben sich die im nachfolgenden Text als konstitutive Faktoren bezeichneten Aspekte. Dabei handelt es sich, wie schon gesagt, nicht um die begriffliche Aufschlüsselung einer in sich logischen Formaltheorie von *Lernsituation*. Die Aspekte sind Reflexion von Praxis mit dem Interesse, Aussagen als Empfehlungen zu formulieren, die über das Nachdenken des an engagierter Praxis interessierten Pädagogen diesen zur Überprüfung seiner Praxis anregen sollen.

Weil diese Faktoren integrale Bestandteile von *Lernsituation* sind, kann ihre Beschreibung im einzelnen nicht ohne ständige Verweise auf die Querverbindungen zu anderen Faktoren geleistet werden. Dies führt zu einer differenzierten Redundanz der Schlüsselbegriffe und wohl auch zu deren besserem Verständnis.

Anmerkung:
Die im fortlaufenden Text gelegentlich fälligen Verweise auf andere Faktoren werden durch ein Zeichen (→ ...) angedeutet. Begriffe wie Lernsituation oder Lerngruppe, die ohne Adjektiv keine wertende Aussage machen, werden im Text dann kursiv geschrieben, wenn sie das im Sinne des hier entwickelten Konzepts positive Verständnis des jeweiligen Begriffs bezeichnen. So ist z. B. *Lernsituation* die Kurzform der positiv bewerteten »autonomen, auf reale Umweltbereiche bezogenen Lernsituation«.

1 Der Lernraum

Die Wechselbeziehung zwischen Mensch und Umwelt ist die Grundkonzeption einer Lernsituation. Lernen kann nur da stattfinden, wo das Verhalten eines erkennenden Subjekts sich auf eine Umgebung bezieht. Wechselnde bzw. sich verändernde Umgebung bedingt Verhaltensänderungen des Menschen. Andererseits kann der Mensch durch Handeln die ihm zugängliche Umgebung verändern, also dadurch wiederum das Verhalten anderer beeinflussen. Lernen, ganz allgemein, heißt Erwerb neuer funktionaler Beziehungen zwischen Umgebungsdaten und Verhaltensdaten (→ *Lernen und Verhalten*). Entscheidend ist für das lernende Subjekt, in welchem Maße das Erwerben dieser Beziehungen ein Akt der Selbstbestimmung oder Fremdbestimmung ist.

Dazu ist folgende Überlegung notwendig. Unsere geschichtliche Umwelt hat in bezug auf den einzelnen Menschen eine verhaltensprägende Wirkung, deren Potential ungleich größer ist als das Potential an umweltverändernder Wirksamkeit des einzelnen Menschen. Unsere Umwelt ist nicht ein für jedermann gleichermaßen verfügbares Medium. Einige wenige Menschen haben sich durch Konzentration von Reichtum, Wissen und Macht ein großes umweltveränderndes Potential angeeignet und können somit auf viele Menschen verhaltensprägenden Einfluß ausüben. Sie haben die Umwelt der Menschen so verändert, daß Lernen ein weithin fremdbestimmter Akt ist, daß das Erwerben funktioneller Beziehungen des einzelnen Menschen zwischen bestimmten Umgebungsdaten und Verhaltensdaten Anpassung bedeutet, daß Lernen ein Beitrag zur Stabilisierung des Verhältnisses von der Macht weniger und der Ohnmacht der meisten ist. Unsere Umwelt ist also in allen wichtigen Bereichen – dort wo Gesellschaft produziert und sich reproduziert – verhaltensprägender Lernraum mit einer Tendenz, die den Interessen mächtiger Gruppen entspricht.

Wenn Umwelt als Lernraum emanzipatorisches, auf Selbstbestimmung gegründetes Lernen ermöglichen soll, dann setzt dies voraus, daß der Lernende seine Interessen erkennt und Gelegenheit hat, in der Umwelt Verhaltensweisen zu erproben, die ihn zur Veränderung von Umwelt – gemäß seiner Interessen – befähigen. Seine Interessen erkennt jemand, indem er in konkreten Situationen Fremdbestimmung und Unterdrückung wahrnimmt (→ *Wahrnehmung*). Gelegenheit für Probehandeln bieten Situationen in der Umwelt, die gewisse Freiräume aufweisen (→ *Spielraum*).

Lernräume sind also Situationen in der Umwelt, die aufgrund eines bestimmten Interesses wahrgenommen und zum Operationsfeld selbstbestimmter Handlungen werden. Solche *Lernräume* sind bewußt angeeignet. Umwelt wird zum Medium von Lernprozessen, die autonom organisiert sind. *Lernräume* sind damit aber auch Konfliktfelder: emanzipatorisches Interesse des Lernenden provoziert durch wahrnehmbare Aktivität die herrschenden Interessen.

Dimensionen des *Lernraums*
– Ausdehnung, Intensität: Da sich der Lernraum durch einen bewußten Wahrneh-

mungsakt und durch aktiven Zugriff des lernenden Subjekts konstituiert, bestimmt sich sein Ausmaß durch das Potential des lernenden Subjekts. Am Beispiel der Schule ist zu sehen, daß isolierte Individuen als lernende Subjekte kaum Chancen haben, wenn sie in der Schule autonome Lernsituationen schaffen wollen. Durch Gruppenbildung werden Einzelpotentiale zu großen Potentialen. Kollektive Lernprozesse erschließen weitere *Lernräume*.

- Gesellschaftliche Relevanz: Nicht jede Umweltsituation ist gleichermaßen interessant als Operationsfeld für selbstbestimmte Lernerfahrungen. Das Interesse richtet sich besonders auf solche Umweltsituationen, die entscheidende Verhaltensprägungen bewirken. Dies sind allerdings nicht nur solche Situationen, deren verhaltensprägende Funktion erklärtes Programm ist (Schule, Kindergarten, Erwachsenenbildung usw.), sondern auch und gerade solche Situationen, die scheinbar frei sind von fremdbestimmten erziehlichen Absichten. Es sind dies vor allem solche Bereiche, die durch intensive ästhetische Zurichtung Aktivitäten stimulieren, die einen hohen Konsum- und Prestigewert haben, wenn sie nach gewissen (intendierten) Verhaltensmustern ablaufen (Kultur, Warenkauf, Freizeitkultur, Medien).
Gerade in diesen Bereichen sind relativ leicht Freiräume zu schaffen, weil die Organisation von *Lernsituationen* vom Gegenspieler nicht ohne weiteres einzuordnen ist.
- Zeit: Der *Lernraum* besteht für die Dauer der aktiven Auseinandersetzung der *Lerngruppe* mit dem sie interessierenden Umweltbereich. Er ist deshalb keine Institution, es gibt deshalb keine *Lernraum*-Administratoren, deren Aufgabe darin bestünde, 'Lernräumen' Kontinuität zu sichern. Allerdings besteht die Gefahr, daß bestehende Institutionen das Vorhandensein von Adhoc-*Lernräumen* zum Anlaß eines 'Lernprozesses' nehmen und versuchen, durch Angebot institutioneller Hilfe etwa die Innovationen einer rührigen Elterngruppe (Spielplatz) zu domestizieren.

Da *Lernräume* integraler Bestand von konkreten Umweltsituationen sind, sind sie auch mit deren Geschichtlichkeit 'synchronisiert'. *Lernräume* sind nicht beliebig wiederherzustellen, wie das beispielsweise beim schulischen Lernraum, dem Klassenzimmer, möglich ist. Die geschichtliche Dimension von *Lernraum* bedingt seine Entwicklungsgeschichte: entweder gelingt es, ihn auszuweiten oder es mißlingt und er wird 'abgebaut'.
- Realität: *Realität* im Lernraum wird an anderer Stelle (→*Realität* und *Spielraum*) erörtert. Hier soll nur angedeutet werden, daß die Realität eines *Lernraums* sich durch seine wahrnehmbaren Strukturen vermittelt und daß durch die Aktivität der *Lerngruppe* sich der *Lernraum* wahrnehmbar verändert. Natürlich zählen auch wahrnehmbare soziale Strukturen zur Realität des *Lernraums*.

Merke: Entscheidend ist, daß Lernräume Dir nicht verpaßt werden, sondern daß Du sie Dir schaffst.

2 Realität und Spielraum

Der Lernraum einer Lernsituation vermittelt sich durch seinen Bestand an wahrnehmbarer Realität. Lernsituationen, deren zentrale Funktion die Wechselbeziehung zwischen dem lernenden Menschen und seiner Umgebung ist, müssen deshalb Realität als konstitutiven Faktor einbeziehen. Das Beispiel der Lernsituation Schule verdeutlicht die Funktion von Realität.

Der wahrnehmbare Bestand an Realität in der Schule ist gekennnzeichnet durch sein stereotypes Erscheinungsbild: Klassenzimmer, Lehrer, Mitschüler, Unterrichtsmedien sind konstante Größen, deren Funktion durch Schulordnung und Konventionen gezeichnet ist. Die Wirkung dieser Realität ist die eines Rituals: sie prägt das Verhalten und damit die Lernprozesse der Betroffenen nachhaltig in fremdbestimmter Weise. Die von der Schule intendierten Lernprozesse beziehen sich nicht auf diese Realität ihrer Lernsituation, sondern auf eine importierte abstrahierte 'Realität'. Die Qualität dieser schulischen, von verschiedenen Fachbereichen angebotenen 'Realität' ist derart, daß nur fiktive Operationen möglich sind. (Es soll damit nicht gegen die Vermittlung kognitiver Fähigkeiten schlechthin polemisiert werden. Aber dadurch, daß der Erwerb kognitiver Fähigkeiten in der Quarantänestation Schule erfolgt, sind diese Fähigkeiten ohne Bezug zu realen Situationen in verschiedenen Lebensbereichen. Solche Fähigkeiten sind ohne Tendenz, sie sind verfügbar, sie sind jedenfalls nicht gebunden an die Erfahrung, daß Qualifikationen auf die Veränderung von Umweltbereichen zielen – es sei denn solchen, die durch Institutionen, Betriebe, Konzerne inszeniert werden.)

Das Beispiel macht klar: jede Lernsituation hat Realität. Die Realität der Lernsituation Schule ist so beschaffen, daß sie ein passives Verhalten der Schüler, ein genormtes Verhalten der Lehrer prägt. Realität, die sich durch Verordnung einer Veränderung entzieht, kann nicht Medium eines Lernprozesses sein, der sich auf sie als Gegenstand bezieht. Genau das ist die Absicht der Institution Schule: ihre eigene Realität soll nicht Gegenstand des Lernens sein. (Inwieweit und unter welchen Bedingungen dies doch der Fall sein kann, inwieweit also die durch Verordnung tabuisierte Realität Spielraum für Veränderung = Lernprozeß bietet, ist später zu erörtern.)

Lernsituation, so wie sie hier verstanden wird, fordert, daß die Realität ihres Lernraums zum Medium des Lernens wird. Im aktiven Zugriff des Lernenden konstituiert sich die *Realität* einer *Lernsituation*.

Im Vergleich zur Lernsituation Schule und anderer gesellschaftlich vermittelter Lernsituationen erfolgt bei *Lernsituation* eine Umpolung im Verhältnis zwischen Lernraum und Lernendem: der Lernende (die Lerngruppe) bestimmt autonom darüber, welche Realität des Lernraums in den Lernprozeß einbezogen wird.

Demnach ist die Realität in *Lernsituation* eine Selektion der Gesamt-Realität im Lernraum.

Dieser Umstand ist entscheidend, wenn es um die Zielbestimmung (→ *Lernziele*) von Lernprozessen geht. Weil eben die Realität einer Lernsituation sich nur als Ausschnitt der Realität eines Lernraums konstituiert, kann das die aktive Auseinandersetzung mit dieser Realität leitende Ziel nur ein 'realistisches' sein; d. h., es bezieht sich auf den vom lernenden Subjekt jeweils konkret zu leistenden Eingriff in den Lernraum. Damit ist die tatsächliche Kapazität eines lernenden Subjekts eine der Determinanten für pragmatische Lernzielbestimmung. Dies wird häufig übersehen: eine idealistisch gestimmte Projektion etwa als 'Veränderung der Gesellschaft' überfrachtet Lernziele derart, daß a die verfügbare Kapazität des lernenden (handelnden) Subjekts und b die damit korrelierende Veränderbarkeit des real zugänglichen Umraums überschätzt werden. Die Folge ist, daß das Erfahren der begrenzten Wirkungsmöglichkeit Anlaß zur Rationalisierung einer Verweigerungshaltung wird, derzufolge man fortan auf fortschrittliche Praxis verzichtet. Kompensation geschieht durch verbalen Radikalismus. Für mehr Realitätssinn in der Zielbestimmung von Lernprozessen plädieren, bedeutet in diesem Rahmen nicht, daß Engagement zu dämpfen sei, sondern daß es vor allem auf die Qualifizierung der (praktischen) Kapazität (von Gruppen) zu richten ist.

Die selektive Realität (einer Lernsituation) passiert den Filter der subjektiven Wahrnehmung des Lernenden. Dies bedingt:
1   Das Interesse, von dem der Wahrnehmende geleitet wird, macht die Realität zur *Realität* mit *Tendenz*.
2   Diese Realität hat eine Intensität, die mit der Wahrnehmungsaktivität des Lernenden korreliert.

Für die Organisation von Lernsituationen ist daraus zu folgern: Man untersucht Umweltbereiche im Hinblick auf interessante Lernräume. Ihr Gehalt an relevanter Realität erschließt sich adäquat nicht durch Kontemplation, sondern durch Aktivität. In dem Maße allerdings, wie (vor allem gesellschaftspolitisch relevante) Lernräume zum Operationsfeld eines realen – also auch wahrnehmbare Veränderungen bewirkenden – Lernprozesses werden, erweisen sie sich auch als Konfliktfelder. Das zeigt sich gerade bei gesellschaftlich vermittelten Lernsituationen wie Schule oder kulturellen Ritualräumen, über die mächtige Interessengruppen wachen, damit keine unkontrollierten Veränderungen erfolgen. Konflikt ist ein durchgängiges Merkmal aktivierter Lernräume und bedingt einen weiteren Faktor der *Lernsituation:* den *Spielraum*.

Spielraum: Realität als Medium von Lernprozessen ist kein beliebig verfügbares, sondern ein von Interessengruppen beanspruchtes und strukturiertes Operationsfeld. Lernen als aktiver Eingriff in Realität bedeutet Konflikte erzeugen und dies um so mehr, je gesellschaftspolitisch relevanter ein beanspruchter Bereich oder je intensiver die Aktivität ist (z. B. ist der Konflikt in einem Museum durch die Arbeit eines Video-Teams, das sich durch Zurufe Informationen zuspielt, schneller provoziert als in einer Bahnhofshalle). Der Spielraum für autonome Handlungsansätze ist gerade in den entscheidenden Bereichen (der Sozialisation, der Kultur, der Produktionssphäre) sehr beschränkt. Institutionell organisiertes Lernen erfolgt deshalb in präparierten, kontrollierten Räumen. Die von Institutionen angebotenen 'Spielräume' für Lernprozesse sind so zugerichtet, daß sie zur Realität der Umweltbereiche keinen direkten Bezug haben. Der durch das Vakuum an Realität bedingte Verlust an Leistungsdruck, so wie er in der Wirklichkeit existiert, wird ausgeglichen durch den von Prüfungsordnungen erzeugten Leistungsdruck. Auch diejenigen institutionell angebotenen Spielräume, die als vom Leistungsdruck befreit empfunden werden können, ermöglichen keine relevanten Lernprozesse, weil sich Aktivität in solchen Räumen nicht auf – im Sinne gesellschaftlicher Wirklichkeit – kritische Gegenstände beziehen kann (Spiele und Spielzeug für die Freizeitkultur).

Autonomes Lernen, so wie es hier verstanden wird, braucht Spielraum für Probehandlungen in realen Situationen. Weil die Beanspruchung solcher *Spielräume* mit Konflikten verbunden ist, weil mit Gegenspielern zu rechnen ist, stellt sich für den, der autonome Lernsituationen organisieren will, die Aufgabe, eine Spielraumstrategie zu entwickeln.

Als Ziel dieser Strategie könnte formuliert werden,
daß sie diejenigen Lernerfahrungen ermöglichen soll, die, unter Berücksichtigung der Sicherung der eigenen Existenz, über den Erwerb optimaler Qualifikationen zu einer wünschenswerten Veränderung von Umwelt befähigen. Es geht um die Durchsetzung individueller und kollektiver Bedürfnisse gegenüber den Interessen herrschender Gruppen.

Als Ansätze bieten sich zunächst an:

A Man bezieht sich auf einen relevanten Bereich (z. B. Schule), der zwar weitestgehend normiert ist, um dort durch dosierte Spielregelverletzung sich und anderen den Beweis zu liefern, daß das System rigid auf solche Freiraumansprüche reagiert. Effekt: relevante, doch begrenzte Verhaltensinnovationen (z. B. Lehrer, Schüler reden sich mit 'Du' an); Trend zur Ritualisierung des Spieles 'Schulkonflikt'. Diese Strategie bringt erhebliche psychische Belastungen mit sich und überfordert die entsprechenden Dispositionen der meisten Lehrer und Schüler. Weil eine solche lineare Konfliktpraxis ihrem Initiator wenig Reputation einbringt, hat er es schwer in der Beschaffung von effektiven Produktionsmitteln (Tendenz ohne Technik ist ohne Wirkung).

B Man bezieht sich auf einen weniger normierten Bereich, d. h. auf einen Raum, in dem ein größerer Spielraum institutionell zugestanden wird (z. B. Bereiche der künstlerisch-ästhetischen Produktion). Hier sind zwar ausgeprägte, doch kaum für entscheidende Lebenssituationen relevante Verhaltensinnovationen möglich. Ihre spektakuläre Erscheinungsform eignet sich zur Schaustellung im Überbau, dessen Medien auf die Vermittlung irrelevanter Aktivitäten eingestellt sind (kulturelle Selbstdarstellung, Hofnarrenfunktion). Solche Praxis kann ihrem Initiator einige Reputation und damit Zugang zu effektiven Medien bringen. Im Einsatz dieser Medien bleibt er jedoch in der Regel und nicht zuletzt aufgrund mangelnden kritischen Engagements der normierten und normierenden Tendenz dieser Medien verpflichtet.

Die Existenz dieser Spielräume bzw. Projektarbeit in diesem Bereich ist unter taktischen Gesichtspunkten nützlich.

Bei vergleichbarer Intensität der Engagements, das beiden Ansätzen zugrunde liegt, unterscheiden diese sich doch erheblich in der Auffassung über die Zielverwirklichung. Man könnte Ansatz A als kritisch dogmatisch, Ansatz B als angepaßt 'kreativ' bezeichnen; beiden Ansätzen aber, wenn ihnen mal das Interesse an Veränderung gleichermaßen unterstellt wird, wird man attestieren müssen, daß ihre Strategien nicht ergiebig sind und keine langfristige Perspektive erlauben. Das liegt daran, daß sie zu gewöhnlich sind, daß sie Handlungsansätze realisieren, wie sie 'kritischen' oder 'kreativen' Leuten nahegelegt werden.

Strategien, deren Ziel Innovationen sind, müssen selbst Innovationen sein, d. h., sie dürfen nicht übliche, vom Gegenspieler ohne weiteres einzuordnende Strategien sein.

Hier soll nun ein Spielraumkonzept empfohlen werden, dessen Strategie zwar Momente der vorhin gegenübergestellten Konzeptionen integriert, das aber als Innovation die Organisation eines konkreten Spielraums als ein dem realen Lernraum beigeordnetes konkretes Modellsystem fordert.

Die Dynamik dieser Strategie kann mit der Dialektik von *Tendenz* und *Technik* umschrieben werden, ihre pragmatische Route bedeutet weder Dogmatismus noch Opportunismus. Strategie ist nicht verstanden als Demonstration einer Überzeugung, sondern als Instrument zur Veränderung. Das äußere Erscheinungsbild der Strategie stellt sich in einer notwendigen Unschärfe dar.

Überlegungen zur Organisation eines *konkreten Spielraums* im Rahmen realer Lernräume
– Der innovative Spielraum wird nicht gefunden, man muß ihn sich schaffen. Es gibt also den Initiator des Spielraums. Innovation ist ein aktiver, von Interesse geleiteter Akt. Demnach sind Qualifikationen des Verhaltens und Erkennens erforderlich, die man sich nicht anhand einer Rezeptur 'wie organisiere ich Spielräume' aneignet, sondern die sich aus den entsprechenden eigenen Projektansätzen entwickeln.
– Spielräume setzen Freiräume voraus.
Beide Begriffe sind bekannt aus der gesellschaftlichen Wirklichkeit. Sie bezeichnen Bereiche, die als von den Zwängen der Arbeitswelt befreit gelten. Diese Freiräume, in denen man 'Freizeit', 'Urlaub', 'Wochenend' usw. spielen kann, sind notwendigerweise zugestanden, weil die Menschen sie zur Erholung, zur Wiederherstellung ihrer Arbeitskraft benötigen. Die dort möglichen Aktivitäten, die durch differenzierte Angebote stimuliert werden, sind ebenso fremdbestimmt wie die Arbeitstätigkeit und deshalb ohne Wirkung in bezug auf Veränderung der Verhältnisse. Um eine positive Alternative anzudeuten, sei auf das Beispiel 'Bürgerinitiative' verwiesen. Hier sind die Aktivitäten, die die Leute in ihrer Freizeit organisieren, selbstbestimmt und auf konkrete Veränderung gezielt. Hier bedeuten Erfahrungen auch Lernprozesse, und Lernen und Veränderung sind auch mit Lustgewinn verbunden.

Freiräume als Bedingung von Spielräumen müssen also aktiv angeeignete Freiräume sein. Die Aneignung erfolgt durch faktische Setzung: das sind Operationen und Aktionen, die von der Norm der seitens der Gesellschaft erwünschten Verhaltensweisen abweichen. Die Setzung von Freiraum ist somit kein einmaliger Akt, sondern permanente Aufgabe. Sich Freiheiten herauszunehmen, ohne daß dies Funktion eines programmierten Prozesses ist, konstituiert noch keinen Freiraum.

Von der Norm abweichendes Verhalten erzeugt Konflikte. Sie zu ertragen, erfordert und trainiert entsprechend psychische Dispositionen. Durch Konfliktsteuerung, also durch taktische Maßnahmen wie: sich Alibis verschaffen, sich durch Aktivierung verschiedener kontroverser gesellschaftlicher Positionen (z. B. Presse contra Behörde) Schutzzonen schaffen, sich die Solidarität bestimmter Gruppen sichern usw., ist dafür Sorge zu tragen, daß die Aneignung von Freiräumen nicht zur psychischen Überbelastung führt.

1 Ein Lehrer zum Beispiel, der an seiner Schule auf Konfliktkurs geht, ohne etwa sich außerhalb der Schule eine Position, ohne sich Verbündete oder eine gewisse Immunität durch Publikation zu verschaffen, wird früher oder später resignieren oder aber fertiggemacht.

2 Andererseits vermittelt die Fähigkeit, sich Freiräume zu sichern, auch erheblichen Lustgewinn.

– Die gesellschaftlich sanktionierten 'Freiräume' sind in die Bereiche verlagert, die in bezug auf die Produktionswelt nur mittelbare Relevanz haben (z. B. Kultur, Natur, Touristik), die aber im Sinne der Spielraumstrategie relevant sind. Denn die Reproduktionssphäre prägt Verhaltensweisen, die abgestimmt sind auf die Erfordernisse der Produktionssphäre. Damit sind die Überlegungen darüber, ob in dem einen oder anderen Bereich die Veränderungsstrategien anzusetzen sind, müßig. Erst veränderte Verhaltensdispositionen schaffen Veränderungspotentiale, gleich welcher Bereich angezielt wird.

Auf die Schule übertragen bedeutet dies: Gemeinsame Aktionen mit Schülern sind nicht nur in der Schule (als Produktionssphäre), sondern auch außerhalb der Schule (als Reproduktionssphäre) sinnvoll. Deshalb ist es konsequent, die gemeinsame Aktivität in beiden Bereichen zu organisieren.

– Der *Spielraum* ist konstitutiver Faktor der *Lernsituation*. Eine weitere Bedingung von *Lernsituation* ist, daß sie Realität einbezieht. Welche Funktion hat Realität im Spielraum?

Realität ist das wahrnehmbare Medium und die objekthafte, faktische Struktur jeder Situation. Wer Realität (also wahrnehmbare Situation) verändern will, muß damit rechnen, daß andere mit dieser Veränderung nicht einverstanden sind. Realität ist also ein Medium, das im Konfliktfeld von Interessen verspannt, mithin nicht beliebig verfügbar ist.

Die Verfügbarkeit des Mediums Realität ist aber Voraussetzung für jeglichen Lernprozeß. Wir haben gesehen und erfahren es täglich, daß unsere Gesellschaft nur präparierte Realität zuweist, damit an ihr auf bestimmte Weise gelernt werden kann. Im

Sinne des autonomen Lernens ist aber nicht zugewiesene, sondern angeeignete Realität erforderlich.
Der Spielraum hat die Funktion, Realität als Medium des Lernens verfügbar zu machen!
Dieses Verfügbarmachen ist das Problem. Anhand eines fiktiven Beispiels soll gezeigt werden, daß zwar infolge einer auf Freiraum bedachten Intervention in einer realen Situation ein Spielraum entsteht, daß aber beim Fehlen einer Strategie dieser Spielraum nicht zu sichern und als Lernraum zu organisieren ist.

Beispiel
– Situation:
ein Klassenzimmer ohne Lehrer, Schüler
– Ein Schüler betritt das Klassenzimmer: er nimmt die Realität des Raumes wahr, die Stühle, Tische usw. stehen in Reih und Glied, d. h., ihre Funktion erscheint verfügt durch die Ordnungsnormen der Schulbehörde, die damit wohl einen bestimmten Zweck verfolgt.
– Intervention:
Der Schüler nimmt einen Stuhl, stellt ihn auf einen anderen, nimmt den nächsten Stuhl und so fort. Durch seinen nicht normierten Gebrauch wird der Stuhl verfügbar. Über das Medium des Schulmobiliars realisiert der Schüler seine Bedürfnisse. Weitere Schüler kommen hinzu. Es ist lustig.
– Gegenspieler tritt auf:
Lehrer erscheint, schaut und: »Welche Freiheiten habt ihr euch da herausgenommen?« und »Die Stühle kommen wieder dahin, wohin sie gehören!«
Schimpfen, Strafen werden verhängt.
Die Schüler hatten sich Freiheiten herausgenommen, sich damit einen Spielraum geschaffen, hatten über seine Realität verfügt und provozierten damit einen Konflikt.
Der Stärkere siegte durch Überreden, Drohen, Strafen, Repression. Die alte Ordnung wurde wieder hergestellt, wieder verfügbar gemacht im Sinne der Interessen der Schule.
Die Schüler hatten keine Strategie, das heißt, sie verfolgten beim Spiel mit Stühlen kein Ziel und hatten sich keine Handlungsfolge zurechtgelegt, mit der sie auf die vorhersehbare Reaktion des Gegenspielers hätten eingehen können. Ihre Intervention war ein spontaner Akt. Der Spielraum, den sie dabei konstituierten, vermittelte im wesentlichen die Erfahrung, daß 'sowas' Konflikte provoziert und dies allerdings Spaß macht. Deshalb ergibt sich möglicherweise die Perspektive für die Schüler: solche oder ähnliche Sachen machen wir wieder. Der Effekt: die Provokationstechnik wird sich optimieren, jedoch die Abfolge von beziehungslosen Provokationen wird zum Ritual.
In diesem Beispiel waren die Schüler nicht in der Lage, den Spielraum, den sie sich zunächst geschaffen hatten, für einen Lernprozeß verfügbar zu machen bzw. ihn, als Ergebnis des Lernprozesses, auszuweiten. Den Schülern fehlte eine entscheidende Qualifikation: sie verstanden sich nicht als autonome Lerngruppe.

Der strategische Spielraum
Wir beziehen uns nochmals auf voriges Beispiel, konstruieren aber einen alternativen Verlauf.
In einer Schulklasse hat sich eine Gruppe gebildet. Ihr Gruppenprozeß realisiert sich vor allem im Rahmen einer Projektarbeit, die der Kunsterzieher der Schule initiiert hat. Diese Gruppe setzt sich das Ziel, den Ritualraum Schule konkret zu erfahren, nach Möglichkeit sich einen Spielraum

zu schaffen und zu erweitern, um damit neue Möglichkeiten für intensivere Projektarbeit zu haben.
Ablauf:
- Ein Plan wird entwickelt
  Dabei kann die auslösende Idee aus der Beobachtung eines Schülers hervorgehen, der das Provokationsspiel 'mit den Stühlen' gesehen hat.
  Die Vorarbeit findet im Zeichensaal statt. Dazu gehört auch eine protokollierte Betrachtung über 'Möglichkeiten der Raumverfremdung' und dergleichen.
- Aktion während des Unterrichts
  Aus einem Klassenzimmer werden Stühle geholt und im Korridor nach verschiedenen formalen Programmen arrangiert. Dabei wird fotografiert und gefilmt.
- Das Klingelzeichen! Stundenwechsel – Schüler, Lehrer treten hinzu. Verwunderung, Aufregung, Diskussion. Inzwischen bauen einige Schüler die Szene wieder ab.
- Die Gruppe wird zum Chef zitiert. Die Aktion wird erläutert, in den Unterrichtszusammenhang gestellt. Es handele sich um ein Filmprojekt ... Die Kunst verfahre heutzutage ähnlich ... Blabla
- Im Zeichensaal
  Die Gruppe bespricht den weiteren Prozeß unter Berücksichtigung der gewonnenen Erfahrungen und mit dem Ziel, den Chef schließlich dahin zu bringen, daß er die Notwendigkeit einer in außerschulische Bereiche verlagerten Projektarbeit der Gruppe erkennt. (Es handelt sich um einen Chef, dem sehr viel an einem konfliktlosen Betriebsklima gelegen ist.)

Von diesem Beispiel soll nun die Konzeption des *strategischen Spielraums* abgehoben werden.

Die Qualifikation der Gruppe soll hier nur kurz charakterisiert werden. Sie organisiert sich selbst, hat Zielsetzungen, die sich kritisch auf ihren Lebensbereich Schule beziehen, sie ist motiviert in der Wirklichkeit, aktiv zu werden.

Der Prozeß entwickelt sich in zwei Bereichen, die gleichermaßen real sind:

Bereich I: Das ist der Zeichensaal als der definierte Operationsbereich der *Lerngruppe*. Diesen Raum hat sich die Gruppe angeeignet, er ist für sie relativ verfügbar. In diesem Raum werden Pläne entworfen, Handlungskonzepte entwickelt, die sich auf den Bereich II beziehen.

Die aktive Auseinandersetzung mit Bereich II kann teilweise dadurch legitimiert werden, indem man sie als Konsequenz der inhaltlichen Implikationen von Bereich I zu erklären sucht (z. B. Kunst als Alibi). Die Erfahrungen aus der Aktion in Bereich II werden in Bereich I ausgewertet und gehen ein in die nächste Projektion auf Bereich II.

Bereich II: Das ist der Lernraum, den die Umwelt Schule bietet: das Klassenzimmer samt Inventar, der Korridor, die Rituale und Verbote, die Schüler, die Lehrer der Schule, das Chefzimmer, der Zeitraum.

Auf diesen Bereich bezieht sich die Operation als gezielte Aktivität. Seine realen, wahrnehmbaren Strukturen sind Medium des Lernprozesses.

Diese strukturell unterschiedlichen Bereiche stehen durch die Aktion der Gruppe in Wechselbeziehung.
- In Bereich I erscheint Bereich II als Projektion, als reduzierte Wirklichkeit, die dadurch verfügbares Medium für Planspiele, für Probehandlungen ist. Die konkrete

Realität von Bereich I ist also das Erstellen eines *Modells* mit Spielraumcharakter, gewissermaßen eines Abbildes der Realität von Bereich II. Dazu gehört, daß dieses Modell korrigiert wird nach Maßgabe der Erfahrungen, die man in Bereich II gemacht hat.

Dazu gehört auch, daß in dieses Modell eigene Wunschprojektionen eingehen, die man in bezug auf Bereich II hat. Das Modell hat Tendenz. Das heißt, durch eigene Aktivität und Interessen wird die Tendenz des Modells mitbestimmt.

Der Veränderungsprozeß in Bereich I ist rückgekoppelt an den Veränderungsprozeß in Bereich II.

- In Bereich II erscheint Bereich I als Strategie. Ihre Funktion ist es, den realen Ablauf einer Aktion im Operationsfeld zu steuern, und zwar flexibel zu steuern, da durch neue Daten, die sich aus der Operation ergeben, Kurskorrekturen notwendig sind. In Bereich II wird Bereich I als Konzept mit Tendenz realisiert: dies um so wirksamer, je angemessener die eingesetzten Mittel (= Techniken) sind.

Die Organisation der Wechselbeziehung zwischen einem realen Umraum und der modellhaften Abbildung dieses Umraums ist eine Funktion der *Lerngruppe*. Es liegt nahe, die autonome Lerngruppe mit einem sich selbstorganisierenden kybernetischen System zu vergleichen. Einige Zitate aus der Spieltheorie, die erkenntnistheoretisch an der Kybernetik orientiert ist, sollen die Zusammenhänge zwischen Lerngruppe und Lernraum verdeutlichen:

Georg Klaus ›Spieltheorie in philosophischer Sicht‹, VEB Deutscher Verlag der Wissenschaften, Berlin 1968.

»Die Kybernetik lehrt uns, daß die höchste Form der Auseinandersetzung eines kybernetischen Systems mit seiner Umwelt darin besteht, daß dieses System ein inneres Modell der Umwelt konstruiert. Spiele an und mit diesem Modell führen schließlich zur Konstruktion weiterer möglicher Modelle, möglicher Umweltsituationen ...

Die Anpassung der Organismen an die Umwelt ist ein strategisches Spiel im Sinne der Spieltheorie. Der Gegenspieler, die Umwelt, bemüht sich, die Absichten des Spielers, d. h., des sich anpassenden Systems, zu durchkreuzen, und dieses System wiederum erwehrt sich dieser Angriffe mit Hilfe von Gegenangriffen. Hier tritt die Dialektik in ihrer ursprünglichen Form zutage, denn hier ist im Sinne Heraklits der Streit der Vater aller Dinge. *Die Spieltheorie kann in diesem Sinne als eine mathematische Theorie des dialektischen Widerspruchs betrachtet werden.* Wenn wir ... von Spiel sprechen, meinen wir immer das Spiel zwischen Gegnern, sei es zwischen wirklichen (Personen, Klassen, Staaten) oder fiktiven (der Kampf eines selbstregulierenden Systems gegen Störungen, wobei diese Störungen als »Züge« des Spielers »Umgebung« zu gelten haben) ...

Spiele sind in ihrer ursprünglichen Form Operationen an materiellen und geistigen Modellen der Realität, die entweder der Erlernung bestimmter Formen des Kampfes und der Auseinandersetzung dienen oder an denen künftige Umweltsituationen als Modell vorweggenommen werden.

Kybernetische Systeme mit internem Modell der Außenwelt, d. h., Systeme mit Lernfähigkeit, sind z. B. zu persönlichen Zügen in der Lage, und man kann ihre Auseinandersetzung mit der Umwelt, ihre Adaption an veränderte Umweltbedingungen wie auch ihr aktives Verändern der Umwelt auf Grund der Ergebnisse des Lernprozesses in einem gewissen Sinne als strategisches Spiel auffassen: dann nämlich, wenn man die Umwelt 'personifiziert' als Gegenspieler des lernenden Systems ansieht, wobei dieser Gegenspieler selbst verschiedenartige Verhaltensmöglichkeiten zur Verfügung hat ...

Das dialektische Verhalten zum Strategiebegriff besteht darin, daß zwar immer mit einer Strategie gearbeitet wird, daß man aber nicht starr an der einmal gewählten Strategie für alle künftigen Partien festhält, sondern versucht, die eigene Strategie auf Grund der gemachten Erfahrungen ständig zu verbessern, sie zu optimieren.

Wer seine Entscheidungen stets von Fall zu Fall trifft und keine Strategie besitzt, die ganze Folgen von Entscheidungen festlegt, befindet sich in mehrfacher Hinsicht im Nachteil gegenüber denjenigen, die über Strategien verfügen und diese anwenden. Er muß eine Fülle von Entscheidungen treffen und seine ganze Energie auf die Wahl von Entscheidungen richten. Der Spieler, der Strategien benutzt, braucht nur einige wenige Entscheidungen zu fällen, er muß entscheiden, welche Strategie er anwenden will (dies setzt natürlich voraus, daß der Spieler über einen Vorrat an Strategien verfügt). Der Fall, daß ein Spieler mit einer einzigen Strategie ein ganzes Spiel bestreiten kann, wird im allgemeinen nur für sehr einfache Spiele zutreffen. Bei den strategischen Spielen der gesellschaftlichen Realität wird es oft notwendig sein, zu anderen Strategien überzugehen, wenn eine Strategie, die für einen ganzen Abschnitt einer Auseinandersetzung günstig war, der Situation nicht mehr entspricht. Diese einzelnen Strategien erscheinen dann als Teilstrategien einer Gesamtstrategie.«

Der Strategische Spielraum besteht in der von der Lerngruppe geleisteten Wechselbeziehung zwischen dem konkreten Spielraum (Modell der Umwelt) und der Umwelt, auf die sich der konkrete Spielraum bezieht.

Zur Organisation des Strategischen Spielraums bedarf es nicht nur der Fähigkeit, Freiräume zu beanspruchen (psychische Dispositionen), sondern auch der Fähigkeit, sie zu sichern (Strategie). Dazu schafft sich die autonome Gruppe den konkreten Spielraum als Operationsbasis in bezug auf das Operationsfeld. Er weist folgende Merkmale auf:
– Er ist ein relativ verfügbarer Raum, der in wahrnehmbarem Zusammenhang mit dem Operationsfeld steht.
– Er ist also realer Bestandteil des Lernraums.
– Er ist ausgestattet mit Medien, mit Material.
– Er bildet die Realität des Operationsfeldes ab.

Die wesentlichen Funktionen des konkreten Spielraums sind:
– Er ermöglicht adäquate Probehandlungen.
– Er ermöglicht reale Utopie: Verwirklichung wünschenswerter, auf die Zukunft projizierter Situationen.
– Er vermittelt Erfahrungen, die in der normierten Umwelt ständig verhindert werden: Selbstbestimmung, Konflikte austragen, Aktivierung libidinösen Potentials, Rollenwechsel.
– Er 'legitimiert' die Aktionen im Operationsfeld.

Die Realität eines Lernraums erscheint im konkreten Spielraum notwendig in reduzierter Form. Hierin könnte eine Parallele zur Lernsituation Schule gesehen werden. Aber das wesentliche Unterscheidungsmerkmal von Lernen im Spielraum gegenüber dem schulischen Lernen besteht darin, daß die Lerngruppe selbst diesen Reduktionsvorgang leistet. Dabei und ebenso bei den im Modell erprobten Strategien entwickelt die Lerngruppe auch intensive kognitive Fähigkeiten, z. B. im gedanklichen Durchspielen aller möglichen Situationen, die bei konkreten Handlungsansätzen im Realraum vorstellbar sind. Diese Denkakte sind nicht wie bei der schulischen Lernsituation an Tradiertes und Abstraktes gebunden, sondern meinen Zukunft und die eigenen Bedürfnisse in dieser Zukunft.

Umsetzung von Realität und Strategie im Spielraum ist eine Stufe des Lernens, Übertragung von Spielraumerfahrungen in Realräume und die Rückkoppelung an den Spielraum ist eine weitere Stufe des Lernens: Ziel dieser Lernprozesse ist die Veränderung von Umwelt entsprechend dem eigenen Interesse – bezogen auf das Individuum und das Kollektiv.

3 Wahrnehmung

Der Begriff Wahrnehmung kommt im Sprachgebrauch vorwiegend dort zur Anwendung, wo es um bewußtes, feinsinnig differenzierendes Erfassen von ästhetisch zugerichteten Situationen oder Objekten geht. Kunstwerke, künstlerische Arrangements werden wahrgenommen. Diese kulturell definierte Wahrnehmung ist ein Ritual, dem man im Rahmen aller kulturellen Äußerungen der Gesellschaft eine bestimmte Funktion zugewiesen hat. Die an diesem Wahrnehmungsritual Beteiligten werden für konformes Verhalten belohnt: Der Produzent kultureller Ästhetik wird von den Mächtigen der Gesellschaft ausgehalten (wobei die Anzahl der etablierten Künstlerproduzenten sich nicht nach der Anzahl der potentiell qualifizierten Kunstproduzenten, sondern nach dem durch Vermarktungs- und Präsentationsmechanismen festgelegten Kontingent richtet). Der Konsument ästhetischer Produkte darf nach geleisteter Wahrnehmung für sich in Anspruch nehmen, daß er einer elitären Gruppe zuzurechnen ist.

Zunächst läßt sich am Beispiel der musealen Kunstrezeption als Wahrnehmungsvorgang einiges klären.

– Der Wahrnehmende, im folgenden als Subjekt bezeichnet, tritt der Kunst nicht unbedarft gegenüber. Er hat kunstgeschichtliche Daten im Kopf, versteht sich auf Techniken des Interpretierens, mittels derer er sich Kunstwerke erschließt, kennt und schätzt die Atmosphäre der Räume, in denen Kunst präsentiert wird. Das Subjekt ist also programmiert, hat Erwartungen, die es erfüllt sehen möchte. Im Wahrnehmungsvorgang selektiert das Subjekt die wahrnehmbare Realität: Bewußt bezieht es sich auf die Kunstobjekte, wobei es durch die sinnlich wahrgenommene Atmosphäre des Präsentationsraumes bestärkt wird. Innovationen, die die Substanz der exponierten Objekte betreffen, entsprechen dem Erwartungshorizont. Innovationen im atmosphärischen Teil der Wahrnehmungssituation 'Museum' dagegen sind unerwartet und stören die bewußte Rezeption. So kann z. B. das Auftreten eines jungen Mädchens im Gesichtskreis eines mit der Betrachtung von Ölgemälden befaßten jungen Mannes dessen Kunstkonzeption erheblich stören, weil er in seinem Hirn ein Programm hat, das besonders intensiv auf das Phänomen 'junges Mädchen' anspricht. Vielleicht macht der junge Mann die Erfah-

rung, daß in Museen auch junge Mädchen zu sehen sind. Er wird daraufhin seine Erwartungshaltung in bezug auf Museum modifizieren.
– Das Wahrzunehmende im Falle des Museums hat zwei Dimensionen. Einmal sind es die Objekte, auf die sich das bewußte Interesse des Subjekts konzentriert. Zum anderen ist es der Umraum des Museums, der atmosphärisch auf die bewußte Rezeption der Objekte abgestimmt ist. Beides, Objekt sowie dessen Präsentationsrahmen, ist arrangierte, zugerichtete Realität. Dahinter steht jemand, der arrangiert und zugerichtet hat, und dies mit dem Interesse, Verhaltensweisen und Einstellungen anderer zu prägen. Je mehr sich das Subjekt auf die Wahrnehmung der exponierten Objekte konzentriert, desto mehr entspricht es dem Ritual. Die inhaltliche Aussage eines Bildwerks, mag sie noch so kritisch sein, ist austauschbares Medium eines Wahrnehmungsvorgangs, der sich im Grunde selbst genießt. Es ist bezeichnend, daß diese Gesellschaft bewußte Wahrnehmung gesellschaftlicher Realität dann sanktioniert, wenn sie an das artistische Medium gebunden ist.

Am Beispiel der Kunstrezeption ist zu sehen, daß auch dann, wenn das Subjekt mit dem Vorsatz, bewußt wahrzunehmen, eine Szene betritt, es sich dennoch in einer Situation befinden kann, in der es sich fremdbestimmt verhält. Das subjektive Empfinden des bewußten Wahrnehmens ist kein Garant dafür, daß eine Situation 'durchschaut' worden wäre. Eine Situation relevant, d. h. im Einklang mit den Interessen und Bedürfnissen des Subjekts wahrzunehmen, heißt, zu erkennen, wer eine vorgefundene Situation zugerichtet hat und mit welchem Interesse diese Zurichtung erfolgte. Gemeint sind hier diejenigen gesellschaftlichen Situationen, in denen das Subjekt entscheidend geprägt wird (Sozialisationsbereiche), in denen das Subjekt den gesellschaftlichen Prozeß beeinflussen kann (in der Produktions- und Reproduktionssphäre). Es ist symptomatisch, daß viele Subjekte in ihrem Bedürfnis, Situationen erkennend wahrzunehmen, auf jene Situationen ausweichen, die kaum gesellschaftlich determiniert zu sein scheinen. Man sucht die Natur auf, sucht Gruppen auf, die Umwelt eliminieren und ihre innere Dynamik zur Situation erheben.

Lernsituation beruht auf der Wechselbeziehung zwischen Subjekt und seiner Umwelt, wobei das Subjekt durch aktives Verhalten die Realität eines Umweltbereichs zum Medium seines Lernprozesses macht. Welche Rolle spielen dabei Wahrnehmungsvorgänge?

Wahrnehmung von Realität ist notwendige Funktion eines erkennenden Subjekts. Als primitivste Form von Wahrnehmung kann das Reiz-Reaktions-Schema der Wechselbeziehung zwischen einem Organismus und seiner Umwelt betrachtet werden. Als entwickeltste Form von Wahrnehmung kann die Funktion des menschlichen Hirns betrachtet werden, die das Individuum befähigt, sich Abbilder der Außenwelt zu schaffen, mittels derer Denkoperationen zur Ermittlung optimaler Handlungsansätze durchgeführt werden können (→ *Spielraum*).
Die Funktion eines Organismus nennt man Verhalten.
Wahrnehmen ist Verhalten.[10]

Die Qualität des *Wahrnehmungsverhaltens* eines Individuums in einer Situation bestimmt
a die Qualität seiner Erkenntnis
b die Qualität seiner von der Erkenntnis geleiteten Handlungen.
Verhalten kann passiv, reagierend sein.
Verhalten kann aktiv, innovativ sein.
 Im Sinne von Lernsituation kommt es darauf an, aktives Wahrnehmungsverhalten zu ermöglichen. Dabei müssen zwei Bestimmungsgrößen gesehen werden, die aktives Wahrnehmungsverhalten behindern oder begünstigen.

– Zustand des Individuums   Bedürfnisse, Motive, Einstellungen, Erfahrungen, soziale Bedingtheit, Persönlichkeit
– Zustand der Umwelt   Machtverhältnisse, die den Bestand an Freiraum und verfügbarer Realität sowie die Funktion der wahrnehmungsstimulierenden Realität (Ästhetik) bestimmen

In der Regel sind die gesellschaftlich vermittelten Situationen wie z. B. Elternhaus, Schule, Arbeitswelt, Freizeit so zugerichtet, daß sie passives Wahrnehmungsverhalten erzeugen. Entsprechend konditioniert sind die Individuen, die mit diesen Situationen konfrontiert werden. Sie erfahren sich als vereinzelt, nehmen ihre Ohnmacht gegenüber der Macht von Behörden, Institutionen wahr, bekommen z. B. über Werbung modische Leitbilder vorgesetzt, nach denen sie ihr eigenes Erscheinungsbild von Mal zu Mal korrigieren, reagieren auf Verkehrsampeln, Werbeplakate, Schaufenster, konsumieren die Aktivität anderer, professioneller Akteure: Sport, Porno, Artistik ... Die gesellschaftliche Szene ist voll von Situationen, in denen was los ist. Man hat genug 'zu tun', um die Vielzahl der angebotenen Dinge und Gelegenheiten wahrzunehmen, die zur Befriedigung der Bedürfnisse geeignet erscheinen. Dieses programmierte Wahrnehmungsverhalten, das die Illusion von Selbstbestimmung und Eigenaktivität dadurch nährt, daß man kaufen, auswählen und noch dazu kritisch sein kann, ist die Funktion der von Interessengruppen zugerichteten gesellschaftlichen Situationen.
 Lernsituationen, die dem Individuum die Fähigkeit zur Selbstbestimmung vermitteln sollen, müssen so organisiert sein, daß sie die Erkenntnis über den Zustand der gesellschaftlichen Verhältnisse zugleich mit dem Interesse vermitteln, diese Verhältnisse entsprechend zu verändern. Diese Organisation ist nur zu leisten, indem die Lernsituationen möglichst konkret an die Zustände gebunden werden. Die Zustände aber – der Zustand der Individuen, der Zustand der Umwelt – vermitteln sich durch Wahrnehmung. Entscheidend ist dabei das Wahrnehmungsverhalten. Um nicht in solchen Lernsituationen das in der Gesellschaft übliche passive Wahrnehmungsverhalten zu reproduzieren, kommt nur dessen Alternative in Frage.
 Welches sind die Bedingungen für aktives Wahrnehmungsverhalten in einer Lernsituation?

– Die Bedingungen sind festzumachen an den subjektiven und objektiven Komponenten des Wahrnehmungsvorgangs. Die Konsequenz aus der Analyse dieser Bedingungen sind konkrete organisatorische Maßnahmen, die notwendig aus dem Rahmen konventioneller pädagogischer Praxis fallen. Denn deren Bedingungen sind so gesetzt, daß sie die Organisation von Lernsituationen mit passivem Wahrnehmungsverhalten begünstigen. Dies bedeutet nicht, daß Lernsituationen mit aktivem Wahrnehmungsverhalten etwa in der Schule nicht zu organisieren seien. Dies bedeutet, daß aktives Wahrnehmungsverhalten den Aufpassern aller institutionalisierten Bereiche sehr schnell signalisiert, daß da jemand den herrschenden Interessen zuwiderhandelt. Deshalb sollte als eine Grundbedingung für aktives Wahrnehmungsverhalten die Erkenntnis genannt werden, daß es um einen Interessenkonflikt geht und deshalb eine Strategie erforderlich ist, derzufolge das Erscheinungsbild der Operationen dort zu verschleiern ist, wo es vom Interessengegner so wahrzunehmen ist, daß er blockierend eingreifen kann.

Bedingungen für aktives Wahrnehmungsverhalten:
– Es muß das Interesse vorhanden sein, die Realität der gesellschaftlichen Verhältnisse zu erkennen. Der Erkenntnisakt bedingt, weil er durch aktives Verhalten in realen Bereichen induziert wird, zugleich das Interesse, die Verhältnisse zu verändern.
– Aktive Wahrnehmung ist ein bewußter Akt. Deswegen bezieht sie sich nicht nur auf wahrnehmbare Strukturen der Umwelt, sondern gleichermaßen auf die gesellschaftliche Bedingtheit des wahrnehmenden Subjekts. Das isolierte Individuum als Produkt der vorherrschenden Wahrnehmungskultur kann dies nicht leisten. Deshalb organisiert es sich in einer autonomen Gruppe, in der die Kontrolle des eigenen Wahrnehmungsverhaltens möglich ist.
– Durch aktive Auseinandersetzung mit der Realität einer Situation werden die sie bestimmenden Strukturen wahrnehmbar. Eine Lernsituation muß also Realität einbeziehen.
– Wahrnehmungsverhalten, passives wie aktives, wird durch die Ästhetik einer Situation stimuliert: Das ist ihre künstliche Zurichtung oder ihre natürliche Beschaffenheit, aufgrund derer sie die Erwartungen, Bedürfnisse besonders stimuliert bzw. Wahrnehmungsgewohnheiten durch Innovationen irritiert. Im Fall der passiven Wahrnehmung ist die ästhetische Situation allerdings unantastbar. Sie dient der Erregung einer Aufmerksamkeit, die sich selbst genießt (Kunst), oder, und dies am häufigsten, der Erregung einer Aktivität, die sich nicht auf die ästhetische Szene, sondern auf Bereiche richtet, in denen 'Aktivität' erwünscht ist (Konsum, Touristik).

Im Fall der aktiven Wahrnehmung ist die ästhetische Situation zugleich das Operationsfeld der Aktivität, die sie stimuliert. Passives Wahrnehmungsverhalten vollzieht sich im Ritual. Aktives Wahrnehmungsverhalten vollzieht sich im Spiel. Der Spielraum ist Voraussetzung für aktives Wahrnehmungsverhalten.
Funktionen des aktiven Wahrnehmungsverhaltens in der Lernsituation:
– Durch aktives Wahrnehmungsverhalten 'dreht der Lernende den Spieß um': Er reagiert nicht mehr nur auf wahrgenommene Situationen, die andere ihm vorsetzen, er

strukturiert vielmehr selber Situationen, deren Wahrnehmungsfunktion darin besteht, sich und anderen Erkenntnisse über die realen Verhältnisse in verschiedenen Bereichen zu vermitteln.

– Aktives Wahrnehmungsverhalten zielt auf das Erstellen eines wahrnehmbaren Modells der Wirklichkeit. Das Abbild der Wirklichkeit eines Lernraums ergibt sich aus dem kollektiven Wahrnehmungsprozeß, d. h., die Wahrnehmungsprozesse der einzelnen Individuen sind zwar spezifisch, aber am gemeinsamen Interesse der Gruppe orientiert.

– Das konkrete Modell der Wirklichkeit soll wahrnehmungsintensiv strukturiert sein. Deshalb ist eine wichtige Funktion des aktiven Wahrnehmungsverhaltens die *ästhetische Zurichtung* der Modellsituation.

Dazu bedarf es ästhetischer Techniken. Diese Techniken setzen das Vorhandensein von differenzierten Materialien und zeitgemäßen Medien voraus. Die wesentlichen Funktionen der Ästhetik in *Lernsituation* sind *Information* und *Stimulierung*. Letztere betrifft nicht nur Aktivität, sondern auch die Freisetzung libidinösen Potentials.

– Die Koordination aktiven Wahrnehmungsverhaltens im Kollektiv verhindert individualistische Wahrnehmungskultur, die auf Isolation der Individuen zielt. Der kollektive Wahrnehmungsvorgang der Gruppe bezieht sich nicht nur auf die Erfahrung der sozialen Bedingtheit ihrer Individuen, sondern auch auf die Bedingtheit unterprivilegierter Gruppen der Gesellschaft – sofern es das Interesse der Lerngruppe ist, die Verhältnisse, die die Bedingtheit unterprivilegierter Gruppen ausmachen, zu verändern. Aktives Wahrnehmungsverhalten sensibilisiert *soziale Wahrnehmung*.

– Aktives Wahrnehmungsverhalten als bewußter Akt bezieht sich vor allem auf diejenigen gesellschaftlichen Situationen, die von den herrschenden Interessengruppen wahrnehmungsintensiv (ästhetisch) zugerichtet worden sind in der Absicht, die Menschen zu bestimmten, in ihrem Unterbewußtsein motivierten Verhaltensweisen zu führen.

Kunst als kulturelle Ästhetik, deren Wahrnehmung im Vollzug eines ritualisierten Bewußtseins geschieht, ist ein gesellschaftlich sanktionierter 'Spielraum', in dem Wahrnehmung zwar bewußt, doch passiv stattfinden kann. Die Qualifikation für diese Art von Wahrnehmung kann nur von 'Eliten' erworben und geübt werden.

Der Bereich kultureller Ästhetik ist als Situation für aktives Wahrnehmungsverhalten insofern von Interesse, als durch geeignete Projekte es möglich erscheint, *Lernsituationen* für potentielle 'Eliten' zu organisieren, aufgrund derer eine Elitebildung in obigem Sinne verhindert werden kann. Die allgemeine Strategie in bezug auf kulturelle Bereiche ist die: sie zu Lernräumen machen, deren interessante Realität nicht die angebotenen Objekte, sondern deren ritualisierte Rezeption ist.

4 Lernen und Verhalten

Lernen definiert sich als Veränderung von Verhalten. Die gegenseitige Bedingtheit von Emotionalität und Rationalität im Verhalten ermöglicht die Wirksamkeit von Verhalten in Realität und den situationsbedingten Einsatz von Verhalten. Verhalten äußert sich durch Handlung und vermittelt sich durch Kommunikation. Sprache in der konkreten Interaktion ist z. B. eine Form des Verhaltens, Sprache beeinflußt gleichzeitig Verhalten. Umwelt ist der Raum für Verhalten. Umweltbedingte positive oder negative Verhaltensänderungen sind Lernerfahrungen.

Wer etwa bei einem Elternabend von Lernen in der Umwelt spricht, weil er damit die Funktion der Aktivität spielender Kinder erklären will, wird sich zunächst nicht verständlich machen können, bzw. wird, wenn er sich auf eine Definition von Lernen als Verhaltensänderung einläßt, Widerspruch erfahren. Das hat im wesentlichen zwei Gründe:

1 Veränderung der Verhältnisse und insbesondere der Persönlichkeit ist suspekt. Die Verhältnisse haben stabil zu sein, und eine Persönlichkeit zeichnet sich vor allem durch Beständigkeit aus. Inhaber des 'gesunden Menschenverstands' begegnen allen Veränderungen des Verhaltens mit Argwohn und Abneigung.
   Diese Veränderungsfeindlichkeit ist ideologisch vermittelt und dient als objektiv empfundene Verhaltensbedingung für diejenigen, die mit dieser Ideologie leben.
2 Die Vorstellung, was Lernen sei, ist weithin geprägt durch die Erfahrung schulischen Lernens. Das Spezifische der Lernsituation Schule, nämlich ihr stereotyper Verhaltenskanon und ihre systematische Abstinenz bezüglich realer Lebenssituationen, wird zum Maßstab, nach dem Situationen beurteilt werden, die den Anspruch stellen, 'Lernsituation' zu sein. Auch wo man die Notwendigkeit von Lernen als lebenslangen Prozeß sieht, meint man mit 'Lernen' den Erwerb von Wissen als eines Instrumentariums, mit dem man sich und die Umstände in einem gegebenen Zustand halten kann.

Die Veränderung seiner selbst oder der Umstände als Definition von Lernen wird auf Verständnisschwierigkeiten stoßen, wird vor allem als Praxis auf Ablehnung stoßen. Das Spiel der Kinder, das sehr anschaulich dieses Prinzip des Lernens als Verhaltensänderung – Änderung der Umgebung – demonstriert, wird u. U. toleriert, weil es sich auf überschaubare Realität bezieht und weil die Gewißheit besteht, daß das heranwachsende Kind zunehmend mit Lernsituationen konfrontiert wird, die es nicht selbst bestimmt. Auch wenn heute 'Spielen' und 'Lernen' als Synonyme durch die Szene der institutionalisierten Vorschulerziehung geistern, so bedeutet das nur, daß man mit spielerischen Momenten zu einem Lernverhalten verführen will, das in seiner Konsequenz Spielverhalten ausschließt.

Am Ende seiner Sozialisation unterscheidet der Schüler: Lernen hat etwas mit Arbeit zu tun, Spielen dagegen nicht (es sei denn als Kompensation des fremdbestimmten Leistungsdrucks durch den Anschein selbstbestimmter Aktivität in präparierten, kommerzialisierten Spielfeldern des Freizeitbetriebs).

Das Lernverhalten, wie es vielen Leuten als Lernen schlechthin bekannt ist, ist die Konzeption der Lernsituation Schule. Die Schule ist nach bestimmten Interessen so organisiert, daß ihre Erfahrungsbedingungen eine spezifische, diesen Interessen entsprechende Form des Verhaltens-Erwerbs begünstigen. Schule fördert fast ausschließlich eine bestimmte Art des Lernens, nämlich instrumentelles oder operantes Lernen, dessen Anwendungsbereich außerhalb der Schule liegt. Es gibt verschiedene Lernarten. Andere Lernarten als die institutionell gebräuchlichen zu organisieren, heißt Konfliktsituationen schaffen. Lernen in *Lernsituation* vermittelt stets die Erfahrung gesellschaftlicher Konflikte.

In *Lernsituation* geht es darum, den Verhaltens-Erwerb selbst zu organisieren. Diesem Versuch liegt also ein emanzipatorisches Interesse zugrunde, dessen leitende Erkenntnis Ergebnis einer situationsbedingten Verhaltensorientierung ist, d. h., emanzipatorische Erkenntnis kann nicht die Folge einer von einer konkreten Situation unabhängigen Reflexion sein, sondern sie entwickelt sich aus der Reflexion von Erfahrungen in einer Situation. Ein Beispiel: Eltern machen die Erfahrung, daß ihre Kinder in einer bestimmten Urlaubslandschaft intensiv spielen können. Dieselben Kinder wissen zu Hause, im Wohngebiet nichts rechtes anzufangen. Die Eltern vergleichen die unterschiedlichen Bedingungen, die die Urlaubssituation und die Situation im Wohngebiet den Kindern bieten, und erkennen, daß die Situation im Wohngebiet ungünstige Bedingungen stellt. Diese Erkenntnis betrifft das Interesse der Eltern am Wohlergehen ihrer Kinder. Die Konsequenz, daß die Eltern aktiv werden, um die Verhältnisse gemäß ihrem Interesse zu ändern, ist naheliegend, aber nicht selbstverständlich. Denn in dem Augenblick, in dem Eltern aktiv werden, erfahren sie die Verhältnisse der Situation, die ihr Interesse bedingt. Die Verhältnisse sind derart, daß der Versuch, sie zu ändern, andere Interessen auf den Plan ruft.

Die Entwicklung eines emanzipatorischen Interesses ist eine Funktion der *Lernsituation*. In der Realisierung von Autonomie bestimmt sich das emanzipatorische Interesse vorwiegend negativ: Es geht um die Kritik bestehender Verhältnisse, um die Beseitigung überflüssiger Herrschaft und gesellschaftlichen Zwanges – jeweils im Rahmen konkreter Situationen. Kritische Reflexion, die nicht auf die Erfahrungen und die Verifizierungsmöglichkeiten in einer Situation bezogen ist, bleibt folgenlos. *Sich emanzipatorisch verhalten, heißt, daß emanzipatorische Erkenntnisse praktische Folgen haben.* Der Erwerb emanzipatorischen Verhaltens hängt ab von den Erfahrungsbedingungen einer Situation.

Als extrem ungünstige Lernsituationen sind denkbar:
– Die Situation ist total bestimmt durch fremde Interessen. Verhalten ist nur insofern möglich, als es den fremdbestimmten Normen entspricht. Da die Erfahrungsbedingungen nur durch die Sachwalter der herrschenden Interessen verändert werden, bedeutet die damit bezweckte Veränderung des Verhaltens einen fremdbestimmten Lernprozeß.
– Die Situation ist frei von irgendwelchen gesellschaftlichen Determinanten. Das Verhalten ist zwar nicht eingeschränkt, es hat aber auch keinen interessanten Bezugspunkt. Veränderung der Erfahrungsbedingungen können vom Lernenden nach freiem Belieben und nach seinen Kräften vorgenommen werden, doch sind die dabei gewon-

nenen Erfahrungen nicht relevant hinsichtlich gesellschaftlich determinierter Situationen.

Als günstige Lernsituationen sind solche Situationen zu bewerten, die bei einem hohen Anteil an gesellschaftlicher Realität Freiräume für selbstbestimmte Verhaltensweisen aufweisen, die auf eine Veränderung der Erfahrungsbedingungen hinwirken (→ *Spielraum*). Lernen bedeutet zugleich Veränderung der Umgebung und des Verhaltens. Lernen bedeutet Erwerb neuer funktionaler Beziehungen zwischen Umgebungsdaten und Verhaltensdaten. Entscheidend ist, daß der Lernende selbst diese Beziehung initiiert, daß sein Verhalten nicht nur Reaktion auf Reize ist, sondern Funktion seines Interesses. Deshalb ist Aktivität die Grunddisposition des autonomen Lernverhaltens, und autonomes Lernen ist nur in der Dimension des Handelns möglich. Wo der aktive Handlungsansatz fehlt, reduziert sich Lernen auf Trainieren, Imitieren und Konsumieren von Lerninhalten.

Lernsituationen in realen Umräumen sind ungleich komplexer als die artifizielle Lernsituation in der Schule, im Kindergarten, in der Hochschule. Während diese Erfahrungsbedingungen so zugerichtet sind, daß fast ausschließlich kognitives Lernen erfolgt, und dies noch dazu in der Vereinzelung des Lernenden, aktivieren die Erfahrungsbedingungen von *Lernsituation* auch affektives Verhalten und kollektives Lernverhalten. Kognitives Lernen in *Lernsituation* ist eine integrierte Funktion des komplexen Lernverhaltens: es ist motiviert durch das Interesse an der Veränderung realer Situationen. Im kollektiven Lernverhalten der autonomen Gruppe ist die Isolation des Lernenden als Einzel-'Organismus' aufgehoben. Die schichtenspezifisch bedingten Lernhemmungen, wie sie von der Schule her bekannt sind und die die subjektive Seite des schulischen Selektionsmechanismus darstellen, spielen in der *Lerngruppe* keine wesentliche Rolle. Hier geht es nicht um traditionelle Lernleistungen, die abgefragt werden, sondern um verschiedenste Fähigkeiten des Handelns und Denkens, die eine praktische Funktion im Rahmen eines Projekts haben. Von dem Bedürfnis her, ein Projekt gemeinsam weiterzuentwickeln, sind deshalb die Lernleistungen einer *Lernsituation* motiviert. Der Wunsch eines Mitglieds einer Elterninitiative, sich über psychische Spannungen in der Gruppe oder über seine Recherchen bei einer Behörde zu äußern, wird nicht blockiert durch die Angst, daß seine Äußerungen Gegenstand eines rhetorischen Seminars sind.

Die *Lerngruppe* ist durch ihr Verhalten nicht nur Urheber von Veränderung im Lernraum, sondern in bezug auf das Individuum auch Medium zur Veränderung.[11]

5   Lerninhalte – Lernziele

Wo Lernen organisiert wird, sind auch Zielsetzungen im Spiel. Organisiertes Lernen ist eine wichtige Funktion der Steuerung gesellschaftlicher Entwicklung. Nach der Art der Zielsetzung – sie kann zur Erhaltung oder Veränderung bestehender Verhältnisse tendieren – unterscheiden sich die Formen organisierten Lernens. In der Lernsituation als dem aktuellen Vollzugsfeld einer Lernstrategie offenbart sich deren Tendenz, und zwar in dem Maße, wie eine Lernsituation das sie leitende strategische Ziel verschleiert oder bewußtmacht. Der Verdacht, daß Lernsituationen ihre eigentlichen Zielsetzungen verschleiern, ist besonders gerechtfertigt bei solchen Lernsituationen, die die Strukturen ihres Organisationsgefüges tabuisieren, d. h. dem Zugriff der Lernenden entziehen und die andererseits einen detaillierten Lernzielkatalog als verbindliche Richtschnur für Lernprozesse vorgeben. Es ist also deutlich zu unterscheiden zwischen der (eigentlichen) *Zielsetzung* organisierten Lernens und den einer Lernsituation vorgegebenen *Lernzielen*. Am Beispiel der Lernsituation Schule, die zugleich bekanntestes Beispiel organisierten Lernens ist, soll die Funktion von Lernzielen verdeutlicht werden.

Die Lernsituation Schule ist vergleichbar einer Produktionsstätte, in der bestimmte Materialien durch programmierte Manipulationen so bearbeitet werden, daß sie einem bestimmten Zweck dienlich sind. Die Schüler sind das 'Material', das bestimmbare Eigenschaften des Verhaltens aufweist. Sie sollen so manipuliert werden, daß ihre Verhaltensweisen bestimmten Funktionen des gelenkten gesellschaftlichen Prozesses entsprechen. Die Lehrer üben z. B. eine solche Funktion aus: sie haben die Aufgabe, das Verhalten von Schülern zu prägen. Dabei müssen sie sich an Lernzielen orientieren, die ihnen erklären, welche Verhaltensweisen der Schüler anzustreben sind. Die Lernziele der Schule sind das operationalisierte Programm, nach denen Lernen gesteuert wird. Bei der Erstellung dieses Programms sind die Betroffenen nicht beteiligt. Es tarnt sich mit dem Deckmantel der Wissenschaftlichkeit, weil es an Forschungsanstalten von 'berufenen' Kräften entwickelt wird. Seine Scheinobjektivität besteht darin, daß die festgelegten Lernziele als nachprüfbare Verhaltensweisen formuliert sind. In kleinen, vom Prüfungsdruck begleiteten Schritten läßt sich der Lernfortschritt präzisieren und kontrollieren. Die Formulierung der Lernziele macht deutlich, daß der Lernraum Schule als die konkrete Umwelt der schulischen Lernsituation nicht Gegenstand von Lernprozessen sein soll. Es gibt kein Lernziel, das die Veränderbarkeit etwa eines Klassenzimmers als Möglichkeit des Erwerbs neuer Erfahrungen für den Schüler betont. Alle Formulierungen beziehen sich auf den Schüler als den flexiblen, manipulierbaren Teil der Lernsituation. Dabei wird er fast ausschließlich als Individuum mit kognitiven Fähigkeiten beansprucht: »der Schüler soll erkennen, daß ...«, »Fähigkeit, zu beurteilen ...«

Die Inhalte solchen Lernens sind auf die Lernzielprämissen abgestimmt. Ihre Abstraktheit entspricht ihrer Funktion, Trainingsmaterial für kognitive Lernprozesse ohne Situationsbezug zu sein. Damit sind die Fähigkeiten, die in der Beschäftigung mit solchen Inhalten vermittelt werden, neutral in bezug auf die Realität, von der diese Inhalte abstrahiert worden sind. Die Fähigkeit, sich Merksätze einprägen zu können, sich analysierend und interpretierend äußern zu können, sich durch rhetorische Finessen mehr Beachtung verschaffen zu können, kann ebenso im Deutschunterricht wie im Kunstunterricht oder in der Sozialkunde trainiert bzw. verwertet werden. Denn diese inhaltlich differenzierten Unterrichtsstunden haben gemeinsam die gleiche, weitgehend stereotype Lernsituation. Die Realität dieser Lernsituation ist es, von der sich diejenigen affektiven Momente herleiten, die den in der Schule erworbenen Fähigkeiten anhaften. Affektive Momente wie Angst, Unterordnung, Langeweile oder die Erfahrung, daß Denken unvereinbar sei mit aktivem Verhalten, prägen diese Fähigkeiten entscheidend. Insofern sind diese Fähigkeiten nur in solche Lebenssituationen transferierbar (→ Transfer), deren Realität auf die Realität der Lernsituation Schule abgestimmt ist.

Lernziele in der Schule sind Direktiven, die mehr dem Lehrer als dem Schüler erklären, wohin sich der Schüler im Rahmen einer vorgegebenen Situation mit stereotypen Erfahrungsbedingungen unter Verwendung von im Grunde austauschbaren Inhalten zu entwickeln hat. Dieser Entwicklungsprozeß kann durch operationalisierte Lernziele kontrolliert werden.

Lerninhalte der Schule sind entschärfte 'Realität'. Die Präsentation dieser 'Realität' wird nach dem unterschiedlichen Bildungsauftrag der verschiedenen Schultypen modifiziert.

Diese negative Bestimmung von Lernzielen und Lerninhalten am Beispiel der Lernsituation Schule ist ein notwendiger Kontrast für die Bestimmung dieser Faktoren im Falle der autonomen *Lernsituation*. Hier ist die Zielsetzung die Veränderung bestehender ungünstiger Erfahrungsbedingungen. Dies ist ein Grund, der ebenfalls die Verschleierung von Zielsetzung notwendig macht. Organisiertes Lernen ist in jedem Fall ein strategisches Unternehmen und bedarf deshalb taktischer Maßnahmen. Der entscheidende Unterschied bei *Lernsituation* ist jedoch der, daß die Zielsetzung von den Betroffenen des Lernprozesses erkannt und mitbestimmt wird. Die Zielsetzung wird eingelöst durch konkrete Aktionen, nicht durch mehr oder weniger mutige Bekenntnisse. Deshalb ist es eine taktische Maßnahme, die eigentlichen Ziele einer Aktion durch 'akzeptable' Interpretationen bestmöglichst zu kaschieren, wenn sich der Lernprozeß in stark normierten Bereichen vollziehen soll. Ein operationalisierter Lernzielkatalog kommt für autonome Lernsituationen nicht in Frage. Er ist, egal ob seine Formulierungen auch verbalkritische Implikationen enthalten, ein typisches Merkmal fremdbestimmter Lernsituationen. Die Frage, die gerne an selbständige Lerngruppen (z. B. Elterninitiative) gerichtet wird, nämlich welches denn die Lernziele seien, nach denen sie ihre Projekte ausrichteten, ist deshalb kritisch auf das Verständnis von Lernsituation dessen hin zu prüfen, der diese Frage stellt. Zumeist steckt hinter solchen Fragen das Unvermögen, sich andere Lernsituationen als die schulischen vorstellen zu können. Der Nachweis der Progressivität eines pädagogischen Projekts scheint dadurch zu leisten zu sein, daß seine Organisatoren einen logisch differenzierten und inhaltlich 'je nach dem' gefärbten Lernzielkatalog aufzusagen in der Lage sind. Autonome Lernsituationen bedürfen nicht eines Kontrollsystems, das sich als eine verselbständigte, intellektualisierte Matrix darstellt. Solche Konstruktionen sind letztlich Herrschaftsinstrumente.

Im einzelnen kann über Lernziele und Lerninhalte von *Lernsituation* gesagt werden:
– Lernen bezieht sich auf die Realität des *Lernraums*.

Der Inhalt von Lernen ist die Wirklichkeit; das Ziel von Lernen ist die Veränderung der Wirklichkeit gemäß der Interessen, die der Lernende bzw. die Lerngruppe hat. Lernen bedeutet hier Setzung von Zielen und nicht Lernen nach vorgesetzten Zielen. Es ist daher angebracht, von Zielsetzung des Lernens und nicht von Lernzielen zu sprechen.

– Der Lernende bestimmt autonom seinen Lernprozeß, d. h. nicht, daß er von vornherein weiß, was er zu lernen hat. Vielmehr bedeutet die Selbstorganisation von Lernen: lernen wie man lernt. Das Spiel der Kinder ist eine ursprüngliche Form selbstorganisierten Lernens.

– Was man zu lernen hat, ergibt sich aus der konkreten Situation. Verschiedene Qualifikationen des Verhaltens sind erforderlich, um erwünschte Veränderung im Lernraum zu erreichen. Veränderung des Lernraums bedingt Veränderung des Verhaltens. Die erworbenen Qualifikationen sind situationsbezogen und werden deshalb nicht nach Maßstäben beurteilt, die außerhalb der *Lernsituation* liegen.

– Nicht das Individuum steht im Mittelpunkt der Überprüfung von Lernprozessen, sondern das Ausmaß seiner Wirkung. Die Überprüfung der Wirkung von Lernaktivität hat die Funktion, neue Daten für die jederzeit fällige Korrektur der Zielsetzung zu gewinnen. Keineswegs bedeutet Überprüfung in *Lernsituation* die Klassifizierung des lernenden Individuums.

– Der Erwerb von Qualifikationen bringt Zuwachs an Kompetenz. Nachdem in der komplexen *Lernsituation* verschiedene Qualifikationen erlernbar sind, gibt es auch verschiedene Kompetenzen, die in der *Lerngruppe* nun nicht Konkurrenz, sondern Ergänzung bedeuten.

– Die *Lernsituation* integriert verschiedene Lernarten. Deshalb bedarf es nicht einer Selektion der Lernenden nach Altersgruppen und Leistungsklassen. Jede Lernaktivität ist motiviert durch ein bestimmtes, sich aus der aktuellen Situation ergebendes Bedürfnis. Im Ablauf eines Lernprozesses ereignen sich gleichzeitig eine Reihe individuell unterschiedlicher Lernaktivitäten, die jedoch in einem Bezug zum gesamten Prozeß stehen. Im Idealfall stellt eine situationsbedingte individuelle Lernaktivität die optimale Ergänzung des Lernprozesses des Kollektivs dar und wird entsprechend verstärkt durch Anerkennung und Kompetenzzuwachs. Im negativen Fall stellt eine individuelle Lernaktivität eine Behinderung des Gesamtprozesses dar. Dies ist zum Beispiel der Fall, wenn ein Individuum die Diskussion des gruppendynamischen Zustands der *Lerngruppe* ständig fordert, um sie als Ritual zu genießen. Aufgrund ihres Interesses nach lernraumbezogener Aktivität wird die Lerngruppe diese negative Funktion eines ihrer Individuen diskutieren. Die Möglichkeit, daß Individuen aus dem Gruppenzusammenhang fallen, ist die logische Konsequenz des Systems der für alle Interessierten offenen *Lerngruppe*.

– Die Zielsetzung einer *Lerngruppe* ist die auf Handlungsansätze bedachte Reflexion des Interesses der Gruppe. Das Interesse der Gruppe ist nicht das Resultat divergierender Einzelinteressen der Individuen. Ein solcher Interessenpluralismus führt zu keinem gesellschaftspolitisch relevanten Handlungsansatz. Das Interesse der Gruppe

hat zunächst eine objektive Komponente. Sie ergibt sich aus den erkennbaren Widersprüchen gesellschaftlicher Realität. Das Interesse der *Lerngruppe* ist auf Emanzipation gerichtet und ergreift folglich Partei der Ohnmächtigen in dieser Gesellschaft. Eine subjektive Komponente dieses Interesses ergibt sich aus der eigenen Erfahrung von Unterdrückung der Individuen der *Lerngruppe*. Beide Komponenten, der Bezug zur objektiven Realität und die subjektive Erfahrung, sind unabdingbare Voraussetzung eines Gruppeninteresses, das auf effektive Handlung zielt.
– Das Interesse und damit die Zielsetzung der *Lerngruppe* bestimmen sich jeweils neu in der konkreten Auseinandersetzung mit der Wirklichkeit.
Interesse, Zielsetzung, Aktion, Veränderung sind Faktoren eines Regelkreises, den die *Lerngruppe* steuern kann.
Die *Tendenz* einer *Lernsituation* ist das in Aktion umgesetzte *Interesse* einer *Lerngruppe*. Nicht an Lernzielen, sondern an *Tendenz* sollte die Organisation von Lernsituationen orientiert sein.

6 Die Lerngruppe

Das Feld, in dem wir versuchen, effektive Lernsituationen zu organisieren, ist durch mehrere Bezugsgrößen gekennzeichnet. Die *Umwelt* ist der Rahmen und steht in Wechselbeziehung zur *Interaktion*. Die Beziehungsstruktur der Personengruppe in dieser Situation bestimmt das *Verhalten*. Gruppen haben ihre Eigengesetzlichkeit, die in ihr gegebenen Beziehungen schlagen sich im Kommunikationsprozeß nieder.
Eine Schulklasse ist eine Lerngruppe, nur scheint die Institution Schule außerstande, die sich aus der sozialen Situation 'Gruppe' ergebenden Probleme aufzugreifen und zu verarbeiten. Kritik muß dort ansetzen, auch wenn es nicht vordergründig um Schulklassen, sondern um Lerngruppen allgemein geht. Die dort erkennbaren Fehlstrukturen setzen sich in alle Ausbildungssituationen und außerschulischen Lerngruppen fort. *Bei der Initiierung von Lerngruppen muß daher vermieden werden, unbewußt Strukturmerkmale des Vorbildes Schulklasse zu übertragen.*
Eine Gruppe spiegelt, unabhängig von der Aktualität ihrer Zusammensetzung, immer gesamtgesellschaftliche Tendenzen in ihren Gesetzmäßigkeiten wider.
– Autoritätsprobleme
– Rollenzuweisungen
– Ängste
– Konflikte und Lösungsversuche
– Verhaltensstereotypien
– Isolierungsprobleme
usw.
In dem Maß, in dem Schule ihren Bildungsauftrag auf die Vermittlung von Wissen und kognitiven Fähigkeiten beschränkt, übersieht sie, daß Klassen nicht nur eine Ein-

teilung nach dem Alter sind, sondern Gruppen, in denen Kommunikationsstile und Interaktionsformen eingeübt werden, die später gesellschaftlich wirksam sind. Eine Gruppe ist ein primär psychologisches Phänomen. Der Lehrer, der mit ihr konfrontiert wird, ist durch seine Ausbildung nicht in der Lage, ihren dynamischen Charakter und die fluktuierenden Übergänge in andere Zustände richtig einzuordnen, geschweige denn die Gruppe als soziodynamisches Gebilde zum Gegenstand seines pädagogischen Geschäfts zu machen. Ihrer Tendenz, gewisse Rollenverteilungen auszubilden und entsprechend ein wechselndes Gefüge von Beziehungen hervorzubringen, diesem ständigen Kreislauf der Affektivität steht der Lehrer hilflos gegenüber.
– Die Hilflosigkeit erzeugt in ihm Angst.
– Die Angst versucht er durch Abwehrmechanismen zu verdrängen.
– Er versteht die Situation nicht, er rationalisiert sie.

Der Schüler ist abhängig von der Unwissenheit und Hilflosigkeit des Lehrers und wird damit zum eigentlichen Leidtragenden. Der Lehrer handelt nach Dienstvorschriften, sie verschaffen ihm Entlastung und Rechtfertigung. Dadurch wird dieser Zustand zum generellen Merkmal von Schule und allen Ausbildungssituationen, die den Auftrag einer bürokratischen Institution erfüllen. Im Handeln nach Verordnungen wandeln sich Ängste in Autorität, und die pädagogische Interaktion erfährt eine starke Ritualisierung. Diese erlaubt die Kanalisierung sowohl der Triebbedürfnisse wie der unbewußten Erlebnisse der Gruppe, Affektivität und die Reaktion darauf erstarren im Ritual. Das weitgehende Einfrieren der emotionalen Dynamik sichert ein kontinuierliches hierarchisches Ranggefälle. Die Vorbereitung aufs Leben kann beginnen.

Verhalten und Einstellungen einer Gruppe sind durch deren spezifische Normen determiniert. Solche Gruppennormen entwickeln sich auch in jeder Lerngruppe, ihre Funktion und Wirksamkeit wird von den Bedingungen abhängen, unter denen sich die Gruppe bildet. Zu diesen Bedingungen zählen die Zielsetzungen, gemeinsame Erfahrungen, die kooperativen Möglichkeiten in der Gruppe, vor allem aber auch, ob Rollenzuweisungen und Abhängigkeiten der Gruppe aufgezwungen oder von ihr entwickelt sind.

Wie wichtig die Frage nach den Normen in einer Lerngruppe ist, läßt sich wieder am Beispiel der Schulklasse belegen. Normen werden hier vor allem durch das Selbstverständnis und Verhalten des Lehrers gesetzt und von ihm mit Hilfe der mit seiner Rolle verknüpften Disziplinierungsmöglichkeiten kontrolliert. Die Schüler können entweder die vom Lehrer verinnerlichten Normen übernehmen oder versuchen, Gegennormen zu entwickeln. Im ersten Fall entsteht eine Gruppensituation, in der jedes Mitglied gezwungen ist, passiv zu bleiben und die Normen zu akzeptieren, wenn es nicht zum 'schwarzen Schaf', der Zielscheibe des Lehrers und der Gruppe, werden will. Verhaltensregeln orientieren sich an den im Vordergrund stehenden Leistungsnormen, deren Verletzung sehr einfach bestraft werden kann. Gerade dieser Zwang zur Leistung und die dadurch gegebene Disziplinierung kann zur Entwicklung von Gegennormen führen, die vor allem Abwehrfunktionen gegen äußere Einflüsse und Anforderungen erfüllen. Diese

Abwehr wird im Verhalten und im Erscheinungsbild der Gruppe sichtbar. So produzieren Gruppen unter Druck Gegenrituale, sie entwickeln einen Kommunikationsstil und bestimmte Formen der Selbstdarstellung (Beispiel: Rocker). Solche Gegennormen haben zwei Seiten. In ihrer Abwehrfunktion können sie sich als sinnvoll und hilfreich erweisen. Aber sie sind von der Entstehungsursache her reaktiv und können wie alle Normen zur Konformierung von Verhalten und Einstellungen beitragen. Dann werden äußere Zeichen der Selbstdarstellung (z. B. lange Haare bei Jugendlichen) zur ästhetischen Stereotype, und Versuche von selbstbestimmtem Verhalten erstarren im Ritual. Aus emanzipatorischen Versuchen werden vermarktbare Äußerlichkeiten, die Befreiungsfunktion schlägt in Konsumfunktion um.

Die beste Aussicht, aus dem Dilemma der Lernsituationen zu entrinnen, wie sie für Schulklassen typisch sind, wo keine Gruppen, sondern Ansammlungen von Konkurrenten zusammensitzen, bieten Ansätze, die Lerngruppen nicht ihrer Dynamik berauben, sondern diese in realen Situationen ansiedeln und versuchen, sie weitgehend von den Zwängen der Institution Schule zu entlasten.

Eine Schülerin schrieb zum Projekt *IKI als Lernraum* aus Schülersicht:
»4) Situation des Lernenden im Lernraum IKI:
– Aktive Lernsituation (effektives Lernen durch eigene Erfahrung)
– komplexere Lerninhalte, anstatt isolierter Fachrichtungen
– veränderter Lernraum (Erweiterung des Arbeitsfeldes)
– Gruppenarbeit (Informationsaustausch)
– eigene Problemstellung
– eigene Zielsetzung
– Selbststeuerung
– Kontrollorgan in Form von Prüfungen entfällt.
8) Läßt sich ein solches Lernsystem überhaupt auf die heutige Schulsituation übertragen?«

Damit sind bereits die wesentlichen Bedingungen einer Lerngruppe im Sinne wünschenswerter Lernsituationen angedeutet. Im folgenden werden die Merkmale einer Lerngruppe beschrieben, die sich von den Merkmalen einer abhängigen, unselbständigen Lerngruppe wie einer Schulklasse unterscheiden.

Autonomie
Die Lerngruppe konstituiert sich autonom. Dies ist eines ihrer wesentlichen Merkmale. Die Autonomie bestimmt sich nach Maßgabe der Realität, d. h.,
– sie ist abhängig vom Alter der Mitglieder
– sie impliziert haftungsrechtliche Fragen
– der zur Verfügung gestellte Lernraum ist jeweils unterschiedlich (z. B. Museum, Spielplatz, Straße, Schulhaus, Kaufhaus etc.)

– sie betrifft die Möglichkeit der Organisation ihrer Medien usw.

Die Lerngruppe setzt sich ihre eigenen Lernziele. Die jeweiligen Lernziele sind Variablen der Bedürfnisse und Interessen der einzelnen Mitglieder:
– Die individuellen Ziele der Gruppenmitglieder können gleich sein, sie brauchen aber nicht das Gruppenziel zu sein. (Beispiel Schach: Jeder will gewinnen, d. h., die individuellen Ziele sind gleich, Gewinnenwollen ist aber nicht das Gruppenziel, sondern etwa ein interessantes Spiel.)
– Die individuellen Ziele der Gruppenmitglieder können verschieden sein, aber das Gruppenziel ist gleich. (Z. B. Spielplatz: Den einen interessieren die sozialen Probleme der Kinder, einen anderen psychologische Momente hinsichtlich Verhaltens- und Einstellungsunterschieden usw.)

Es unterscheiden sich jeweils zwei Zielebenen: die individuellen Ziele und die der Gruppe. Aufgrund der Autonomie der Lerngruppe stehen diese am Beginn des Lernprozesses zur Diskussion. Damit entfallen rigide Gruppennormen zur Sicherung der Gruppenleistung, da wiederum die Qualität der Arbeit der Lerngruppe abhängig ist von der Motivationsstärke der individuellen Ziele. Die Normen setzt die Gruppe jeweils selbst, sie sind Bestandteil des Gruppenprozesses und als solche revidierbar.

Jedes Gruppenmitglied hat die Möglichkeit, sich aus der Lerngruppe wieder zurückzuziehen, wenn die Intention des Gruppenprozesses für seine Interessen und Bedürfnisse irrelevant ist oder wird.

Die *Selbstorganisation* der Lerngruppe steht im direkten Zusammenhang mit ihrer Autonomie.

Die im Rahmen der Schülermitverwaltung in der Schule zugestandenen Freiräume für Selbstorganisation der Schüler beschränken sich realiter auf
– Ausgestaltung des Schullebens (Feiern etc.)
– Übernahme von Pausenaufsicht und deren selbstorganisierte Einteilung
– Schülerzeitung mit gemäßigter Tendenz (der Gefahr von Konflikten wird durch die Betreuung eines Vertrauenslehrers begegnet)
und ähnliches mehr.

Selbstorganisation bezieht sich auf
– die Auswahl und die Strukturierung des Lernraums. Die Organisation und die spezifischen Inhalte des Lernprozesses werden von den Gruppenmitgliedern bestimmt. Ihre Tendenz wird im Sinne eines kybernetischen Systems gesteuert, indem sie sich an die Gruppe rückkoppelt und das Gruppenziel direkt abhängig ist von den faktensetzenden Eingaben der Beteiligten.

Die Lernmotivation wird dadurch ihrer primären Funktion zugeführt.
– die Verteilung der Rollen und Positionen innerhalb der Lerngruppe. Die komplexe Struktur der Lernsituation, die keine fixierten Leistungserwartungen an die Mitglieder richtet (Beispiel Schule: hier Deutsch, dort Mathematik usw.), erlaubt es den einzelnen

Gruppenmitgliedern entsprechend ihren Interessen und Fähigkeiten Aufgaben zu übernehmen.
Dadurch stehen unterschiedliche Anforderungsniveaus zur Verfügung. Der Schüler kann entsprechend seiner momentanen Leistungsfähigkeit die Aufgaben übernehmen, die er auch positiv bewältigen kann. Dadurch erfährt der Schüler innerhalb der Lerngruppe die Bestätigung, die er braucht, um sein Anspruchsniveau individuell höher setzen zu können, da sein Beitrag für die Realisierung des Gruppenprojekts bzw. für die Dynamik des Lernprozesses wichtig ist.
- die Lerninhalte. Diese werden nicht explizit formuliert (Wie ist der Tagesablauf in einer Fabrik?), sondern durch die Tendenz der Problemstellung festgelegt. Ihre Formulierung kann nur anhand real erfahrener Momente der Umwelt der Gruppenmitglieder erfolgen. Gleichzeitig kann nicht die einzelne individuelle Erfahrung die Problemstellung der Lerngruppe ergeben, sondern sie muß einen generalisierenden Faktor enthalten. Dadurch kann die Lerngruppe nicht für die individuellen Interessen eines Einzelnen ausgenützt werden.
  Die notwendige Rückkoppelung der Einzelerfahrungen im Lernprozeß garantiert einen permanenten Informationsaustausch. Dieser ermöglicht die ständige Überprüfung und Korrektur der Lerninhalte durch die Gruppe. Kriterien dabei sind die Auswirkungen auf die reale Umwelt, ihre Reaktion und ihre Veränderung.
- die Funktion der Bezugsperson (z. B. des Lehrers) innerhalb der Lerngruppe.

Aufgrund ihrer Stellung hat die Bezugsperson zwei Funktionen:

a Sie ist ein Mitglied der Lerngruppe. Ihre üblichen Attribute entfallen (Universalschiedsrichter etc.), da auch für sie die Lernsituation neu und unstrukturiert ist.
   Sie muß unter Umständen erfahren, daß ein anderer besser ist (etwa bei Interviews machen). Damit wird ihre Funktion als allein mögliches Identifikationsobjekt relativiert. Seine sonst dominante gruppendynamische Funktion als Entscheidungsinstanz, ob etwas richtig ist oder nicht,
   - wird abhängig von der tatsächlichen Fähigkeit, Hilfen zu leisten
   - wird kontrolliert innerhalb der Öffentlichkeit des Lernraums. Die im Klassenzimmer leicht zur Schau gestellte Souveränität ist in der konkreten Interaktion mit anderen Erwachsenen auf ihren tatsächlichen Stellenwert hin unter Beweis zu stellen. Die Schüler erleben nicht mehr nur einen Teil der Lehrerpersönlichkeit, sondern das Ganze.
   - Die Lerngruppe wird unabhängig vom mehr oder weniger zufälligen Führungsstil des Lehrers. Jedes Mitglied hat die Möglichkeit, aufgrund von Engagement in der Gruppe Führungsposition zu übernehmen.
b Hat die Bezugsperson eine Funktion in einer Institution (z. B. Schule, Hochschule), kann sie
   - den Lernraum zur Verfügung stellen
   - den notwendigen Freiraum gegenüber institutionellen Interessen vertreten und absichern

- den für eine effektive Lernsituation im Interesse der Gruppe notwendigen Anteil an Realität einbringen
- die für den Lernprozeß erforderlichen Medien (Tonband, Video, Foto etc.) bereitstellen, soweit sie nicht durch die anderen Mitglieder selbst besorgt werden können
- Konflikte einkalkulieren und notfalls auch vertreten.

Die *Realität* ist ein konstitutives Moment jeder Lerngruppe. Dabei sind zwei Ebenen der Realität zu unterscheiden:
- einmal die Realität der Gruppe selbst (die z. B. in der Schule zwar als existent anerkannt ist, die aber nur in Konfliktfällen, quasi als Unglücksfall, in den Schulalltag einbricht und sich ansonsten reduziert auf das Pausengeschehen)
- zum anderen die Realität außerhalb der Schule, gekennzeichnet durch politische, ökonomische und gesellschaftliche Interessen, die sich in Form von Familie, Jugendverbänden, Medien und Werbung usw. an die Schüler vermittelt.

Gehen wir von dem Faktum aus, daß jedes Individuum notwendig angewiesen ist auf die Interaktion mit anderen, so muß zwangsläufig für den Erziehungsprozeß gelten:

Zentraler Lerninhalt ist die Vermittlung der dabei auftretenden Mechanismen und ihre Bedeutung für die Interaktionsprozesse. Dabei müssen diese Phänomene in einem aktuellen Lernprozeß Gegenstand der Reflexion werden.

Lerninhalte dieser prinzipiellen Arbeitsform wären dann:
- das Verhalten und die Interaktionen
- die Emotion der Gruppe hinsichtlich der Struktur ihrer Gefühle und Affekte
- die Normen und Sanktionen.

Diese Ebene kann aber nicht losgelöst von der zweiten Ebene gesehen werden. Ihre Inhalte müssen bezogen sein auf einen Prozeß der Lerngruppe auf der zweiten Ebene, d. h., dieser muß gekoppelt sein an gesellschaftliche Realität, da die isolierte Betrachtung der Lerngruppe die Folgerungen aus ihren Interaktionen verfälschen würde.

Durch den aktiven Handlungsvollzug der Lerngruppe und ihren praktischen Interaktionismus in konkreten Realitätsfeldern (z. B. Schule als Institution, Museum, Fabrik usw.) wird der Schüler befähigt
- den gesellschaftlichen Bezug herzustellen, der Lernen bedingt und notwendig macht
- das eigene Verhalten und das der Gruppe auf seine bestimmenden Kräfte hin zu analysieren
- die Nah- und Fernwirkung von gesellschaftlichen Normen in Beziehung zu setzen zu den eigenen und denen der Gruppe
- die Reduktion der Erziehung und Wissensvermittlung auf rein kognitives und intellektuelles Training in ihrer sozialpsychologischen Funktion zu erkennen, d. h., ihre Bedeutung für die soziofunktionale Integration individueller Energien für die Verwertungsinteressen in einer kapitalistischen Gesellschaft und gleichzeitig den Beitrag der Schule zur Verhinderung, daß dies jemals zur Sprache kommt, durch den Trick, Wissen und unmittelbare Erfahrung zu trennen. (Zu der Einsicht, daß sie dies über

die von ihr selbst betriebene Infantilisierung des Schülers legitimiert, ist es dann nicht mehr weit.)
Die Vorteile der Lerngruppe gegenüber dem Individuum sind allgemein:
- Aufgrund ihrer größeren emotionalen Stärke und ihrer leichter durchzusetzenden Autonomie kann sie in weit größerem Umfang für ihren Lernprozeß relevante Umweltbereiche enttabuisieren.
- Durch ihre natürliche Schutzfunktion ermöglicht sie es den einzelnen Gruppenmitgliedern gegenüber dem unmittelbaren Zugriff der Realität Distanz zu entwickeln, d. h., konkret psychische Zwänge (wie Ängste, Blockierungen etc.), die sich individuell im Verhalten niederschlagen, abzubauen.
Das heißt auch Reduzierung
 - des hemmenden Leistungsdrucks
 - der Angst vor Versagen
 - der Konkurrenzsituation.
Durch ihren ständig expandierenden und dynamischen Prozeß, dessen Entwicklung durch die Leistungen der einzelnen Mitglieder gesteuert wird, bewirkt sie notwendige Solidarität, da der Erfolg oder Mißerfolg der Arbeit davon abhängig ist. Wiederum ist der Erfolg der Gruppenleistung nicht abhängig vom Mißerfolg einer Einzelleistung. Dadurch wird der Einzelne von unmittelbarem Leistungsdruck befreit.
- Der Lernprozeß entwickelt und verändert sich aufgrund der gemeinsam gemachten Erfahrungen. Diese bestimmen auch die weitere Tendenz.
Die Leistungsanforderungen stellen sich nicht mehr als abstrakte dar, sondern werden aufgrund der Struktur des Lernraums oder durch die Anforderungen seitens der Umwelt notwendig. Ihre Erledigung ist motiviert durch persönliches Interesse. Dadurch hebt sich die Konkurrenzsituation auf.
Kooperation ist ein bestimmendes Merkmal der Lerngruppe. Initiativen und Anregungen können von jedem Mitglied der Lerngruppe eingebracht werden, ohne daß das rigide gefordert werden muß. Damit entfallen die demütigenden Situationen der Bloßstellung des Einzelnen und gleichzeitig die dabei erfahrenen Frustrationen.
Aufgrund der individuellen Entlastung und der kooperativen Arbeitsweise bildet sich die Voraussetzung für eine freiere *Kommunikation* der Gruppe untereinander. Diese erlaubt die Ausbildung einer größeren Vertrauensbasis, die ihrerseits wieder Einfluß hat auf
- größeren Informationsfluß
- uneingeschränkteren Erfahrungsaustausch
- bessere Koordinierung der Tätigkeiten
- stärkeres Interesse an Problemlösung
- besser begründete Bewertung der weiteren Absichten.
Von der Umwandlung mehr eigenzentrierter zugunsten gruppenzentrierter Verhaltensorientierungen profitiert nicht nur die Gruppe, sondern auch das Individuum.
Entgegen den relativ statischen Einflußgrößen innerhalb schulischer Lernorganisation

sind diese in einer sich selbst organisierenden Lerngruppe dynamisch: Dadurch werden Fixierungen in der psychischen Struktur der Individuen verhindert, vor allem ihre nachteiligen Folgen.

Früher gelernte Einstellungen, Normen und Werthaltungen können in der Gruppe auf ihren tatsächlichen Stellenwert hin überprüft werden. Die durch den ständigen Interaktionsprozeß verstärkte Dynamik der sozialen Distanzen (sowohl gegenüber dem Lehrer wie gegenüber den anderen Gruppenmitgliedern) hat positive Auswirkungen auf *Gruppenkohäsion, Leistungsmotivation* und *Produktivität der Gruppenmitglieder.*

Die *Identität* der Gruppe ist ein Ergebnis ihres Arbeitsprozesses und Erfahrungszusammenhangs. Sie geht nicht bereits als Programm in die Lerngruppe ein und fixiert sie damit auf einen wünschenswerten Zustand. Dies ist häufig bei explizit gruppendynamischen oder therapeutischen Gruppenbildungen der Fall.

Eine nebulose Gruppenidentität wirkt sich immer als Störfaktor im Arbeitsprozeß selbst aus. Nur anhand eines realen und erfahrenen Lernprozesses kann die Gruppe eine Identität entwickeln, die es den einzelnen Mitgliedern möglich macht, sich mit ihr zu identifizieren.

Die Erfahrungszusammenhänge geben das Gerüst für die Möglichkeit der Identifikation mit der Gruppe. Die Identifikation mit der Gruppe sichert dieser die Motivationen für Leistungen und weitere Mitarbeit. Entwickelt eine Lerngruppe im Verlaufe ihrer Praxis eine Geschichtlichkeit, so ist diese Ausweis ihrer Effektivität. Nicht das Erreichen einer Zielvorstellung kennzeichnet die Effektivität einer Gruppe, sondern
- ihre autonome, faktensetzende Praxis (die an den realen Auswirkungen auf die Richtigkeit ihrer Tendenz hin theoretisch untersucht und überprüft werden kann)
- ihre Fähigkeit, die Interessen und Bedürfnisse der Gruppenmitglieder befriedigen zu können.

Die Autonomie der Lerngruppe allein garantiert dabei den Spielraum für »soziologische Phantasie« (Hartwig), als Bedingung für die Artikulation und die Durchsetzung eigener Interessen und Bedürfnisse.

Die Gruppe als gesellschaftliche Organisationsform:
Das Phänomen Gruppe übt heute eine ambivalente Faszination auf diejenigen aus, die, durch die versachlichten Verkehrsformen unserer bürgerlichen Leistungsgesellschaft enttäuscht, in ihr die Lösung ihrer zwischenmenschlichen Beziehungen erhoffen und durch sie den Traum nach neuer Unmittelbarkeit zu verwirklichen trachten.

Während die einen sie überhaupt als Lösungsmöglichkeit rundweg ablehnen, benützen sie andere als Mittel zur Behebung traumatischer Erfahrungen oder zu narzißtischer Befriedigung ihrer Bedürfnisse, indem sie sich das Gefühl verschaffen, Teil einer Gruppe zu sein.

Der Grund für viele Gruppenbildungen ist die Suche nach einem neuen Selbstverständnis, nach Sicherheit und Erfahrungen, die die heutigen institutionalisierten Formen von Familie und Arbeitswelt nicht mehr bieten.

Da, wo Leiden an und durch gesellschaftliche Fehlentwicklungen erfahren wird, setzen die Betroffenen vielfach ihre Hoffnungen auf gruppendynamische oder therapeutische Gruppenverfahren. Ohne konkreten Arbeitsansatz aber sind diese Gruppen gefährdet, ebenso so schnell zu verfallen wie sie entstanden sind, indem sie sich zur kosmischen Projektion ihrer individuellen Probleme verleiten lassen und so die Gruppe zum Selbstzweck machen. Der individualpsychologische Aspekt wird unversehens dominant und absorbiert oft einen politisch gemeinten Ansatz, ohne daß die Reduktion phänomenologisch bewußt wird. Das kritische erkenntnisleitende Interesse kehrt sich in sein Gegenteil, es entpolitisiert. Nur durch einen konkreten Handlungsvollzug der *Lerngruppe* in einem Projekt mit politisch-sozialer Funktion ist dieses Dilemma aufzuheben.

Horst E. Richter beschreibt in seinem Buch ›Die Gruppe‹[12] die Arbeit dreier Initiativgruppen, die in unserem Zusammenhang insofern interessant sind, als sie genau die Bedingungen einer effektiven *Lerngruppe* erfüllen. Alle folgenden Zitate sind diesem Buch entnommen. Zwei Gruppen junger Eltern betreiben jeweils einen Kindergarten und einen Kinderladen.

Ziel: »Die Überwindung der typischen Zwänge und Abhängigkeiten in der Beziehung zwischen Eltern und Kindern, zwischen den Eltern selbst (also der traditionellen Kleinfamilie)«. Generell: Reform der Kindererziehung.

Die dritte beschriebene Initiativgruppe arbeitet in einem Obdachlosen-Asyl.

Ziel: »Der Versuch, diese von der Gesellschaft abgeschriebene soziale Randgruppe aufzurütteln und darin zu unterstützen, sich kritisch und mit geeigneten Mitteln gegen ihren verhängnisvollen Gettostatus aufzulehnen«. Generell: Wie kann eine Gruppe aus Mittelschichtangehörigen mit Repräsentanten der untersten Sozialschicht kooperieren?

— Die Gruppen bestimmen ihren *Lernraum* autonom, je nach Interessen und unmittelbaren Bedürfnissen.

— Die Strukturierung der Lernräume erfolgt durch *Selbstorganisation* aufgrund eigenen Engagements.

— Die Gruppen sind an konkrete Erfahrungsfelder der Beteiligten gekoppelt und beinhalten den notwendig geforderten Anteil an *Realität*.

— Die *Lerninhalte* sind selbstbestimmt und orientieren sich wieder an den Bedürfnissen und Interessen der Gruppenmitglieder.

— Die übergeordneten Ziele weisen *Tendenz* auf: nämlich einen konkreten Beitrag zur Änderung gesellschaftlicher Strukturen zu leisten, dies aber nicht durch eine abstrakte vermittelte, intellektuelle Beschäftigung mit den Problemen, sondern durch konkrete modellhafte Experimente, in denen »diejenigen Interaktionsweisen eingeübt werden sollen, die sie sich als verbindlich für die Kommunikation in einer neuen Gesellschaft wünschen«.

Gleichzeitig besteht bei den Gruppen das Interesse, ihre Lernprozesse (Erfahrungen) nach außen weiterzutragen, um dadurch Bewußtseins- und Änderungsprozesse in anderen gesellschaftlichen Bereichen in Gang zu setzen. Denn es muß notwendig das Interesse bestehen, insbesondere für die in Subkultur-Bereichen arbeitenden Gruppen, »nicht etwa nur im Stillen karitative Hilfen zu liefern, sondern die Behörden und die Öffentlichkeit zu provozieren und mit ihrem Versagen zu konfrontieren. Denn gerade die Aufhebung der gesellschaftlichen Verdrängungen ist elementare Voraussetzung für eine Lösung dieser kollektiven Probleme, die ja letztlich nur in einer politischen Ebene voll effizient werden kann. Derartige Konfrontationen wecken natürlich zunächst eine Fülle von Schuldgefühlen und, daraus folgend, Empörung.«

Damit schließt sich der Kreislauf: Unerwünschte Innovationen erzeugen Konflikte. Seitens der Bürokratien wird versucht, mit restriktiven und repressiven Maßnahmen das soziohygienische Gleichgewicht des kollektiven Verdrängungssyndroms wiederherzustellen, »indem man alle Register der bürokratischen Tricks zieht, mit denen man Mißliebige ins Leere laufen läßt ... Geduldig läuft man durch das Labyrinth der Instanzen, um sich eines Tages ergebnislos am Ausgangspunkt wiederzufinden, beschwichtigt, vertröstet – durch einen in seiner Anonymität unangreifbaren Apparat.«

Gegen diese soziale Realität ist das Individuum verloren, es entwickelt nur noch Angst und Apathie, wenn es nicht neue Wege und Strategien sucht, indem es lernt, ein grundlegend neues Selbstverständnis im Zusammenhang einer Gruppe auszuprägen.

Richter geht diesem Gedankengang in seinem Anfangskapitel nach und versucht ihn anhand psychoanalytischer Kategorien zu belegen. Er zeigt den hoffnungslosen Status des Individuums »in einer Welt, in der man als einzelner immer weniger zählt und immer weniger zu bewirken vermag. Das defensive Moment (des Individuums selbst, Anmerkung d. Verf.) liegt in der geheimen Verteidigung des tradierten individualistischen Größenwahns, in der illusionären Hoffnung, man müßte nur alle, selbst die verdrängten Kräfte des Unbewußten, in sein Ich reintegrieren, um als das zentrale Subjekt in dieser Welt wiedererstehen zu können, als welches man in Wirklichkeit ausgespielt hat.« Darin liegt auch das Mißverständnis aller individualpsychologischen gruppendynamischen Verfahren.

Hier ist auch noch die Position des Psychoanalytikers innerhalb dieser Initiativgruppen anzusprechen, die durchaus Parallelen aufweist mit der Funktion des Lehrers in der Lerngruppe. Richter geht auf diese Gefahren selbst ein, die darin bestehen,
- »daß der Psychoanalytiker das ganze Experiment der Gruppe durch Rückführung auf neurotische Motive der Beteiligten bzw. der Gruppe zu relativieren versucht«
- daß er, soweit er »sich nicht zu einem total integrierten Mitstreiter umfunktioniere, immer nur die eigentliche Arbeit einer Initiativgruppe zugunsten eines therapeutischen Regressionsprozesses schwächen müsse«
- daß die Revidierung von Abhängigkeits- und Autoritätsverhältnissen und der Anspruch auf Autonomie in Frage gestellt werden.

Die Gefahren des Einflusses einer übergeordneten Bezugsperson auf die Gruppe sind gegeben, indem er den Kreislauf der Affektivität und damit die Selbstregulierung der Gruppe, d. h. konkret auch die Möglichkeit der Selbsterfahrung des Individuums in der Gruppe, verhindert. Das geschieht durch die Einschränkung von Lernen auf rein kognitive Lernstrukturen.

Die Hemmung des Antriebserlebens führt zu Veränderungen der Charakterstruktur und beeinflußt das Verhalten irreversibel. Nur in krassen Fällen werden diese als Verhaltensstörungen bewußt, in der Regel sind sie so alltäglich, daß sie bereits als normal gelten.
Die negativen Folgen dieser Hemmung versucht das Kind aus seinem Erleben zu eliminieren und versucht gleichzeitig, die diese Hemmung einleitende Furcht auszuschalten, es verdrängt sie. Da die Antriebsimpulse vorhanden bleiben, das Kind aber nicht ständig mit seiner Furcht leben und andererseits diesen Komplex nicht bewältigen kann (z. B. durch Schuleschwänzen), wird diese Furcht durch unbewußte Angstreflexe ersetzt.
Es bleibt dem Kind schließlich nichts anderes übrig, als die unerwünschten Antriebe des Erlebens auszuschalten. Zur Aufrechterhaltung der Hemmung bemüht es sich, nun rationale Begründungen heranzuziehen: es übernimmt die Forderungen und Ideologien z. B. seiner Lehrer. (Daher ist es geradezu perfid, wenn Lehrer hergehen und den Schülern eigene Ordnungsregeln festlegen lassen: diese reproduzieren nur die alten Forderungen und verfahren dabei noch rigider als der Lehrer selbst. Sie *können* gar keine Alternativen entwickeln, denn sie hätten sie schon erfahren müssen. Und entwerfen sie tatsächlich welche, werden sie nach durchführbaren und undurchführbaren getrennt, womit der Lehrer wieder die Kriterien für institutionskonformes Verhalten vermittelt.) Damit schließt sich der Kreislauf.
Der Schüler beginnt seine neurotische Passivität und Bequemlichkeit zu genießen und richtet sich in seiner Abhängigkeit ein. Er überläßt dem Lehrer bereitwillig Führung und Angebot und erfüllt von dem, was gefordert ist, das Notwendigste.

Diese Crux beklagen dann alle Lehrer, wenn es ihnen nämlich in den Kram paßt, daß der Schüler aktiver und selbstbestimmter sich am Unterricht beteiligen sollte. Nicht bewußt aber wird ihnen, daß die Bedingungen dieser 'Faulheit' in der Schulstruktur selbst liegen:
– denn hat sich das Kind mit den antriebsfeindlichen Idealen seiner Umwelt erst einmal identifiziert als Ausgleich für die Gehemmtheit, so ist die Störung des Selbstwertgefühls, die durch die Hemmung bedingt wird, bereits so internalisiert (d. h. in die Charakterstruktur eingeprägt), daß sie nur mehr schwer rückgängig zu machen ist.
Die Funktion des Lehrers wäre, analog zu der des Psychoanalytikers innerhalb der Gruppe, darin zu sehen (in Anlehnung an Richter formuliert):
– zur Verfügung zu stehen
– abzuwarten, wie die Gruppe ihn ansprechen will, welche Rolle sie ihm anbietet
– helfen, die Schwierigkeiten und Konflikte der Gruppe jeweils in Beziehung zu ihrer Arbeit zu setzen, d. h., daß diese weniger durch ihre internen Schwierigkeiten blockiert oder abgelenkt wird.
– nicht narzißtisches Wohlbefinden der Beteiligten, sondern eine freie Entfaltung zur Lösung der gemeinsamen Aufgaben zu ermöglichen.
Die Frage, wie ein Lehrer dies im Rahmen der bestehenden Institution Schule be-

werkstelligen soll, ist abstrakt nicht zu lösen. Dies ist nur in der konkreten Situation zu leisten: jeder Direktor und jedes Kollegium ist anders. Aber scheitern muß er
- als Einzelkämpfer ohne Verbündete (Kollegen, Eltern, außerschulische Instanzen etc.)
- und ohne taktisches Konzept (Sachkompetenz, außerschulische Projekte und Gruppenbildung).

Die Notwendigkeit einer Veränderung besteht aber unabhängig von der Frage ihrer Lösung. H. Richter stellt am Schluß seiner Einleitung Fragen an die Vertreter sozialer Berufe, u. a. an die Lehrer: »... Haben die Schüler dazu Lust, was die Lehrer ihnen anbieten? Hier stößt man wiederum auf das heute so überaus verbreitete Phänomen, daß die Angehörigen vieler sozialer Berufe einsehen müssen, daß diejenigen sich aus ihren Angeboten nichts mehr machen, für die sie zuständig sind. Am besten ergeht es hier noch den Ärzten. Aber die Repräsentanten einer Reihe von anderen sozialen Berufen sind unsicher, ob sie ihre Klienten noch erreichen können. Manche fühlen sich in zunehmendem Maße abgewiesen, so ein großer Teil der Lehrer.
Sie müssen also begreifen, daß sie mit ihren jeweiligen Bezugsgruppen vielfach völlig neu lernen müssen, eine Form der Kommunikation herauszufinden, die für *beide* Seiten etwas hergibt.«

7 Selbstbestimmung und Lustprinzip

Die beiden Begriffe sind vor allem psychologische, wenn sie auch inhaltlich erst durch eine kritische Psychologie tendenziell emanzipatorisch gefüllt wurden. Die Begriffe sind nur theoretisch zu trennen, sie sind gleichsam zwei Aspekte eines Phänomens.

Ich-Autonomie: Was der bürgerliche Sprachbegriff als Selbstbestimmung meint, faßt die Psychologie unter den Terminus der Ich-Autonomie. Diese ist ein wesentliches Merkmal einer gelungenen Ich-Entwicklung und erfüllt im Rahmen der Auseinandersetzung des Individuums mit seiner Umwelt die regulative Aufgabe der Abgrenzung des Ichs. Gelingt eine störungsfreie Entwicklung dieser Ich-Funktion nicht (aufgrund einer Schädigung des Ichs durch seine Umwelt), entsteht ein Regulationsdefizit, das zur Folge hat, daß das Individuum sich kritiklos und angepaßt den Forderungen seiner Umwelt gegenüber verhält.

Die Entwicklung der Ich-Autonomie ist abhängig von der Möglichkeit des Individuums, seine Bedürfnisse zu befriedigen und über die Bedürfnisbefriedigung mit seiner Umwelt zu kommunizieren. Das Unverständnis der Umwelt gegenüber kindlichen Triebäußerungen und der Art ihrer Befriedigung (sowie mehr oder weniger starke Regulierung bzw. Unterdrückung) entscheidet über sein Ich-Schicksal und dabei gleichzeitig über den Grad seiner Ich-Autonomie. Die primäre Ich-Funktion der konstruktiven Aggression[13] ermöglicht es dem Kind, bei seiner Auseinandersetzung mit der Umwelt gestörte Situationszusammenhänge aggressiv für sich kompetent umzuorganisieren. Ein positives Umgehen mit seiner Umwelt garantiert eine optimale Entwicklung von Kreativität und Ich-Autonomie. Über die Fähigkeit zur Kreativität wird bereits in der Vorlatenz, den ersten Jahren der Sozialisation entschieden und nicht erst im Kunstunterricht.

Das Individuum, das einseitig auf Rationalität hin erzogen ist und seine Ich-Identität nur aufgrund restriktiver Abwehr seiner Triebbedürfnisse sichern kann, ist zu schöpferischen Leistungen nur aufgrund unkontrollierter Ich-Auflösung fähig.

Lustprinzip: In der Auseinandersetzung des Ichs mit seinen Triebanforderungen empfindet das Individuum die Befriedigung seiner Bedürfnisse als lustvoll, die Nichtbefriedigung hingegen als unlustvoll. Das Ich organisiert sich mit Hilfe seiner entsprechenden Mechanismen so, daß es möglichst alle Unlustreaktionen vermeidet. Je rigider die Umwelt auf seine Triebansprüche reagiert, desto stärker ist die Ich-Einschränkung und um so geringer entwickelt es seine Ich-Autonomie. Dies geht bis zur pathogenen Deformierung der Persönlichkeitsstruktur und wird in der gegen das eigene Selbst und der nach außen gerichteten destruktiven Aggression offensichtlich. In der Auseinandersetzung des Lustprinzips mit dem Realitätsprinzip entscheidet die Fähigkeit der Umwelt zum Konfliktverständnis über die Ausbildung der Ich-Autonomie des Individuums.

In der Geschichte der abendländischen Philosophie waren die Komplementärbegriffe Selbstbestimmung und Lustprinzip zwar immer wieder angeklungen, wurden aber jeweils alsbald zugunsten der metaphysischen Rationalität und des Realitätsprinzips eliminiert. Als Beispiel sei nur die Auffassung der Sophisten erwähnt, der »Mensch sei das Maß aller Dinge« und ihre Beurteilung der Wissenschaft nach dem Wert für das menschliche Leben: daß allein ihre Nützlichkeit zähle und nicht ihre objektive Wahrheit. Die dabei mitschwingende emanzipative Parteilichkeit wurde alsbald denunziert als die Fähigkeit, aus weiß schwarz zu machen, und ist in dem Wort 'Sophist' als Negativbegriff bis auf den heutigen Tag enthalten. Platon und Aristoteles wiesen wieder den 'rechten' Weg und begnadeten die Philosophie in ihrer transzendierenden Befangenheit, aus der sie sich, zumindest in ihrer idealistischen Ausprägung, bis heute noch nicht befreien konnte.

Dies ist für uns insofern wichtig, als die offizielle Pädagogik in der Lehrerbildung (von den Ansätzen einer kritischen Pädagogik abgesehen) in ihren Grundanschauungen und -aussagen der abendländischen Philosophietradition verpflichtet ist und sich damit allen innovativen Einflüssen anderer Wissenschaften verschließt.

P. Xochellis[14] schreibt 1968 z. B. in seinen Grundbegriffen der Pädagogik: »Im theologischen Sinne sind die Grenzen der pädagogischen Bemühung durch die Erbsünde gegeben.« Und R. Schwarz[15] glaubt eine »obere Grenze« der Erziehung feststellen zu müssen, »da ein bestimmter Kern im Menschen durch keine pädagogischen Maßnahmen im letzten erreicht und durch den Versuch des Eingriffs sogar gefährdet zu werden vermag«.

H. Roth[16] bescheinigt der Pädagogik, »daß es im Menschen eine letzte existentielle Tiefe gibt, die sich der bleibenden aufbauenden Einwirkung, kurz der Bildsamkeit, entzieht«. Diese unauslöschliche Einsicht verdankt die Pädagogik z. B. auch der Existenzphilosophie. Die Einsicht aber, daß die ökonomischen Interessen unserer Gesellschaft, psychisch vermittelt durch Werbung, Medien, Institutionen usw., mit ihren bleibenden Einwirkungen, kurz Bildsamkeit, vor der existentiellen Tiefe des Menschen nicht halt machen, gelingt nicht mehr.

Wo dieses Pädagogikverständnis auf eine materialistisch orientierte Pädagogik trifft, die deren Theorien auf die konzeptionellen Bedingungen hin überprüft und nachweist, daß sie die jeweils konkrete gesellschaftlich-historische Lage des Individuums außer acht gelassen hat und damit notwendig zu einem falschen Verständnis von Erziehung kommen muß, rekurriert sie plötzlich darauf, daß man doch »die Selbstbestimmung des Menschen in Rechnung zu stellen habe« (P. Xochellis).

Ihre ahistorischen Wissenschaftsvorstellungen versuchen die gewitzteren Köpfe mit Hilfe einer Art Konvergenztheorie zu kaschieren, indem sie verkünden, daß die »seelische Entwicklung nicht ein bloßes Hervortretenlassen angeborener Eigenschaften ist, aber auch nicht ein bloßes Empfangen äußerer Einwirkungen, sondern das Ergebnis einer Konvergenz innerer Angelegenheiten mit äußeren Entwicklungsbedingungen« (W. Stern)[17].

Selbst als in den Anfängen der Psychoanalyse in der unbewußten Dimension des psychischen Apparates die Urmotive menschlichen Handelns entdeckt wurden und damit dem Verständnis ihrer gesellschaftlichen Entwicklung der Weg geebnet wurde, bestimmte sich das Individuum als ein der Selbstbestimmung und Rationalität unfähiges Instinktwesen.

Erst Freud beschrieb die individuelle wie gesellschaftliche Entwicklung mit Hilfe seiner strukturellen Theorie der psychischen Instanzen (Es – Ich – Überich) als Grundkonflikt einer biologisch determinierten menschlichen Natur und einer ebenfalls determinierten menschlichen Gesellschaft. Die Dynamik des Konflikts ergibt sich nach Freuds Auffassung aus den beiden Urtrieben des Menschen: der Libido (Selbsterhaltungstrieb) und dem Destrudo (Todestrieb). Er schreibt: »Entsprechend unserer Hypothese gibt es nur zwei Arten menschlicher Instinkte. Die einen sind bestrebt zu erhalten ... und die anderen sind bestrebt zu vernichten.«[18] Die Libido wurde dabei als primär sexuelle Energie angesehen, und ihr verdanke der Mensch als »Urmotiv« alle Fähigkeit zur Arbeit, verstanden als soziales, politisches und künstlerisches Handeln schlechthin. Die Libido organisiert sich dabei nach dem Lustprinzip.

Wo gesellschaftliche Bedingungen der Befriedigung dieses Strebens nach Lust im Wege stehen, die libidinösen Energien also nicht abgebaut werden können, müssen sie selbst und die daraus entstehenden Konflikte ins Unbewußte verdrängt bzw. die latent konfliktuösen Energien auf kulturell wertvolle Ziele verschoben werden. Das Ergebnis ist, bei einer geglückten Umorganisation der Triebwünsche, ein kulturträchtiges, zur Sublimierung fähiges Individuum. Was kulturell wertvolle Ziele sind, wird dabei gesellschaftlich gesetzt. Diese Setzungen macht nicht der Fellache, der im Schatten einer Pyramide eine Katze aus Lehm formt (um ein Beispiel W. Haftmanns zu zitieren), sondern der Pharao. Mag der Fellache auch eine Geste wiederholen, »die an ihrem Anfang einen

Formentwurf voll strenger Hoheit und feierlicher Hierarchie aufgestellt hatte, aus dessen Spiegelung und Beugung in die Gesellschaft hinein schließlich der Pharao und seine Pyramide kamen. Indem er sie wiederholte (der Fellache), setzte er sich ins Einvernehmen mit diesem Grundentwurf und leistete die Pyramide geistig mit: – kein Arbeitssklave mehr, sondern Vater der Pyramide und des Pharao.«[19] – Nur eben ist und wird der Fellache realiter nicht Pharao, sondern bleibt Arbeitssklave.

Dies ist der Hohn idealistischer Philosophie für die, die leiden. Die Beschwörung einer ideellen Gemeinsamkeit nützt denen nichts, die am Fließband ausgebeutet werden; und auch nichts, daß die Philosophen in einem dialektischen Sinne für sie mitdenken. Solange sie es beim Denken belassen, pervertieren sie ihr Privileg.

Mit dieser Sublimierungstheorie kennzeichnet sich diese psychoanalytische Psychologie als ein Überbauphänomen einer herrschaftsstrukturellen Gesellschaftsform. Die Reduktion des Individuums um seine historisch-gesellschaftliche Dimension auf eine biologisch-metaphysische Objekthaftigkeit zeigt Freuds Befangenheit wiederum in der bürgerlichen Philosophie des 19. Jahrhunderts.

»Der Zusammenhang innerhalb psychologischer Theorien kann sich nur herstellen und die Relevanz solcher Theorien ist nur zu beurteilen, wenn man 'vom Abstrakten zum Konkreten aufsteigend' das Gattungswesen Mensch als Produkt seiner gesellschaftlichen Arbeit auf einer bestimmten historischen Entwicklungsstufe innerhalb des einzelwissenschaftlichen Theoretisierens mitreflektiert und von da aus die Kategorien gewinnt, mit denen das Verhalten und Erleben des in unserer Zeit in dieser Gesellschaft vorfindlichen Menschen verständlich wird und gesellschaftsverändernde Praxis gefördert werden kann«[20] (K. Holzkamp).

Die individual-psychologische Richtung der Psychoanalyse beschreibt die Ich-Entwicklung als einen Prozeß der fortschreitenden differenzierten Abwehr von Triebbedürfnissen mit Hilfe der psychischen Mechanismen Neutralisation bzw. Sublimierung. Aus dem Reservoir neutralisierter psychischer Energie schöpft das Individuum seine Kultur- und Arbeitsleistung.

Damit legitimiert sich jede Art von Triebkanalisierung und Triebunterdrückung. Sublimierung wurde zum Fetisch einer Gesellschaft, die sich durch Herrschaft, Über- und Unterordnung und Ausbeutung (d. h. Aneignung von Arbeitsleistung anderer zum eigenen Vorteil) charakterisiert. Über den Weg der Identifikation und Internalisierung wurde dieser Fetisch dann zum »kollektiven, gesellschaftlichen und politischen Schicksal der Mittelschichten, welche sich nur so lange und sicher im Gleichgewicht fühlten, wie sie sich in Einklang mit den Exponenten bestehender Herrschaft befanden«[21] (H. Kilian).

Alle gesellschaftlich erwünschten und geforderten Verhaltensweisen (leistungsbereit, familienfähig, konsumzustimmend etc.) verstehen sich dann als sublimierte, unabhängig davon, inwieweit bereits ihre Bedingungen neuroseerzeugend sind. Hieraus folgert K. Kubie, daß es unmöglich wird, »die unbewußten Wurzeln eines neuroseerzeugenden Konflikts zu ändern oder den unbewußten Konflikt je beseitigen zu können, wenn sie

in einer Form ausgedrückt worden sind, die zufälligerweise von der Gesellschaft als wertvoll, nützlich oder schön betrachtet wird«.
Selbstbestimmung bzw. Ich-Autonomie ist zu verstehen als eine Ich-Funktion. Ihre Entwicklung findet im Rahmen der Ich-Entwicklung statt, also in einem dynamischen Prozeß der Auseinandersetzung zwischen Triebansprüchen des Individuums und gesellschaftlichen Normen. Das Ich als Vermittlungsinstanz dieser antagonistischen Anforderungen ist dabei selbst das Ergebnis dieses Konflikts. Sein Vermögen der Sublimierung, d. h. der konfliktfreien Integration der Triebwünsche unter die durch sein Über-Ich repräsentierten Gesellschaftsforderungen, wird ebenfalls interpretiert als eine Ich-Funktion, die die Anpassung an eine vorgegebene kulturelle Umwelt gewährleistet. Dabei wird Triebunterdrückung (sowohl durch Verschiebung = Sublimierung, als auch durch Übertragung der Triebenergie = Neutralisation) nicht nur als Faktum, sondern auch als ein notwendiges Faktum hingestellt. Sie ist sozusagen Garant für jede Kulturleistung; ihre Faktoten, Sublimierung und Neutralisation, entlarven sich dabei selbst als kulturtypische Erscheinungen.
Entscheidend ist vor allem die Art und Weise der Triebkanalisierung und Triebunterdrückung. Sie entscheiden jeweils darüber, welche Ich-Funktion ausgebildet wird sowie über den graduellen Unterschied ihrer Ausprägung.
– Eine rigide, triebhemmende Erziehung in Familie und Schule hat zur Folge eine Charakterstruktur mit dem Merkmal der Sublimierung als Abwehrfunktion, d. h., alle Triebwünsche werden auf gesellschaftlich akzeptierte Ziele abgeleitet, ohne daß sie kritisch hinterfragt werden auf ihren Zusammenhang (im Kunstunterricht heißt das, daß man eben schöne Bilder malt, wenn dies der Lehrer wünscht).
– Eine verständnisvolle, triebfreundliche Erziehung erlaubt die Entwicklung einer Ich-Autonomie als Voraussetzung für eine Charakterstruktur ohne Anpassungsneurosen und Kommunikationsdeformation.

G. Ammon schreibt hierzu: »Bei der Sublimierung handelt es sich um eine Abwehrform, mittels derer der Mensch eine 'soziale Nische' für seine Pathologie findet«, und er bezeichnet diesen Zustand des regressiven Wohlbefindens durch Anpassung an die gesellschaftliche Umwelt als »Überanpassung nach außen« und zeigt, »daß hinter dieser Fassade der Angepaßtheit oft eine pathologische Persönlichkeitsstruktur verborgen ist, die gelegentlich die Fassade zersprengt und destruktiv agiert«.[22]

Skizzen pathogener Lehrercharaktere:
(nach erlebten Situationen während der Ausbildung in der Schulpraxis)
Es hat zur Pause geklingelt. Die Schüler toben im Hof und auf der großen Freitreppe vor der Schule. Die fünf Lehrer stehen beisammen, sie unterhalten sich. Für zwanzig Minuten lassen sie Schüler Schüler sein. Nur wenn einer heulend zurückkommt, und es sich nicht umgehen läßt, geht einer in den Hof und ist wieder Lehrer. Dann berichtet er; man erzählt wie es früher war: Da war alles ganz anders. Auch hier in der Kleinstadt. Da ich mich sonst nie dazugeselle, hält man mich für arrogant. Weil ich es nicht bin, höre ich heute zu, man darf auch seine Kollegen nicht

brüskieren (sagte der Rektor!). Ein Lehrer, der bei den Schülern nicht beliebt, dafür aber gefürchtet war, erzählt, daß für ihn um eins die Schule vorbei sei, was soll er auch noch, nach zwanzig Jahren Dienst, tagaus, tagein dasselbe. Die Schüler, die interessieren ihn nicht. Aber er hat einen Garten, draußen vor der Stadt, mit vielen Obstbäumen. Wenn er nach Hause kommt, duscht er erst einmal. Jeden Tag. Gewiß. Dann fährt er in seinen Garten. Und das schönste in seinem Garten ist, wenn er mit seinem Luftdruckgewehr die Vögel von den Bäumen schießt. Jeden Tag. Die fressen doch sonst sein Obst von den Bäumen. Und das macht ihm richtige Freude, er beteuert es nochmal. Jeden Tag schießt er so etwa zehn bis zwanzig von seinen Bäumen. Die Schüler, mein Gott, er muß auch von was leben, aber der Tag beginnt für ihn erst richtig um eins. Und dann freut er sich auf seinen Garten.

Mein Seminarlehrer, bei dem ich hospitierte, kam mir vor wie ein Tiger. Ruhelos ging er durch die Reihen, zog immer wieder neue Schleifen, immer neue Variationen. Die Bänke standen alle einzeln, wahrscheinlich, damit der Tiger immer neue Wege finden konnte. Er stand nie still. Er redete im Gehen, diktierte, rief auf, erklärte im Gehen. Dabei durfte kein Schüler sich umdrehen. Ruhig war es sowieso. Eine disziplinierte Klasse. Der Tiger hielt sich auch was darauf zu gute, und wagte es dennoch ein Schüler, so schlug der Tiger von hinten zu, unerwartet. Ihm entging nichts. Die Schüler duckten sich, und wenn der Schritt hinter einem verhielt, dann zuckten sie zusammen. Wenn er seinen jovialen Tag hatte (den hatte er meistens, wenn ich da war), fragte er den Betreffenden, warum er denn zusammenzucke (ihm entging wirklich nichts), ob er vielleicht etwas angestellt hätte. Nein, nicht einmal ich hätte mich etwas anzustellen getraut. Ich hatte meinen Stuhl ganz in die Ecke gerückt, daß er nicht auch noch hinter mir eine Schleife drehte; vielleicht hätte ich dann auch das Zucken gekriegt.

Ein anderer Lehrer hatte die Angewohnheit, immer überraschend einen Schüler aufzurufen. Einen fand er immer, der irgendetwas gerade nebenbei machte, oder zum Fenster hinausträumte. Und immer hatte er eine Frage parat. Und wenn er wieder einen ganz überrascht erwischte, dann bekam sein Gesicht einen so ganz anderen Ausdruck. Es schien ihn irgendwie zu freuen. Richtig zu freuen: der Schüler verlegen, stotternd, rot werdend, bis das erlösende 'Setz dich!' kam, und 'Paß nächstens besser auf'. Wissen sie, erklärte er mir sein System, so hält man die Schüler immer bei Aufmerksamkeit und profitieren tun ja nur sie. Er würde sich das ja gerne sparen, aber es geht halt nicht anders.

Innerhalb gesellschaftlicher Sozialisationssituationen können solche pathogenen Deformierungen legitim im Gewande von Unterrichtsmethoden ausagiert werden. Die Grundlegung dafür ist bereits in die pädagogische Theorie eingegangen. So schreibt S. N. Eisenstädt[23]: »Das Kind muß sein Verhalten von einem Erwachsenen lernen... und in diesem Erwachsenen/Kind-Verhältnis werden Altersunterschiede notwendig betont als Rechtfertigung und Erklärung für die Forderung, die der Erwachsene an das Kind stellt... Dem Sozialisierungs- und Lernprozeß wohnt notwendigerweise ein normatives und wertendes Element inne und die Forderungen, die während dieses Prozesses an das Kind gestellt werden, werden legitimiert durch die verschiedene Bewertung der sozialen Erfahrungen der Erwachsenen im Vergleich mit der des Kindes. Der Erwachsene wird als erfahrener, weiser und besser beschrieben, als ein Sinnbild moralischer Tugenden, die das Kind erst noch erlernen muß. Hier liegt der Grund, warum der Erwachsene Autorität besitzt, Respekt erfordert und ihm gehorcht werden muß«.
Von einer differenzierten Beurteilung der kindlichen Persönlichkeitsentwicklung

keine Spur, geschweige denn von seinem Anrecht auf Selbstbestimmung, das die Befriedigungsmöglichkeit seiner Bedürfnisse (Lustprinzip) auch nur in Rechnung stellt als notwendige Voraussetzung
- für gelingende Objektbeziehungen und befriedigende Kommunikation,
- und daß diese ihrerseits wieder die Bedingung darstellen für eine fortschreitende Differenzierung in der Ich-Entwicklung.

»Für den Prozeß der Ich-Entwicklung hat entscheidendes Gewicht, wie die Gruppe, in deren Medium sie vor sich geht, die Bedürfnisse des Individuums versteht und wie sie ihnen begegnet. Auf die Gesellschaft bezogen heißt das: Wie wird die Befriedigung der gemeinsamen Bedürfnisse organisiert und entspricht das Selbstverständnis der Gesellschaft ihrer Wirklichkeit? Die Kommunikationsebene ist also eine doppelte: Befriedigung und Verständigung über die Befriedigung. Auf jeder dieser Ebenen können Widersprüche auftauchen, kann die Kommunikation abreißen und die Entfaltung der Bedürfnisse und der Ich-Autonomie blockiert werden« (G. Ammon).

Das Kind ist bei der Entwicklung seiner Ich-Funktionen abhängig von der jeweiligen Gruppe, in der es sich aufhält: ob diese eine möglichst primäre und konfliktfreie Entfaltung seiner Ich-Funktionen zuläßt. Das Gruppenmilieu entscheidet über die Ausbildung von Ich-Autonomie, Kreativität und konstruktiver Aggression (d. h. der Fähigkeit, eine Handlungskompetenz zu erwerben), indem sie den Versuchen der Abgrenzung aus symbiotischer Abhängigkeit und der Entwicklung einer eigenen Identität mehr oder weniger förderlich ist und diese ohne die Projektion von Schuldgefühlen zuläßt. Wo dem Kind mit Liebesentzug (das ist Verweigerung, wieder in symbiotische Abhängigkeitssysteme zurückzukehren), schlechten Noten und Strafen gedroht wird, bleibt ihm aufgrund seiner infantilen Abhängigkeit, die es ja zu überwinden gilt, nichts anderes übrig, als seine Autonomiebestrebungen aufzuheben, da es sich seine Bezugsfelder nicht beliebig aussuchen kann. Auf diesem Wege wird die Infantilität des Kindes und der Schüler arretiert bzw. hinausgezögert, die Folge sind Lebensuntüchtigkeit (verbunden mit Angstneurosen) und Anpassung – heute allerseits geschätzte Verhaltensdispositionen, da sie die beliebige Manipulation (Konsum, politische Meinung etc.) begünstigen.

Die Gruppe hat also die Aufgabe, die Ich-Entwicklung des Individuums, die überhaupt erst in ihrem Rahmen adäquat begriffen werden kann, zu unterstützen. Diese Auffassung unterstreicht auch G. Ammon, indem er Identitätskonflikte erst dann für das Individuum als bedeutsam ansieht, »wenn es gelingt in ihnen Manifestationen eines Gruppen- und Gesellschaftskonfliktes zu erkennen und zu bearbeiten«.

Die Ursachen der Verhinderung bzw. Verstümmelung einer gesunden Ich-Entwicklung und Charakterstruktur liegen weniger im Individuum selbst als in »einer Gesellschaft, welche ihre eigene Irrationalität in die biologische Natur ihrer Individuen und insbesondere die Natur ihrer schwächsten Mitglieder (Kinder) projiziert und in ihrer Praxis die Entwicklung der Ich-Funktionen ... verstümmelt und in Destruktion nach innen und außen verkehrt« (G. Ammon).

Die sich selbst organisierende *Lerngruppe* bietet gegenüber der Schulklasse den Vorteil, daß sie eine reale gesellschaftliche Gruppensituation darstellt. Selbst da, wo der Lehrer den Frontalunterricht in Gruppenarbeit auflöst, erhält sich das spezifische Klima der intrapsychischen Konfliktreduzierung der Schule. Die konsequente Ausschaltung der äußeren (gesellschaftlichen) Realität zwingt den Schüler, die Realität der Schule als diese zu nehmen, und er kommt notwendig zu nicht wünschenswerten Transferleistungen (→ *Transfer*). Die schulische Lernsituation fördert geradezu die Schwächung der Ich-Autonomie, da jede konkrete Selbstbestimmungstendenz als störend disqualifiziert wird und auf diesem Wege Eigenaktivität aus dem Schulraum hinausverlagert wird. In der Schule muß man: lernen, sich hinsetzen, aufpassen, antworten, wenn man gefragt wird usw ... Die objektive Verschiedenheit der Interessen der Schule und des Individuums kann der Schüler intellektuell nicht bearbeiten, er muß sich die Realisierung seiner Interessen im Bewußtsein verbieten, damit daraus resultierende Konflikte nicht manifest werden: So wird für ihn engagierte Praxis unmöglich. Ist dieses Resultat erzeugt, kann es selbst wieder zur Legitimation verwendet werden gegen den Schüler und für schlechte Schulpraxis (der Schüler tut ja nichts!).

Die Situation der *Lerngruppe:* Die Dynamik der offenen Lerngruppe konfrontiert den Einzelnen mit seinem Verhalten und dem der Anderen. Über die Qualität dieses Verhaltens entscheidet die Lernsituation. Durch ihren aktiven interpersonalen Kommunikationsprozeß werden die psychischen Mechanismen zu konstitutiven Faktoren sowohl der Gruppengenese wie der sich schließlich herausformenden Gruppenstruktur. Da diese sich im realen Handlungsablauf als Konflikte aktualisieren und sich als störend im Sinne des Gruppenziels erweisen, müssen sie bearbeitet werden.
 Gerade die Mitglieder mit geschwächter Ich-Autonomie, deren Schwierigkeiten meist offensichtlich in Form von Abwehrreaktionen oder Ängsten zutage treten, können diese in der Gruppe durch Konfrontation und Reflexion mit anderen, deren Schwierigkeiten sich meist ja nur graduell unterscheiden, bearbeiten und in der aktuellen Situation integrativ miteinander abbauen. Dies ist möglich aufgrund des verminderten Leistungs- und Konkurrenzdrucks.

Die Einsicht in eigene Konfliktsituationen wird leichter möglich durch die Erfahrung der Konflikte anderer. Dadurch kann der Einzelne eher die eigenen Abwehrmechanismen in der Gruppe auflösen.
 Destruktive Affekte, die in der Schulklassensituation durch rigide Maßnahmen unterbunden werden müssen, können in der *Lerngruppe* aufgearbeitet werden, da sie aufgrund der freieren Kommunikation als konfliktuöse Anteile der Lebensgeschichte des Einzelnen erkannt und so aufgefangen werden können. Dies ist möglich, da sie als Konfliktpotentiale nicht verdrängt werden müssen, sondern in der Gruppensituation anschaulich und ausgetragen werden können.

Starke Übertragungsängste können in der *Lerngruppe* vermieden werden, da sich die psychischen Momente der Übertragung, des Widerstands und der Gegenübertragung auf alle Gruppenmitglieder verteilen und so der Entwicklung der Ich-Autonomie des Einzelnen durch Entstehen von blockierenden Schuld- und Angstsyndromen nicht hemmend entgegenstehen.

Die Schule subsumiert diesen Zusammenhang pauschal unter der Formel Identifikation. Der Schüler soll sich mit dem Lehrer und seinem Verhalten identifizieren; wo er dies nicht kann, muß er schauen, wie er damit zurande kommt. Widerstände bei der Übertragung gegenüber dem 'Universalschiedsrichter' als einzig möglichem Identifikationsobjekt wirken sich lernhemmend aus. Verschlimmert wird dies durch die sich notwendig negativ auswirkende Gegenübertragung des Lehrers, da eine Dependenz besteht, der sich auch der Lehrer nicht entziehen kann, zumal er den ursächlichen Zusammenhang, soweit er nicht zufällig geschult ist, selbst nicht durchschauen kann, und ebenfalls affektiv reagiert.

Die aktive Auseinandersetzung der *Lerngruppe* mit der konkreten Lernsituation führt die Reflexion des Lernprozesses auch immer wieder auf sie selbst zurück, da der Zusammenhang der Lernsituation mit dem eigenen Verhalten unmittelbar gegeben ist. Die Gruppenmitglieder lernen dadurch die Dynamik und ihre bedingenden Faktoren immer genauer kennen, mit den jeweils spezifischen Anteilen der einzelnen Gruppenmitglieder. Der Zusammenhang von Verstehen und Verstandenwerden in der Gruppe wird immer differenzierter und ermöglicht die Entwicklung

- einmal einer Vertrauensbasis, die es dem Einzelnen erlaubt auch Verhaltenssituationen und Lernniveaus auszuprobieren, die er bisher aus Angst zu scheitern vermieden hatte
- zum anderen einer Gruppen-Identität (Gruppen-Ich), an deren positivem Potential die Erweiterung und Festigung der eigenen Identität jedem Mitglied durch Identifikation möglich wird.

Beide Komponenten bewirken eine integrative Ausweitung der Ich-Autonomie.

Die Weiterentwicklung der persönlichen Ich-Funktionen wird vom einzelnen Gruppenmitglied als lustvoll erfahren. Diese Erfahrung motiviert ihrerseits wieder die primäre Leistungsbereitschaft der Einzelnen. Das steigende Maß an individueller Leistung wirkt sich auf die Informationshöhe und die Arbeitsfähigkeit der Gruppe aus, wodurch auch wieder die Wahrscheinlichkeit des Erfolgs gesteigert wird.

Die Autonomie der Lerngruppe beeinflußt so positiv die Ich-Autonomie des Individuums und umgekehrt, beide profitieren dabei. Die kooperierende *Lerngruppe* bietet dem einzelnen Gruppenmitglied dadurch die Chance zu größerer individueller Selbstverwirklichung. Diese aber ist notwendige Voraussetzung für seine Politisierung, denn nur die eigenen realisierten Interessen können als erkenntnis- und handlungsleitende Motivation eine engagierte Praxis bewirken.

Die zentrale Problematik ist dabei die Einsicht, daß Kreativität und Ich-Autonomie (Selbstbestimmung) nicht als aufgesetzte Inhalte intellektuell anerzogen werden können, sondern sich psychisch vermitteln müssen im Prozeß der Lernorganisation; entscheidend ist also, ob kreatives und autonomes Verhalten sich im generellen Lernprozeß konfliktfrei entwickeln können und inwieweit die jeweilige Bezugsgruppe das Verhalten des Individuums in bezug auf seine Bedürfnisse als kreativ zu akzeptieren und als selbstbestimmt zuzulassen bereit ist.

Exkurs: Pädagogik und Selbstbestimmung
In der Literatur der Allgemeinen Pädagogik und der Pädagogischen Psychologie ist der Begriff der *Selbstbestimmung* nicht zu finden. Dafür findet man Begriffe, wie
Selbstbeherrschung
Selbstbescheidung

Selbstdurchsetzung: »befehlend, gesprächig, starkes mitmenschliches Interesse« (W. Correll).[24]

Selbstbehauptung: »sich anderen gegenüber durchsetzen, Streben nach einer Führungsposition, andere anleiten und beeinflussen« (!) (W. Correll).

Selbstachtung: »In jedem Menschen wirkt schließlich das Motiv der Selbstachtung. Er ist jederzeit bestrebt, sein Verhalten so einzurichten, daß es seinen inneren Normen und seinem Wertempfinden entspricht. Die sittlichen Erwartungen, die der Mensch kraft seiner Erziehung an sich stellt, müssen befriedigt werden, wenn das Motiv der Selbstachtung nicht frustriert werden soll.
Die Wirkung des Vaters auf das Entstehen des 'Überichs' und der sittlichen Maßstäbe beruht gerade auf systematischen Verstärkungen derjenigen Verhaltensformen und Einstellungen des Kindes, die mit denen des Vaters übereinstimmen« (W. Correll).

Selbstbewußtsein: »Die Entwicklung des Selbstbewußtseins stellt eine Kette von kognitiven Leistungen dar, die für das Individuum in der Erkenntnis gipfeln, daß es ein Lebewesen unter vielen in einer Welt ist, die **unabhängig von seinem Dasein existiert**« (R. Oerter).[25]

Selbstverwirklichung: »*Irgendwann* einmal in der Entwicklung, gewöhnlich während der Reifejahre, bemüht sich der Heranwachsende um eigenständige Verarbeitung von vorher kritiklos übernommenen Normen. Meist steht dabei die Bemühung, selbst ein Erwachsener mit der ihm eigentümlichen Überlegenheit gegenüber Minderjährigen zu werden, im Vordergrund. Man spricht hier von dem Bedürfnis nach Selbstverwirklichung, Selbstaktualisierung« (R. Oerter).

Besser kann man den Mechanismus, daß Unterdrückung selbst nur wieder Unterdrückung reproduziert, kaum beschreiben. Selbstverwirklichung aufgrund der eigentümlichen Überlegenheit gegenüber Minderjährigen, hier steckt doch wohl nicht das Problem der Lehrer?

»Der Jugendliche mag genau die Überzeugung besitzen, die er vorher auch besaß oder die der Erwachsene ihm nahegelegt hatte, nur betrachtet er jetzt die Gesinnung als ureigensten Besitz.« (R. Oerter)

Es ist geschafft, er ist gesellschaftsfähig! So kann man natürlich die Internalisierung der Werthaltungen des Erziehers, gegen die es gar keine Alternative gibt, auch beschreiben.

Herrschaft, Unterdrückung und Gesetz waren seit jeher immer nur für jene erträglich, die sich damit abgefunden (d. h. angepaßt) und deren Normen verinnerlicht hatten.

> »In Untersuchungen des Verfassers über die Entwicklung von Haltungen während der Jugend zeigte sich die zunehmende *Autonomie* des Jugendlichen in der Loslösung von der Werthierarchie des Erziehers und dem Ausrichten nach Normen, die in der Gegenwartskultur besonders stark ausgeprägt sind.« (R. Oerter)

Schöne Autonomie. Wer es nicht glauben will, sieht es bestätigt, daß die Schule nur eines erzeugt: einen Charakter, der zur Anpassung fähig ist. Wissenschaftlich bewiesen!

> »Zunächst ist fraglich, ob die Periode des inneren Kampfes, der Selbstformung und Auseinandersetzung mit den Werten für alle Jugendlichen in der Weise zutrifft, wie behauptet wird. Es hat den Anschein, daß dieses Bild des Jugendlichen heute allgemein auf einen recht kleinen Kreis von Heranwachsenden paßt.« (R. Oerter)

Natürlich. Nur die Kinder des kleinen Kreises der Privilegierten können sich diesen Luxus leisten. Man leugnet ja allgemein, daß es in unserer Gesellschaft so etwas wie Klassen- oder Schichtenunterschiede geben soll, aber selbst der bürgerliche Wissenschaftler beweist es:

> »Die überwiegende Mehrzahl der Jugendlichen, vor allem die berufstätige Jugend, sucht dem Alltag gerecht zu werden und sich mit ihren Haltungen auf die Notwendigkeiten dieses Alltags einzustellen.« (R. Oerter)

Zumindest auf die arbeitende Jugend und ihre Eltern ist Verlaß, darauf können die Träger von Autorität und Macht ihre Strategie bauen.

Die allgemeine Schuldidaktik kennt, ohne daß dies einen noch verwundern könnte, den Begriff der Selbstbestimmung auch nicht. Dafür aber gibt es das Stichwort: Selbsttätigkeit. Man könnte nun vermuten, daß dies in etwa die Richtung anzeigt. Im folgenden wird aus der Unterrichtslehre von Hans Huber[26] zitiert, da er sich auf die oben genannten pädagogischen Wissenschaftler bezieht, aber ansonsten ist die Auswahl beliebig. Selbsttätigkeit bedeutet für ihn die Entwicklung der Kräfte, dient der Steigerung des Selbstvertrauens und des Selbstbewußtseins. Selbsttätigkeit, schreibt er, führt zur Selbständigkeit: »Wenn der Schüler nie selbst an die Dinge heran darf, wird er nie selbständig werden.« Und weiter: »Die Selbsttätigkeit der Schüler steht im Dienste der sozialen, besonders auch der staatsbürgerlichen und demokratischen Erziehung; sie schult das kritische Denken und Werten und verhindert so ein 'Mitläufertum' jeglicher Art.«

Bis hierher ist noch kaum etwas einzuwenden, aber nun kommt der praktische Teil der Anwendung in der Schule:

— »äußere und innere Selbsttätigkeit (z. B. Zeichnen und Werken – Mitverfolgen einer Erzählung oder einer Gedankenentwicklung des Lehrers)
— als manuelle oder geistige Bestätigung (z. B. Kneten, Falten, Basteln; eine Rechenaufgabe beurteilen, ein Rechenergebnis überprüfen usw.)
— als Beteiligung bei der Unterrichtsplanung, beim Zusammenstellen der Unterrichtsmittel und Unterrichtswege usw.
— als Mitarbeit im Frontalunterricht und als Alleinarbeit der Schüler usw.

– als Teilnahme bei Vorhaben, d. h. bei praktischen Aufgaben, z. B. Vorbereitung einer Feier oder Fahrt usw.«

Es ist immer das Gleiche. Bemerkenswert ist, daß als Beispiele bevorzugt Tätigkeiten aus der Kunst- und Werkerziehung herangezogen werden, hier darf der Mensch getrost selbsttätig sein. Im Sinne einer staatsbürgerlichen, sozialen und demokratischen Erziehung ist Kneten, Falten, Unterrichtswege aussuchen sicher sehr brauchbar, damit der Schüler nicht auf Abwege gerät, dann lieber auf Umwege. Dem Gedankengang eines Lehrers zu folgen führt zweifellos zum kritischen Denken, und weil man die Gefahr nicht unterschätzen soll, schränkt er auch gleich ein: »Bei der Betonung der Selbsttätigkeit der Schüler darf jedoch diese Forderung nicht übersteigert werden; sie findet ihre Grenze da, wo die Leistungsfähigkeit der Schüler (diese bestimmt natürlich der Lehrer) oder die Aufgabe des Unterrichts Schranken ziehen ... Man muß auch da auf dieses Selbsterarbeiten verzichten, wo die Selbsttätigkeit der Schüler unverhältnismäßig viel Zeit erfordern würde, so daß die Leistungen der Schule gefährdet würden.«[26]

Und in einem letzten Aufschwung sozialpsychologischen Mitleids bekundet er: »Gerade in unserer so unrastvollen Zeit sollte neben der tätigen Betriebsamkeit auch das stille, besinnliche Schweigen gepflegt werden.«

Hoffentlich gilt dies auch für den Lehrer. Die staatsbürgerliche Pflicht, zu schweigen, wenn Mächtigere reden, kann auch wirklich nicht früh genug gelernt werden. Die Reformpädagogische Bewegung scheint an diesem Unterrichtsdidaktiker auch schweigend vorübergegangen sein: »Die Schule hat nur ein großes Ziel: sich selbst entbehrlich zu machen.« (E. Key)

Nun mögen manche einwenden, daß das alles so gar nicht mehr zutrifft. Zugestanden, für einen Teil des gymnasialen Bereichs, vor allem der Oberstufe, hat sich vieles geändert. Nur macht das die Sache nicht besser, denn die neuen Freiheiten nützen dem Schüler nichts, hat er doch nie gelernt, damit umzugehen, und zum weiteren werden diese Freiheiten kompensiert durch einen enorm gesteigerten Leistungsdruck, der ihre Chancen wieder zunichte macht.

Hierzu sei zum Schluß noch E. Jouhy zitiert: »Die anscheinende Freiheit, die Kinder und Jugendliche eingeräumt bekommen (Zeiteinteilung, Wahl der Fächerschwerpunkte, der Kameraden und Freundschaften etc.), erzeugt eine unaufhörliche Streßsituation, da keine Lernprozesse vorausgegangen sind, bzw. solche zunehmende Freiheit nicht als Lernprozeß angelegt ist, in dem situationsübergreifende dominante Zielvorstellungen entstehen und damit eine Wahl rational ermöglicht werden könnte. Kind und Jugendlicher befinden sich im paradoxen 'Zwang der Freiheit', Entscheidungen fällen zu müssen, für die sie keine Maßstäbe vorfinden. So wird diese Freiheit ein neues Mittel der Manipulation durch kleine, dominante Gruppen mit kurzfristig dominanten, gruppenpartikularen und meist kommerziellen Interessen, die um so zynischer und skrupelloser manipulieren, als sie selbst nicht einmal an traditionelle, dominante Wertmaßstäbe gebunden sind.«[27]

Außer an den Profit. Aber die Gesellschaft hat ja mit Schule nichts zu tun. Oder?

8 Transfer

Wenn Lernen überhaupt sinnvoll sein soll, so muß ein positiver Transfer (Übertragung) des Gelernten auf andere Situationen und Lebensbereiche möglich sein.
»Ein positiver Transfer ist dann möglich, wenn die vorausgehende Lernaufgabe mit der nachfolgenden gewisse gemeinsame Stimulus-Reaktions-Kombinationen aufweisen kann. Wenn dagegen dieselben Stimuli da sind, aber verschiedene Reaktionen an diese Stimuli assoziiert werden müssen, oder wenn überhaupt neue Assoziationen an die Stelle bereits gelernter Verbindungen treten müssen, ergibt sich meistens ein negativer Transfer. Wenn die beiden zu vergleichenden Lernsituationen überhaupt nichts Gemeinsames haben, tritt überhaupt kein Transfer auf.« (W. Correll, Pädagogische Verhaltenspsychologie)

Es wurde bereits hingewiesen, daß die Schule die Antagonismen unserer Gesellschaft widerspiegelt. Das läßt sich auch hier belegen:
– einmal in ihrem Rekurs auf oben genannten Zusammenhang, indem sie durch die spezifischen Vermittlungsverfahren von Kulturtechniken die Einstellungen und das Verhalten prägt und stabilisiert. Ihre Organisation von Lernprozessen ist so angelegt, daß die Inhalte, die die Schüler sich aneignen (Wissen, Einstellungen, kulturelle Attitüden), im Produktions- und Reproduktionsbereich der Gesellschaft verwertbar sind;
– andererseits bewirkt sie durch kategorische Trennung von kognitiven Prozessen und Verhaltensprozessen und dem Ausschließen echter Realität, daß ein Transfer des in der Schule Gelernten auf spätere Lebenssituationen bestenfalls ausschnitthaft möglich ist. Für Schule heißt Lernen: im Klassenzimmer, auf der Schulbank, mit Ruhe, Ordnung und Disziplin, unter Ausschluß realer Bezüge und Bedürfnisse.

Die Schule stellt durch die Reduktion von Lernen auf kognitive Prozesse beim Schüler ein Verhaltensdefizit her, bzw. vermittelt ihm nur ein gesellschaftlich einseitig verwertbares Verhaltensrepertoire.

Indem die gesellschaftlichen Sub-Systeme den aus den Sozialisationsprozessen hervorgegangenen Subjekten Situationen anbieten, die exakt dem Raster schulischer Lernprozesse entsprechen (dem Leistungsdruck der Schule entspricht der Leistungsdruck der Arbeitswelt, dem intellektuellen Denktraining entspricht die affirmative Intellektualität des Kulturbetriebs), tritt ein positiver, von der Schule intendierter Transfer ein, der nicht dem eigentlichen Interesse der Lernenden entspricht: Die Schule richtet die Individuen den Anforderungen des gesellschaftlichen Verwertungsprozesses gemäß zu.

Das konkrete Verhaltensdefizit der Individuen gegenüber gesellschaftlichen Anforderungen zwingt sie, auf das gelernte stereotype Verhaltensrepertoire zurückzugreifen: Seine konforme Anwendung wird gesellschaftlich belohnt und verstärkt (durch Geld und Prestige).

Die genormte gesellschaftliche Realität wird um das genormte Psychische erweitert. Das Ganze erhält die Aura von Naturgesetzlichkeit. Die in der Schule gelernten Inhalte werden vergessen (wie viele Beine hat die Ameise?), aber die gleichzeitig mitgelernten und verinnerlichten Verhaltensweisen, als Garanten für den Schulerfolg, werden beibehalten. Das im gesellschaftlichen Verwertungsprozeß erfahrene Defizit an Verhalten wird als individuell verschuldetes erfahren, und zu seinem Ausgleich werden alle individuellen Energien verwendet, verspricht doch dieses System nur dem die Befriedigung seiner psychisch notwendigen Geltungsbedürfnisse, der die Sprossen des Erfolgs entsprechend hochklettert, d. h. nur dem, der Karriere macht.

Reflektiert man diesen Zusammenhang, so klingt folgendes Zitat geradezu wie Hohn: »Da wir in der Schule immer davon ausgehen, daß das Gelernte auch in neuen Situationen, etwa im praktischen Leben außerhalb der Schule, angewandt werden kann, kommen wir nicht umhin, solche Transfererleichterungen und besondere Übungen im originellen Anwenden der jeweils gelernten Kenntnisse und Fähigkeiten zu üben.« (W. Correll).

Die alternative Konsequenz ist:
— Lernen muß in Situationen geschehen, die identische Faktoren mit den Situationen aufweisen, in denen es später angewendet werden muß.
— Da Lernen nur sinnvoll ist in Hinblick auf spätere reale Lebenssituationen, muß im Lernprozeß Realität repräsentiert sein.
— Da die reale Lebenssituation vor allem gekennzeichnet ist durch Verhalten eines Individuum gegenüber anderen Institutionen und individuellen Bedürfnisbefriedigungen, müssen diese realiter auch in der Lernsituation enthalten sein.
— Da reale Lebenssituationen sich auszeichnen durch komplexe Strukturen, müssen auch die Lernräume komplexe Erfahrungsmöglichkeiten beinhalten.
— Da in der realen Lebenssituation das Individuum nur dort initiativ wird, wo es durch persönliche Interessen und Bedürfnisse motiviert ist, muß dies auch in der Organisation von Lernsituationen möglich gemacht werden.
— Da reale Lebenssituationen autonome und selbstverantwortliche Entscheidungen verlangen, muß diese Entscheidungsmöglichkeit auch innerhalb des Lernraums möglich sein (läßt man den Manipulationsfaktor von Medien/Werbung einmal außer acht, die heute kollektiv wirksam sind).
— Da in der realen Lebenssituation die Motivationen für die Fortsetzung bzw. Korrektur einer Handlungsweise und des Verhaltens über deren Erfolg bzw. Mißerfolg gesteuert werden, muß dies auch für Lernsituationen gelten. Die Leistungskontrolle durch Noten sagt nur etwas aus über Bereitschaft und Fähigkeit abstraktes Wissen zu reproduzieren, gibt aber weder für Lehrer noch für den Schüler selbst Auskunft über die Motivation (daraus resultieren viele Schwierigkeiten für die spätere Studien-/Berufswahl).

Mißt man die Lernsituationen der Schule an den genannten Voraussetzungen für einen optimalen Transfer von Gelerntem auf das, woraufhin Schule eigentlich ja vorbereiten soll, auf das Leben in einer bestimmten Gesellschaft mit ganz spezifischen Anforderungen an das Individuum, so muß ein defizitärer Zustand konstatiert werden.

Beispiel Lateinstunde:
a) Inhalte sind: Wörter lernen
grammatische Regeln
b) behauptet wird: der strenge, linear-formale Sprachaufbau trainiert logisches Denken; die Inhalte vermitteln moralische Kategorien.
c) Nebeneffekt: mit dem Erwerb der lateinischen Sprache, die, abgesehen von einem unerheblichen Nutzen für Ärzte/Apotheker (sie könnten ja auch deutsch reden und schreiben – Herrschaftsrituale!), kaum noch Verwendung findet, wird ein kulturelles Weltbild vermittelt, dessen Inhalte in unserer gesellschaftlichen Realität nur noch insoweit benutzt werden, als deren Beherrschung die Zugehörigkeit zu einer bestimmten Schicht signalisiert und gleichzeitig zur Teilhabe an ihren Privilegien berechtigt.
d) Transfer: logisches Denken soll in anderen Bereichen (»etwa im praktischen Leben«: W. Correll) anwendbar sein.

Folgende Lebenssituation dazu:
Ein Schüler soll dem Direktor seiner Schule gegenüber ein von ihm gezeigtes Verhalten rechtfertigen (Konfliktsituation).
– Nachdem er im Lateinunterricht 'logisches Denken' gelernt hat, müßte er dadurch in die Lage versetzt sein, sein Verhalten durch logische Aneinanderreihung von Argumenten erklären zu können, dann wäre ein Transfer geleistet.
– Da sich aber die Situation 'Direktor' gegenüber der Lernsituation Lateinstunde qualitativ unterscheidet durch die verschieden geartete Konstellation (einmal abstrakt-logische Denkvorgänge, zum anderen Rollenfixierung in der konkreten gesellschaftlichen Interaktion, gekennzeichnet durch Einflüsse psychischer Faktoren: Ängste, unmittelbar reden müssen, komplexe Verknüpfung der Bedingungen, die zu dem zur Rede stehenden Verhalten geführt haben usw.) stellt sich ein negativer bzw. *kein* Transfer her.
– Die Aufforderung zu denken, zu handeln ist die gleiche, aber in der Situation 'Direktor' gegenüber der Situation 'Lateinstunde' wird diese Aufforderung völlig verschiedene Reaktionen hervorrufen: der Schüler versagt und kann sein Verhalten nicht erklären. Er ist nicht nur frech, sondern auch dumm: Die Verknüpfung dieser Erfahrung mit einer demütigenden Situation führt im Schülerverhalten zu dem allseits beklagten Regredierungssyndrom, d. h., er fällt auf Verhaltensweisen früherer Entwicklungsstufen zurück – der Schüler kapselt sich in seiner Schülerrolle ein: er wird feig, hinterhältig, angepaßt, inaktiv und unselbständig – was ihm bei Versagen auch immer wieder bescheinigt wird. Sind dies gesellschaftlich erwünschte Verhaltensdispositionen? – Der Arbeiter, der fragt, warum er dies oder das tun soll, und der Konsument, der erst überlegt, warum er dies oder das kaufen soll, sind unbrauchbar; für den einen entscheidet der Vorgesetzte, für den anderen die Werbung.

Die Abhängigkeit des Transfers von den jeweiligen Interessen:
Das Interesse des Lateinlehrers (als Beispiel) bezüglich des Transferwertes seiner Lern-

inhalte (daß niemand mehr lateinisch spricht, hat er sicher schon verwunden) gilt der Stabilisierung und Restaurierung einer gesellschaftlichen Ordnung, ausgezeichnet durch den vorgeblichen Rekurs auf humanistische Wertvorstellungen, die seinen privaten Interessen und Bedürfnissen entsprechen. Somit verhält er sich tendenziell gesellschaftspolitisch wirksam, und zwar konservativ. Für die Konzeption dieses Transferverständnisses gilt generell:
– die Überprüfung des Lernprozesses ist unabdingbar. Sie richtet sich auf
a Überprüfung des Lernenden. – Entwickelt er sich in der für das gesellschaftliche System wünschenswerten Weise?
b Überprüfung der Lernziele. – Sind sie abgestimmt mit den realen Bedürfnissen des gesellschaftlichen Systems?

Damit ist mittelbar die Anpassung der Qualifikationssphäre an die Erfordernisse der Produktionssphäre sichergestellt, und die Antagonismen werden durch ihre Verinnerlichung in der einen Sphäre auch in der anderen Sphäre widerspruchslos hingenommen.
Die Bedingungen für solchen Transfer sind:
Ständig sich wiederholende Anwendbarkeit einer Verhaltensmöglichkeit (Ritualisierung); Anreiz zur Wiederholung durch Belohnung (einmal durch Noten, zum anderen durch Geld/Prestigegewinn); negativ bestimmte Kongruenz der Lernsituation und der gesellschaftlich vermittelten Wirklichkeit – Bestätigung für affirmatives Verhalten.

Das Interesse an konkreter Veränderung gesellschaftlicher Lebensbedingungen (individuell und kollektiv) und die Instandsetzung des Individuums zu kompetentem und autonomem Verhalten in konkreten Situationen verlangt ein neues Transferverständnis: Die für die Bewältigung späterer Lebenssituationen notwendigen Bedingungen müssen bereits in den Sozialisationsbereichen Familie und Schule vorhanden sein.
Dabei gilt:
– Emanzipative Lernprozesse beinhalten Konfliktpotentiale. Da sie auf Veränderung von Verhalten abzielen, sieht sich der Lernende in Konfrontation mit etablierten Situationen. Er kann nicht mit der Übereinstimmung zwischen der Intention des Lernprozesses und der vom gesellschaftlichen System angebotenen Betätigungssphäre rechnen und deshalb auch nicht mit der üblichen Belohnung.

Seine in realitätshaltigen Lernsituationen gewonnenen Verhaltensweisen aber sind in weit größerem Maße übertragbar auf Wirklichkeit, da er Situationen dort wieder vorfindet, die ähnliche Bedingungen aufweisen, allerdings nicht nur auf der kognitiven, sondern vor allem auf der Verhaltens- und Handlungsebene.
– Entscheidend ist, wie der Mechanismus der Belohnung, der im Fall der angepaßten, konformen Transfertechnik ohne weiteres gewährleistet ist (durch Noten, Karriere, Profit), sich bei emanzipatorischen Lernschritten realisieren läßt.
Der Anreiz zur Wiederholung von Verhaltensweisen kann hier nur sichergestellt werden, indem damit verbunden sind:
a Lustgewinn durch Selbstorganisation und Erfolgserlebnisse als Motivationen für die Fortsetzung des eigenen Prozesses;

b eine autonome Zielsetzung, die als emanzipativ und als notwendig für die eigene Identität vom Schüler begriffen werden kann.

Beides sind Merkmale von *Selbstbestimmung*. Damit sich diese als ein Akt der Befreiung von Fremdbestimmung im Bewußtsein manifestieren kann, muß dem Schüler seine Fremdbestimmung durch die Organisation der Lernsituation konkret erfahrbar gemacht werden, soweit sich der Lehrer überhaupt prinzipiell der Emanzipation des Individuums verpflichtet fühlt (→ *Selbstbestimmung*).

Die entsprechenden Qualifikationen für Selbstbestimmung sind schon im vorschulischen Bereich zu vermitteln (deshalb auch die pädagogische Verpflichtung auf eine Lernraum-Strategie im Bereich Spielplatz/Kindergarten/Vorschule).

9 Leistung und Leistungsmessung

Im Hinblick auf das Problem der Leistung erhält gleichzeitig auch der Tatbestand der Motivation seine Relevanz. Zu unterscheiden sind in der pädagogischen Literatur vor allem zwei Richtungen:
– die der Bewußtseinspsychologie, die, sich geisteswissenschaftlich verstehend, den Motivationen im Sumpfland idealistischer Metaphysik nachsteigt, und sie erlebnisstrukturell beschreibt als »Drang, Antrieb, Wunsch und Gesinnung«. So z. B. Ph. Lersch: »Der Antrieb, die Welt kennenzulernen, steigert sich (beim Kind) zur Wißbegier.«[28] Die Motive werden als affektiv-dynamische Prozesse im Unbewußten lokalisiert und von kognitiven Prozessen gesondert;
– die der behavioristischen Schule, vor allem in Amerika beheimatet, die sich dadurch auszeichnet, daß sie versucht, Motivationen zu quantifizieren und zu operationalisieren – letzten Endes versucht, sie gesellschaftlich verwertbar zu machen. (Vgl. dazu H. Thomae [Hrsg.], Die Motivation menschlichen Handelns, Kiepenheuer & Witsch, Köln 1966.)

Bedeutsam für die pädagogischen Belange ist, ausgehend von der behavioristischen Motivationsforschung, das Problem der Leistungsmotivation und schließlich der Leistung selbst.

Die Theoretiker der Motivationsforschung unterscheiden zwischen Primärmotivationen (intrinsischen) und Sekundärmotivationen (extrinsischen). Für den Praktiker der Schule stellt sich die Forderung, Sekundärmotivationen in Primärmotivationen überzuführen, d. h. fremdbestimmte Lerninhalte in scheinbar selbstbestimmte umzuwandeln, damit ein optimaler Lernerfolg gesichert werden kann. Denn soviel hat die Pädagogik begriffen: »Die 'ideale' Differenzierungsform wäre natürlich die der ganz individuellen Aufgabenverteilung mit individueller Hilfe durch den Lehrer. Doch ist hierbei der Lehrer überfordert. Er ist auch bei bestem Willen und Können nicht in der Lage, jedem einzelnen Schüler die Hilfe zu leisten, die er vielleicht leisten müßte.« (W. Correll)[29]

Abgesehen davon, daß man sich natürlich eine andere Lernorganisation als die der heutigen Schule vorstellen könnte, damit diese Überlegungen zum Tragen kämen (dies ist mehr oder weniger ein Kreativitätsproblem), besteht die unlösbare Aufgabe darin, daß die gesellschaftlich geforderten Leistungen eben gerade nicht identisch sind mit den Bedürfniszielen und Interessen der Individuen.

Es geht für den Lehrer als gesellschaftlich beauftragten Agenten nicht darum, primärmotivierte Leistungen zu initiieren, sondern kulturell geforderte Ziele dem Individuum als die von ihm selbst gewollten Ziele hinzustellen. Damit zeigt sich dieses Problem als ein Identitätsproblem. Das Individuum muß an die Erfordernisse der materiellen Produktion der Gesellschaft angepaßt werden, denn diese hat an seiner materiell (im Sinne von Profit und Stabilisierung bestehender Verhältnisse) nicht verwertbaren Lust kein Interesse. Dies geht nur unter dem Zwang der Identitätsdeformierung (Ich-Einschränkung) des Individuums. Dessen Primärleistungen sind gesellschaftlich so lange uninteressant, als sie nicht im Interesse von Verwertung lenkbar eingesetzt werden können.

Schöpferische, selbstbestimmte Leistungen des Individuums, die es lustvoll erfährt und die gleichzeitig eine Erweiterung seiner Identität darstellen, müssen so kanalisiert werden, daß sie den gesellschaftlichen Produktions- und Verkehrsformen nicht zuwiderlaufen.

Das Ziel dieser offiziellen Erziehung darf also nicht ein autonom-regulationsfähiges, kreativ-aggressives Individuum sein, sondern seine psychischen Energien müssen im Verwertungszusammenhang dieser Gesellschaft integrierbar sein, d. h. auf der Basis bestehender Produktions- sowie Reproduktionsverhältnisse realisiert werden.

Ein alltägliches Beispiel:
Ein Vater baut seinem Kind (4–5 Jahre) einen Tisch. Dieser ist als Würfel mit einer offenen Seite konstruiert, zur Ablage von Papier, Büchern etc. Der Vater erklärt dem Kind, nun habe es einen Tisch, worauf es malen, zeichnen, schreiben und lesen könne (kulturelle Zielvorstellungen). Das Kind indes kehrt alsbald den Tisch um, mit der offenen Seite nach oben. An die Ränder werden Bretter genagelt, auf-, über- und nebeneinander. Darüber wird Draht gespannt, bis hin zu Türen, Fenstern und Ofen. Mit weißem Papier wird ein Dach über dem Tisch zusammengeklebt, die Drähte werden ebenfalls mit Papier dekoriert. Die Seitenwände werden beklebt und bemalt usw. usw. Das Kind erklärt, das sei ein Raumschiff, und dieses sei ihm momentan wichtiger als ein Tisch, da es dieses für seine Ausflüge zum Mond brauche. Die Arbeit dauerte mit Unterbrechungen zwei Tage. Im folgenden wechselte das Gebilde noch öfters seine Funktion, je nach Bedarf.

Reaktionsmöglichkeit a
Die Eltern verbieten eine solche Umgestaltung des Tisches (schließlich hat er Arbeitszeit gekostet, und wie sieht das denn aus in der Wohnung). Ein Tisch ist zum Lesen, Schreiben oder Malen da, wird kategorisch erklärt, was anderes kommt nicht in Frage. Not-

wendigerweise muß dann das Kind für seine Interessen (Triebbedürfnisse) gesellschaftlich zugestandene Befriedigungsmöglichkeiten suchen. Es malt und liefert Bilder, dafür wird es von den Eltern gelobt, d. h., es wird für diese Tätigkeit durch Verstärkung konditioniert. Die Versagung der eigenen Bedürfnisse und ihrer Befriedigung führt zu einem innerpsychischen Konflikt, da die Realisierung des Bedürfnisses eine Auseinandersetzung mit den Eltern zur Folge hätte (Strafe, Liebesentzug usw.). Dieses Konfliktpotential erzeugt im Kind Furcht. Diese muß es als Unlustreaktion abwehren. Der Konflikt bleibt aber so lange latent erhalten, und damit die Furcht des Kindes, solange es seine Wahrnehmungs- und Phantasiestrukturen nicht so weit einschränkt, daß der Tisch nur noch als eine Möglichkeit zum Schreiben, Malen usw. wahrgenommen wird. Es verdrängt also nicht nur seine Primärinteressen, sondern zusammen damit Kreativitäts- und Wahrnehmungspotenzen. Gleichzeitig macht es die gesellschaftlichen Ziele und ihre semantischen Ingredienzien zu seinen eigenen Zielen und Anschauungen.

Die Deformierung und die Defizienz von Denk- und Wahrnehmungsleistungen bleibt nun leider nicht auf den Tisch beschränkt, sondern wirkt sich generalisierend (Transfer) aus: *Die Prägungsstrukturen der psychischen Steuerungssysteme des Individuums durch die Erfahrung der einschneidenden Trieb- und Denkhemmungen sowie die dabei erworbenen unbewußten Abwehrmechanismen werden fixiert.*

Der Übergang vom Lust-Unlust-Prinzip zum Realitätsprinzip wird bezahlt mit dem Preis einer Einschränkung von Identität und kreativer Produktivität. Das Realitätsprinzip umfaßt dabei die von der Gesellschaft erforderten Leistungen, auf die das Kind einzuschwören ist.

In diesem Zusammenhang müssen die unschuldigen Versuche der musischen bzw. bildnerischen Erziehung, durch Bildermalen, Zeichnen und Werken im nachhinein Kreativität zu erzeugen, geradezu als lächerlich erscheinen. In diesem Zusammenhang werden die »Visuelle Kommunikation« und andere Ansätze ästhetischer Erziehung ihre Position ebenfalls noch kritisch zu überdenken haben, denn ihre innovativen Inhalte regredieren unter Beibehaltung der alten Vermittlungsweisen und Organisationsstrukturen genauso auf das Niveau der soziokulturellen Integrationsmanipulation.

Reaktionsmöglichkeit b
Die Eltern erlauben bzw. dulden die Umgestaltung des Tisches. Das Kind vollbringt eine Leistung im Sinne seiner primären Interessen und Bedürfnisse. Ihre Befriedigung, ohne den Zwang, Abwehrmechanismen entwickeln zu müssen, ermöglicht die konfliktfreie Entwicklung seiner Ich-Funktionen, der Ich-Autonomie und konstruktiven Aggression, als Voraussetzung von Kreativität.

Konstruktive Aggression wird dabei verstanden als eine primär gegebene Ich-Funktion, als tragende Kraft, Dinge neu zu denken und zu tun. Erst durch störende und rigide Eingriffe in die Triebentwicklung des Kindes (durch Triebhemmung, siehe Problem der Sublimierung) wird diese positive, schöpferische Ich-Funktion in destruktiv-aggressive Tendenzen gedrängt. Anders ausgedrückt, die gesellschaftlich-ökonomischen

Bedingungen erzeugen durch ihre kulturtypischen Sozialisations- und zwischenmenschlichen Verkehrsformen die Voraussetzung für das Phänomen der destruktiven Aggression.

Die konstruktive Aggression ist konfliktfrei und wird vom Individuum beherrscht und kontrolliert. Die Motive der destruktiven Aggression, die sowohl gegen das Individuum selbst als auch nach außen gerichtet sein kann, sind dagegen unbewußt und stehen nicht unter der Kontrolle des Ichs, sie ist das Ergebnis eines ungelösten Konflikts (siehe hierzu: G. Ammon, Gruppendynamik der Aggression, Pinel-Publikation, Berlin 1971).

Die konstruktive Aggression ist eine notwendige Voraussetzung für das Individuum, um sich in ungewohnten oder konfliktuös gestörten Verhaltenssituationen eine Kompetenz für Handlung und Verständnis in der jeweiligen Situation verfügbar zu machen.

Für das Kind in unserem Beispiel bedeutet dies: Es muß die Situation gemäß seinen Vorstellungen strukturieren – also Nägel und Hammer besorgen, Holz, das für einen anderen Zweck bestimmt war, im Hinblick auf eine andere Verwendbarkeit prüfen, es muß motorische Unfähigkeiten überwinden (Nägel durch Holz schlagen, Draht um Stifte und Fenstergriffe usw. befestigen, Papier zusammenkleben und ein Dach konstruieren). Wer einem Kind jemals dabei zugesehen hat, wird einschätzen können, welche Leistungen dahinterstehen. Das Kind lernt dabei über sich, seine Handlungen (auf seiner Entwicklungsstufe natürlich) zu reflektieren.

Im Zusammenhang mit diesem Komplex steht auch der Erwerb einer Frustrationstoleranz als Bedingung für produktives und kreatives Denken und Handeln. Diese ermöglicht es dem Individuum, seine 'Identitätsproblematisierung', die größtenteils verbunden ist auch mit einer sozialen Existenzkrise (Problem der Studierenden usw.), auf längere Sicht hin zu ertragen, »ohne seine Zuflucht bei einer abortiven Kurzschlußtechnik des Denkens zu suchen«[30] (H. Kilian). Diese Frustrationstoleranz ist notwendig, um den in unserer Gesellschaft zeitextensiven Bildungsgang zu sozialprivilegierten Positionen auf sich nehmen zu können, d. h., man muß fähig sein, die Bedürfnisbefriedigung für Leistungen entsprechend lange aufschieben zu können.

Hier zeigen sozialpsychologische Untersuchungen eindeutige Unterschiede in den schichtenspezifischen Milieus. Während Mittel- und Oberschichtkinder die Erfahrung machen, daß sie für Leistungen belohnt (verstärkt) werden, sich Leistungen also auszahlen, und damit eine mehr oder weniger große Frustrationstoleranz ausbilden können, werden Unterschichtkinder für ihre schlechten Leistungen (Ungehorsam, Ungeschicklichkeit, Unfug etc.) zwar bestraft (wie die anderen Kinder auch), aber dafür umgekehrt für gute Leistungen nicht belohnt, diese werden als selbstverständlich unberücksichtigt gelassen. Damit fehlt ihnen die Voraussetzung, längere Zeit auf die Honorierung von Leistungen verzichten zu können, d. h., sie streben möglichst schnell in angebotene Arbeitsverhältnisse (Verkauf ihrer Ware Arbeitskraft), um sich morgen mit dem dadurch erworbenen Geld etwas kaufen zu können (= sich selbst zu belohnen). In wessen Interesse Veränderungen im Sozialisationsbereich verhindert werden, braucht dabei wohl nicht mehr ausgesprochen werden.

Die Leistungsverstärker bestehen in der heutigen Schule in Noten, Strafen, und manche Lehrer haben auch, zumindest im Primarbereich, noch Gutpunkte und Fleißbildchen. Daß es bei all diesen Lernleistungen nicht um die Interessen des Individuums geht, drückt die bürgerliche Pädagogik sehr deutlich dort aus, wo es um die testmäßige Erfassung (sprich Prüfung) geht:

»Ein zweiter Grund für die Wichtigkeit der Fähigkeiten und Interessen in der pädagogischen Psychologie ist die Tatsache, daß die Gesellschaft in erster Linie an den Fähigkeiten und Interessen der aus der Schule entlassenen Kinder interessiert ist, um ihnen einen angemessenen Arbeitsplatz anweisen zu können.« (Correll)

Die Unfähigkeit der bürgerlichen Pädagogik, ihre eigene Situation zu reflektieren sowohl im Hinblick auf ihren eigenen Standort als auch auf die gewandelte gesellschaftliche Realität, hat seine Bedingung einmal in der psychosozialen Situation der Lehrer selbst und zum anderen in ihrem dominanten Bedürfnis, ihre eigene Beherrschtheit (als Abhängiger in einem autoritär-hierarchischen System) an noch Abhängigere weiterzugeben. Prüfungsverfahren sind für sie noch immer Mittel für Auslese und Kontrolle der Elitebildung. Im eigenen Durchlaufen ihrer Mechanismen haben sie zugleich die undemokratischen Ansprüche und Selektionsmuster verinnerlicht und verherrlichen die Unterdrückungsrituale und Zwänge nun ihrerseits, um ihre Privilegien zu sichern.

Die Schule erzeugt aufgrund ihres Lernsystems eine Leistungsmotivation, die auf Wettbewerb aufgebaut und unmittelbar an Vergütung geknüpft ist (durch Noten und damit zugestandener Anerkennung). Dies entspricht einer konkurrenziellen Arbeitsleistung in der gesellschaftlichen Arbeitssphäre, indem die Honorierung von Leistung die Verfügung über Güter und Dienstleistungen gewährleistet. Der universale Maßstab für Erfolg ist dabei das Geldeinkommen.

Gleichzeitig suggerieren Werbung und Medien den mühelosen Erwerb dieser Produktionsgüter, ohne aber die bedingenden Hintergründe eines mühevollen Arbeitsaufwandes mitzuliefern. Sind aber erst die Bedürfnisse der Konsumgesellschaft vom Individuum verinnerlicht, sieht es sich in diesem Kreislauf gefangen. Um seine Bedürfnisse befriedigen zu können, muß es Leistung erbringen, seine eigenen Bedürfnisse aber kann es im Bewußtsein nicht mehr realisieren. Die Voraussetzung für diese Enteignung des Individuums schafft die Schule durch ihre Vermittlung eines symbolidentifizierten Denkens. Dieses charakterisiert sich durch die Übernahme von gesellschaftlich vermittelten Verhaltensmustern, fremdbestimmten Bedürfnissen (Konsum) und durch das außengelenkte Bedürfnis nach Anlehnung an Autoritäten.

Auf *Leistung* wird innerhalb einer autonomen Lerngruppe nicht verzichtet, hingegen wohl auf einen autoritären Leistungsdruck. Leistungen ergeben sich in der Lerngruppe auf verschiedenen Ebenen entsprechend der Zusammensetzung der Mitglieder (z. B. Spielplatz: Kinder – Schüler – Studenten – Lehrer (Initiatoren) – Eltern usw.). Die Leistungen sind dabei jeweils verschieden, entsprechend den jeweiligen Interessen und Bedürfnissen.

Die zu erbringende *Leistung* wird dabei von allen am Lernprozeß beteiligten Mitgliedern definiert, nicht verbal, sondern im Handlungsvollzug. Die Leistungen umfassen dabei die von der Gruppe zu erbringende Fähigkeit zu
- Selbstorganisation
- Kooperation
- Innovation
- Durchsetzungsmöglichkeit
- Vermittlung ihres Lernprozesses
- Sachkompetenz (Leistungen in bezug auf die Strukturierung des Lernraums, die Beherrschung der Arbeitsmedien usw.)
- Sozialkompetenz (Leistungen in bezug auf Verhaltens- und Einstellungserwerb und Ausbildung von sozialer Wahrnehmung)
- Engagement
- kritischem Bewußtsein (Analyse der Lernsituation und der Umweltbedingungen sowohl in soziologischer als sozialpsychologischer Hinsicht).

Die Überprüfung des Lernprozesses in Hinsicht auf die gesetzten Lernziele der Gruppe wird von dieser selbständig vollzogen. Diese können revidiert und verändert werden, sie stellen Leistungen der Lerngruppe dar. Die Kriterien für die Überprüfung bestimmt die Lerngruppe anhand der hergestellten Öffentlichkeit und der Effektivität ihres Lernprozesses, hinsichtlich der Veränderung des Lernraums, der Gruppenstruktur und individuell der Veränderung der eigenen Rolle in der Lerngruppe. Die Effektivität wird dabei nicht am einzelnen Gruppenmitglied festgemacht, sondern an der durch den Gruppenprozeß veränderten Umweltsituation.

Die *Leistung* der Lerngruppe wirkt sich verstärkend auf die Motivationslage und das Anspruchsniveau der Gruppenmitglieder aus. Umgekehrt kann ein Mißerfolg leichter verarbeitet werden, bzw. kann das Scheitern auf seine sozialen Bedingungen hin eher untersucht werden. (Ein Schüler, der zu Hause oder in der Schule unter einer schlechten Lernatmosphäre – Konflikte mit Eltern/Lehrer oder der Eltern untereinander – leidet, wird sein evtl. daraus resultierendes Versagen als ein individuelles erfahren, da ihm die Möglichkeit verwehrt ist, es auf seine sozialen Bedingungen hin analysieren zu können.)

Die komplexe *Lerngruppe* erlaubt es dem Individuum, Anforderungen entsprechend seinem Leistungsniveau auszusuchen und sein Lern- und Leistungstempo selbst zu wählen. Die relative Sicherheit, die die *Lerngruppe* bietet (da ein Versagen in einem Teilaspekt nicht gleich die gesamte Leistung in Frage stellt), ermöglicht dem Einzelnen die Entwicklung eines Aspirationsniveaus, d. h., er kann über sein bisher festgestelltes Leistungsniveau hinaus aus dem differenzierten Angebot von Leistungsmöglichkeiten solche aussuchen, die er bisher nicht zu realisieren imstande war. Dadurch entfallen infantile Regression durch Anpassung und Syndrome von Angstneurosen. Er kann die Leistungen erst zusammen mit anderen und dann alleine erbringen. Die Summe der positiven Lernerfahrungen wird aber immer größer sein als die der negativen. Wobei die negative

Erfahrung nicht durch eine schlechte Leistungsbewertung verstärkt und damit fixiert wird.

In diesem Zusammenhang ist auch die Leistung des Lehrers neu zu sehen. Sie ist Bestandteil der Gruppenleistung und bestimmt sich an den von ihm aktuell realisierten Eingaben und nicht durch eine irrationale Autoritätsposition.

Hingewiesen sei zumindest bei dem Komplex der Leistung auf die Problematik von Dilettantismus und Herrschaft. Die Denunzierung aller Ansätze von Selbstorganisation, Selbstdurchsetzung und selbstbestimmter Leistung, die sich nicht perfekt darstellen, als dilettantisch, rekurriert letzten Endes nur auf einen positivistisch-irrationalen Herrschaftsanspruch, was um so leichter gelingt, als man die eigene wissenschaftlich-dilettantische Arbeit hinter verschlossenen Türen abwickelt. Die Angst, die sich dahinter verbirgt, macht die Unfähigkeit von Lehrern, Institutionen und Bürokratien zur Kooperation offenkundig. Solche Wissenschaft, die zur integrativen Überwindung des eigenen Fächerhorizonts nicht fähig ist, darf ihrerseits als dilettantisch bezeichnet werden. Und jeder Versuch einer selbstbestimmten Leistung darf das Prädikat 'dilettantisch' ruhig in Kauf nehmen: Es bedarf vieler solcher dilettantischen Schritte im Interesse der Emanzipation des Individuums und der Humanisierung unserer Gesellschaft, um Potentiale aufzubauen und Qualitäten auch quantitativen Stellenwert zu geben. Anders ist Veränderung und Politisierung in der bestehenden Gesellschaft nicht zu erreichen.

10 Selbsterfahrung, Rolle und Rollenwechsel

Die soziologische Rollentheorie ist eine künstliche Konstruktion; sie versucht vor dem Hintergrund eines strukturellen und handlungstheoretischen Rollenansatzes soziales Geschehen erklärbar darzustellen. Dabei wird ausgegangen von dem Grundsatz,
- daß es Kategorien des Sozialen gibt (Georg Simmel)[31] – Rolle, Individualität, Struktur usw.
- und daß dadurch sowohl Gesellschaft wie auch die Möglichkeit ihrer Erkenntnis definiert werden können.

Individuelle und kollektive Handlungszusammenhänge werden dabei in ein differenziertes Schema zur empirischen Analyse eingebracht, um schließlich allgemeine theoretische Interpretationsmuster für soziales Verhalten zu erhalten. Die vortheoretische Relevanz jeglicher Rollentheorie, gegeben in der 'alltäglichen' vergesellschafteten Zuordnung des Individuums zu seiner Umwelt, erlaubt es, Erkenntnisse der Rollentheorie unmittelbar zu beziehen auf pädagogische Praxis. Denn Sozialisation ist aufzufassen als ein Integrationsprozeß des Individuums in bestehende Rollensysteme. Dabei vollzieht sich die Eingliederung in einem dynamischen Interaktionsprozeß von Individuum und Umwelt (Personen/Objekte), als dessen Ergebnis die 'Verortung' des Individuums im gesellschaftlichen Strukturzusammenhang zu sehen ist. In diesem Rollenspiel repräsentiert jeder in jedem Moment eine Rolle, die aber gerade dadurch charakterisiert ist,

daß die jeweiligen Rollenpartner in ihrer Rolle nie ganz aufgehen. Dahinter erscheint jedoch nicht eine Sphäre der Individualität, denn es gibt keinen Bereich des Individuellen, der nicht gesellschaftlich präformiert wäre. Diese Aussage ist berechtigt aufgrund der Tatsache, daß
- einmal das Individuum durch seinen biologischen Zustand notwendig das dominante Bedürfnis nach Komplementarität entwickelt, da es nur auf diesem Wege die Befriedigung seiner primären und davon abgeleiteten Bedürfnisse erreichen kann. Auf diese Weise werden die psychischen Steuerungsstrukturen, averbales und verbales Symbolwerkzeug und emotionales Erleben, gesellschaftlich vermittelt. Die Durchgängigkeit des Prinzips erzeugt ihren geschichtlichen Charakter. Voraussetzung ist die Intersubjektivität der Symbolbedeutungen;
- zum anderen werden durch die existentielle Abhängigkeit die komplementären Erwartungshaltungen der Umwelt als Normen verinnerlicht und als Verhaltensregeln gelernt, denn allein in ihrem autoritären Kontext kann die Befriedigung der primären Bedürfnisse sichergestellt werden. Dabei werden die Normerwartungen der interagierenden Bezugspersonen die entscheidenden Determinanten der individuellen Reaktionen; und zu ihren Gunsten müssen spontane Verhaltensentwürfe immer mehr eingeschränkt werden, konkret: die Dominanz von Wollen und Selbstbestimmung. Dies hat einschneidende Trieb- und Denkhemmungen zur Folge, allgemein formuliert eine integrative Inkompetenz von Handeln und Erkennen sich selbst und seiner sozialen Umwelt gegenüber.

Hiermit wird im Zusammenhang mit dem Rollenproblem das Phänomen der Selbsterfahrung in seiner Bedeutung für pädagogische Praxis relevant und zugleich ein drittes, nämlich das Problem einer Konflikttheorie, die notwendig Bestandteil pädagogischer Reflexion sein muß.

Rolle, Selbsterfahrung und Konflikt sind konstitutive Momente in dem Vermittlungsprozeß von Identität und Rollenzuweisung des Individuums. Letzteres ist ein Aspekt eines gesellschaftlichen historischen Entwicklungsprozesses, und Rollen sind dabei das Medium der Reproduktion gesellschaftlicher Ungerechtigkeit und Ungleichheit. Die Strukturbedingungen der industriellen Gesellschaften sind so, daß die soziokulturellen Standards und Mechanismen die Determinanten für die Rollenzuweisung abgeben. Durch die Einführung gesellschaftlicher Schichten als Hilfskonstruktionen zur Erklärung empirisch festgestellter Unterschiede in den Strukturvariablen von Rollensets (inner- und außerpsychische Bedingungen), die sich konkretisieren in der Rollenanalyse durch die nicht zu leugnenden Fakten von Arbeitsteilung, Herrschaft und ungleicher Verteilung der Rollenchancen, leistete die systemtheoretische Rollentheorie einen Beitrag zur Erfassung unserer Klassengesellschaft (siehe H. P. Dreitzel und D. Claessens).[32]

Die pädagogische Praxis ist gekennzeichnet durch die Reproduktion herrschaftsstruktureller sozialer Beziehungen einer klassengespaltenen patriarchalischen Gesellschaft, indem sie Rollenverhalten in Form komplementärer Verhaltenserwartungen durch autoritäre und repressive Verhaltensregulierungen sicherstellt. Die Befolgung ihrer

Normen wird dabei durch Sanktionen bzw. durch positive und negative Gratifikationen gewährleistet. Dies ist dadurch möglich, daß die internalisierten Rollennormen und das faktische Verhalten der Individuen nie zusammenfallen. Auf diese Weise werden die in der Primärsozialisation (Familienerziehung) im Sinne einer Selbstbestimmung bewahrten psychischen Bereiche nachsozialisiert, und was dabei die Sekundärsozialisation (Schulerziehung) noch nicht vollendet, wird dann im Bereich der tertiären Sozialisation (Arbeitswelt) endgültig besiegelt.[33] Die »Produktion des Menschlichen« (H. Kilian) ist abgestellt zugunsten einer unbewußten Gleichschaltung und Repression, ihr Medium ist eine Massenkultur und die gesellschaftliche Determination wird verschleiert durch die Fassade scheinbarer individueller Freiheit, die sich durch pluralistische Gesellschaftsinterpretationen repräsentiert. Aus der Widersprüchlichkeit von dominanten Normen und latenten Gegennormen ergeben sich widersprechende Verhaltensanforderungen, die den Einzelnen einem Rollenstreß aussetzen, dessen Ergebnis ist, daß sich das Individuum in der Regel bei drohendem Verhaltenskonflikt für konforme situationsadäquate Handlungsstrategien entscheidet. Als Beispiel sei nur verwiesen auf die scheinbar liberale Einschätzung der Sexualität in unserer Gesellschaft und die dazu widersprüchlichen Verhaltensanforderungen und Anschauungen der Institutionen (hier vor allem Schule) und ihre Sanktionen gegen abweichendes Verhalten. Den konfligierenden gesellschaftlichen Rolleninterpretationen, die an ein und dieselbe Person gestellt werden (vermittelt z. B. durch die Massenmedien), hat die Pädagogik nichts entgegenzusetzen als ihre Unfähigkeit, über den kategorialen Bestimmungszusammenhang von Rollen hinauszugelangen: Für sie ist der Schüler eben nur Schüler und z. B. kein Sexualwesen. Die Paradoxien und Aporien, die sich durch ihr asymmetrisches Rollenverständnis gegenüber der gesellschaftlichen Realität als Faktum herausbilden, versucht sie dadurch aufzuheben, daß sie gesellschaftliche Realität im Geltungsbereich Schule negiert. Dadurch verhindert sie die Einsicht in die Vermittlungsabhängigkeit personaler Existenz zu ihrer vergesellschafteten Existenz:
— Die Behauptung, dies geschehe durch die intellektuelle Analyse im Unterricht, widerlegt die psychoanalytische Erkenntnis, daß die »produktive Emanzipation« allein durch kommunikatives Handeln (H. Kilian) bewirkt wird, also nicht allein durch Sprache, sondern vor allem durch averbale und präverbale Formen des Erlebens und Verhaltens, der Imagination. Auf diese Weise werden die internalisierten Werte zur Vermittlungsinstanz im Konfliktbereich antagonistischer normativer Erwartungen, die allemal zu Ungunsten der Selbstbestimmung des Individuums gehen. Die Folge ist, daß überall dort, wo Menschen kommunizieren, das autoritär-hierarchische Kontinuum sozialer Gebilde und die Rollenbindungen der Individuen reproduziert werden.
Die soziologische Rollentheorie faßt die Rolle nicht als eine analytische auf, sondern verkürzt sie auf eine 'Wirklichkeitskategorie' und beschreibt sie als eine Form des Realen, das für sie nur insofern relevant ist, als typisierte Handlungsmuster zur Verallgemeinerung individueller Verhaltensweisen in Form von Rollen zur Erklärung gesellschaftlicher Ordnung dienen. Dadurch abstrahiert sie das Rollenhandeln von den

Motiven und eleminiert gleichzeitig die psychischen Faktoren, die handlungsmotivierend wirksam sind. Die Ausklammerung psychoanalytischer Erkenntnisse hat zur Folge, daß die Summe gesellschaftlicher Abläufe als ein auf einen Sinn bezogener Prozeß erscheint, der selbst auf seine Prämissen hin nicht mehr untersucht werden kann. Soziale Ordnung und sozialer Wandel sind demnach naturgesetzliche Erscheinungen und ebenso die Voraussetzung, daß Handeln stets rational sei. Die Zwecke und die Sinnhaftigkeit des Handelns bestimmen sich jeweils aus ihrem Bezug zu den Normen und Werten des Kultursystems. Die Perzeption sozialer Wahrnehmung beschränkt sich auf empirisch feststellbare Fakten, ohne daß ihre psycho-sozialen Wirkmechanismen erfaßt werden, geschweige denn daraus handlungsrelevante Schlußfolgerungen zu ziehen wären.

Die Institution Schule weist dieselbe Tendenz auf, nur daß bei ihr die Gründe anders liegen dürften: Die Psychoanalyse ist eine eindeutige Konflikttheorie und nichts scheut der Pädagoge so sehr als die Konfliktrealität anzuerkennen. Für ihn gerinnen Konflikte sofort zu Disziplinarfällen. Dies entspringt einem Rollenverständnis, das eine allgemeingültige Werthierarchie für alle gesellschaftlichen Gruppen voraussetzt, als einen Teil davon er sich selbst erkennt und wobei er seine Rollenentscheidung (als Lehrer) seinen Fähigkeiten und Möglichkeiten als adäquat definiert. Danach erblickt er in der eigenen Rollenzuweisung eine Harmonie verkörpert von funktionaler gesellschaftlicher Notwendigkeit und personaler Disposition und verklärt dies als allgemeingeltendes Prinzip einer gerechten gesellschaftlichen Verteilung von Chancen.

Die Rollenbiografie des Individuums beginnt vom ersten Tage an, wobei das Rollenverständnis, bezogen auf den Sozialisationsvorgang, von den biologischen Reife- und Wachstumsvorgängen abzuheben ist. Diese stellen lediglich die Randbedingungen dar für die grundlegende gesellschaftlich determinierte Rollenkarriere des Individuums. Die Determination erfolgt durch die psychische Vermittlung von sozio-kulturellen Wertvorstellungen und Normen der jeweils relevanten Bezugspersonen bzw. schichtenspezifischen Umwelt.

Der psychische Mechanismus ist die Identifikation. Die Rollenübernahme ist dabei als ein Lernprozeß aufzufassen, der der sozialen Interaktion von Kind und Umwelt selbst immanent ist. Der Identifikationsmechanismus zeigt einen jeweils typischen Verlauf über Objektwahl, Objektbesetzung und Introjektion (Aufrichten eines Liebesobjekts im Innern), an dessen Ende bei geglücktem Verlauf die Identifikation in Form der Übernahme des Verhaltens der komplementären Bezugsperson (in der Regel der Mutter) steht. Dabei werden nicht faktische, einzelne Verhaltensweisen übernommen (nachgeahmt), sondern integrierte Verhaltensmuster entsprechend den normativen Verhaltenserwartungen gelernt.[34] Das ist insofern bedeutsam, da hiermit ausgesagt wird, daß dieses Lernen von Verhalten (das als unterschiedlich zu dem der Lerntheorie verstanden werden muß) sich nicht allein auf kognitive Einheiten beschränkt, sondern ebenso semantische Aspekte miterfaßt, die als spezifische Statussymbole mit über die Rollenkarriere entscheiden. Diese Verhaltensweisen sind zunächst rein äußerlich, d. h. gebunden an die Autorität der Bezugsperson, die dadurch gegeben ist, daß deren komplementäre Existenz für das Kind notwendig ist. Die Internalisierung integrativ interpretierter Verhaltensmuster garantiert später ihre Befolgung auch dann, wenn die Bezugsperson nicht mehr unmittelbar dem Kind gegenübersteht. Die Verinnerlichung der Normen erlaubt es dem Individuum auch in erweiterten Umweltsituationen, sich entsprechend zu orientieren und zu verhalten.

Die Art und Weise, in der dieses Rollenlernen vonstatten geht, begründet die strukturellen Bedingungen der später möglichen␣olleninterpretation, Rollendistanz, Rollenkonfliktbewältigung, generell des späteren Rollenhandelns des Individuums und damit seine sozialen Chancen. Je differenzierter sein Verhaltenscode ausgestattet ist, desto komplexere Positionsanforderungen kann er bewältigen (siehe auch Petersprinzip: jeder wird in der gesellschaftlichen Berufshierarchie solange befördert, bis er die Stufe seiner Inkompetenz erreicht hat und somit ein Endplacierungssyndrom).

Die Identifikation bezieht sich ihrerseits wiederum nicht nur auf rein kognitive Vorgänge, sondern ebenfalls auf die symbolische Vermittlung vor- und quasisprachlicher Bereiche der Interaktion.

Dem Kind treten am Ende dieses Prozesses die verinnerlichten (internalisierten) Normen in Form des Über-Ich als fremde Macht gegenüber, quasi als vergesellschafteter Aspekt seiner selbst. In der dualistischen Auseinandersetzung zwischen Über-Ich (normative Erwartungen) und Ich (eigene Bedürfnisse) entscheidet der Ausgang dieses Konflikts, der sich als Summe vieler einzelner Abläufe darstellt, über den Verlauf der Rollenkarriere. Bestimmend für die Art der Identifikation ist jeweils das Verhalten der Umwelt:
- Einer permissiven Erziehung (erlaubend, abwartend, erklärend eingreifend, Liebesentzug als hauptsächliches Mittel zur Verhaltensregulierung) entspricht eine Identifikation des Anlehnungstypus (analytische Identifikation);
- einer rigiden Erziehung (streng, mit Schlägen strafend, verbietend) dagegen eine defensive Identifikation (d. h. eine Identifikation mit dem Aggressor – die einmal in die Abhängigkeit führt, verbunden mit dem Verlust eigener Identität, zum anderen zur destruktiven Negation der Normerwartungen, sobald der Aggressor ihre Einhaltung nicht mehr direkt überwachen kann).[35]

Die ersten Rollenzuweisungen des Individuums sind gegeben durch die Alters- und Geschlechtsrollen. Diese ergeben sich in ihrer Prägnanz aus der arbeitsteiligen Struktur der Gesellschaft.

Die Altersrollen unterscheiden sich vereinfacht in den Rollengruppierungen: Kind – Erwachsener – Alter (wobei Übergangsstadien jeweils spezifisch ausdifferenziert werden können). Sie unterscheiden sich sowohl nach Dauer wie nach strukturellen Statusmerkmalen. Die Kind-Rolle bedeutet dabei vor allem rechtliche Unfreiheit, was in dem Recht z. B. zu seiner Charakterbildung durch Eltern und Lehrer, ohne daß es dabei auch nur in irgendeiner Weise eine Wahl hätte, zum Ausdruck kommt.

Die Geschlechtsrollen werden charakterisiert durch die traditionelle Arbeitsteilung, wobei in den industriellen Gesellschaften dies zumindest äußerlich an Bedeutung verloren hat; aber auch für sie gilt, daß die an die biologischen Gegensätze geknüpften Rechte und Pflichten weit über die dadurch gegebene Determination hinausgehen. Sie sind noch immer das Ergebnis unterschiedlicher Sozialisationsziele in Familie und Schule (man bedenke die Trennung von Werken und Handarbeiten/Kochen und das unterschiedliche Maß an gefordertem Gehorsam und tolerierter Aggressivität und Sexualität bei Knaben und Mädchen).

Die Verteilung von Status- und Positionsrollen in unserer Gesellschaft ist bis heute eine korrelierende Größe der Geschlechts-Alters-Konstellation. Hieraus werden noch immer die Teilnahmechancen an gesellschaftlichen Positions- und Situationsrollen abgeleitet.[36]

Mit den Alters- und Geschlechtsrollen verbunden sind gleichzeitig Status- und Positionszuweisungen bzw. -situationen und daraus resultierend Status- und Positionsrollen. Rolle bezeichnet dabei den dynamischen Anteil. Die einzelnen Aspekte sind nur theoretisch zu trennen, sie stellen jeweils Momente sowohl der Differenzierung wie der Integration sozialer Systeme dar. »Die Teilnahme (an gesellschaftlicher Interaktion, d. Verf.) hat zwei grundlegende Aspekte. Auf der einen Seite steht der positionale Aspekt – festlegend, wo der fragliche Aktor in einem sozialen System relativ zu anderen Aktoren 'lokalisiert' ist. Das nennen wir seinen Status, also seinen Platz in einem Beziehungssystem von Teilen. Auf der anderen Seite steht der prozessuale Aspekt, festlegend, was der Aktor tut in seinen Beziehungen zu anderen, gesehen im Kontext funktionaler Bedeutsamkeit für das soziale System. Das wollen wir Rolle nennen« (T. Parson).[37]

Hieraus erhellt sich die eingangs aufgestellte Behauptung, daß ein gesellschaftliches Interaktionssystem bestehen muß, bevor das Individuum daran in Form von Rollen teilhaben kann; und dies ist im Sinne eines dialektischen Prinzips zu verstehen, einerseits als Aktualisierung gesellschaftlicher Ordnung durch individuelles Rollenspiel und andererseits als Festschreibung dieser Gesellschaftsordnung selbst. Mithin erscheint sie als menschliches Produkt, im Gegensatz zu ihrer so gern behaupteten naturgegebenen Gesetzlichkeit.

Ebenso erscheint die Rollenzuweisung als gesellschaftliche Determination, da die Einnahme von Rollen im Positionsgefüge der Gesellschaft abhängig ist vom jeweils zugestandenen Status. – Die Unterscheidung von Rolle und Position ergibt sich aus der Tatsache, daß jeweils Unterschiede in der positionalen Placierung von Rollen feststellbar sind, so z. B. in der Position Studienrat: die Rollen Naturwissenschaftler und Kunsterzieher werden unterschiedlich beurteilt.

Die Gleichsetzung von Rolle und Position in der Rollentheorie (so bei Parson, Dahrendorf[38], Popitz[39]) ist insofern bedeutsam, als sie es unmöglich macht, Konflikte zwischen Positionen zu unterscheiden. Antagonistische Merkmale, die ihre Ursachen in gesellschaftlichen Ungleichheiten haben, werden dann zu individuellen Konflikten. Auf diese Weise kann die Rollentheorie keine Aussagen über kollektiv konfligierende Interessen machen. Interessenantagonismen werden damit reduziert auf intrapsychische

Rollenkonflikte der Inhaber selbst: zwischen ihren Pflichten, Rechten, Aufgaben und Erwartungseinstellungen.

Konkret heißt das: Da jedes Individuum mehrere Positionsrollen gleichzeitig einnimmt, also gleichzeitig Vater – Studienrat – GEW-Mitglied usw. ist, werden Interessenkonflikte zwischen den einzelnen Rollen, die dabei aktualisiert werden, als individuelle interpretiert (z. B. daß er seine Kinder vernachlässigt zugunsten beruflicher Karriere – wie soll es denn sonst zu schaffen sein?), und diese erscheinen nicht mehr als gesellschaftlich verursacht.

Die Übernahme von Positionsrollen ist charakterisiert zum einen durch formelle Regeln (z. B. Rechte und Pflichten eines Beamten), zum anderen durch informelle Regeln. Ihre Einhaltung wird durch normative Kontrolle und durch Sanktionen gesichert. Die Verfügung über Sanktionsmedien stellt ein weiteres Merkmal für Positionsunterscheidungen dar, da deren Besitz die Kontrolle über Normeinstellungen und Handlungen beinhaltet. Die gängigsten Sanktionsmedien sind Geld, Macht, Prestige und Wissen. Der Verteilungsregelkreis wird durch bereits bestehende gesellschaftliche Machtinteressen gesteuert, durch ein kompliziertes Kontroll- und Kanalisierungssystem. Der Zweck, dieses System zu durchlaufen, besteht darin, daß das Individuum dabei seine Eignung nachweisen muß: dieser Nachweis bezieht sich nicht nur auf intellektuelle Eignung, sondern vor allem auf den Nachweis systemkonformer Normenanerkennung, Anpassungsfähigkeit, Willfährigkeit usw., wobei sich dies weniger auf Verhaltenskonformität bezieht als vielmehr auf die Einstellungskonformität (für die Unterschichten und niederen Positionsrollen gilt genau das Umgekehrte). Die letztere ist die entscheidende Disposition für die Zuteilung von Sanktionsmedien, diese sichern dafür ihrerseits wieder einen hohen sozialen Status.

Die einzelnen Sanktionsmedien variieren und überschneiden sich größtenteils in den einzelnen Subsystemen der Gesellschaft: so stimmt es eben nicht, daß wirtschaftliche Unternehmen nur über das Sanktionsmedium Geld verfügen, sondern ebenso über das Sanktionsmedium politische Macht.

Ein Sanktionsmedium (zitiert bei U. Gerhardt[40]), das einen Sonderbereich (die Institution Ehe) tangiert und auch pädagogisch relevant ist (pädagogischer Bezug) sei erwähnt, nämlich die Liebe. Sie sichert in diesen Beziehungen den Austausch von Leistungen als ein Recht auf Teilnahmechancen an Liebe.

Die Erreichung bestimmter Positionsrollen ist wiederum abhängig von bereits eingenommenen Statusrollen. Dies korreliert mit den schichtspezifischen Milieus. Zwar muß eine vorläufige Statusrolle durch Leistungen und den Nachweis tatsächlicher Qualitäten (z. B. Erwerb des Doktor-Titels) gesichert werden in Form von meist statuslegitimierender Ausbildungsabsolvierung, jedoch wird diese begünstigt durch vorab antizipierte Statusrollen (z. B. Akademiker-, Unternehmerkind). »Die askriptiven Status-Rollen legen also fest, in welchen Leistungsrollen das Individuum Gelegenheit hat, seine Tüchtigkeit zu zeigen. Der Erwerb von Positions-Rollen ist mithin nicht nur an den Besitz besonderer Qualitäten bzw. den Nachweis ausgewählter Leistungen gebun-

den, sondern zugleich wird vom Individuum erwartet, daß es eine Auswahl Status-Rollen schon hat« (U. Gerhardt).
Die Abhängigkeit des Status von der Schichtzugehörigkeit ist bereits ein Allgemeinplatz. Die immer noch feststellbare Weigerung seitens idealistischer Pädagogik, die sozialpsychologische Realität divergierender Schichtcharaktere anzuerkennen und ebenso ihre Bedingung für soziale Chancen, rechtfertigt allein diese Wiederholung.

Sie charakterisieren sich durch jeweils spezifische Eigenheiten: restringierter Unterschichtscode und expressive motorische Ausdrucksformen einerseits und elaborierter Mittel- und Oberschichtscode und verbale Ausdrucksformen andererseits.

Mag die Schichteneinteilung soziologisch vielleicht eine theoretische Hilfskonstruktion darstellen, sozialpsychologisch aber ist sie ein Faktum. Abzulesen ist dies an unterschiedlichen Gesellschaftsbildern, Konsumstandards, Bildungsniveaus, familiären Beziehungen und beruflichen Rolleninterpretationen. Da diese Unterschiede definite Vorstellungen liefern und auch die Grundlage für je unterschiedliche Rechte und Pflichten abgeben hinsichtlich der Einordnung der Schichtangehörigen in der Gesellschaftsstruktur[41], kann man ohne weiteres von einer Schicht-Rolle[42] sprechen. Die Behauptung, daß der sozioökonomische Status erworben wird in unserer Gesellschaft, mithin für alle gleiche Ausgangschancen bestünden, wird durch viele empirische soziologische Untersuchungen widerlegt.[43] Noch immer sichern Mobilitätsbarrieren die Schichtgrenzen, und die meisten bleiben auf die Positionsrollen verwiesen, die durch die Status-Rolle ihrer Herkunftsschicht determiniert sind.[44] Die Positionsrollen stellen in der industriellen Gesellschaft vor allem Berufsrollen dar. Feststellbare Berufsmobilität, auf die sich die obige Behauptung meist bezieht, ist vor allem eine Folge der ökonomisch bedingten, rapid sich verändernden Qualifikationsanforderungen, und damit verbunden ist ein Berufsrollenwechsel, der aber nicht gleichzeitig einen Statuswechsel mit größeren Zugangschancen zu Sanktionsmedien einschließt. Dieser ist in einzelnen Fällen möglich, jedoch bedingt eine Veränderung des Sozialcharakters, den jede Schicht prägt, spezielle Anforderungen. Das Verlassen der Herkunftsschicht wird meist erkauft durch einen Identitätsverlust, der durch eine neue Identität nur selten ersetzt werden kann, da der Aufstieg die Konzentration der psychischen Energien auf die entsprechenden Leistungserwartungen erfordert, gleichzeitig aber zum höheren Statuserwerb als Voraussetzung der Erwerb eines semantischen »Ancienitätsprinzips« als nötig gilt, d. h., es müssen die symbolischen Statusmerkmale beherrscht werden (siehe die Negativbeurteilung des »Neureichen«, der alles unternimmt und keine Kosten scheut, den neuen Status auch adäquat zu repräsentieren – dies ist ein ästhetisches Phänomen).

Pädagogisch relevant ist dabei, daß die schichtspezifischen Regeln als Bedingung der Performanz in Situationsrollen im Verlauf der Sozialisation gelernt bzw. verstärkt werden. Der konforme Erwerb der entsprechenden Einstellungen und Werthaltungen weist die Legitimation für einen Statusbesitz aus. Das ist insofern bedeutsam, als die Lehrer sich zum Großteil aus den Mittelschichten rekrutieren und dabei auch deren Situations-Rollen-Performanz (Verhaltensweisen, Sprachcode, Einstellungen) repräsentieren (dies gilt vor allem im Grundschulbereich). Unterschichtkinder sind gezwungen, sich darauf umzustellen und sich auf solche Erwartungsanforderungen zu beziehen. Die Inkompatibilität der verschiedenen Lernmilieus erzeugt in diesen Kindern einen psychischen Streß, der dann meist auch die erwarteten und vorhergesagten Lernschwierigkeiten (Arbeiterkinder sind halt dumm) zur Folge hat. Ihr ständiger vergeblicher Versuch, Zurückweisungen zu vermeiden, führt letzten Endes in die Resignation (Arbeiterkinder sind halt faul). Andererseits ist es ihnen nicht möglich, eine eigene Rollenperformanz mit gleichberechtigt anerkannten Verhaltens- und Einstellungsmustern entsprechend ihrem Lernmilieu zu entwickeln. Die ständige Konfrontation mit den Mittelschichtsstandards, mit dem vorab einschätzbaren Resultat, erzeugt einerseits bei den Unterschichtangehörigen durch die erlebte (unbewußte) Frustration eine psychische Deprivation, die für die entsprechenden Arbeitssituationen in einer Industriegesellschaft notwendige Voraussetzung ist, und andererseits verhindert dies die Entwicklung eigener, adäquater (semantische wie kognitive) Einstellungen und Werthaltungen, die eine sozialästhetisch relevante Dominanz der Unterschichten repräsentieren könnte: Durch ihre Nachahmung der Mittelstandsstandards gewährleisten sie durch die Konsumptionsanpassung auch noch deren Profitrealisierung. Sozialpsychologisch hat dies die kollektive Anerkennung einer naturgegebenen Zweiteilung von Unter- und Oberschicht zur Folge: Der Beweis wurde sogar ohne äußere Gewaltanwendung erbracht, und zum anderen wird damit die Forderung nach adäquaten, den Sanktionsmedien der Status-Rollen der höheren Gesellschaftsschichten entsprechenden Sanktionsmedien (Kontrolle/Mitbestimmung) verhindert. »Die kognitiven und evaluativen Elemente der Situationsdefinition, das Wissen um Sachverhalte, Normen und Werte – sie bilden das wohl grundlegendste Kontrollmittel, das unserer Gesellschaft zur Disziplinierung der Unterschichten zur Verfügung steht. Und es wird auf mannigfaltige Weise eingesetzt: die Einkommensverteilung bleibt unklar; die Machtschichtungen in einem 'vorparlamentarischen Raum' sind intransparent; Oberschichten verzichten auf die Demonstration ihrer Privilegien; ökologische Segregation der Schichten unterstützt die Schrumpfung der Bezugsgruppenhorizonte; das Schulsystem isoliert die Bildungsschichten früh und stark; unterschiedliche schulische 'Bildungsaufträge' fördern schichtspezifische Kulturdivergenzen; die Institutionalisierung der Familie zum dominanten Sozialisationsfaktor bewirkt die soziale Vererbung von strukturellen Aspirationen, Orientierungen, Weltanschauungen. All dies erfüllt Stabilisierungsfunktionen, weil es dazu führt, daß Unterschichtmitglieder ihre Situation relativ unvollständig erkennnen, relativ anspruchslos definieren und relativ fatalistisch erklären« (F. Neidhardt).[45]

Das faktische Verhalten ist bedingt durch das Zusammenwirken verschiedenster gleichzeitiger Rollenanforderungen. Schnittpunkt und bei Konflikten Austragungsort ist das Individuum; es muß den Ausgleich zwischen den heterogenen Anforderungen der Status-, Positions- und Situations-Rollen leisten. Dies gelingt ihm aber nur, wenn es gleichzeitig eine Rollendistanz entwickelt hat. Diese ist wiederum abhängig von den psychischen und kognitiven Dispositionen. Das hieraus resultierende aktuelle Handeln stellt dann einen Aspekt der individuellen Identität dar, und determiniert gleichzeitig den Grad individueller Freiheit.

Die Schule zeichnet sich nun gerade dadurch aus, daß sie die entsprechenden dafür notwendigen Lernräume, in denen das Lernen in konflikthaltigen Rollenkonfigurationen als Voraussetzung für effektives und rationales Handeln stattfinden könnte, eben nicht bereitstellt. Die Chance zu individueller Selbstverwirklichung ist aufgrund der vorhandenen Voraussetzungen, zumindest tendenziell, bei den Oberschichten am größten, da sie bei Rollendilemmata (d. h. bei widersprüchlichen Anforderungen durch gleichzeitige Rollen, die sie spielen müssen) diese durch eine »differentielle Konformität« (U. Gerhardt) ausgleichen können aufgrund schichtspezifischer psychischer Erfahrungen in der Frühsozialisation. Dies gelingt durch den von ihnen verinnerlichten größeren Entscheidungsfreiraum (Ermessensspielraum) beim Handeln, bewirkt durch eine permissive Erziehung. Dieser Erziehungsstil erleichtert den Erwerb einer Rollenambivalenz als Voraussetzung für die Vermittlung zwischen verschiedenen normativen Anforderungen.

Innerhalb der soziologischen Rollentheorie wird der Konflikt als ein zentrales Element aller gesellschaftlichen und kulturellen Entwicklung sowie als bedeutsames Movens sozialer Interaktion betrachtet. Nur die Pädagogik verschließt sich einer solchen Betrachtungsweise und vertritt in ihrem Schonraum ein Harmoniemodell, das letztlich ein defizientes Erfahrungsbild sozialer Wirklichkeit beim Erzogenen hinterläßt. Nachdem er nicht gelernt hat, Konfliktmodelle, Konfliktlösungsstrategien, Konfliktursachen rational zu beherrschen (sowohl analytisch wie verhaltensmäßig), zieht er sich lieber auf Konfliktvermeidungstechniken zurück und rationalisiert dies durch ein Harmoniestreben, das nur auf der Basis von Abwehr, nicht jedoch auf der gegenseitiger Bedürfnisbefriedigung beruht. Die Anerkennung des beidseitigen Rechts darauf wird ohne Konflikte nicht möglich sein, allein ihr Austrag garantiert aber dann eine tendenzielle Harmonie, wobei Konflikte nicht als dysfunktional erlebt werden und verdrängt oder projiziert werden müssen. Ebenso interpretieren viele Soziologen den Konflikt als ein gesellschaftlich notwendiges Faktum und beurteilen ihn positiv. So etwa Park und Burgess, die erklären, daß »nur dort, wo Konflikt ist, auch bewußtes und selbstbewußtes Verhalten anzutreffen ist; nur hier bestehen die Bedingungen für rationale Lebensführung«[46]. Ein solches Konfliktverständnis ist nun aber kein durchgängiges und allgemeines, z. B. Talcott Parsons bezeichnet es als eine »Art Krankheit« des sozialen Organismus.[47] Dagegen wird ein Harmonieverständnis gegenseitig anerkannter Werte gesetzt. Wie aber diese Harmonie entsteht, wird nicht ausgewiesen. Der Glaube an sie ist metaphysisch und als solcher ein Indiz für pathologische Kommunikationsstörung. Eine irrationale Konfliktanschauung, die Konflikt als dysfunktional und zerstörend interpretiert, ist eindeutig auf die Interessenlage von Herrschafts- und Machtpositionen bezogen. Dadurch sollen antagonistische gesellschaftliche Widersprüche zum Vorteil Privilegierter verschleiert werden, indem man über die zwar beobachtbaren und deshalb nicht zu verleugnenden Unterschiede den verklärenden Schein eines Gemeinsamen errichtet, dem letztlich alle verpflichtet sind. In industriellen Gesellschaften sind das vor allem die volkswirtschaftlichen Interessen, unter ihrer Fahne wird der private Reichtum akkumuliert und gleichzeitig die öffentliche Hand immer ärmer; welcher Unterschichtangehörige kann denn schon Bilanzen lesen.

Eine so gehandhabte Praxis der Konfliktebene verhindert eine rationale Einstellung gegenüber sozialem Geschehen, das notwendig durch Konflikte definiert ist aufgrund der unterschiedlichen Interessen und Bedürfnisse. Indem man die Interessenunterschiede zu negieren sucht bzw. sie der Analyse nicht zugänglich macht, verhindert man letztlich die Einsicht in die jeweils eigene Interessenlage des Individuums selbst. Der Trick besteht darin, Konflikte mit dem Ruch des Destruktiven zu versehen, dadurch Angst und Schuldgefühle beim Einzelnen zu wecken, um schließlich den öffentlichen Konfliktaustrag auszuschalten. Eine positive Konfliktbeurteilung, nämlich als prozessualer Bestandteil gesellschaftlicher Dynamik und sozialen Ausgleichs, kann in einer herrschaftsstrukturellen Demokratie nicht im Interesse der Privilegienbesitzer sein, denn sie würde es nicht nur ermöglichen, daß das Individuum seine Interessen erkennt, sondern auch versucht, sie zu realisieren.

Es gilt zu begreifen, daß nicht Konflikte zu vermeiden sind, sondern
– daß ihre variierenden Bedingungen, Ausprägungen und unterschiedlichen Konstellationen jeweils im sozialen Kontext zu sehen sind
– und daß im einzelnen aktuellen Fall nicht die Lösung entscheidend ist, sondern die Regelung des Konflikts, d. h. der Austrag durch kontrolliertes und rationales Handeln.

Das bedeutet: Konfliktverhalten ist lernbar und als konstitutives Moment in den Lernprozeß einzubeziehen. Konflikte sind nicht als bedauernswert und schicksalhaft anzusehen.

Die Sozialpsychologie interpretiert die psychische Entwicklung einmal aus inneren und zum anderen aus äußeren Konflikten, deren Austragung und Resultate sich in der Persönlichkeitsstruktur niederschlagen.[48] Sie stellt einen direkten Bezug her von den Konflikten im Sozialgefüge zu den inneren Konflikten der erworbenen psychischen Struktur der Individuen.

Konflikte erzeugen in der Innenwelt von Individuen, Gruppen und gesellschaftlichen Schichten ein dynamisches Kräftespiel, dessen Austrag emanzipatorischen Charakter hat, und das deshalb im Interesse der jeweils die Machtpositionen besetzenden 'Elite' möglichst reduziert bzw. ritualisiert (durch Institutionalisierung – siehe Gewerkschaft und Arbeitgeberverbände) werden soll, wenn es schon nicht ganz auszuschalten ist.

Die Konflikte ergeben sich von Beginn der individuellen Rollenkarriere an notwendig aus dem Umstand, daß der Ebene der Bedürfnisse und der daraus resultierenden Interessen keine adäquat komplementäre Ebene der Befriedigungsmöglichkeit entspricht: Dies gilt es als Faktum anzuerkennen (insofern ist eine konfliktfreie Gesellschaft nicht denkbar) und ebenso die daraus sich notwendig ergebenden Widersprüche. Gelingt diese Erkenntnis, so kann der daraus sich entwickelnde psychosoziale Prozeß von Konflikten,

Lösungen und erneuten Konflikten auf der Grundlage einer herrschaftsfreien Kommunikation im Sinne einer schuldfreien Ich-Entwicklung ablaufen, da es nicht mehr notwendig erscheint, bei sich ergebenden Konflikten in den Interaktionspartner Schuldgefühle zu projizieren.

Den Entwicklungsvorgang des Individuums kann man sich somit als eine Kette von Konflikt-Regelung-Versuchen vorstellen, sofern diese nicht durch eine autoritäre Erziehung unterbunden wird (sei brav, sonst setzt es Hiebe – die Worte sind so leicht hingesprochen): diese Kette stellt einen Lernprozeß dar, durch den potentiell beliebig handlungsfähige Individuen die vorgegebenen sozialen Muster verinnerlichen und die Motive ausbilden, die dann ihre sozialen Rollen und auch ihr Konfliktverhalten (als ein Aspekt davon) determinieren. Die Konfliktkonfrontation endet nicht mit der Kindheit, sondern hat ihre Fortsetzung im Erwachsenenleben, aber die dort mehr oder weniger erworbene Konfliktfähigkeit entscheidet über das spätere Konfliktverhalten.

Durch die antagonistischen Wertorientierungsmuster in der Gesellschaft (Institutionen – Schule/Kirche – ökonomische Interessen) wird eine Inkonsistenzspannung (individuell wie in partikularen Gruppen) erzeugt aufgrund der Unmöglichkeit, die aus den verschiedenen Wertvorstellungen abgeleiteten Einzelerwartungen gleichzeitig erfüllen zu können. Aufgrund der Frustration regrediert das Individuum von seiner Einstellungskonformität (gegenüber der Gesellschaft) schließlich auf eine Verhaltenskonformität (in seiner Positionsrolle), falls diese nicht schon von Anfang an bestand.[49] Die Kennzeichen der letzteren sind existentielle Sicherheitsorientierung, Stereotypien und Rigidität der eigenen Erwartungen.

Die Chance zur Ausbildung einer Ambivalenztoleranz (d. h. der Möglichkeit, die eigenen Erwartungseinstellungen nicht autoritär im Verhalten des anderen verwirklicht sehen zu müssen) bleibt allein den mit Herrschaftssanktionen ausgestatteten Positionsrollenträgern der Oberschicht vorbehalten, somit der Erwerb psychischer konfliktreduzierender Persönlichkeitsvariablen (es ist bekannt, daß die höchsten Positionsinhaber in jeweiligen Organisationen toleranter/großzügiger handeln/urteilen als die ihnen unmittelbar Untergebenen).

Das Ergebnis ist ein jeweils unterschiedliches aktuelles Verhalten in Rollenkonflikten:
— Einmal besteht die (echte oder vermeintliche) Notwendigkeit zur rigiden sozialen Einordnung, indem die psychischen Motive in rollenkonforme Antriebsenergien umgesetzt werden. Dies gilt für viele.
— Zum anderen herrscht die Neigung vor, die Umwelt im Sinne der eigenen Bedürfnisse zu beeinflussen bzw. auf sie einzuwirken (das bedeutet größtmögliche Form der Selbstbestimmung). Dies gilt für wenige.

Pädagogische Konsequenzen für die Organisation von Lernsituationen

Die Analyse heutiger Lernorganisation in Schulklassen, mit ihrem typischen Klima eingefrorener Affektivität, ergibt, daß die Gruppenprozesse und die dabei ablaufenden

Mechanismen selbst nie Gegenstand der Reflexion sind. Die Entscheidungen über Positionszuweisung, Statuseinnahme usw. fallen in den Subbereichen, die sich im Schulalltag ergeben, und bleiben somit für den Einzelnen undurchsichtig (zumal er meist darum gar nicht weiß). Sie entstehen unkontrolliert und erzeugen ein für die Schule kennzeichnendes Mißverhältnis zwischen ihrem einerseits proklamierten Wertsystem und ihrem andererseits faktischen Engagement gegenüber den erziehungsrelevanten Erscheinungen, wie in unserem Fall des Normenkonflikts und des Rollenstreß. Die Klasse als mikrosoziale Einheit und gesellschaftliches Übungsfeld spiegelt in dem dabei resultierenden Ergebnis die äußere soziale Realität wider (jeder ist letzten Endes auf sich selbst verwiesen) indem
– die vielen psychisch Schwächeren als Einstellungsmodalitäten Abhängigkeit, Willfährigkeit und Konformität
– und die wenigen psychisch Starken Rollendistanz, Ambivalenztoleranz und relative personale Identität zeigen.

Daß auch hierbei die primären schichtspezifischen Lernmilieus determinierend wirken, sei nur noch einmal erwähnt.

Als Ganzes ergibt sich ein statisch fixiertes Rollengefüge (als Indiz kann z. B. die relative Bedeutsamkeit gelten, wenn ein 'Neuer' kommt, wogegen dies in autonomen *Lerngruppen* kaum eine Rolle spielt), das die aus der Gruppendynamik abgeleiteten Merkmale aufweist:
– Die Alpha-Funktion innerhalb der Gruppe als die dominante Rolle. Die Gruppe orientiert sich an ihren bewußten, ausgesprochenen Idealen und ihren manifesten Trends. Sie agiert diesen entsprechend ohne ihre feste und direkte Lenkung. Die Alpha-Funktion repräsentiert zugleich auch das Identitätsniveau der Gruppe. Gibt es mehrere Alpha-Funktionen in einer Gruppe, so entstehen auf der Basis der Rivalität die verschiedensten Konfliktverlaufsmuster.
– Die Omega-Funktion (innerhalb der Gruppe) stellt den Gegenpol zur Alpha-Position dar und repräsentiert sowohl den Sündenbock bzw. Außenseiter als auch meist den von einer Gruppe definierten Gegner (indem sie sich mit seiner Haltung identifiziert). Ihre Träger entwickeln größtenteils ein Versagersyndrom und scheiden meist früher oder später aus der Gruppe aus.
– Die Beta-Funktion ist charakterisiert durch die Aura eines Spezialisten. Ihre Inhaber liefern Informationen, Wissen und stützen ihre Position durch entsprechende Leistungen und Beziehungen zur Alpha-Funktion. Sie sind in der Regel von dem unterschwellig ablaufenden Kreislauf der Affekte verschont.
– Die Gamma-Funktion ist dem Großteil der Gruppe eigen. Sie stellt das Reservoir für die jeweiligen Nachfolgegruppen der Alpha-Inhaber. Ihre Haltungen und Einstellungen sind unbestimmt. Ihre undefinierte Stellung und ihr situatives Anpassungsvermögen an fluktuierende Gruppennormen und -werte sind die Ursache für latent vorhandene Untergruppierungen, indem sie sich, wenn nötig, mit einem Spezialisten verbünden.

Diese Gruppenstrukturen und -standards mit ihren Auswirkungen auf den Einzelnen sind, erst einmal errichtet, relativ irreversibel, vor allem aus dem Grund, da sie unbewußt entstehen und nur informell abgehandelt werden (im Gegensatz zum bewußten Rollenhandeln). Ergeben sich Konflikte, werden sie als individuelle Schwierigkeiten gewertet und verhindern so die Selbst- und Fremdwahrnehmung, verstanden als Wahrnehmung einmal psychischer, zum anderen sozialer Tatbestände. Individuelle Schwierigkeiten werden an sozial vorgegebenen Wertordnungen taxiert und in ihrem Sinne reguliert, ohne daß aber ein ursächlicher Zusammenhang zur psychosozialen Realität, im Sinne einer Bewußtmachung der Vermitteltheit von Individuum und Umwelt, hergestellt wird. Die Folge ist, daß Verhaltensentscheidungen soziofunktional entsprechend gesellschaftlicher Erwartungen gelernt und internalisiert werden und gleichzeitig damit die gesellschaftlichen Wertaporien. Auf dieser Voraussetzung entsteht eine Rollenkonkurrenz der Individuen um die erstrebenswerten Sanktionsmedien: Macht, Prestige und Wissen. Damit werden Leistungsdruck und Konkurrenzdenken die Leitplanken von Lernverhalten und Leistung und Konkurrenz, als Aspekte einer autoritären und irrationalen Werthierarchie, die Garanten für Erfolg.

Die autonome *Lerngruppe* stellt dagegen ein Rollenreservoir zur Verfügung, das es dem Einzelnen erlaubt,
- eine individuelle Rollenverwirklichung zu betreiben, indem er Rollenkonstellationen in konkretes Einzelverhalten beliebiger Komplexität umsetzen kann, und dies ist möglich aufgrund der spezifischen Organisation der *Lernsituation*. Das Handeln erfolgt unter öffentlicher Kontrolle und steht somit der allgemeinen Reflexion offen. Die Offenheit des Lernprozesses erlaubt jeden Handlungsabschnitt und damit konkret eigenes Verhalten unmittelbar zu überprüfen (z. B. kehrt man nach einem Tonbandinterview zur Gruppe oder einem Teil davon zurück und spielt es ihr vor; dabei kann anhand der Reaktion eine Einschätzung des eigenen Verhaltens getroffen werden). Durch ein Handeln nach selbstbestimmten Interessen und Bedürfnissen wirkt das personale Handeln in der Gruppe nicht destruktiv (z. B. die Verhinderung des Handelns eines anderen) auf die eigene und die Erfahrung der anderen.
- Die Aufhebung entfremdeten Verhaltens durch eigenbestimmte Wertorientierungsmuster der Gruppe erlaubt es dem Einzelnen, Abwehrmechanismen abzubauen und damit gleichzeitig die eigene personale Dissoziation (in der Schule darf man nie man selbst sein, man muß etwas darstellen, was man gar nicht ist), d. h. ein gegen die eigenen Bedürfnisse gerichtetes Handeln. Der Einzelne kann mithin seine Aktionen wieder der eigenen Erfahrung zugänglich machen. Handeln als Erfahrungsmöglichkeit bzw. -verhinderung ist abhängig von der zugestandenen Bedürfnisbefriedigung. Die Voraussetzung ist durch die aktive Auseinandersetzung der Gruppe mit der Umwelt gegeben.

Andererseits gewährleisten die in der Gruppengenese gemeinsam entworfenen Normvorstellungen, die für die einzelnen Gruppenmitglieder aufgrund des gemein-

samen Zieles verbindlich sind, eine Entlastung. Sie können im Verlauf des Gruppenprozesses revidiert werden.
- »Verhalten ist eine Funktion der Erfahrung« (R. D. Laing).[50] Verhalten und Erfahrung sind strukturierende Variablen konkreter Interaktionen. Die autonome Lerngruppe, die auf autoritären Leistungsdruck verzichten kann aufgrund der eigenmotivierten Teilnahme ihrer Mitglieder, erlaubt durch ihre freiere Kommunikationsmöglichkeit den Austausch von Erfahrungen und damit ihre Wiederinstandsetzung als Korrelat von Handeln. »Unser Handeln entspricht unserer Sicht der Dinge. Wenn unsere Erfahrung zerstört ist, wird unser Verhalten zerstörerisch sein« (R. D. Laing).
- Die Autonomie der *Lerngruppe* garantiert ihrerseits jedem Einzelnen eine relative Autonomie innerhalb der Gruppe, und durch die Entlastung aufgrund der gemeinsam zu erbringenden Leistung hat jeder in der Gruppe die Chance, Rollen zu wechseln, sowohl hinsichtlich der Position als auch des Status (Informationslieferant, Materialbesorger, Texteverfasser, Informationssammler usw.); dadurch besteht für alle die Möglichkeit zum Erwerb von Toleranz und Rollendistanz durch konkrete Erfahrung. Dies hat den Abbau von Herrschaftsfunktionen innerhalb der Gruppe zur Folge. Durch den Rollenwechsel kann sich keiner einen besonderen Status sichern (z. B. dadurch, daß er allein im Besitz von Informationen ist).
- Die Lerngruppe ermöglicht jedem Einzelnen, Ermessensspielräume, die in jeder Position vorhanden sind, zu erfahren. Diese kann er sowohl für seine eigenen Tätigkeiten wie auch für andere Positionen festsetzen und mitbestimmen und gleichzeitig deren Einhaltung kontrollieren. Die Gruppe entscheidet gemeinsam über positionsspezifische Aufgaben und deren Verteilung, ebenso wie über ihre jeweilige Bewertung. Hierin realisiert sich Herrschaftskompetenz, an der aber alle partizipieren.
- Positive wie negative (bei Erfolg oder Mißerfolg) Gratifikationen kommen der Gruppe gemeinsam zu, jeder hat ein Recht bzw. die Pflicht an der Teilhabe. Der Prestigewert wird nicht so sehr an einzelnen Positionen festgemacht, sondern kommt der Gruppe als Gesamtrepräsentant aller Positionsklassen zu. Daran hat gleichzeitig jeder teil.
- Der Informationsfluß ergibt sich aus den geleisteten Informationen der einzelnen Positionsinhaber. Da diese ständig wechseln und die Gruppenleistung insgesamt erbracht wird, ist das Einbehalten von Information unsinnig. Dadurch werden sowohl organisationsinterne wie -externe Vorgänge transparent und dies erleichtert wiederum die eigenen Überlegungen und Strukturierungsversuche bezüglich des Lernprozesses auf Gruppenebene. Damit wird ein optimaler Stand an Informiertheit der Gruppe gewährleistet. Erst auf dieser Basis wird die Forderung nach Kooperation sinnvoll.
- Die Möglichkeit der Selbsterfahrung ist Ausdruck einer erweiterten Ich-Autonomie. Diese kann sich nur realisieren in einer weitgehend angst- und blockierungsfreien Gruppensituation. Voraussetzung dafür ist in der *Lerngruppe* der Wegfall von Leistungsdruck und Konkurrenzverhalten. Gleichzeitig wird dabei auch Fremdwahr-

nehmung möglich durch die Transformation individueller Erfahrung anhand aktionaler Vorgänge. Andere Personen sind nicht untersuchbar wie Objekte, ihr Intentionsfeld ist nur erfahrbar durch eigene Aktion (Verhalten) und die der anderen und zwar nicht auf einer abstrakten Ebene (die Schulklasse stellt eine spezielle Situation dar, und gemachte Erfahrungen von anderen sind nicht übertragbar auf reale Felder), sondern in realen Gesellschaftsfeldern mit reziproker Influenz und Interaktion. Selbsterfahrung ist das Produkt personaler Relationen anhand konkret erfahrener Rollenteilhabe.
– Die Konflikte (sowohl Außen- wie Innenkonflikte) der *Lerngruppe* sind integraler Bestandteil ihres Lernprozesses.
Widersprüchliche Verhaltensanforderungen als Konfliktstoff werden durch das gemeinsame Gruppenziel vermieden, bzw. können die in der Gruppengenese entwickelten dominanten Gruppennormen zwischen individuell vorhandenen widersprüchlichen Erwartungen vermitteln. Die informellen Gruppenbildungen stellen eine konfliktreduzierende Instanz für den Einzelnen dar.
Der Rollenkonfliktansatz, der sich aus der unterschiedlichen Auffassung von einem angemessenen Verhalten der einzelnen Rollenspieler gemeinhin entwickelt, wird dadurch vermieden, daß das Gruppenziel und die Anforderungen gemeinsam erarbeitet werden und jeder sich bereits hier zurückziehen kann. Diese Möglichkeit ist unabdingbar Bestandteil jeder autonomen *Lerngruppe* (dieses Recht besteht selbst in der Arbeitswelt als Kündigungsrecht, nur für die Lernverhältnisse der Schule besteht dieses Recht nicht).

11 Vermittlung des eigenen Lernprozesses

Am Beispiel spielender Kinder ist zu sehen, daß Lernen intensive kommunikative Momente hat und keineswegs nur ein auf isolierte Individuen beschränkter Prozeß ist, wie dies in der Schule zu sein scheint. Aber auch schulisches Lernen weist bestimmte Formen von Kommunikation auf. Immerhin hat der Schüler seine Lernerfahrungen dem Lehrer auf mancherlei Weise mitzuteilen, z. B. in Aufsätzen oder Hausarbeiten oder indem er abgefragt wird. Der Lehrer in der Lernsituation Schule ist das entartete Rudiment der Rolle des Partners in autonomen Lernsituationen, dem man seine Erfahrungen mitteilt. Bisweilen gibt es natürlich auch Kommunikation von Schüler zu Schüler dann, wenn der Lehrer die Diskussion eines Problems anregt. Auffallend ist jedoch folgendes:
– Vor allem in Prüfungssituationen – das sind Situationen, bei denen die kommunikative Regelstrecke zwischen Lehrer und Schüler besonders 'intim' ist – wird das Bedürfnis der Schüler nach Kommunikation untereinander blockiert. Einander helfen durch Austausch von Information steht unter Strafe.
– Die vorgesehene Form der Vermittlung dessen, was man gelernt hat, bezieht sich auf die Person des Lehrers als Zensurstelle. Diese Methode der Vermittlung ist selbst inten-

diertes Lernziel der Schule. Schüler sollen lernen, daß Lernen bewertet wird und daß Gelerntes verwertbar ist.
- Die Vermittlung des Gelernten hat nur die Funktion, daß der Schüler im Rahmen der Leistungsnormen der Schule sich qualifiziert. Eine Funktion in bezug auf die aktuelle Realität der Lernsituation Schule haben solche Mitteilungen nicht. Die Vermittlung schulischer Lernprozesse führt nicht zu situationsbezogener Aktion.

Die sehr stark regulierten Mitteilungsformen über die eigenen Lernprozesse im Rahmen der Lernsituation Schule haben die Funktion, den Lernenden zu überprüfbaren Äußerungen zu veranlassen, aufgrund derer ihm der Grad seiner verwertbaren Qualifikationen attestiert werden kann. Der Inhalt dieser Mitteilungen betrifft nicht die konkreten Bedingungen der Situation, in der sich der Lernende befindet. Der definierte Adressat dieser Mitteilungen, der Lehrer, ist geeicht: Er hat auf angemessene Botschaften zu reagieren, indem er ihre Qualität prüft; er hat unangebrachte Äußerungen zu ahnden, insbesondere solche, die ein Mißfallen über den aktuellen Zustand der Lernsituation bzw. das sie bedingende System mitteilen wollen. Was unter diesen Umständen vermittelt wird, sind nicht eigene, sondern fremdbestimmte Lernprozesse. Allerdings sind Ansätze zur Vermittlung eigener Lernprozesse da zu sehen, wo Schüler sich in gemeinsamem Interesse und solidarisch organisieren, um Leistungsrituale zu unterlaufen oder rigide 'Gegenspieler' zu zermürben. In der Substruktur der Lernsituation Schule entwickelt sich Kommunikation als Funktion situationsbezogener autonomer Lernprozesse.

In Lernsituationen ist die Vermittlung eigener, selbstbestimmter Lernprozesse eine Funktion des Lernens, die die Qualität des Lernens bezweckt und nicht dessen Beurteilung dient. Organisationsstruktur und Zielsetzung von *Lernsituation* bedingen:
- Der Lernprozeß der *Lerngruppe* ist so effektiv wie die Vermittlung der Lernprozesse ihrer Individuen. Je intensiver eine Lernerfahrung eines Individuums ist, desto intensiver ist sein Bedürfnis, sich mitzuteilen.

  Der Lernprozeß der *Lerngruppe* besteht darin, daß die unter einer bestimmten Zielsetzung (der Gruppe) agierenden Individuen ihre differenzierten Erfahrungen rückmelden und somit der Gruppe neue Daten über die Situation liefern. Die Bestätigung oder Korrektur der Zielsetzung ist ein ständiger interner Vermittlungsprozeß der *Lerngruppe*.
- Der Lernprozeß der Gruppe, der in der Auseinandersetzung mit der Realität von Umweltbereichen besteht, vermittelt sich nach außen. Diese nach außen gerichtete Vermittlung hat zwei Komponenten:
  a Der Lernprozeß wird durch Veränderung von Umweltsituationen wahrgenommen, wobei die Tendenz einer Veränderung unterschiedlich bewertet wird. Bestimmten Interessen erscheint eine Veränderung als wünschenswert, anderen als gefährlich. Die Außenvermittlung einer projektorientierten *Lerngruppe* erfolgt zwangsläufig und muß im Sinne der Strategie gesteuert werden. Die Ästhetik einer *Lerngruppe* muß deshalb taktische Ungereimtheiten aufweisen.

b Es ist die Zielsetzung der Gruppe, ihre Lernerfahrungen jenen zu vermitteln, die aufgrund ihrer gesellschaftlichen Situation vergleichbare Bedürfnisse und Interessen haben. Die Organisation von *Lernsituation* bedeutet also eine entschiedene soziale Stellungnahme. – Lernen, das zugleich die Vermittlung eigener Lernprozesse ist, folgt hier ganz eindeutig dem »Bildungsprinzip Parteilichkeit«.[51]
– Den eigenen Lernprozeß vermitteln heißt alle seine Bedingungsstrukturen vermitteln. Die Gefahr, daß nur Teilstrukturen vermittelt werden, besteht dort, wo eine *Lerngruppe* sich in ihrer Außenvermittlung durch etablierte Vermittlungssysteme korrumpieren läßt, d. h., sich im Rahmen solcher Vermittlungssysteme durchweg konform verhält. Bei solcher Gelegenheit geraten das zur Schau gestellte Dokumentationsmaterial oder ein Referat über die Zielsetzungen sehr schnell zu 'interessanten Bildern' und zu 'feinen Lernzielen'. Im Grunde läßt sich der eigene Lernprozeß nur durch die Realität einer Lernsituation adäquat vermitteln, wobei derjenige, der der Initiator dieses Vermittlungsprozesses ist, selbst einem neuen Lernprozeß unterworfen ist.
– Folglich bedingt die Vermittlung eigener Lernprozesse, daß es keine Rollenfixierung im Sinne von Lehrendem und Lernendem gibt.

Ein Vermittlungsprozeß, der sich in konkreten Situationen abspielt, der sich also differenzierter Wahrnehmungsstrukturen bedient, erfordert effektive Vermittlungsmedien. Im weitesten Sinn sind darunter alle Materialien zu verstehen, mittels derer sich eine konkrete Situation wahrnehmbarer verändern läßt, mittels derer aber auch diese Veränderungen dokumentiert und damit als Reproduktionen im Rahmen anderer Situationen verwendet werden können. Insbesondere von Bedeutung sind die modernen Kommunikations- und Informationsmedien. Die Entscheidung darüber, ob die Verfügung über solche Medien anzustreben sei oder nicht, muß an der nachweisbaren Effektivität dieser Medien und nicht an der literarischen Überlegung, daß diese Medien Instrumente der herrschenden gesellschaftlichen Gruppen seien, orientiert werden. Lernsituationen, die sich durch programmatische Abstinenz in bezug auf zeitgemäße Medien auszeichnen, haben trotz auf Emanzipation bedachter Lernzielformulierung zumindest eine regressive Tendenz.

Die Strategie von *Lerngruppen* muß deshalb auf Verfügung über moderne Medien zielen. Diese Strategie bedingt die Koordination von Gruppen mit vergleichbarer Interessenlage. Sie ist die naheliegendste Konsequenz des Prinzips *Tendenz und Technik*.

12 Ausweitung des Lernraums

Das Prinzip der Vermittlung des eigenen Lernprozesses in *Lernsituationen* bedeutet zugleich die Koordination mit anderen Gruppen, die entsprechende Zielsetzungen und Strategien haben. Dabei kann die Existenz solcher Gruppen ein Ergebnis der Vermittlungsprozesse einer Projektgruppe sein. Das Ausmaß, in dem eine Projektgruppe in der Lage ist, neue ähnlich strukturierte Gruppen zu initiieren, ist ein notwendiges Indiz für die Richtigkeit ihrer Strategie. Die Expansion der informativen, kommunikativen und aktiven Bezugssysteme einer Projektgruppe bedeutet die Ausweitung ihres Lernraums. Es stellen sich neue Lernsituationen, deren Aneignung im Sinne von *Lernsituation* neue Qualifikationen vermittelt. Diese Ausweitung erfolgt auf verschiedenen Ebenen (Praktische Modelle, Planungsgremien, Publikationen, Politische Parteien).

Am Beispiel der Entwicklung bestimmter Initiativgruppen ist zu sehen, daß die Bewältigung einer konkreten Problematik mit begrenzter Zielsetzung (z. B. Durchführung einer Spielaktion) keineswegs das Ende der Arbeit einer Initiativgruppe bedeutet, sondern daß dies vielmehr eine Ausweitung der Zielsetzung in bezug auf die angegangene Problematik oder häufig auch die Zuwendung auf neue, von der vorangehenden Problemstellung tangierte Problematiken zur Folge hat. Das ist daraus zu erklären, daß ein jeweiliges konkretes Problem die Funktion eines im Grunde austauschbaren Mediums eines Lernprozesses hat, der die Initiativgruppe zur Bewältigung auch anderer und komplexerer Projekte qualifiziert. Das expandierende Moment entwickelt sich aus der im Grunde bei jedem Projekt vergleichbaren Organisationsstruktur. Neue und komplexere Projekte gewährleisten die Fortsetzung des Lernprozesses. Die Gruppe optimiert ihre Qualifikationen zur Organisation von Projektarbeit.

Der Modellcharakter von *Lernsituationen* bedingt ebenfalls die Ausweitung von Lernräumen. Die im konkreten Modell (→ *Realität und Spielraum*) gewonnenen Erfahrungen sind übertragbar auf erweiterte Situationen. Die Ausweitung des Lernraums hängt natürlich ab von den Bedingungen des Umweltbereichs, der das reale Bezugssystem des Lernraums ist. Wer das relative Neuland vorschulischer Pädagogik betritt, wird mehr Spielraum für expansive Projekte vorfinden als der, der seine *Lernsituationen* im realen Bezugssystem Schule organisiert. *In der Schule begonnene Projektarbeit verweist ihren Initiator sehr bald auf außerschulische Bereiche, wenn er die dem Lernprozeß immanente Dynamik konsequent entwickeln will.* Für den Lehrer, der solchermaßen seinen Lernraum ausgeweitet hat, bedeutet dies nicht notwendig, daß er fortan seine Lernsituationen außerhalb der Schule organisiert. Dies wäre eine mögliche Konsequenz, die jedoch nicht nur existenzielle Probleme, sondern auch die Schwierigkeit zur Lösung stellt, daß nämlich ein erheblicher Aufwand an informativer und kommunikativer Aktivität geleistet werden muß, um überhaupt Individuen in einer Gruppe zusammenzubringen. In der Schule bleibt ihm diese Leistung erspart. Für die Expansion seines persönlichen Lernprozesses ist es jedoch notwendig, daß er neben seiner schulischen Praxis zumindest einen weiteren Bereich hat, in dem er alternative oder ergänzende Erfahrungen machen kann und in dem er sich aus strategischen Gründen eine Position aufbauen kann. In bezug auf seine kontinuierliche schulische Praxis bedeutet 'Ausweitung des Lernraums', daß er von Mal zu Mal die ihm zugänglichen Schülergruppen zur Projektarbeit führt, die von *Lernsituationen* im Lernraum Schule ausgehend sich auf außerschulische *Lernsituationen* ausweitet. Diese sich immer wieder stellende Aufgabe wird wegen der sich verändernden Bedingungen der verschiedenen Projektbereiche schwerlich zur Routine, wie dies bei der fortgesetzten Praxis im Rahmen des starren

Rituals schulischer Lernsituationen zwangsläufig der Fall ist. Konsequenterweise wird er auch die Erfahrungen, die er in *Lerngruppen* macht (der Lehrer ist selbst Lernender), auf verschiedenen Ebenen vermitteln. Dazu bieten sich Arbeitsgruppen mit entsprechender Tendenz, Diskussionen bei Fortbildungsseminaren, Publikationen usw. an. In diesem Zusammenhang ist nochmals auf die Funktion von systematischer Dokumentationsarbeit hinzuweisen.

Da die Organisationsstruktur von *Lernsituationen* im Prinzip nicht fachbereichsspezifisch ist, ist die Kooperation verschiedener Fachbereiche möglich und im Sinne des strategischen Ziels 'Ausweitung des Lernraums' auch anzustreben.

4 Die Projektbeispiele

1 Prüfungssituation Lehrprobe

1 *Aktion Werbeplakate am Schulgebäude (Gymnasium, 8. Klasse)*

Das Unterrichtsprojekt wurde von einem Referendar im zweiten Ausbildungsjahr (Zweigschuleinsatz) organisiert. Im Ablauf seiner bisherigen Praxis hatte er schon mehrere Male versucht, mit bestimmten Klassen einen Projektunterricht zu organisieren, der auf eine Ausweitung des Erfahrungsraums hinzielte. Der Ansatz zu einem solchen Prozeß war jeweils die erfahrbare Situation des Zeichensaals als dem der regulären Kunsterziehung zugewiesenen Ort. Die Ausweitung des Erfahrungsraums war dabei nicht explizites Thema des Unterrichts, sondern das von den Beteiligten unterschiedlich erlebte Resultat von Unterrichtseinheiten. Das Erlebnis eines erweiterten Spielraums bewirkte in der Projektion auf nachfolgende Unterrichtssituationen, daß von diesen jeweils eine gewisse Eskalation in bezug auf das Ausmaß des Freiraums, die Intensität an komplexer Realität oder die Dimensionen des Materials erwartet wurde. Die einzelnen Unterrichtseinheiten waren durchaus thematisch differenziert und so geplant, daß die Lernaktivitäten einen offensichtlichen Bezug zum Lehrplan hatten. Diese taktische Abstimmung mit Anforderungen des Lehrplans schien dem Referendar notwendig. In der Diskussion um die Angemessenheit solcher Unterrichtsprojekte mußte deshalb die Schulleitung, mit der es in der Regel zu Konflikten kam, ihre Argumentation auf Formulierungen in der Schulordnung stützen. Dagegen konnte der Referendar mit unterschiedlichem Erfolg (dies spiegelte sich in der recht unterschiedlichen Beurteilung seiner Lehrversuche in den verschiedenen Schulen, an denen er tätig war, wider) argumentieren, daß für eine angemessene Behandlung der angezielten ästhetischen Probleme ein bestimmter Freiraum und gewisse Dimensionen des Erfahrungsraumes notwendig seien. Er verwies bei solcher Gelegenheit auf entsprechende Beispiele aus dem Bereich der Kunst.

Das nachfolgend geschilderte Projekt erhält einen besonderen Akzent dadurch, daß es im Rahmen einer Lehrprobe (Beurteilung) inszeniert wurde. Aus der Tendenz der vorangehenden Projekte in dieser 8. Klasse des Gymnasiums ergab sich für diesen Lehrversuch eine weitere Ausweitung des Lernraums. Andererseits schien wegen der Brisanz der Lehrprobensituation ein entsprechend engagiertes Konzept riskant. Dennoch entschloß sich der Referendar dazu. Die Spekulation auf eine günstige Toleranzverschiebung des progressiv ambitionierten Seminarleiters im Rahmen einer Lehrprobe-Situation wurde in diesem Fall bestätigt.

Das Projekt
Die Klasse mit 35 Schülern hatte außergewöhnliche Fähigkeiten zur Selbstorganisation. Sie organisierte ihre Aktivitäten im Kunstunterricht gerne in der Form von Gruppenarbeit. In der schriftlichen Vorbereitung zu dieser Lehrprobe wurde auf diesen Umstand ausdrücklich hingewiesen mit der Folgerung, daß deshalb auch eine »Unterrichtsweise mit starken Akzenten auf kommunikativen Prozessen« angebracht sei. Der Kontakt Klasse-Lehrer war gut. Der Referendar konnte auf die Mitarbeit der Klasse auch und gerade im Rahmen der Lehrprobe bauen, zumal er den Erwartungen der Klasse bezüglich eines erweiterten Spielraums durch das riskante Projekt entsprach.

18 Lehrprobe I: Aktion Werbeplakate am Schulgebäude, Würzburg

Es war schon angeeigneter Spielraum, daß in den Korridoren und im Hof des Schulgebäudes gearbeitet werden konnte. Für das anstehende Projekt wurde nach einem weiteren Aktionsraum gesucht und dieser in einer Gerüstarchitektur gefunden, die zwischen zwei Flügeln des Schulgebäudes eingepaßt war und dort die Funktion hatte, Verbindungstrakt dieser beiden Gebäudeteile zu sein. Die Gerüstarchitektur hatte zwei begehbare Geschosse und bestand aus senkrechten und waagrechten Betonelementen. Diese Rasterstruktur sollte mit großen Werbeplakaten optisch so 'gestaltet' werden, daß sich variable Bilder bzw. nach Programmen gesteuerte Bewegungsabläufe ergeben. Um diesem Gestaltungsprozeß die Legitimation durch das Werk zu sichern, sollte die Aktion im Film festgehalten werden. Erklärtes Ziel des Projekts war also das Produkt Film. Intendiertes Ziel des Projekts war die Verfügung über Teile der baulichen Substanz des Schulgebäudes, um damit ein Medium für lustorientierte Erfahrungen über Normen der Realität Schule, über Reaktionsweisen von Lehrern und Schülern zu haben. Durch diese Ausweitung der den Normierungen des Schulgebäudes nicht entsprechenden Aktivitäten sollte der Respekt vor der Realität Schule weiter relativiert werden. Da zur Planung, Vorbereitung, Durchführung und Auswertung des Projekts, das nur zu einem Teil, nämlich in der Phase der Durchführung, im Zeitraum der Lehrprobe lag, ein erheblicher Aufwand an Diskussion, Überlegung und Organisation zu leisten war, könnte für dieses Projekt auch eine ganze Reihe üblicher Lernziele kognitiver Art reklamiert werden. In der schriftlichen Vorbereitung der Lehrprobe wurden solche Lernziele auch glaubhaft angeführt.

Der Ablauf des Projekts in 3 Phasen

Phase I   In den Unterrichtsstunden vor der Lehrprobe wird die Aktion konzipiert, programmiert und praktisch vorbereitet.
Das Konzept für den Film lautet: Schüler bewegen und montieren große Werbeplakate im Rahmen des starren architektonischen Betongerippes. Die Bewegungsabläufe (durch Gehen, Rennen über die Geschosse des Verbindungstraktes) und die durch unterschiedliche Plakatanordnung bezweckten variablen Ansichten werden von zwei Kameras gleichzeitig, jedoch mit verschiedenem Blickwinkel gefilmt. Eine Kamera, auf ein Stativ montiert, filmt die Front, die Fassade des Gerüsts, die andere Kamera ist beweglich und filmt die Szene von der Seite, also das Geschehen hinter der Fassade. Die zwei verschiedenen Filme sollen zu einem zusammengesetzt werden. Für die Bewegungsabläufe und variablen Bilder werden Programme entwickelt und in 'dramaturgische' Anweisungen umgesetzt. Rollen sind zu besetzen: Einige Schüler besorgen die Regie, die Mehrzahl realisiert die Programme, die auf Papieren schematisch aufgezeichnet sind. Eine Zeichen- und Kommandoregelung ist zu treffen, nach der der Ablauf der einzelnen Programme gesteuert werden kann.
Der Referendar übernimmt die Rolle des beweglichen Kameramannes. Er kann dabei steuernd hinter der Kulisse wirken. Für schlechtes Wetter (Witterungsverhältnisse als Bedingungsgrößen der Unterrichtssituation!) werden alternative Programme entworfen.
Bei einem 'Lokaltermin' in der Unterrichtsstunde vorher wird die optische Wirkung der Plakate im Bezugsrahmen der Architektur erprobt. Daraus ergeben sich neue Daten für Programm und Technik.

Phase II Die spektakulären Momente des Projekts liegen in dieser Phase. Jetzt gilt es, die gedanklich durchgespielten Programme in die Wirklichkeit umzusetzen.
Dazu sind differenzierte Aktivitäten bzw. Verhaltensweisen erforderlich. Die Prüfungskommission befindet sich in der Rolle des zum Teil verunsicherten Beobachters, der Referendar zieht sich nach einem Orientierungsgespräch zu Beginn der Aktion zurück und ist integriert in die Aktion. Den Prüfern kommt er auf diese Weise nur zeitweise zu Gesicht. Die Aktion verläuft zunächst programmgemäß, jedoch etwas verkrampft. Erst nach einigen technischen Pannen und vor allem nach Aufkommen kräftiger Windböen, deretwegen ein exaktes Markieren der großformatigen Plakate nicht mehr möglich ist, werden die Akteure spontaner, die ästhetischen Operationen auf dem Betongerüst faszinierender. Trotzdem ist die Koordination der Abläufe noch möglich. Im Ablauf der etwa 50 Minuten dauernden Lehrprobe kommt es zu zwei Lagebesprechungen. Die Kameraleute melden ihre Wünsche an, die Regisseure verdeutlichen nochmals ihre Regiegesten. Kamera 1 wechselt ihre Position. Sie filmt das Geschehen von der anderen, dem Schulhof zugewandten Seite. Die Prüfungskommission wechselt daraufhin ebenfalls ihre Beobachtungsposition. Sie konzentriert sich auf das ästhetische Spektakel. Dann sind die Pausenzeichen zu hören. Die Schüler der Klassen, deren Unterrichtsräume so gelegen sind, daß durch die Fenster der Blick auf die Aktion möglich ist, haben längst das Bedürfnis, sich an den Aktivitäten ihrer Kameraden aus der 8. Klasse zu beteiligen. Sie stürmen in den Schulhof, rennen zum Betongerüst. Der von der Klasse bislang gesteuerte Prozeß bricht ab, weitet sich zur chaotischen Szene. In kürzester Zeit sind die Plakate in Fetzen zerrissen, die den Schulhof schließlich dekorieren. Schüler stellen Fragen an die 8. Klasse, Lehrer stellen Fragen an die Prüfungskommission, die sich in der Interpretation aktueller Kunst und neuer Unterrichtsmethoden übt.

19/20 Lehrprobe II: Aktion im ›Haus der Kunst‹, München

Bei der an die Bekanntgabe der Zensur für diesen Lehrversuch (sehr gut) anschließenden Besprechung wurde unter anderem positiv vermerkt, daß die Schüler den mit Papierfetzen übersäten Schulhof ohne besondere Aufforderung gesäubert hätten.

Phase III Im Konzept für die Lehrprobe steht über der Bedeutung dieser Phase des Projekts, die ja nicht mehr in den Zeitraum der Lehrprobe fallen konnte unter anderem folgendes: »Diese Phase des Unterrichtsprojekts ist nicht nur von Bedeutung, weil sie Belohnung – also auch Ansporn für weitere Projekte – durch Präsentation des Produkts Film... bringt, sondern auch, weil in ihr durch die filmische Reproduktion der Geschehnisse die wiederholbare Möglichkeit gegeben ist, die Schüler zur Reflexion ihres sozialen und individuellen Verhaltens zu veranlassen.«

Der Referendar berichtet, daß die Schüler vor allem aber und mit Freude über die Verhaltensweisen und Äußerungen der zur Szene geeilten Lehrer reflektierten.

Der Referendar organisierte mit dieser Klasse ein weiteres Unterrichtsprojekt und verlagerte dabei die Aktion in die Stadt. Kurze Zeit danach verließ er die Schule, um sich an der Stammschule auf die letzte Lehrprobe vorzubereiten.

21/22 Informationsspiel vor dem ›Haus der Kunst‹, München

2 *Informationsspiel in einer Kunstausstellung*
   (6. Klasse, Gymnasium, München)

Das besondere an diesem Unterrichtsversuch war wie schon bei dem Beispiel ›Aktion: Werbeplakate am Schulgebäude‹, daß er Gegenstand einer Lehrprobe war.
Der Versuch der Ausweitung des Unterrichts auch unter Prüfungsbedingungen ging hier noch einen entscheidenden Schritt weiter, durch Verlagerung in eine öffentliche Situation. Prüfungen stehen immer unter einem Erfolgszwang und das Risiko bei dieser Lehrprobe lag entsprechend im Zwang zur Improvisation und zur Flexibilität, da unmöglich das Verhalten derer im voraus kalkuliert werden konnte, die durch die öffentliche Situation in den Prozeß einbezogen werden (in diesem Fall z. B. Museumswächter und Besucher). Die Chance lag darin, für einen Unterricht, der experimentell und in seiner Ausweitung ganz ungewöhnlich war, offizielle Bestätigung, gleichsam amtliche Anerkennung zu erreichen.

Situation und Ablauf: Eine 6. Klasse versammelte sich vor einem Ausstellungsbau (›Haus der Kunst‹ in München), der in der Nähe der Schule liegt und in dem gerade die sog. ›Große Kunstausstellung‹ stattfand. Die Klasse wurde in 10 Vierergruppen aufgeteilt, jede Gruppe suchte sich einen Platz auf den flachen Stufen vor dem Museum und erhielt große Malflächen (Styroporplatten) und Farben. Allen Gruppen war dieselbe Aufgabe gestellt. Jedes Viererteam teilte sich in zwei Rollen. Zwei malten unter Anweisung der anderen beiden, die nach einer vorgeschriebenen Spielregel das steuern mußten, was als Bild entstehen sollte. Die Spielregel besagte: Je zwei Mitglieder pro Team gehen in die Ausstellung und suchen sich bestimmte, durch Nummern gekennzeichnete Bilder. Diese sollen genau angesehen und danach draußen den beiden anderen so gut geschildert werden, daß diese das betreffende Bild nachgestalten können. Nur mündliche Beschreibung ist zulässig, die Schüler, die in der Ausstellung waren, dürfen jederzeit wieder hinein, aber nicht selber malen. Nach dem Unterrichtskonzept wurden schließlich die von den Schülern gemalten Bilder in die Ausstellung getragen und mit den Originalen verglichen. Eine allgemeine Besprechung schloß sich an.

Die interessantesten Aspekte des Konzepts liegen wohl in den museumspädagogischen Überlegungen. Die Kunst wird zum Medium des Spiels, das Museum zum Spielraum. Das Spiel selbst erfordert das Umsetzen eines Bildes in Worte und daraufffolgend die Reproduktion aufgrund der verbalen Schilderung. Anhand der eigenen Produktion können die Schüler unmittelbar überprüfen, wie erfolgreich ihr vorausgegangener Kommunikationsprozeß war.

Bemerkungen zum Ablauf: Die Spielregel war den Schülern sofort klar, da aber 10 Teams dieselbe Aufgabe zu erfüllen hatten, faßten sie das Ganze als Wettbewerb auf. Informationen aus dem Museum wurden nur im Laufschritt überbracht, die Produktion stand unter Zeitdruck durch die Konkurrenz. Bemerkenswerterweise versuchten auch bald einige Schüler, sich durch Mogeln, also durch Brechen der Spielregeln, einen Vorteil zu verschaffen. Sie brachten aus dem Museum visuelle 'Spickzettel', d. h. kleine Skizzen der Bilder mit, da sie ihrer verbalen Vermittlung nicht recht trauten. Aus der Sicht des Lehrers erwies sich die Prüfungssituation als Belastung, da strikte zeitliche Grenzen eingehalten werden mußten. Interessant ist aber die Stellung der Prüfer (2 Fachlehrer, 1 Direktor). Sie beobachteten die ganze Zeit den Vorgang vor dem Museum. Infolge der Dezentralisierung des Geschehens konnten sie also nur einen Teil wahrnehmen. Das erforderte auch von ihnen ein Umdenken, da sie an die Beobachtung der räumlich und pädagogisch geschlossenen Situation Klassenzimmer gewöhnt sind. Außerdem hatte im Spielablauf ein Kollege des geprüften Kunsterziehers bestimmte Funktionen (z. B. den Ablauf durch Foto und Film zu dokumentieren). Es war also in die Prüfungssituation ein Ansatz in Richtung kollektiven Unterrichtens eingebaut. Die Lehrprobe wurde mit insgesamt 'gut' bewertet, wobei Bedenken oder Einwände sich nur auf das pädagogische Verhalten des Referendars, nicht aber gegen Inhalt und Konzept der Stunde richteten.

2   Aktion Maxvorstadt München

Die Aktion Maxvorstadt (= AM) ist das Beispiel einer Bürgerinitiative, die sich im eigenen Gebiet mit Stadtteilarbeit beschäftigt. Der folgende kurze Bericht über Entstehung und Struktur der Aktion Maxvorstadt ist von einem Mitglied zusammengestellt und versucht vor allem, die konkreten Handlungsschritte und Praxisansätze zu zeigen (über die Selbstorganisationsform der Aktion Maxvorstadt vergleiche auch die Zitate im Kapitel ›Projekt und Aktion‹, Seite 32).

Das Gebiet
Das Gebiet ist nicht streng abgegrenzt. Es gibt eigentlich drei Stadtbereiche, die sich ›Maxvorstadt‹ nennen. Die AM bezieht sich normalerweise auf das 'Innenstadtrandgebiet' zwischen Gabelsberger-/Königinnen-/Gedon-/Kaulbach-/Ohm-/Georgen-/Barerstraße. Das deckt sich ungefähr mit dem 5. Stadtbezirk.

Dieses Areal schließt die Hauptgebäude der Universität, die Staatsbibliothek, Teile der Technischen Hochschule, die Akademie, viele Banken und Versicherungen, das Münchner Buchgewerbehaus (›Bild‹) ein. Optisch ist die alte Bausubstanz wahrnehmbar durch die verschiedenen Stilrichtungen der Gründerzeit. In den vielen Rückgebäuden wohnen immer noch zahlreiche alteingesessene Bürger und dazu Studenten in der Marxvorstadt. Neben den Geschäften des täglichen Bedarfs gibt es die verschiedensten Spezialläden wie Posamentenmacher, Schriftenmaler, Geigenbauer, Reformkost etc. und alle erdenklichen Handwerker wie z. B. auch Schlüsselmacher, Wagenbauer, Jaguarwerkstätte, Vergolder, Buchbinder; das alles mischt sich mit zahlreichen Antiquitätengeschäften, Antiquariaten, Buchläden, Boutiquen, Schreibwarenläden, Mal- und Zeichenbedarf. Es gibt jede Menge preiswerter Gaststätten und Stehkneipen und Imbißstuben. Derzeit siedeln sich vor allem Bankfilialen und teure Restaurants neu an.

Wochentags ist oft alles in doppelter Reihe vollgeparkt, sonntags ziemlich leer und eingeschlafen. Die Familien wohnen teils schon seit Generationen hier, die Kinder mit ihren eigenen Familien oft nur ein paar Häuser weiter. Es wird viel und gern zum Fenster hinausgesehen, man trifft sich oft zufällig auf der Straße, man kennt sich und seine Gewohnheiten. Es gibt Kontaktpersonen, bei denen man das Neueste erfahren oder in Umlauf setzen kann. Das Straßenbild beherrschen vormittags und am frühen Nachmittag viele alte Leute, dazu kommen, vor allem mittags, die Schüler- und Studentenströme.

Interessen und Perspektiven der Aktion Marxvorstadt (AM)
In erster Linie sind es Wohn- und Mietprobleme, daneben Folgeerscheinungen wie Kommunalisierung des Bodenrechts, Ausschluß des Durchgangsverkehrs aus den Wohngebieten usw.

Zusammenarbeit mit anderen Bürgerinitiativen gibt es nur dann (z. B. Sternmarsch der Münchner Mieter), wenn es um allgemeine Probleme geht wie die ständige Gesprächsrunde der Münchner Bürgerinitiativen mit dem Bürgermeister. Die AM befaßt sich auch, aber nur oberflächlich, mit grundsätzlichen, gesetzlichen Veränderungen wie z. B. die Erhöhung der Mindestquadratmeterzahl für Gastarbeiter, usw. Beliebt, aber selten sind Vorschläge zu kommunikativen Anlässen, wie z. B. ein Antrag bei der Bürgerversammlung im Herbst 72 (der dann unter den Tisch fiel), im Hof der Türkenschule jede Woche einmal einen allgemeinen Tauschmarkt zu organisieren.

Interesse an traversalen Durchgängen über verschiedene Höfe z. B. war bisher trotz der entsprechenden Zusammenstellung und Empfehlung des ›Münchner Forums‹ nicht zu wecken, jedenfalls nicht weiter als bis zur höflichen Zustimmung. Öffnung von Schulhöfen z. B. widerspricht bei den Mitgliedern der AM teils schon wieder dem Ordnungsgefühl und den eingefahrenen Vorstellungen. Interessant für die Zusammenkünfte und Aktivitäten der AM sind Sachen grundsätzlich nur, wenn sie an konkreten Objekten festzumachen sind und relativ spektakulären Erfolg versprechen. Die Abhängigkeit von kurzfristigen Erfolgserlebnissen ist sehr groß. Für Spielplatzprobleme z. B. ist kaum Interesse zu wecken, obwohl selbstverständlich, als die Stadt im Sommer 1972 Gelder dafür auswies, auch für die Maxvorstadt welche verlangt wurden, bzw. einem Mitglied diese Aktivität zugestanden wurde.

Treffen der Aktion Maxvorstadt (= Plenum)
Man trifft sich jeden Mittwoch von 20 bis 22 Uhr im Pfarrsaal von St. Ludwig, einer katholischen Kirche im Zentrum der Maxvorstadt, deren Einzugsgebiet allerdings weit größer ist. Manchmal ergibt sich dort etwas Wichtigeres (z. B. Weihnachtsbasteln für den Altenkreis), dann trifft man

sich im kleineren ›Gartenzimmer‹. Manchmal ist schon um 21 Uhr Ende, bei Grundsatzdebatten dauert es manchmal bis Mitternacht. Außerdem gibt es so oft wie nötig private Nebenbesprechungen, die aber nicht Arbeitskreis genannt werden; ein paar engagierte Delegierte arbeiten dabei eine Aktion im Detail aus.

Personenkreis
besteht aus Leuten, die in der Maxvorstadt wohnen, und Interessierten aus anderen Stadtteilen, die Hälfte ungefähr ist über 30 Jahre. Männer und Frauen sind fast gleich stark vertreten. Frau W., die Fürsorgerin der Pfarrei, wurde vom Stadtpfarrer abgeordnet, um die Gastgeberrolle der Pfarrei zu veranschaulichen. Kaplan Ralf Dantscher, Hauptinitiator und Identifikationsfigur der AM, ist nicht immer anwesend – wenn doch, oft erst später. Handwerker, Sekretärinnen, Hausfrauen, Bilderbuchmacher, Professoren, Postbeamte, Journalisten, Lehrer, Stadtplaner, Juristen und vor allem Studenten sind die Hauptbeteiligten der AM.

Besucher
Vor der Stadtratswahl im Frühjahr 1972 waren von allen Parteien viele Kandidaten da, nachher einige wenige, die teils von selbst kamen, teils zur Informierung hergebeten waren, weiter Studenten beider Sozialfachhochschulen, die hier ihr Praktikum ableisten wollen, daneben auch Schüler aus Interesse oder weil sie eine Facharbeit oder ein Referat machen wollen. Immer ist mal wieder jemand von einer Zeitung (Stern, Zeit, Spiegel), vom Fernsehen und Rundfunk da. Eingeladen werden Architekten, die in der Maxvorstadt bauen oder wohnen, die Bewohner eines ganzen Hauses, wo es Probleme gibt. Grundsätzlich sind alle Anwesenden stimmberechtigt, und kaum einer der Besucher kann sich dem Sog der 'konstruktiven' Meinungsäußerung entziehen. 30–50 Personen sind in der Regel anwesend.

Tagesordnung und Verlauf der Treffen
Ein Gesprächsleiter ergibt sich mehr oder weniger schnell durch Zurufe. Meistens ist es ein Mann, wenn eine Frau, dann eine ältere bestimmte Dame, die auch das Archiv der AM organisiert und Abwechslung auf diesem Gebiete recht gut findet. Dieser Gesprächsleiter sammelt die per Zuruf erfolgenden Punkte der Tagesordnung. Meistens, außer es muß z. B. jemand eher gehen, werden sie dann auch in dieser Reihenfolge besprochen.
Die Tagesordnung beruht also einzig und allein auf dem Interesse der Anwesenden. Dazu gehören auch Leute, die nur einmal anwesend sind und mit Enthusiasmus irgendwelche epochale Erfindungen anpreisen, z. B. ein unfehlbares Mittel zum Verschwinden falsch parkender Autos, oder ein besonders krasses Mieterschicksal beschreiben.
Auch die von mehr oder weniger zufällig anwesenden Studenten aufgeworfenen Grundsatzfragen und Probleme des Selbstverständnisses werden behandelt, wenn sie auf der Tagesordnung stehen.
Gegen 22 Uhr löst sich der Kreis auf, das Gros geht aber erst, wenn alles besprochen ist. Der Abschied ist recht herzlich; anschließend geht der Kern noch in eine bestimmte Wirtschaft, wo zwar die Getränke schlecht gepflegt, der Service gut bayrisch, das Publikum sehr speziell ist, aber wo der Wirt (76jähriger Witwer) wegen der Universität um seine Existenz bangen muß.

Denkpausen in Dirnaich
Ein engagiertes Mitglied besitzt in Niederbayern einen sehr großen, gut eingerichteten Bauernhof. Das allgemeine Bedürfnis, nicht bloß immer unter großem Zeitdruck Einzelfälle zu diskutieren, sondern zu versuchen, Probleme wie 'Kommunismus' in bezug auf die Bürgerinitiative zu klären und vor allem Langzeitarbeitsstrategien zu entwerfen, führten zu bisher zwei Wochenendgesprächen. Eine große Rolle spielte dabei auch – unausgesprochen – das Bedürfnis, einmal

zwanglos zu sprechen und auch persönliche Informationen auszutauschen (was sonst sorgfältig vermieden wird).
Von beiden Treffen gibt es Protokolle.

Kurze Chronik der Anfänge
Im November 1970 stellte Prof. Suerbaum, im Viertel wohnender Pfarrgemeinderat von St. Ludwig, die Stadtteilprobleme der Maxvorstadt zusammen. Ausgelöst war dieser Bericht durch den Selbstmord einer alten Frau, der die Universität gekündigt hatte. Der Bericht war sehr engagiert abgefaßt und mit einem Begleitbrief eines Kaplans von St. Ludwig verschickt. Von den Pfarrbriefträgerinnen weigerten sich einige, so etwas auszutragen. Formuliert war der Inhalt sehr sorgfältig: Wir opfern ja alle ganz schön viel, z. B. für Misereor etc. Aber das ist oft nur ein Alibi. Genau: Alibi heißt nämlich: anderswo. Anderswo geben wir gerne, aber jetzt geht es um hier, usw.

Im November 1970 wurde für die Jugendlichen innerhalb der Pfarrei St. Ludwig nach einer sinnvollen Freizeitbeschäftigung gesucht. Man kam darauf, sie mit den sozioökonomischen Stadtviertelproblemen zu befassen.

Im Januar 1972 schrieben drei Studenten einen offenen Brief an die verschiedenen Stadtratsfraktionen mit folgenden Forderungen:
1 Kerngebiet in Wohngebiet rückverwandeln
2 Charakter des Wohngebietes erhalten
3 Den Abbruch intakter Wohnungen verbieten
4 Ausweitung der Universität stoppen zugunsten eines neuen Unizentrums
5 Sofort eine Veränderungssperre

Der Stil war recht schwülstig: »braune Leichentücher der Abbruchfirmen«, »Viertel ächzt im Würgegriff der Banken und Versicherungen«, »öde Baukomplexe entmenschter Großverwaltungen«.

Im Februar 1971 gab es eine Zusammenfassung der bisherigen Aktivitäten: Einige Begriffsdefinitionen, kurzer Abriß der Bevölkerungs- und Stadtentwicklung in den letzten Jahren, kurzes Programm der ›Aktion Maxvorstadt‹.

Die Jugendlichen entwarfen zusammen mit engagierten Pfarrmitgliedern einen Fragebogen und trugen ihn im Viertel aus. Er wurde größtenteils von älteren Menschen ausgefüllt und hatte eine über Erwarten hohe Rücklaufquote. Es fanden Informationsveranstaltungen statt, z. B. unter Anwesenheit eines Herrn vom Stadtentwicklungsreferat.

Für den März 1971 war ein Informationssonntag geplant, wo von allen Pfarrern in allen Gottesdiensten Fragen der Stadtentwicklung behandelt werden sollten. Die Arbeit und das Engagement waren also noch immer außerordentlich stark auf die Möglichkeiten der Pfarrei fixiert.

Im Sommer 1971 wurden Kontakte zum Bezirksausschuß hergestellt, gemeinsame Sitzungen verschiedener Bezirksausschüsse fanden statt. Das ›Münchner Forum‹, eine von der Stadt München eingesetzte Institution zur Klärung von Stadtentwicklungsfragen zusammen mit den Bürgern, stellte den Antrag auf »Erlaß einer Veränderungssperre für alle im Innenstadtbereich ausgewiesenen Kerngebiete«. Das betraf auch die Maxvorstadt.

Ausstellungen
wurden bis jetzt zwei organisiert, jeweils im Pfarrsaal von St. Ludwig. Sie zeigten anhand von Fotos und Schautafeln den ursprünglichen baulichen Bestand der Maxvorstadt und seine Schönheit, z. B. das ›Pfefferlehaus‹ und sein Rokoko-Deckengemälde und dagegen die Ausweitung des Banken- und Universitäts-Raumbedarfs.

Sie wurden gut besucht, vor allem Kommunalpolitiker ließen sich gerne darin sehen. Die zweite Ausstellung hatte innerhalb einer Woche 5000 Besucher, inklusive Oberbürgermeister Vogel mit Stab. Die gute Presse garantierte ein Erfolgserlebnis der AM.

Dazu kam eine spektakuläre Unterschriftensammlung auf dem 'Boulevard' Leopold, die 15 000 Eintragungen erbrachte und dem Oberbürgermeister Vogel eigenhändig übergeben wurde.

Bürgerversammlung
Laut Bayrischer Gemeindeordnung soll es in jedem Stadtbezirk pro Jahr eine Bürgerversammlung unter Anwesenheit des Oberbürgermeisters geben. In der Maxvorstadt (= 5. Stadtbezirk) gab es seit 1967 keine, obwohl sie seit 1970 ständig gefordert wurde, allerdings von der Bürgerinitiative und nicht vom Bezirksausschuß. Sie war zwar nicht versagt worden, aber immer wieder mit 'glaubwürdigen' organisatorischen Gründen verschoben worden: OB Vogel sei in Mexiko, es seien bald Stadtratswahlen, jetzt sei Olympia usw.
 Am 23. 2. 1972 stellten einige Mitglieder der AM deshalb an den Bayrischen Landtag den Antrag, daß die Bayerische Gemeindeordnung im Punkt Bürgerversammlung dahingehend geändert werden solle, daß sie auch einberufen werden müsse, wenn die Bürger sie forderten: »Eine Bürgerversammlung muß einberufen werden, wenn eine (vom Landtag zu bestimmende) Anzahl von Bürgern dies schriftlich beim Bezirksausschuß oder beim Bürgermeister beantragt.«
 Darauf erhielt die AM eine als ›lieblos‹ eingestufte Postkarte mit Vordruck, daß über den Antrag wegen geringfügigem Interesse nicht verhandelt werden könne.
 Am 22. 2. 72 hatte ein Mitglied der AM in eigener Initiative eine Beschwerde an die Rechtsaufsicht (Regierung von Oberbayern) gerichtet, weil so lange keine Bürgerversammlung stattgefunden habe. Sie enthielt die Aufforderung, das Verhalten des OB Vogel zu überprüfen.
 Am 24. 6. 72 schickten einige Mitglieder direkt an Ministerpräsident Goppel eine Aufsichtsbeschwerde gegen das Innenministerium, weil der Brief vom 22. 2. 72 noch immer nicht beantwortet war. Darin sind verschiedene Telefongespräche zitiert, die alle hinhaltend verlaufen waren. Außerdem wurde erläutert, weshalb nach Meinung der AM das Innenministerium nicht warten müßte, bis das Parlament darüber verhandelt habe, zumindest hätten Zwischenbescheide gegeben werden müssen, 'Verschleppung' etc. wurde angekreidet.
 Dazu erging dann am 7. 8. 72 Antwort. Inhalt weiter nichts, als daß es notwendig war, die Entscheidung des Parlaments abzuwarten, und wieso da ein kausales Junktim vorhanden sei.
 Am 4. 8. 72 kam die Antwort der Regierung von Oberbayern, unterzeichnet vom Regierungspräsidenten, worin mitgeteilt wurde, daß die Landeshauptstadt München aufgefordert worden sei, baldmöglichst eine Bürgerversammlung für den 5. Stadtbezirk einzuberufen, und daß OB Kronawitter mündlich versichert habe, daß er sich das sowieso angelegen sein lassen werde. Die Münchner Presse feierte diesen Ausgang als großen Erfolg der Bürgerinitiativen.
 Die Bürgerversammlung wurde auf den 18. 10. 72 in der Gaststätte Max Emmanuel angesetzt. Sowohl die Jusos als auch die AM plakatierten. Die Veranstaltung war hoffnungslos überfüllt und wurde nach ½ Stunde auf Antrag eines CSU-Stadtrats vertagt. Nach einigem Zögern formierte die AM eine Gesprächsrunde mit den verbliebenen Politikern, zumeist von der SPD.
 Am 30. 10. 72 fand die vertagte Bürgerversammlung im Schwabinger Bräu, außerhalb der Maxvorstadt, statt. Es kamen über 1000 Bürger, außerdem ziemlich viele Mitglieder der Stadtverwaltung, die aber größtenteils nicht das Wort ergriffen. (»Wir sind nicht da, um uns Zeugs erklären zu lassen, das nachher doch wieder nicht stimmt.«) Lehrlinge funktionierten die Veranstaltung teilweise um, als sie forderten, ihnen ein städtisches Abbruchgebäude für ein Wohnkollektiv zuzuweisen. Alle Anträge der AM wurden, soweit verlesen, angenommen, was allerdings nichts weiter bedeutet als eine taktische Position und eine atmosphärische Perspektive. Auch extreme Anträge, z. B. Aussperrung des Durchgangsverkehrs mit mechanischen Mitteln, Erhöhung der Mindestquadratmeterzahl für Gastarbeiter usw., erhielten starken Beifall. Als die Versammlung um 1 Uhr nachts schloß, waren noch nicht alle Anträge durch, die zumeist allen Anwesenden schriftlich vorlagen. OB Kronawitter versprach, daß sie trotzdem genauso im Stadtrat verhandelt würden. Ungeklärt blieb auch der Abstimmungsmodus: ob alle Anwesenden abstimmen oder nur die im 5. Stadtbezirk Ansässigen. – Es ging dann nach 'Treu und Glauben'.

Flugblätter
gibt es grundsätzlich zu jeder Aktion bzw. zu jedem wichtigen Ereignis, z. B. wenn ein Universitätsjubiläum zeitlich fast zusammenfällt mit einem Selbstmordversuch in einem Fall, wo die Universität die Erwerbsquelle einer Familie völlig sinnlos kündigte und das Geschäft kurz darauf wieder vermietete.
    Solche Flugblätter macht immer der, der bei diesem Anlaß das meiste Engagement entwickelt. Zwei Flugblätter wurden bisher nicht nur verteilt, sondern an alle Hauswände, Eingangstüren, Geschäfte, Transformatoren etc. geklebt: der Aufruf, Zweckentfremdungen an die entsprechende städtische Stelle zu melden, und der Aufruf, zur Bürgerversammlung zu gehen. Sie finden bei der Bevölkerung großes Interesse und hängen relativ lang.

Zeitung
Es bestand der große Wunsch nach einer Zeitung, die der Artikulation nach außen dienen sollte und vor allem eine außerordentlich nützliche Kontaktmöglichkeit mit der Bevölkerung bildet. Bisher wurden vier Nummern herausgebracht. Über den Titel wurde lange diskutiert, über ›Maxvorstädter Bote‹ kam es schließlich zu ›Maxvorstadt aktuell‹. Das eigentliche Machen der Zeitung vollzog sich in einem Arbeitskreis. Die Texte wurden gemeinsam geschrieben und redigiert.

Bürgerfest
Die vielen Provokationen gegenüber der Stadtverwaltung, die entsprechenden Lobesworte der Presse und vor allem des Fernsehens, die direkten Angriffe auf Hausbesitzer, die man ja teilweise persönlich kennt, hatten eine Art Schuldbewußtsein der AM bewirkt, und deshalb wollte man endlich gemeinsam eine Art positiver Selbstdarstellung machen. Die Idee dazu war beim Wochenendgespräch in Dirnaich geboren worden. Die Ausführung dauerte wochenlang und führte zu erheblichen Differenzen innerhalb des Plenums. Die zahlreichen einzuholenden Genehmigungen machten sehr viel Arbeit und taktische Schwierigkeiten; ließen sich aber machen.
    Die Festgestaltung war ausschließlich ausgerichtet auf 'Fest, Freude...'. Man wollte massiv nach außen demonstrieren, daß man nicht nur ein Krakeeler und Demonstrant ist, sondern auch nett und umgänglich. Als offizielle Programmpunkte zugelassen waren schließlich nur bayrische und volkstümliche Sachen. Die türkischen Gastarbeiter, die wenige Häuser daneben wohnen, wurden ausdrücklich ausgeklammert, weil sie das Festbild stören könnten. Nicht als Gastarbeiter, sondern weil sie hier meist das Symbol für baldigen Hausabbruch sind. Ein einzelnes Mitglied der AM lud sie trotzdem am Morgen des Festes demonstrativ und einzeln ein. Aktiv nahmen zumeist nur Kinder teil, die erwachsenen Ausländer eigentlich nur als Zaungäste. Tanzaufforderungen von AM-Mitgliedern nahmen sie verlegen, aber sehr stolz an. Auch nachträglich führte dieses Problem noch zu Konflikten.
    Ein großes Diskussionsproblem war auch, ob die Zeitung Nr. 3 dort verkauft werden sollte. Sie enthielt die Ergebnisse einer Umfrage an alle Münchner Stadtratskandidaten und die entsprechenden Wahlempfehlungen der AM für die Kommunalwahlen und war schon zeitlich überfällig. Die besonders am Fest Engagierten leisteten erbitterten Widerstand, weil es die Festfreude stören könnte: die Leute sollten an nichts aus dem trüben Alltag erinnert werden, vor allem nicht an die Mieterprobleme, mit denen sie normalerweise den Begriff ›AM‹ verknüpfen. Da immer alle Anwesenden stimmberechtigt sind, wurden diese Leute so oft von allem von zufällig anwesenden Studenten überstimmt, bis auch einige Leute aus dem Kern überzeugt waren, so daß sie dann sogar selbst die Zeitung auf dem Fest verkauften, und zwar die Hälfte der Auflage.
    Als Datum war der Fronleichnamstag (Feiertag) gewählt worden, weil an einem Tag mitten in der Woche die Leute kaum wegfahren und weil es an diesem Festtag, wo in München eine große Prozession mit allen Honoratioren stattfindet, angeblich seit Menschengedenken nicht geregnet hatte. In diesem Jahr jedoch gab es an diesem Tag gleich mehrere Platzregen, die

23 Bürgerfest in der Maxvorstadt

allerdings nach allgemeiner Überzeugung das Fest recht gut durchstrukturierten, z. B. zu spontanen Einladungen in die Privatwohnungen führten usw. Nur etwas kühl war es.

Das Publikum war gemischt: alteingesessene Bürger, die sich ihren Maßkrug selber mitbrachten, und gegen Abend immer mehr junge Leute, die sich in den schicken Lokalen der Türkenstraße amüsieren wollten.

Eine Münchner Großbrauerei bestritt mit Münchner Schmankerln das Essen und Trinken. Noch Monate danach stritt man sich um die Bezahlung der über 100 gestohlenen Bierkrüge. Große Publikumserfolge waren bei den Kindern, Jugendlichen und Gastarbeitern die pädagogisch allerdings in ihrem Wert umstrittene ZDF-Torwand und ein höchst erfolgreicher Trödelmarkt, der einigen Gewinn abwarf; außerdem gab es bitterböse ›Gstanzln‹ mit ihrer typischen Melodie mit Mieterproblemen zur Leierorgel.

Die Resonanz in der Presse war zwar nicht umfangreich (am gleichen Tag wurden Mitglieder der Baader/Meinhoff-Bande gefangen), aber außerordentlich freundlich, z. B. in der SZ, AZ, TZ, Zeit und mehrfach, auch später noch, im Fernsehen.

Universität
Die Universität München hat in der Nähe ihrer Hauptgebäude zahlreiche Wohnungen für Institutszwecke gemietet und einige Häuser angekauft.

Zwischen den verschiedensten Stellen der Universität (z. B. Rektorat) und der AM fanden zahlreiche Gespräche statt, die vor allem bewiesen, daß es zwischen dem Freistaat Bayern, dem Kultusministerium, der Universität, der Baubehörde, der Stadt München usw. in bezug auf Planungsfragen erheblich an Kooperation mangelt. Insgesamt sind siebzig(!) Stellen mit den geplanten Neubauten befaßt. Vor allem herrscht völlige Uneinigkeit darüber, ob sich die Universität überhaupt noch ausbreiten soll – wenn ja, ob hier in der Maxvorstadt oder besser am Stadtrand oder in einer kleineren Stadt. Neue Probleme wirft die von oben verordnete Gesamtuniversität auf. Die Einmietungen hat die Uni inzwischen gestoppt.

Der zusammenhängende Haus- und Grundbesitz an der Amalien-/Schellingstraße (7 Häuser) sollte ursprünglich einem Erweiterungskomplex für neue Institute weichen, von dem Teile bereits stehen. Die Wohnungen sind teilweise seit Jahren geräumt. Die letzten Auszüge im Zusammenhang mit diesen Kündigungen erfolgten im November 1972. Seit September 1972 werden die Wohnungen neu belegt: mit Studenten und mit Gastarbeitern, vorerst für 3 Jahre. Alle Läden sind neu vergeben und renoviert. Die Kündigungen für die noch verbliebenen Altmieter werden aufrechterhalten(!) bzw. werden automatisch monatlich erneuert. Außerdem beantragte die Universität für Häuser, deren Besitzer sich beharrlich weigern, zu verkaufen, und deren Mieter deshalb noch nicht hinauszusetzen sind, vorsorglich bereits Abbruchgenehmigungen. Einige dieser Mieter wurden durch Hausbesuche von Beamten dazu veranlaßt, auszuziehen! Die AM setzt sich dafür ein, die Universität zu verlegen, jedenfalls was die Erweiterungen betrifft.

Versicherung
Fast das gesamte Gebiet der Maxvorstadt ist als Kerngebiet ausgewiesen, d. h., es soll nach dem Willen der Behörden in Zukunft vorrangig für Büros usw. genutzt werden. Die Wohnfunktion ist damit behördlich nicht gewünscht, sondern nur noch geduldet. Die AM versucht über entsprechende Stadtratsbeschlüsse dies rückgängig zu machen. Nur ein Fleckchen ist derzeit als reguläres Wohngebiet ausgewiesen, d. h., dort sind Wohnfunktionen ausdrücklich geschützt. Genau in diesem Gebiet besitzt eine Versicherung einige Häuser, zumeist originaler Jugendstil.

Wegen ihrer Altbaumieten bringen diese Häuser eine minimale Rendite, vor allem im Vergleich zur möglichen Nutzung als Geschäftsräume. 'Heimlich' wurde ein Großteil der Mieter unter großzügigen Bedingungen zum Umzug veranlaßt. In den betroffenen Gebäuden soll eine Rechenanlage für ganz Bayern installiert werden, weil angeblich die Angestellten dieser Versicherung einen Arbeitsplatz außerhalb der näheren Innenstadt ablehnen würden. Den Angestellten wurde gegenüber der AM Sprechverbot auferlegt.

Es gibt in dieser Sache einen regen Briefwechsel, der in einer Spende der Versicherung an den Pfarrkindergarten in Höhe von 10 000 DM gipfelt. Daß danach die Briefe der AM den Ton nicht änderten, rief auf der anderen Seite ziemliche Entrüstung hervor, die sich sogar schriftlich äußerte. Es bot sich ein Mittelsmann an, CSU-Stadtrat und Rechtsanwalt, der beiderseits akzeptiert wurde. Seitdem ruht die Angelegenheit. Von seiten der AM allerdings nur deshalb, weil sich im Augenblick die bisher damit Befaßten in Prüfungen oder sonstigen Arbeitszwängen befinden und niemand da ist, der sich in die umfangreichen Akten einarbeiten möchte. Erwähnt und angemahnt wird das Problem ständig.

Gelände am Oskar-von-Miller-Ring
Das Gelände ist über 10 000 qm groß und hat eine zentrale Lage am Rande der Innenstadt, direkt am Altstadtring. Kleine Randteile gehören noch dem Erzbistum München-Freising und anderen Institutionen, werden aber gerade übernommen.

24 Bemalte Hausruinen

Über die Münchner Presse erfuhr die AM im Frühjahr 1972 vom geplanten Verkauf dieses Geländes an eine Bank. Über Telefon und durch zahlreiche Briefe wurde Einspruch erhoben bei allen irgendwie betroffenen Stellen und Personen. Außerdem reichte die AM beim Stadtentwicklungsreferat ein 10 Seiten langes Papier ein, in dem zahlreiche Nutzungsvorschläge von verschiedenen Seiten präsentiert wurden. Hauptargument gegen den Verkauf ausgerechnet an eine Bank war die Tatsache, daß das kommunale Bodenrecht gerade in Änderung begriffen ist und daß die Stadt ein citynahes Gelände dieser Größenordnung unter keinen Umständen gegen Geld veräußern darf. Alt-OB Vogel und OB-Kandidat Kronawitter versprachen Hilfe.

Bei der Bürgerversammlung wurde das Problem aus Zeitgründen nicht behandelt, es lag aber allen der Antrag schriftlich vor. OB Kronawitter versprach, daß der Antrag trotzdem »genauso wie die anderen« im Stadtrat behandelt würde.

Der Stadtplanungsausschuß, dem paritätisch alle Stadtratsfraktionen über ihre Experten angehören, befürwortete ein Ruhenlassen des Problems und riet ab von einem sofortigen Verkauf zugunsten eines Kulturprojekts am Gasteig. Vor der Entscheidung des Stadtrats wurde allen Stadträten von der AM ein schwarz umrandeter Trauerbrief geschickt, mit der Drohung, bei Verkauf an Ort und Stelle die Idee des Kommunalen Bodenrechts spektakulär zu beerdigen. Der Stadtrat entschied sich ebenfalls gegen den Verkauf.

Totale Uneinigkeit herrscht innerhalb der AM über die bestmögliche kommunale Nutzung. Die allermeisten Mitglieder sind für eine Verwendung im Rahmen des sozialen Wohnungsbaus, wenige für eine multifunktionale Nutzung speziell in Richtung Bildungs- und Freizeitangebot.

Architekturbüro v. G.
Dieses Büro entwarf für die Hausverwaltung Dr. B. ein Wohnprojekt mit Innenhöfen zwischen Amalien- und Türkenstraße mit zwei Ausgängen zur Adalbertstraße. Die Höfe sind ineinander verschachtelt, enthalten Läden, Restaurants usw. Betroffen sind davon drei Häuser in der Amalienstraße und ein Haus in der Türkenstraße. Im Haus in der Türkenstraße wohnen jetzt nur noch Gastarbeiter, und zwar unter erbärmlichen Umständen, in der Amalienstraße nur noch fünf Mietparteien, die nicht aufgeben wollen (wegen Arbeitsplatz, studierenden Kindern, alten Erinnerungen). Vor der Stadtratswahl im Frühjahr 1972 kam OB-Kandidat Kronawitter mit Anhang und Stadträten und besichtigte alles. Die Mieter hatten die Wohnungen auf Hochglanz gebracht.

Mit Hilfe der SPD-Stadträtin Sch. stellten die Mieter selbst plakatgroße Tafeln mit Zahlen und aggressiven Fragen vor dem Haus auf. Nach einigen Tagen fielen sie nicht mehr um und wurden nicht mehr abgerissen. Die Mieter waren unheimlich stolz.

Die Hausverwaltung strengte einen Prozeß an gegen den früheren Hausmeister, der erzählt hatte, er sei beauftragt worden, das Haus ein bißchen verkommen zu lassen. Er endete mit einem Vergleich. Nachts werden in leeren Wohnungen Türstöcke herausgerissen, durch das Dach tropft es plötzlich, Haustür- und Kellerschlösser verschwinden, Wasser wird abgesperrt etc.

Die Firma hat Angst vor der AM und greift jeden Vorschlag sofort auf. Eine Nebenbeibemerkung, daß bei 200 Wohnungen eigentlich ein Kindergarten fällig sei, führte sofort zur Einplanung eines Kinderzentrums innerhalb eines der geplanten Penthäuser und wird seitdem immer unter »Mitarbeit der AM« verkauft.

Deshalb und trotzdem liegt die AM eigentlich ständig mit sich im Streit, ob sie bei einem Arbeitskreis mitmachen soll, in dem die Modalitäten zwischen den verbliebenen fünf Mietparteien und der Firma ausgehandelt werden. Grundsätzlich ist vereinbart (ein Vorschlag der Firma), daß die fünf alten Parteien in das neue Gebäude wieder einziehen dürfen, und zwar in eine der wenigen Dreizimmerwohnungen, die Miete soll dabei nicht höher sein als bisher. Das ist das Angebot der Firma. Die Mieter dagegen, soweit sie sich nicht einfach total gegen alles sperren, verlangen, daß auch ihre Kinder und Enkel zu diesen günstigen Bedingungen wohnen bleiben können. Die Firma bietet eine Garantie in Form einer Grundschuldeintragung, was den Mietern suspekt ist.

Die Problematik für die Maxvorstadt besteht darin, daß sie durch eine Mitarbeit an einem solchen Projekt diese Art Geschäft sanktioniert, andererseits könnte damit ein Präzedenzfall von Mieterhilfe geschaffen werden.

Eine Einladung zum regulären Mittwochs-Plenum nahm das Architekturbüro sofort an und erschien bestens bestückt mit Mitarbeitern und Anschauungsmaterial, das einige Stunden zuvor einem Architekten der AM bereits bereitwillig erläutert worden war. Mit den Mietern kam es dabei zu bösen Szenen, vor allem, als das Wort »Hinterhausatmosphäre« fiel (worauf die Mieter Farbfotos von der für eine Erstkommunion geschmückten Festtafel zeigten).

Hausbesitzer R.
Herr R. kaufte innerhalb eines Jahres mehr als fünf Miethäuser in München, in der Maxvorstadt ein Wohngebäude mit zwei Rückgebäuden in der Amalienstraße, und zwar von Frau T. Er ist doctor juris, dem allerdings wegen eines Meineidverfahrens die Berufserlaubnis entzogen wurde.

In der Amalienstraße legte er den Bewohnern einen neuen Mietvertrag vor, mit der falschen Behauptung, der alte gelte nicht mehr. Darin war eine wesentlich kürzere Kündigungsfrist vereinbart (1–3 Monate), Verzicht auf Keller und Speicher, totale »Instandsetzung der Wohnung«

bei Auszug unter Zurücklassung von Vorhängen, Blumen etc. (Bewohnungscharakter), und einiges mehr. Das Lesen des Vertrags versuchte er zu verhindern (»Sie haben wohl gar kein Vertrauen zu mir?« bzw. »Änderungen können wir immer noch vornehmen«, »dieses und jenes gilt natürlich für Sie nicht«). In einem Fall, wo er die Mieter zweimal nicht antraf, schickte er eine Rechnung über 70,- DM für die vergeblichen Besuche. Bei den Läden verlangte er die zehnfache Miete.

Speicher- und Kellerabteile ließ er einreißen. Die Holzteile liegen noch heute im Hof. Die Tonnenzahl verringerte er, so daß der Abfall überquillt und sich Ratten eingenistet haben. Freiwerdende Wohnungen werden mit Südamerikanern belegt.

Wegen der Speicher- und Kellerabteile (vorgesehen für eine Bar bzw. Penthäuser) gab es einige Prozesse. Die vom Mieterverein vertretenen Parteien verloren. Die AM focht mit Erfolg die kriminellen Mietverträge an, die damit nichtig sind, was Herrn R. nicht daran hindert, sie in seinen jüngst erworbenen Häusern wieder zu verwenden.

Verkehr

Der Verkehr in der Maxvorstadt ist erheblich, vor allem auch durch die ständig zunehmenden Parkbedürfnisse der Studenten. Geparkt wird oft auf den Gehsteigen, was die Fußgänger einengt und ärgert. An dementsprechenden Leserbriefen fehlt es daher bei der AM nicht. Oft stehen die Autos auch in zwei Reihen, was den fließenden Verkehr beengt.

In der Bürgerversammlung wurde der Antrag gestellt, unerlaubtes Parken auf den Gehsteigen mit Führerscheinentzug zu bestrafen.

Ein weiteres Ärgernis sind Luftverschmutzung und nächtliche Ruhestörung. Mitglieder der AM führen hier das Argument ins Feld, daß sie dadurch in ihrer Lebenserwartung beeinträchtigt werden. Man verlangte deshalb eine Bannmeile um die Marxvorstadt, so daß Autos praktisch nicht mehr hinein können. Zumindest aber sollte ab 22 Uhr keinerlei Autoverkehr mehr dort stattfinden, auch nicht von Anrainern. Familienväter und Gewerbetreibende protestierten heftig. Zur Realisierung wurden mechanische Maßnahmen vorgeschlagen: Betonpfähle, Stolperwellen wie in Südamerika, labyrinthartige Sackgassen- und Einbahnsysteme. Im Plenum stieß das alles auf großes Mißtrauen und wurde als 'sektiererisch' abgetan, aber im Kern gingen alle Forderungen in der Bürgerversammlung mit allseitigem Beifall durch.

Eine Fußgängerzone wird ab und zu diskutiert, aber die dafür prädestinierte Türkenstraße (wo auch das Fest stattgefunden hatte) wurde abgelehnt, weil so das Gebiet für den Kommerz noch attraktiver würde, wodurch auch die letzten angestammten Läden verdrängt würden. Davon ließ sich sogar die SPD-Sektion des Viertels überzeugen.

3 Spielen in der Stadt

Die Darstellung des Prozesses: *Spielen in der Stadt* hat verschiedene Ebenen und bezieht sich auf Einsichten, die die Beschäftigung mit dem Problem *Strukturieren und Organisieren von Lernsituationen* ergaben und hier nochmals kurz angeführt werden.
- Umwelt vermittelt entscheidende Lernerfahrungen, die Art der Umwelt bestimmt die Qualität dieser Lernerfahrungen. In der Stadt sind die natürlichen Umweltbereiche wie Straße, Hof, Grünanlage durch Gefahren und Verbote hauptsächlich Anlaß zu negativen Lernerfahrungen.
- Die für Kinder und Jugendliche vorgesehenen allgemein zugänglichen öffentlichen Umweltbereiche reichen nur für einen kleinen Teil der Betroffenen und sind zudem durch ihre Aus-

stattung und die Art ihrer Aktivitätsangebote nicht in der Lage, notwendige Umwelterfahrungen im Sinne wünschenswerter Lernsituationen zu vermitteln.
— Gerade Unterschichtkinder sind auf ihre Umgebung angewiesen und beziehen ihr Verhaltensrepertoire aus der Auseinandersetzung mit dieser Umwelt, da sie nur geringe Impulse aus dem Sozialisationsbereich Familie erhalten.
— Die Umwelt wird primär nach ökonomischen und verkehrstechnischen Gesichtspunkten strukturiert. Wohnungs- und Siedlungsbau, Altstadtsanierung usw. schränken durch Planungsrationalisierung systematisch den Spielraum der Kinder und Jugendlichen ein und geben damit den ausgewiesenen Freiraumbereichen Spielplatz, Freizeitheim, Fußgängerzone usw. die zentrale Bedeutung für alle Sozialisationsprozesse außerhalb der Schule und außerhalb der Familie.
— Fehlende pädagogische Strukturen und Alternativen in diesen Bereichen bewirken, daß reale Umwelterfahrungen vielfach so negativ sind, daß konkrete Verhaltensstörungen und psychische Defizite entstehen.

Tonbandgespräche mit Kindern, die während der Ferienbetreuung eines Spielplatzes in einem Wohnviertel mit großen sozialen Problemen und Spannungen gemacht wurden, zeigen die sozialen Strukturen auf dem Gelände selbst, wie sie von den Kindern wahrgenommen werden.

Gespräch 1
B: Was sagen denn die Leute, die da wohnen?
Adam: Manchmal schimpfens, wenn wir so laut machen. Wenn wir nicht laut machen, dann schimpfen sie uns nicht. Wenn wir ganz laut machen, kommt gleich der Hausmeister zu uns. Und wenn er uns fangt, dann geht er zu unsrer Mutter.
B: Was macht eure Mutter dann?
Adam: Dann schimpft sie uns.
Franz: Aber mi hats..., bis jetzt war er noch nicht bei uns, hats uns net gschimpft.
B: Ja, und noch was, was macht ihr sonst auf dem Spielplatz, wenn wir nicht da sind?
Franz: Dann? Da bin i net da.
B: Warum nicht?
Franz: Ja, weil i net hergehen mag.
B: Ja warum magst du da nicht hergehen?
Franz: (Pause) Hm...
Adam: Weil seine Mutter das verboten hat.
Franz: Na, na, net verboten, aber weil i net mag.
B: Das muß doch einen Grund haben?
Franz: Ja, weils daheim schöner ist, im Hof.
B: Aber heute bist ja da?
Franz: Ja, heut scho, ja, weil mir heute Spiele ham.
B: Warum sonst nicht?
Franz: Ja, weil die da nur immer so umananda tun.
B: Was tun die umananda?
Franz: Haun tuns uns.
B: Wieso haun die euch?
Franz: Ach ja, weil wir nicht rüber dürfen, hams immer gesagt zu uns.

Gespräch 2
B: Wenn die Großen dann wiederkommen?
Erwin: Dann, dann müssen wir immer rausgehen, dann machens alles wieder kaputt.

B:	Und ihr?
Anton:	Wir hauen ab.
Erwin:	Wir gehen dann weg, wir gehen dann auf den Hof. Da haben wir mal eine Eierschlacht gemacht.
B:	Woher habt ihr die Eier gehabt?
Anton:	Von zu Haus, das hat niemand gemerkt, und dann sind wir abgehaut.
Klausi:	Und dann haben wir noch Flaschen zerdonnert.
Urban:	Genau.
B:	Warum habt ihr die Flaschen zerhauen?
Klausi:	Weil es uns langweilig war.
B:	Ja, wenn es euch langweilig ist – ihr habt wohl nicht genug zu tun?
Anton u. Urban:	Ja, na, ja, wir dürfen machen, was wir wollen.
B:	Ist das gut, wenn man machen darf, was man will?
Alle:	Ja, ja, ja.
B:	Aber wenn's euch dann langweilig wird?
Anton:	Dann hauen wir halt was zusammen, dann machen wir was kaputt.
B:	Und was ist los, wenn ihr was zusammengehauen habt?
Anton:	Dann haun wir wieder ab, haha.
B:	Aber manchmal werden sie euch ja erwischen, was passiert dann?
Anton:	Was passiert denn dann? Mich hams noch nie erwuschen, das weiß man nicht.
Erwin:	Dich hättens beinah mal gehabt.
Anton:	Ich weiß schon, aber ich bin – tsch ...
B:	Jetzt ist noch folgendes: manche Leute sagen hier, so wilde Kinder, und deswegen kann man da die anderen Kinder nicht spielen lassen und so. Was sagt ihr dazu?
Erwin:	Ja, gut.
Anton:	Wir nehmen ihnen den Ball weg, das ist gut, und hauen dann ab.
Erwin:	Die sollen halt woanders hingehen.
B:	Das ist aber doch jetzt so, hier auf dem Spielplatz, da sind oft nur ganz wenig Kinder, da sollten doch eigentlich ganz viele Kinder spielen können? Wo sind denn die alle?
Erwin:	Die sind manchmal daheim ...
Anton:	... Weils Angst haben vor uns ...
Urban:	... sonst hauen wir ihnen den Hammer auf den Kopf.
Klausi:	Genau, der Spielplatz ist ...
Erwin:	Und manche sind im Krankenhaus, weil wirs totgeschlagen ham, hihi.
B:	Sauber, und euch schlagen sie auch einmal?
Klausi:	Ja.
Anton:	Ich lauf ja davon.
Erwin:	Ja, manchmal haben wir was abgekriegt.
B:	Wer schlägt euch denn?
Alle:	Ja, die Großen, die Großen.
Erwin:	Weil wir halt was anstellen, genau, aber unschuldig, weils nix zum tun ham.
Anton:	(nachäffend) Das sind böse Kinder.
B:	Aber ihr schlagts dann die andern auch?
Urban:	Nein.
Anton:	Ja. Nur schlagen die die Kleineren, aber nur die Kleineren, und die noch Kleineren schlagen die noch Kleineren.
B:	Findet ihr das gut?
Klausi:	Ja, das finden wir gut, aber ganz gut.

Anton: Und die noch Kleineren die noch Kleineren, und die noch Kleineren schlagen die Ameisen tot.
B: Wenn euch die Größeren nicht schlagen würden ...
Erwin: Dann täten wir die Kleineren auch nicht schlagen.
Anton: Aber die Kleinen schlagen dann die Ameisen, hihi.

Von diesen Umwelterfahrungen her ist zu folgern, daß gerade diese Bereiche Ansatzpunkte neuer didaktischer Strategien sein müssen,
- um konkret Umweltsituationen in wünschenswerte Lernsituationen umzuwandeln und damit Entwicklungsdefekte zu verhindern;
- um auf einem Feld (= städtische Umwelt), das zunehmend an Bedeutung gewinnt (und relativ offen ist) Alternativmodelle zu schaffen, die auf die ritualisierten Lernsituationen Einfluß haben, indem sie Impulse und Erfahrungen vermitteln, wie Realität und Bedürfnisse zum Inhalt und Medium von Lernprozessen zu machen sind;
- um neben den Sozialisationsbereichen Familie und Schule den Sozialisationsbereich Umwelt so auszustatten, daß wenigstens dort kommunikative, soziale, selbstbestimmte Verhaltensweisen gefördert werden und erwünscht sind und daß damit ein Ansatz zu einer politischen Erziehung möglich ist, den die formalisierte offizielle politische Erziehung verweigert.

Die Beschäftigung mit dem Umweltbereich Spielplatz ist der Einstieg zu einer pädagogischen Strukturierung der Umwelt und ein derzeit relativ leicht zugänglicher Projektbereich. Das Umweltproblem Spielen hat in sich Dimensionen, die sehr schnell komplexere Felder als den Spielplatz selbst einbeziehen und die bei jedem Spielplatzprojekt mehr oder weniger ausgesprochen mitgemeint sind.
- Die *Zielgruppe Eltern* wird über das Interesse an ihren Kindern angesprochen und kann Träger von Initiativen werden und damit selbst zur Lerngruppe.
- Die *Forderung nach pädagogischer Betreuung* bei neuen Spielplatzkonzeptionen steht für eine neue pädagogische Konzeption im Sinne wünschenswerter Lernsituationen.
- Das Engagement für Spielplatzprojekte im eigenen Wohn- oder Schulbereich führt schnell zur *Beschäftigung mit den verhindernden ökonomischen, bodenrechtlichen und architektonischen Strukturen*. Ein Spielplatzprojekt ist Teil von Stadtteilarbeit.

Die Gleichzeitigkeit von Projektarbeit auf verschiedenen Ebenen soll am Prozeß der Gruppe Paed-Aktion (PA-Team) im regionalen Bereich München gezeigt werden, wobei die seit zwei Jahren organisierten Aktivitäten weitergehen und der momentane Stand nur Station ist. Es geht dabei um:
1 die konkrete Arbeit mit den Kindern am Spielplatz. Sie wird dargestellt an der Spielaktion in Germering;
2 die Ausweitung des Lernprozesses »Spielen in der Stadt« und die Vermittlung der Spielplatzintentionen an Gruppen und Verwaltungen, dargestellt am Prozeß der Initiativgruppe (Lehrer und Studenten);
3 die Mitarbeit und Erfahrung bei Spielplatzplanungen und die Organisationen von Spielplatzbetreuung.

Zu 1 Spielplatzbetreuung – Spielaktionen[52]

Die Spielaktion Germering
Eine Initiativgruppe (Eltern und Jusos) der Münchner Vorortgemeinde Germering (alter Ortskern mit sehr schnell gewachsenen Wohnblocks und Eigenheimbevölkerung) wollte die durch die relativ planlose Vergrößerung und Umgestaltung des Orts katastrophal gewordene Spielsituation der Kinder verändern. Sie hatte von einer Spielplatzinitiative der in der Nähe liegen-

den Gemeinde Gräfelfing gehört, wo mit dem PA-Team zusammen eine erfolgreiche 9tägige Spielplatzbetreuung mit gleichzeitiger Information der Bevölkerung durchgeführt worden war.

Auf Einladung wurde vom PA-Team der Film dieser Spielaktion vor ca. 100 interessierten Eltern gezeigt und kommentiert. Es wurde beschlossen, eine derartige Aktion – übertragen auf die Probleme der Gemeinde für den Zeitraum von einer Woche zu organisieren.

Im Kontakt mit dem Pädagogenteam bereitete die Initiativgruppe ihre Aktion vor:
– Grundstück (stellte ein Privatbesitzer und ein Hundezüchterverein leihweise zur Verfügung), am Rande der Gemeinde gelegen
– Genehmigungen, Versicherungen
– Materialbeschaffung, Materialtransport, Spendengesuche
– Werbung: Flugblatt, Plakat, Telefonrundspruch
– Einteilung der Betreuer, Überlegungen zu den angebotenen Spielprogrammen.

25 Spiel-Aktion Germering

Bildprotokoll zum Ablauf der einwöchigen Spielaktion:

Bild 1

Aus alten Förderbändern (von einer Brauerei) wurde eine Rutsche gebaut. Sie ist mobil und variabel, als Unterlage zum Rutschen dienten Bretter, Kartons usw.

Bild 2

Matratzen eignen sich für lustbetonten 'Sport', zum Drauflegen, Raufen, Hüpfen, Bauen usw.

Bild 3

Bierkisten sind vor allem dann besonders geeignet, wenn sie in großer Anzahl zur Verfügung stehen. Sie ermöglichen gleichermaßen konstruktive wie destruktive Aktivitäten, d. h., beides bedingt einander und löst immer wieder neue Spielvarianten aus: Häuser bauen, Hindernisse aufrichten, Turmrekorde aufstellen, Transportspiele usw. Es ergibt sich dabei die Notwendigkeit zur Kooperation, um konstruktive Ziele zu erreichen und Destruktionen nicht als Frustation zu erfahren.

Bild 4

Die bestehenden Strukturen der Spielumwelt werden in den Spielprozeß einbezogen und damit verändert. Ein Kletterbaum z. B. wird mit Objekten behängt, die in keinem logischen Zusammenhang mehr stehen. Die Betätigung des Kletterns, Aufhängens und Herbeischaffens von Dingen ist einmal Anlaß zur Selbstorganisation, zum anderen Verfügbarmachen von Realität.

Bild 5

Gebrauchte Kartons sind Spielmaterialien, die umsonst zu haben sind bei Kaufhäusern, Möbel- und Elektrofirmen usw. Wegen ihrer im Spielprozeß nicht definierten Funktion sind sie besonders geeignet für Erfindungen und Veränderungen aller Art. Sie setzen intensive, verschiedenartige Spielprozesse in Gang: verstecken, bauen, anmalen, als Walzrollen, auftürmen, zerschneiden, transportieren usw.

Bild 6

Materialien werden im Laufe der Spielaktion kombiniert zu komplexeren Strukturen: Kartons, Autoreifen, Bierkisten werden von einer Gruppe benützt, um sich ein Lager, eine Burg zu bauen und so ein Innen-/Außenverhältnis zu strukturieren, das wiederum andere Gruppen animiert.

Bild 7
Papierbahnen werden ausgelegt am Boden oder an einer Wand, an Stangen befestigt und mit Leimfarben Kreiden usw. gemeinsam bemalt. Die Produkte kann man weiterverwenden: zum Zielwerfen, Kleider machen, einen Papierhaufen machen und darin toben.

Bild 8
Alte Möbel, Gebrauchsgegenstände der täglichen Umwelt verlieren auf dem Spielplatz ihre Normen und Funktionen. Dadurch werden sie verfügbar für den Zugriff im Spiel, für Probehandlungen, Tabuüberwindungen, Rollenspiel, Destruktionen. Sie ermöglichen Verhaltensweisen, die die alltäglichen Zwänge relativieren und neue Einsichten und Erfahrungen provozieren.

Bild 9
Autoreifen sind überall zu haben, sind ungefährlich und dienen als Anlaß verschiedenster Spiele: auftürmen durchkriechen, Gewichtheben, rollen.

Bild 10
In Abfall- und Restmaterialien echter Arbeitsprozesse finden Kinder ideale Spielanlässe. Sie selbst über prüfen die Eignung des Materials für ihr Spiel, bzw. das Vorhandensein undefinierter Materialien animiert s zur aktiven Organisation von Einfällen, die sofort in Handlung, Experiment umgesetzt werden. Dabei mache sie sowohl entscheidende Material- und Funktionserfahrungen wie auch soziale und kommunikative Erfahrun gen bei der Auseinandersetzung bzw. Kooperation mit anderen Kindern.

Bild 11/12
Alte Autos auf dem Spielgelände werden mehrfach benutzt: bemalen, klettern, nachspielen von Fahren, sich über technische Details informieren, etwas abmontieren, demolieren. Die Entweihung des Objekts Auto ist der erste aktive Schritt zu einer Distanz zum Konsumfetisch 'Auto', sie wird bewirkt durch nicht vorgeprägte Verhaltensweisen, in denen sich bestimmte Bedürfnisse äußern.

Bild 13
Bauen in der Gruppe mit allen möglichen Materialien wie Kartons, Styropor, Holz bedeutet Lernen, das dem verordneten Lernen in der Schule und dem standardisierten Spielen auf dem konventionellen Spielplatz weit überlegen ist.

Bild 14
Hüttenbauen ist der erste konstruktive Teil eines Stadtspiels, in dem sich die Kinder kennenlernen und organisatorische Fähigkeiten entwickeln.

Bild 15
Im Stadtspiel entstehen im Spielablauf kommunikative Situationen entsprechend der außerhalb des Spiels erlebten Umwelt. Durch Verteilen von Rollen und Funktionen, die eine Stadt bestimmen, entstehen soziale Beziehungen zwischen den Kindern, die teils Abbild der Realität der Kinder, teils Veränderung dieser Realität durch den Freiraumcharakter der Spielsituation bewirken. Hier liefert der Spielpädagoge Initiativen und Anregungen, um die Wirkung von Aktivität erfahrbar zu machen.

Bild 16/17
In der Kinderstadt übernehmen die Kinder bzw. bestehende Gruppen Rollen wie Bürgermeister, Post, Geschäft, Hotel, Taxi, Polizei, Café, Bank usw.

Bild 18
Die Einführung von Spielgeld und die damit verbundenen Prozesse von Kaufen und Verkaufen, Geld verdienen, Geld verleihen, Geld ausgeben werden im Spielablauf erfahren und somit ansprechbar über das eigene Erleben. Im Spielprozeß selbst strukturieren die Spielpädagogen Situationen so, daß Erfahrungen entsprechend wünschenswerter Zielsetzungen möglich sind. In Versammlungen usw. wird der Spielablauf – die auftretenden Konflikte – verbalisiert und mehrheitlich entschieden.

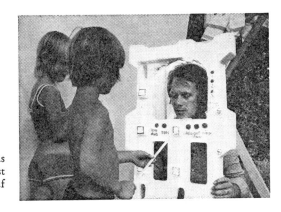

Bild 19
Der 'Radio', dem man Fragen stellen kann, der etwas erzählt usw., ist ein Detail aus dem Spielablauf, er ist ein Mittel zu Einwirkungen der Spielpädagogen auf den Spielprozeß.

Bild 20/21/22
Das Theater ist in Form einer kleinen Bühne aufgebaut und mit einigen Möbeln und alten Kleidern ausgestattet. Einzelne Kindergruppen organisieren ihr Stück und ihre Vorstellungen selbst, wobei nicht der lineare, funktionierende Ablauf wichtig ist, sondern die lustvolle Selbstorganisation, die Reaktion und die Eingriffe des 'Publikums' während der 'Vorstellung' und die Animierung anderer Gruppen, sich ebenfalls darzustellen. Als Inhalte wählten die Kinder erlebte oder angelesene Stoffe, die im Ablauf selbst dann von den echten Bedürfnissen der schauspielenden Kinder überlagert werden.

Die Spielaktion, zu der bis zu 200 Kinder kamen, war ein großer Erfolg in der Gemeinde. Während der Aktion war ein Film gedreht worden, der in einer Informations- und Diskussionsveranstaltung nach der Aktionswoche gezeigt wurde. Eine Elterninitiative wurde gegründet, die versucht, eine Lösung des Spielraumproblems auf der kommunalen Ebene zu erreichen.

Zu 2 Die Ausweitung des Prozesses: Spielen in der Stadt

Die chronologische Aufzählung von Aktivitäten im Bereich Spielplatz und Selbstorganisation soll zeigen, welche Investitionen an Zeit und welche komplexen Taktiken und Strategien auf den verschiedenen Ebenen eine selbstorganisierte Projektinitiative bedeuten, wenn sie einigermaßen effektiv nicht nur als Erkenntnisvehikel der Lerngruppe selbst, sondern auch effektiv im Sinne von konkreten Veränderungen im Projektbereich selbst sein soll.[53]

6./7. 7. 71	Spielaktion Johannisplatz München. Zweitägige Spielaktion auf einem Spielplatz (Sandkasten, Schaukel, Wiese) im Altstadtgebiet Haidhausen (München)
9. 7. 71	Diskussion mit Eltern und Interessierten über die Spielaktion Johannisplatz
3.–9. 8. 71	Spielaktion in der Entlastungsstadt München-Neuperlach (Neuplanung mit Sozial- und Eigentumswohnungen) auf einem architektonisch anspruchsvollen Spielplatz im Zentrum des Wohnviertels (der allerdings kaum besucht wird)
10. 8. 71	Diskussion und Filmvorführung in Perlach über die Spielaktion und die mögliche Weiterarbeit (Im Verlauf des Jahres entsteht in Perlach eine Spielplatzinitiative, unterstützt vom Freizeitforum Neuperlach und vom Team für Gemeinwesenarbeit, München. Im Sommer 1972 wurde versuchsweise ein Abenteuerspielplatz betrieben. der jetzt als Dauereinrichtung organisiert werden soll)
Oktober 71	Referat und Diskussion vor dem Spielplatzausschuß des Jugendwohlfahrtsausschusses München
17./18. 9. 71	Spielaktion II in Neuperlach
17. 1. 1972	Diskussion mit Vertretern der Neuen Heimat und der Presse über Betreuung von Spielplätzen anhand des konkreten Projekts
6./7. 2. 72	Spielaktion III in Neuperlach
17. 2. 72	Informations- und Diskussionsabend mit Eltern in Neuperlach

Inzwischen sind die Spielaktionen als Modell bei Interessierten über Presse und Rundfunkberichte bekanntgeworden. Kontakte zum Stadtjugendamt München (positiv) und zur Stadtgärtendirektion (negativ) bestehen, ebenso zu einigen Kommunalpolitikern und Journalisten. Die Initiatorengruppe (unter dem Namen PA-Team in Spielplatzkreisen bekannt) wird von verschiedenen Gruppen kontaktiert, die erste konkrete Zusammenarbeit ist meist eine Vorführung von Filmen über die Spielaktion am Johannisplatz und in Neuperlach. In Thesenform lagen Vorschläge zur Veränderung der Spielsituation der Kinder in der Stadt vor:

»Bei der Neuplanung von Spielplätzen/Spielräumen sowie bei der Veränderung bestehender Spielplätze sollte man von folgenden Zielvorstellungen ausgehen: Ebenso entscheidend wie die *Ausweitung des Flächenanteils* von Spielplätzen in unserer Stadtlandschaft oder die *Ausstattung der Spielplätze* mit Materialien, die das differenzierte Spielbedürfnis des Kindes befriedigen und stimulieren, ist eine *qualifizierte pädagogische Betreuung* der Spielplätze. Qualifizierte pädagogische Betreuung bedeutet dabei nicht nur angemessene psychologische Qualifikationen, sondern die Fähigkeit der Pädagogen, Programme für Spielprozesse zu entwickeln, die an übergeordneten Zielbestimmungen orientiert sind. Danach hat Spielen auch einen bildungspolitischen Stellenwert: Ziele wie Chancengleichheit, Emanzipation, Kompensation, Zukunftsorientierung, Lernerfahrungen in realer Umwelt sind zu verwirklichen. Probleme der Flächennutzung, der personellen Besetzung, der Finanzierung, der Entwicklung von Spielplatzmodellen und der Bewußtseinsbildung in der Öffentlichkeit und in der Administration sind bei der Verwirklichung solcher Spielplätze vordringlich zu lösen.

1 *Priorität spielpädagogischer Gesichtspunkte*
Aus der Erkenntnis, daß spielpsychologischen und spielpädagogischen Gesichtspunkten die Priorität gegenüber gartenarchitektonischen Gestaltungsabsichten zukommt, sind Konsequenzen für die Kompetenzabgrenzung der betroffenen städtischen Institutionen zu ziehen bzw. neue Akzente in der Kooperation dieser Institutionen zu setzen.

2 *Ausstattung von Spielplätzen*
Spielgeräte und Spielanlässe auf den Spielplätzen sollen so beschaffen sein, daß nicht eindimensionale und lineare Verhaltensweisen bei den Kindern herausgefordert werden. Die

objekthafte Ausstattung sollte bevorzugt mobile Geräte und flexible Baustrukturen vorsehen, um den Kindern veränderbare Situationen und Selbstorganisation zu bieten.

3 *Zentrale Materialsammelstellen*
Im Bereich der Stadtgartendirektion oder des Stadtbauamtes könnte eine Sammelstelle für Spielmaterial eingerichtet werden. Ohne großen Aufwand ließen sich unterschiedliche und vielseitig verwendbare Materialien organisieren, die bei Industrie, Handel, Gewerbe als Abfall anfallen.

4 *Personal für Spielplatzbetreuung*
Mit dem Schulreferat bzw. den Kultusministerien sollten Kontakte aufgenommen werden zwecks Mobilisierung von qualifizierten Spielplatzbetreuern: Studierende an entsprechenden Ausbildungsstätten (Kunstakademie, PH, Fachhochschule für Sozialpädagogik) könnten eine Spielplatzbetreuung als Praktikum oder Projektstudium leisten. Langfristig ist eine spezielle Ausbildung für Spielpädagogen anzustreben wie sie in Großbritannien und Skandinavien bereits eingeführt ist.

5 *Einrichtung einer Stelle zur Entwicklung von Musterplanungen (Modellentwicklung)*
Im Rahmen einer geeigneten kommunalen Institution (Stadtentwicklungsreferat) sollte eine Stelle eingerichtet werden, die in Zusammenarbeit mit Forschungs- und Ausbildungsstätten die Entwicklung von fortschrittlichen Spielplatzmodellen leistet oder fördert (Koordination der verschiedenen Aktivitäten auf diesem Gebiet).

6 *Ferienbetreute Spielplätze*
Für die Betreuung von Spielplätzen in den Sommerferien ist ein Etat für den Haushalt 1972/73 ausgewiesen. Unter Beibehaltung dieser finanziellen Mittel für die Spielplatzbetreuung müßte versucht werden, die Programme nach Maßgabe neuester pädagogischer Erkenntnisse und entsprechender praktikabler Spielplatzmodelle umzugestalten.

7 *Modifizierung der haftungs- und versicherungsrechtlichen Richtlinien*
Die notwendige qualitative und quantitative Veränderung der Spielplätze und deren Betrieb erfordern neue Richtlinien des auf Spielplätze bezogenen Haftungs- und Versicherungsrechts (z. B. Ausdehnung der Haftpflicht bzw. des Versicherungsschutzes aus dem Schulbereich auf Spielplätze).

8 *Funktionsüberlagerung – Mehrzweckeinrichtungen*
Da die bestehenden bodenrechtlichen Verhältnisse eine erhebliche Ausweitung der Spielplatzfläche zunächst nicht ermöglichen, sollte versucht werden, durch Funktionsüberlagerungen geeignete Plätze als Mehrzweckeinrichtungen zu gestalten. Dadurch bedingt sind sie funktionell und konstruktiv flexibel. Auch aus pädagogischen Gründen sind Plätze mit sich überlagernden Funktionen zu begrüßen.

9 *Nutzung brachliegenden Geländes als Spielraum*
Grundstücke oder Gebäude, deren Nutzung vorübergehend unbestimmt ist, (z. B. Baulücken, Abbruchhäuser) könnten nach Maßgabe ihrer Situation und ihres baulichen Zustands als Spielräume erschlossen werden. Ihre Nutzung wäre zeitlich begrenzt und demzufolge auch als Ablauf unterschiedlicher Nutzungsphasen strukturiert. Allerdings wäre die Installierung einer Gruppe notwendig, die diese im gesamten Stadtgebiet anfallenden Flächen und Bauten sondiert und sie in der Phase der Nutzung als Spielräume mit Programmen ausstattet.

10 *Demokratisierung*
In der Planung, Organisation und Betreuung von Spielplätzen sind alle demokratischen Momente zu bestärken: Mitbestimmung der Betroffenen, Information, Diskussion, Initiativen.

11 *Information der Öffentlichkeit*
Zu entscheidenden Fortschritten hinsichtlich des städtebaulichen Problems 'Spielplatz' kommt es erst dann, wenn das öffentliche Bewußtsein die der Bedeutung schulischer Ausbildung durchaus entsprechende Bedeutung des Spielens, also auch der Planung und des Betriebs von Spielräumen sieht bzw., wenn die Öffentlichkeit die Faktoren erkennt, welche die angemessene Ausstattung unserer Städte mit Spielräumen behindern. Notwendig sind also eine Aufklärung der Öffentlichkeit sowie eine Information über die Bedeutung und Konzeption von Spielräumen. (Dokumentationen, Elterninformationsabende, Publikationen in der Presse.)

12 *Resolution vor dem Städtetag*
Auf zuständige Gremien sollte dahingehend eingewirkt werden, daß auf dem Deutschen Städtetag eine Resolution vorgetragen wird, welche die Setzung neuer Richtlinien für die Spielplatzplanung im Städtebau zum Inhalt hat.«

23. 3. 72	Lochham, Veranstaltung des ASF. Filmvorführung und Diskussion über Spielaktion. Kontakt mit Juso- und Elterngruppe Gräfelfing und Elterninitiative Taufkirchen.
24. 4. 72	Gräfelfing. Vorbesprechung zu einer 9tägigen Spielaktion in Gräfelfing.
26. 4. 72	Taufkirchen. Filmvorführung und Diskussion. Zuvor Besprechung der geplanten Koordination von Spielplatzinitiativgruppen in Bayern.
6. 5. 72	Gräfelfing. Beginn der 9tägigen Spielaktion in Gräfelfing, Planegg und Krailling (6. 5. – 14. 5. 72).
8. 5. 72	Ismaning. Sitzung des SPD-Ortsvorstandes Ismaning-Unterföhring. Der OV lehnt die Durchführung einer Spielplatzaktion vor der Kommunalwahl ab, weil ungünstige Auswirkungen auf das Wahlverhalten befürchtet werden. Kontakt mit einer Delegation aus Oberschleißheim.
12. 5. 72	Planegg. Elternabend, Filmvorführung mit Diskussion und Gründung einer Initiativgruppe. Kontakte mit Juso-Gruppe Germering.
16. 5. 72	Juso-Gruppe München-Lehel. Erstes Kontaktgespräch über das Projekt ›Spielstraße‹.
17. 5. 72	Oberschleißheim. Filmvorführung, anschließend Gespräch über die Vorbereitung einer Spielaktion.
18. 5. 72	München-Haidhausen. Erstes Kontaktgespräch bezüglich ›Bürgerfest Haidhausen‹.
24. 5. 72	Zweites Kontaktgespräch ›Bürgerfest Haidhausen‹.
26. 5. 72	München Fürstenried, Freizeitheim. Erstes Kontaktgespräch über Spielaktion
27. 5. 72	Oberschleißheim. Mitarbeit bei Spielaktion (die am nächsten Tag fortgesetzt wird).
3. 6. 72	München-Haidhausen. Bürgerfest Haidhausen mit Spielaktion des PA-Teams
3./4. 6. 72	Wochenendseminar in Haus Hochland bei Bad Tölz. Treffen von Spielplatzinitiativgruppen aus Bayern; Beschluß, sich zusammenzuschließen.

Auf Einladung der Betreuergruppe des Abenteuerspielplatzes München-Hasenbergl und des PA-Teams kamen Vertreter von ca. 15 Spielplatzinitiativen zusammen und beschlossen die Gründung der IBS (Interessengemeinschaft Bürger-

initiativen Spielen). Gemeinsamer Nenner ist die folgende Grundsatzerklärung:
Interessengemeinschaft ›Bürgerinitiativen Spielen‹ IBS
1 Die anwesenden Bürgerinitiativgruppen schließen sich zusammen zu gegenseitiger Unterstützung in ihren Bemühungen um das Spielen.
2 Spielen
Spielmöglichkeiten in der Umwelt werden von Bürgerinitiativen gefordert und verwirklicht.
Durch kreatives Spielen werden individuelle und soziale Fähigkeiten und Verhaltensweisen geweckt und gefördert. Geeignete Spielformen ermöglichen kritische Urteilsfähigkeit und verantwortungsvolles Handeln in der Gemeinschaft. Pädagogische Betreuung durch Eltern und Erzieher erreicht diese Ziele mit langfristigen pädagogischen Programmen und durch Bereitstellung von Spielraum und -material.

8./9. 6. 72	Fürstenried Freizeitheim. Zweites Kontaktgespräch. Vereinbarung über Termin und Programm einer Spielaktion.
9. 6. 72	Referat mit Film bei der Jahrestagung des Bundes Deutscher Landschaftsarchitekten in Weihenstephan.
20. 6. 72	Fürstenried. Diskussionsabend mit Filmvorführung als Auftakt der Spielaktion Fürstenried.
21. 6. 72	Germering. Filmvorführung und Diskussion.
23. 6. 72	Fürstenried. Spielaktion im Freizeitheim.
28. 6. 72	Germering, Organisationsgespräch.
3. 7. 72	Spielaktion in Nürnberg-Langwasser.
5. 7. 72	Referat (PA-Team) in Nürnberg anläßlich der Ausstellung ›Profitopolis‹
11. 7. 72	Technische Universität München. Diskussion und Film mit einer studentischen Arbeitsgruppe.
12. 7. 72	Organisationsgespräch Germering.
23. 7. – 29. 7. 72	Germering, Spielaktion.

Im Juni und Juli 1972 wurde vom PA-Team die Aktion Spielbus vorbereitet. Kontakt- und Organisationsgespräche mit Stadtjugendamt, mit Stadtgartendirektion, Ortsbesichtigungen, Materialbesorgung, Werbung usw.

Ende Juli 72	Fertigstellung der Dokumentation: Spielen in der Stadt (200 Seiten Selbstverlag).
21. 7. 72	BDP-Ferienbetreuer Nürnberg. Referat mit Film.
23. 7. 72	München, Spielleiterschulung für die Ferienbetreuer. Referat des PA-Teams mit Filmen.
7. 8. – 8. 9. 72	Aktion Spielbus München.

Elterninformation (aus einem Flugblatt, das während der Aktion Spielbus verteilt wurde)
»In der Bundesrepublik fehlen 30 000 Spielplätze. Nicht aber das Defizit an Spielplätzen macht die Misere so gravierend, sondern daß die bestehenden Spielplätze in keiner Weise den pädagogischen Anforderungen für eine optimale Entwicklung der Kinder genügen. Spielplatz und Straße haben auf Verhaltensweisen und Einstellungen der Kinder einen großen Einfluß. Dieser ist bisher kaum untersucht, geschweige denn, daß Pädagogik sich darum bekümmert.
Verkehrs- und Wohnungsbau berauben die Kinder immer mehr ihrer natürlichen Spielsituationen. Von Planern für Kinder entworfene Spielplätze berücksichtigen meist kaum deren Spielbedürfnisse. Sie orientieren sich an den Vorstellungen der Erwachsenen vom Kinderspiel.

6/27 Spiel-Aktion Fürstenried

28/29   Aktion Spielbus – Spielplatzbetreuung, München, August/September 1972

Geht man von der Überzeugung aus, daß Spielen für das kleine Kind eine Form des Lernens ist, so genügen Rutsche, Sandkasten und Schaukel nicht, dem Kind in einer Umweltsituation, die immer komplexere Anforderungen stellt, die nötigen Lernerfahrungen zu ermöglichen. Lernfähigkeit und Lernbereitschaft hängen in großem Maße ab von der Bereitstellung entsprechender, pädagogisch sinnvoll strukturierter Spielsituationen.

Die Aktion Spielbus versucht diesem Sachverhalt Rechnung zu tragen, indem versucht wird, durch Einbringen verschiedenster Materialien den Spielplatz für Kinder interessanter und handlungsanregender zu gestalten.

Der Spielbus ist ausgerüstet mit vielfältigen Spielmaterialien (Farben, Papier, Plastikfolien, Styropor, Holz usw., Werkzeug) und Geräten (Film-, Diaprojektor, Vervielfältigungs- und Schreibmaschine usw.) und wird betreut von einer Gruppe von Pädagogen und Studenten.

Diese versuchen, durch verschiedene Spielprogramme (Markt-, Post-, Rundfunk-, Krankenhaus, Stadtspiel z. B.) die Spielaktivitäten der Kinder pädagogisch zu orientieren.

Den Kindern soll es dabei möglich sein, eigene Bedürfnisse und Erfahrungen in den Spielprozeß einzubringen und diesen selbst mitzugestalten.

Das Projekt Spielbus ist ein Modellversuch für pädagogisch betreute Spielplätze. Der Spielbetrieb wird durch Filme, Dias und Tonbandaufnahmen dokumentiert und anschließend ausgewertet und soll den Eltern nach der Aktion vorgeführt und mit ihnen diskutiert werden. (Termine werden am Spielplatz bekanntgegeben).

Die Aktion sollte nicht eine einmalige Angelegenheit sein, sondern Ziel ist, durch Elterninitiativen das Projekt auszuweiten (Möglichkeiten: Abenteuer-, Aktionsspielplatz).

Ein intensiver Spielbetrieb erfordert auch eine entsprechende Kleidung. Die Kinder sollten strapazierfähige und unempfindliche Kleidung mitbringen.

Die Kinder sind während der Spielaktion unfallversichert. Diese findet im Rahmen des Ferienprogramms des Stadtjugendamts München statt.

Interessierte Eltern können sich an der Aktion beteiligen, bzw. durch Materialspenden (z. B. alte Kleider, Möbel, sonstiges) die Spielaktion unterstützen.

Veranstalter: Stadtjugendamt, ODMG, Paedaktion

1. 9. 72	Neufahrn und Freising. Film und Diskussion mit einer Elterngruppe.
26. 9. 72	Erlangen-Bruck. Film und Referat vor Elterninitiativgruppe Abenteuerspielplatz.
28. 9. 72	Kreisjugendring München-Land. Referat mit Film bei einer Fortbildungswoche.
30. 9. 72	Berufsverband Bildender Künstler (BBK) München. Gespräch über pädagogische Umweltaktivitäten mit dem ›Arbeitskreis Erwachsenenbildung‹.
13. 10. 72	Vaterstetten. Referat mit Film für die Bürgerinitiative ›Spielraum e. V.‹
14./15. 10. 72	Nürnberg. Zweites Wochenendseminar der Interessengemeinschaft Bürgerinitiativen Spielen (IBS).
22. 10. 72	München. Erstes Kontaktgespräch mit dem ›Kuratorium Grün für unsere Kinder‹.
27. 10. 72	München-Neuperlach. Film und Diskussion im Freizeitforum.
15. 11. 72	Elterngemeinschaft Regensburg. Referat mit Film und Diskussion. Besprechung einer Spielaktion im Frühjahr.
16. 11. 72	München-Fürstenried. Podiumsdiskussion zum Spielplatzproblem mit Journalisten und Kommunalpolitikern.
21. 11. 72	München-Neuperlach. Film und Referat für Eltern im Freizeitforum.
25./26. 11. 72	Erlangen – Amt für Freizeit. Teilnahme an einer Wochenendveranstaltung (Filmvorführungen).
27. 11. 72	München-Maxvorstadt. Kontaktgespräch mit Eltern, Lehrern zur Ausgestaltung eines Schulhofs.

Der Prozeß: Spielen in der Stadt geht weiter.
Die Perspektiven für das Jahr 1973 sind:
- Weitere Verbreitung des Modells ›Spielaktion‹ und der ›Spielplatzbetreuung als Strategie‹, Ausbau der IBS.
- Ausweitung der Ferienbetreuung nach dem Spielbusmodell.
- Dokumentation des Prozesses.
- Vermittlung des Spielraumproblems auf der Ebene der Kommunal- und Bildungspolitik.

4 Aktion: ›Visuelle Konsumwerbung als Medium zur Kommunikation‹ (Kunsterzieherkongreß Wien)

In der Einladung heißt es:
»Das Museum des 20. Jahrhunderts und die Firma Günther Wagner, Pelikanwerke Wien präsentieren:
Kunst + Kind
ein Colloquiom 2. Mai bis 6. Mai 1972
Das Kolloquium soll österreichischen Kunstpädagogen und interessierten Kreisen die Möglichkeit geben, mit Kollegen aus dem Ausland zusammenzutreffen, ins Gespräch zu kommen und sich mit deren Arbeiten auseinander zu setzen.«
KEKS München-Nürnberg war dazu eingeladen und ein Nachmittag dafür reserviert (die Gruppe bestand aus vier Kunsterziehern und drei Studenten).
Andere Programmpunkte waren:
Prof. Dr. Staguhn: ›Die Formalstruktur bildhafter Medien und ihre Bedeutung für den Erkenntnisprozeß‹, Prof. Pfennig: ›Überlegungen zu einer ästhetischen Elementarausbildung‹ und weitere österreichische und Schweizer Kunsterzieher.
Aus der Bundesrepublik waren also vertreten – und vertraten damit die derzeitige Diskussion: Staguhn, Pfennig, KEKS – für die Vorbereitung des KEKS-Konzepts ein wichtiger Hinweis.

Die Konzeptüberlegungen
Ein offizieller Beitrag im Rahmen eines Kongresses bedeutet Abhängigkeiten, bedeutet, daß gewisse Erwartungshaltungen beim Publikum vorhanden sind, und bedeutet die Berücksichtigung dieser Faktoren, wenn man einen Beitrag zusagt.
Die Repräsentanz bundesdeutscher Kunsterzieher hatte eine denkbar große Spannweite, allerdings fehlte ein Vertreter der in der BRD augenblicklich am meisten diskutierten Position: Visuelle Kommunikation. Aber gerade diese Position wäre als Bindeglied wichtig gewesen und für die österreichischen Kollegen von besonderem Interesse, da sich ja die Inhalte der visuellen Kommunikation durchaus in die traditionelle, überall bekannte Unterrichtssituation integrieren lassen. So mußte also die Position ›Visuelle Kommunikation‹ von KEKS mitvertreten werden.
Darüber hinaus mußte auch noch eine Lernsituation angeboten werden, die die Notwendigkeit und Möglichkeit von Realität und Spielraum, von verhaltensorientiertem Agieren zeigte. Da die Form eines Vortrags, einer Dia- und Filmvorführung, einer Analyse und Demonstration bereits durchgeführter Projekte und Aktionen im Widerspruch zum angebotenen Konzept stand, muß-

ten also die Kunsterzieher und die Interessierten selbst in eine Lernsituation integriert werden, in der die wünschenswerten Faktoren auftauchen wie: autonome Lerngruppen, Freiraum mit Realitätsanteilen, Selbstorganisation, primäre Motivationen usw.
Um den Bereich Visuelle Kommunikation miteinzubeziehen, sollten die dort verhandelten Inhalte (Massenmedien, Werbung usw.) selbst die Medien des angebotenen Lernprozesses sein. Es sollten deshalb Plakatwände und Plakate in der realen Umwelt als Lernraum gewählt werden, wobei die Auseinandersetzung mit diesen Objekten und dem Umweltbereich über Aktivitätsangebote und Verhalten in der konkreten Situation selbst geschehen sollte. So entstand das Programm ›Visuelle Konsumwerbung als Medium zur Kommunikation‹.
Also: Konsumwerbung ist nicht Ziel, Ausgangspunkt etc., sondern Medium zur Kommunikation der Lerngruppe mit der Möglichkeit autonomer, selbstbestimmter Zielsetzung, entsprechend den Bedürfnissen und Qualifikationen der Teilnehmer. Die Inhalte Visueller Kommunikation sollen nicht analytisch-kognitiv in einer von ganz speziellen Determinanten (Schule, Hochschule, Kongreß) abhängigen Lernstruktur abgehandelt werden, sondern in der realen Situation durch wahrnehmbare Veränderungen, bewirkt durch die Lerngruppe selbst, erfahren werden.
Die Beschäftigung mit den Plakaten in deren Funktionszusammenhang (Plakatwand an einer Straße) sollte wenigstens tendenziell Perspektiven und Alternativen eröffnen, die sich über die eigenen Handlungsansätze und deren Wirkung auf die Umwelt (Reflexion des Einzelnen oder der Gruppe über diese Wirkungen und Veränderungen) qualifizieren. Damit war ein konzeptioneller Rahmen gegeben, der entsprechend den örtlichen, zeitlichen, personellen Bedingungen des Lernraums und der Lerngruppe zu realisieren und zu strukturieren war.
Ein zweiter Ansatz der konzeptionellen Überlegungen ging von der Kongreßsituation selbst aus, in der ja von den anderen bundesdeutschen Referenten Konzepte angeboten wurden, die nur die inhaltlich-bildnerischen Probleme des Kunstunterrichts behandelten und die Organisation und Struktur der Lernsituation selbst (Unterricht) ausklammerten. Um hier im Rahmen des Kongresses einzusetzen und dieses Problem demonstrativ bewußt zu machen, wurde eine Art Schulspiel in Umrissen konzipiert, wobei eine fiktive Unterrichtsstunde mit einem bildnerischen Thema (wie von Staguhn oder Pfennig vertreten) durchgespielt und kommentiert werden sollte. Dabei sollte die Diskrepanz aufgezeigt werden zwischen offiziellen unterrichtlichen Prozessen (z. B. bildnerisch: Differenzierung von Farbtönen in einem gegenständlichen Thema, mit Groß/Kleinkontrasten, Strukturen usw.) und den inoffiziellen Kommunikationsstrukturen der Schüler, z. B. die Vereinheitlichung divergierender Verhaltensweisen von Schülern durch den Lehrer, oder die notwendigerweise durch den Lehrer erfolgende Unterdrückung wahrnehmungsintensiver, kreativer Abweichungen einzelner Schüler (Schüler malt sich seine Farbdifferenzierungen ins Gesicht statt aufs Papier, Unterstufenschüler schneidet lauter Busen statt warm-kalt differenzierte Farbtöne für eine Collage aus einer Illustrierten aus).
Dieses Projekt wurde dann bei der Veranstaltung selbst nicht durchgeführt, da die Plakataktion selbst schon sehr komplex und umfangreich war. Da diese Unterrichtssituation aber an die Alltagserfahrung und Umwelt aller Kunsterzieher und Schüler anknüpft und ein wesentlicheres, wichtigeres Element eines jeden Lernprozesses darstellt als die Art des Inhalts, soll dieses Projekt bei einer anderen Gelegenheit durchgeführt werden – vor allem mit der Perspektive, daraus ein neues Modell für Kongreßdidaktik und Lehrerfortbildung zu entwickeln.

Die Vorbereitung
Wegen der Abhängigkeit der zu organisierenden Lernsituation von den konkreten Gegebenheiten unterscheidet sich auch die Vorbereitung des KEKS-Beitrags vom Regelfall eines Beitrags zu einem Kongreß, wo entweder Materialien für eine Ausstellung geschickt werden (museale Lernsituation), oder jemand am Schreibtisch zu Hause einen Vortrag mit oder ohne Dias verfaßt und dann auf dem Kongreß referiert (hierarchische Lehrsituation, Rollenfixierung: Vor-

tragender – Zuhörer) und wo die anschließenden Diskussionen sich doch nur um das Positive und Negative am vorgegebenen Inhalt (= Referat) drehen.
1 Fahrt zum Kongreßort Wien, 2 Wochen vor der Aktion:
Die Kenntnis der Situation ist Voraussetzung für die Strukturierung der offenen Lernsituation.
Dazu war nötig:
– Kontaktaufnahme mit der Organisationsleitung, mit der Presse, und vor allem mit Kunsterziehern aus Wien: Besprechung mit ihnen wegen Absichten und Möglichkeiten auf dem Kongreß, es wurden die jeweiligen Positionen und Interessen angesprochen.

Dadurch wird versucht, die immer mit einer gewissen Autorität und Distanz auftretende Referentensituation aufzubrechen und damit den Kongreß selbst zu einem Erfahrungsfeld für alle Beteiligten zu machen, auf dem auch Initiativen und Strategien (z. B. für bestimmte kunstpädagogische Entwicklungen) eingebracht werden können:
– die räumlichen Möglichkeiten des Museums des 20. Jahrhunderts zu prüfen und die Umgebung auf ihre Eignung für die Aktion zu sondieren;
– Material wie aktuelle Großplakate, die im Straßenbild auftauchen, organisieren: Malmaterial, Ausrüstung usw.
2 Arbeit der Gruppe während der ersten beiden Kongreßtage vor der Aktion:
– Weitere Kontaktaufnahme zu Kunsterziehern und vor allem zu anwesenden Studenten. Artikulation während der Diskussionen über andere Referate.
– Endgültige Festlegungen der Lernsituation, Ortsbesichtigung mit Fotografieren, Handzettel herstellen: a Überbau, b Aktionsprogramm mit Lageskizze.
– Aufgabenverteilung, Materialbeschaffung, Transport.

Ablauf der Aktion:
Angaben für die Beteiligten:
(Auszug aus dem Papier, das die Beteiligten vor der Aktion bekamen)
Beispiel: Visuelle Konsumwerbung als Medium zur Kommunikation, Wien 4. 5. 1972, 15 Uhr, Nähe Museum des 20. Jahrhunderts.
Ort: Plakatwände (Länge ca. 250 m) mit aktuellen Plakaten (Politik, Konsum) längs einer Verkehrsstraße, z. T. längs einer Sackgasse. Hinter den Plakatwänden liegt ein verwildertes Grundstück mit Abfällen.
Beteiligte: Initiativgruppe KEKS, Schüler, Lehrer, Kongreßbesucher, Passanten mit verschiedenen Rollen und Erwartungen.
Materialien: Werbeplakate, Mal-, Zeichen-, Werkutensilien, Objekte.
Information: Handzettel mit Handlungsvorschlägen, Pläne, Fragebögen.
Medien: Foto, Film, Tonband (Dokumentation und Stimulans).
Lernsituation: Die Situation ›Plakate‹ wird verdeutlicht durch Material und Handlungsweisen. Es geht um Kommunikation und Erkenntnis in der Auseinandersetzung mit dem Medium Werbeplakat. Die aktive Auseinandersetzung mit den Plakaten und den angebotenen Materialien intensiviert die möglichen Erfahrungen, definiert den eigenen Standpunkt.
Erwartungshaltung: Kongreßteilnehmer erwarten die Vorführung einer Aktion à la KEKS. Diese Erwartungshaltung und die damit verbundenen Verhaltensweisen gehören konstitutiv zum Prozeß.

Die Kunsterzieher, Studenten, Schüler und Interessierte (ca. 120 bis 150) trafen sich vor den Plakatwänden, wo Malmaterialien, Tische, Infowand etc. bereitstanden. Die ca. 50 Großplakate waren durchnumeriert (Objekt 1, Objekt 2, Objekt 3 ...), vor einigen waren Tische usw., aufgebaut, teils mit den Produkten, für die auf den Plakaten geworben wurde. Den Ankommenden wurde ein Papier mit Handlungsvorschlägen überreicht, auf dem ein Vorschlag rot umrandet war. Er sollte angenommen werden:

Handlungsvorschläge:

1 Diskutieren Sie bildnerischen Aufbau und formale Struktur der Plakate 1–7. Fertigen Sie dazu Skizzen und Notizen an, die Sie an der Dokumentations-Informations-Wand anbringen.
2 Porträt eines Plakats
Nehmen Sie einen Pelikanblock und Farben. Halten Sie Ihren Eindruck von einem beliebigen Plakat (1–35) entsprechend Ihren eigenen künstlerischen Ausdrucksmitteln fest. Heften Sie das Ergebnis an die DI-Wand. (Die DI-Wand zeigt den jeweils aktuellen Stand der Aktion.)
3 Verändern Sie Inhalt und Ausdruck der vorgegebenen Plakate durch Anheften beliebiger neuer Elemente.
4 Es steht eine Reihe von Plakaten zur Verfügung. Sinn, Zweck und Intention ihrer Verwendung sind nur von Ihnen abhängig.
5 Ein Auto wird mit Plakaten beklebt. Es fährt die Plakatwand ab.
6 Teststrecke: Drei Personen fahren in einem Auto die Plakatwand ab (etwa 40–50 km/std). Beantworten Sie abschließend einen kurzen Fragebogen (bei Keks erhältlich), heften Sie den ausgefüllten Fragebogen an die DI-Wand.
7 Produkte und Waren, die Sie auf den Plakaten dargestellt finden, kaufen Sie in nahe liegenden Geschäften. Agieren Sie damit vor dem entsprechenden Plakat.
Zeichnen Sie die einzelnen Geschäfte in der beiliegenden Skizze Stadtplan 2 ein. Heften Sie diese an die DI-Wand.
8 Suchen Sie in der näheren Umgebung andere 'frischwärts'-Plakate (Coca-Cola). Tragen Sie den Standort in die Stadtplanskizze ein. Heften Sie diese an die DI-Wand.
9 Gehen Sie mit einem Tonband (erhältlich bei Keks) die Plakatwand ab. Lesen Sie laut die einzelnen Werbeslogans. Erfinden Sie eine Geschichte oder machen Sie ein Gedicht aus dem aufgenommenen Material.
10 Stellen Sie eine Szene aus einem Ihnen geeignet erscheinenden Plakat nach. Lassen Sie es fotografieren. Hängen Sie die Polaroidbilder an die DI-Wand.
Spielen Sie weiter!
11 Wer unter den anwesenden Personen taugt Ihrer Meinung nach am besten zum Fotomodell.
Fordern Sie diese Person zu Testaufnahmen (Fotos) vor einem Plakat auf.
12 Schlüsseln Sie die einzelnen Werbeinhalte auf. Schreiben Sie es, statistisch geordnet, an die DI-Wand.
13 Sie erhalten jeweils 5 rote (positive) und grüne (negative) Punkte. Verteilen Sie diese auf die Plakate 1–35 (unterhalb der angegebenen Nummern) gemäß Ihrer jeweiligen Beurteilung hinsichtlich Wirkung und ästhetischer Wertigkeit des Plakats.
14 Ein Warenstand ist eingerichtet. Verkaufen Sie.
15 Schneiden Sie aus den vorhandenen Plakaten Figuren aus, kleben Sie sie auf Pappe auf, daß sie stehen. Fahren Sie diese zur Karlskirche, zum Parlament oder zum Naschmarkt. Fotografieren Sie dabei. Ergebnisse bringen Sie an der DI-Wand an.
16 Stellen Sie aus Coca-Cola-Plakaten 'frischwärts'-Pfeile her. Verteilen Sie diese in der näheren Umgebung.
17 Gehen Sie hinter die Plakatwand (Eingang ist auf Skizze 1 eingezeichnet). Konfrontieren Sie die dort gefundenen Abfälle mit den Werbeprodukten.
18 Folgen Sie unauffällig vorübergehenden Passanten und beobachten Sie deren Reaktionen. Notieren Sie sie an der DI-Wand.
Versuchen Sie mit den Passanten ins Gespräch zu kommen etc.

30/31 Visuelle Konsumwerbung als Medium zur Kommunikation, Kunsterzieherkongreß, Wien 1972

32 Käse
33 Informationswand

4 Kleider
5 frischwärts frischwärts
6 Auto – Bahn ...
7 Großes Miederweib

19 Beobachten Sie die übrigen Aktionsteilnehmer.
Verhalten sich diese passiv – aktiv – zögernd – usw.
Stellen Sie die jeweiligen Motive fest: Notieren Sie diese an der DI-Wand.
20 Setzen Sie diese Liste fort.
Der rotumrandete Vorschlag soll von Ihnen ausgeführt werden, Sie können aber auch einen anderen Punkt wählen.

Die hier angeführten Handlungsvorschläge beinhalten die verschiedensten Verhaltensweisen und Einstellungen gegenüber den Werbeträgern – aktive, passive analysierende, imitierende usw. Sie beinhalten ebenso verschiedene kunstpädagogische Verfahrensweisen traditioneller und progressiver Art wie Malen, Zeichnen, Collagieren, Verändern, Variieren, Analysieren, Diskutieren, Selbstagieren, Fotografieren, Statistiken, Pläne anfertigen usw.

Damit entsteht ein Feld sich überlagernder, sich widersprechender und ergänzender Aktivitäten zum gemeinsamen Thema Werbeplakat in der realen Situation Straße. Was wer wie macht, ist in der Anlage der Lernsituation nicht festgelegt, ebenso nicht die Entwicklung des Prozesses.

Hätten die Initiatoren diese Absicht und würden sie die Qualität des Ablaufs daran messen, inwieweit dieser mit der Programmierung übereinstimmt, würden sie eine Lernsituation wie im schulischen Unterricht herstellen, nur mit dem Unterschied der Ausweitung in Raum und Material. Sie wären gezwungen, während des Ablaufs alles zu tun, den festgelegten Ablauf durchzusetzen. Damit ist aber eine Zwangssituation, eine Diskrepanz der Interessen der Initiatoren und der Beteiligten gegeben, die auch bei höchst wohlmeinender Planung in Sachen Emanzipation prinzipiell einen Unterschied zwischen Lehrenden und Lernenden konstruiert – wie bei den ritualisierten Lernsituationen Kindergarten, Schule, Hochschule usw.

Im Verlauf der Aktion, bei der ein Großteil der Anwesenden mitagierte, zum Teil entsprechend den Handlungsvorschlägen, zum Teil nach eigenen Intentionen, ergaben sich durchaus nichtbeabsichtigte Prozesse. Nirgends steht bei den Handlungsangeboten, daß die Plakate auf den Plakatwänden selbst Objekte der Veränderung sein sollen. Es standen genügend nicht aufgeklebte Plakate zur Verfügung. Viele Beteiligte jedoch machten die Plakatwände selbst zum Gegenstand ihrer Aktivität: neue Teile dazukleben, Wörter auswechseln, etwas dazumalen, übermalen, Objekte befestigen usw. Das ist ein aktiver Zugriff auf die Realität, ein Eingriff in die Umwelt, wenn auch in sehr reduzierter und modellhafter Form.

Die vielen Einzelaktivitäten und Prozesse, die während der Gesamtaktion ablaufen und über die sich die Beteiligten gegenseitig informieren, sind die entscheidenden Qualitäten. Einzelne können diesen komplexen Ablauf nicht überblicken und nicht dirigieren – das ist die Chance der Lernindividuen und Einzelgruppen, ihre Bedürfnisse selbst zu organisieren. Damit aber entfällt auch der Anspruch Einzelner, die diesen differenzierten Lernprozeß klassifizieren und analysieren wollen und zu können glauben. Damit wird auch der Anspruch nach Überprüfung usw. sinnlos.

Das Gesamtgeschehen war über mehrere Stunden attraktiv durch die Vielfalt der über das Medium Plakat ablaufenden Kommunikationsprozesse, die wiederum von dem Inhalt kommerzieller Werbung abhingen. Das spektakuläre Auftauchen von etwa 35 Polizisten (mit Blaulicht), das aber trotz großer Aufregung ganz friedlich ausging, die vorhandenen Medien (Videogerät, Foto, Film) und einige Pressereporter taten ein übriges zur Attraktivität der Situation.

Reaktionen im Anschluß an die Aktion
Diskussion: Die nachfolgende Diskussion war zwangsweise belastet von den Erwartungen, die üblicherweise in allen traditionellen Lehr-Lernsituationen auftauchen und die auf den Erfahrungen beruhen, die die Beteiligten aus ihren eigenen Lernsituationen (als Schüler, Studenten, Lehrer, Kongreßzuhörer oder Referenten) mitbringen. Die Diskussion war letztlich die Fortsetzung der Aktion in einem neuen Lernraum – dem Kongreßsaal und mit neuen Inhalten – dem Pro-

blem der Verbalisierung, der Rollenteilung, der Frage nach Ergebnissen bei Lernprozessen in Kongreßsituationen.

Zunächst erwarteten viele Kunsterzieher, daß ihnen jetzt erklärt wird, was da eigentlich passiert ist auf der Straße, was davon getrost nach Hause zu tragen sei, welche Schlüsse man zu ziehen habe, welche Erkenntnisse sie eigentlich präzise alle miteinander durch die Aktion gewonnen hätten. Wie bei einem Experiment in der Physik oder Chemie, wo der Schüler aktiv hantiert und der Lehrer dann nach der praktischen Erfahrung die logische, abstrahierte Formel dazu und die einzig richtige Erklärung, die Einordnung ins große wissenschaftliche Denkgebäude liefert – womit der Aha-Effekt notwendigerweise funktioniert.

Also: KEKS sollte die Aktion analysieren, die zu lernenden Einsichten und Erfahrungen ausbreiten, um den Lehrern, die durchaus positiv eingestellt waren, die Überprüfung ihrer Erfahrungen, und damit auch eine Selbstbestätigung zu ermöglichen. Das wäre relativ einfach gewesen, ist aber ein grundsätzlicher Widerspruch zur Intention wünschenswerter Lernsituationen, denn damit ist der Verhaltensbereich, die Vielschichtigkeit und die darin mögliche Selbstorganisation auf verschiedenen Ebenen dem Zugriff der Kategorisierung und der rein verbal-kognitiven Analysierung so ausgeliefert, daß wieder Hierarchien und Autoritäten unabhängig von einzelnen Lernindividuen und Lerngruppen entstehen und der Lernprozeß selbst keine Autonomie mehr hat, sondern seine Qualität wieder abhängig wird von Interpretation und Verbalisierung.

So wurde die Diskussion selbst, die Forderung nach Analyse des Vorangegangenen und die Verweigerung einer soliden Analyse durch die Initiatoren zur Lernsituation, zum offenen Feld – und damit zur konsequenten Fortsetzung der Aktion. Das aktuelle Koordinatensystem: Situation Kongreß, 150 Leute, geteilt in Referenten (KEKS) und Publikum war damit neuer Lernraum. Die Auseinandersetzung innerhalb des Publikums, die Artikulation von Erfahrungen während der Aktion, die Diskussion um die Rolle der Initiatoren enthob diese ihrer zentralen Rolle im Gespräch – wobei eben ein Teil der Erwartungen enttäuscht wurde, dies aber als notwendig und wünschenswert erschien, da es sich um Erwartungen handelte, die üblicherweise in der traditionellen Lernsituation erfahren und bestätigt werden.

Nach lebhaften 2 Stunden, die kein Ergebnis als verschnürbares, transportierbares Paket erbrachten, das man in den Schulalltag mitnehmen konnte, löste sich die Versammlung in Einzelkreise auf. Ein Teil davon sah die während der Aktion aufgenommenen Videobänder an. Daß innerhalb eines Nachmittags die sehr weitreichenden Innovationen, nämlich die Strukturierung neuer Lernsituationen (Umweltaktionen und gleichzeitige Vermittlung neuer Inhalte – visuelle Kommunikation betreffend) nicht annähernd dargestellt werden können, ist klar. Ebenso aber ist klar, daß durch die Demonstration neuer Lernsituationen und durch die Benützung neuer Inhalte Veränderungen konkret realisiert wurden (z.B. auf dem Feld Kongreßdidaktik, Umweltgestaltung, ästhetische Erziehung), die für alle Beteiligten nachhaltiger und komplexer zu erfahren waren als durch alle Versuche, durch Rationalisierung und Analyse – unter Beibehaltung der ritualisierten Lernsituation Referat und der Rollenteilung aktive Referenten / passives Publikum – eben diese methodischen und inhaltlichen (wobei sich beides überschneidet) Ansätze verbal zu vermitteln.

Eine Kritik: Ein Teilnehmer der Aktion schickte später eine Kritik der Aktion, von der hier einige Auszüge wiedergegeben und vor allem in Hinblick auf das Problem Lernsituation beantwortet werden.

Daß diese Kritik so ausführlich zitiert wird, hat seinen Grund darin, daß hier grundsätzliche Probleme der Strukturierung von Lernsituationen angesprochen werden und sich dabei vielleicht die Mißverständnisse (Rollen, Aktionen, Veränderungen und Verhalten betreffend) aufhellen können.

Kritik: »Als Teilnehmer dieser Aktion bin ich der KEKS-Gruppe zu Dank verpflichtet, da ich durch die von ihr in Szene gesetzte 'reale Lernsituation', in der jeder, der dabei war, oder dazukam, zur spontanen Konfrontation mit ca. 400 qm moderner Konsumwerbung aufgefordert wurde, tatsächlich lernte: Während der Beobachtung und Aufnahme des Verhaltens der Aktionsteilnehmer wurde mir plötzlich die visuelle Macht der von den Aktionisten attackierten Plakate bewußt. Mir gingen die Augen auf für ihre raubtierhafte Sprungkraft, mit der sie den Passanten, sei er nun auf Rädern oder zu Fuß unterwegs, anfallen und seinen unbewußten Wünschen eine überdimensionale Erfüllung verheißen. Hinter dieser Brisanz des visuellen Überfallens steckt die jahrzehntelange Auslese psychologischer, soziologischer und visueller Werbeerfahrung. Nur was die strengsten Anforderungen der modernen Werbemethoden erfüllt, und die maximale Wahrscheinlichkeit des Erfolges garantiert, passiert den Filter der Auslese und gelangt an die Plakatfront. Der kompromißlosen Zielstrebigkeit der psychologischen Attacke ist ihre visuelle Struktur adäquat. Ein ästhetisches Objekt, das auf sein Ziel und seine Mittel hin so ausgeformt ist, besitzt hohe Qualität, sei es nun eine Architektur, ein Film, ein Bild oder ein Plakat (ganz unabhängig von seiner ethischen oder moralischen Einstufung). Somit gehören diese Plakate zu den stärksten Schöpfungen in der ästhetischen Produktion unserer Zeit.«

Antwort: Damit zeigt der Kritiker selbst, daß die Aktion für seine Person sehr erfolgreich war – welches Lehr-Lernverfahren könnte ähnlich effektiv sein. Allerdings reflektiert er nur seine kognitiven Prozesse während der Aktion, entsprechend seinen Bedürfnissen und Qualifikationen. Er beobachtet und nimmt auf – die Situation liefert ihm Informationen dazu, die seinen Erkenntnisprozeß bewirken. Das ist sein Recht und seine Chance in einer offenen Lernsituation. Wenn das bei Einzelnen erreicht wird, ist damit die konkrete Aktion grundsätzlich gerechtfertigt, vor allem im Vergleich zu traditionellen Lernsituationen. Alles Weitere sind dann natürlich notwendige Qualifizierungs- und Optimierungsfragen methodischer und organisatorischer Natur. Aber es waren ja nicht nur kognitive Erkenntnisprozesse zum Inhalt Plakat in der Lernsituation möglich, sondern vor allem auch Verhaltensänderungen, Interaktions- und Kommunikationsprozesse im konkreten Umweltbereich. Die dann folgende Kritik geht nur vom inhaltlich-analytischen Ansatz in Sachen Plakat aus und verdrängt die psychisch-emotionalen Faktoren, die eine Lernsituation entscheidend bestimmen, und auf denen die Wirksamkeit von Werbung beruht.

Kritik: »Was hatten nun aber die Teilnehmer der Plakat-Aktion dieser Übermacht entgegenzusetzen? Wenig, außer der berechtigten und permanent unbewußt schwelenden Aggression, der notwendigen Reaktion auf die ständige Überredung zum Konsum, der die unterschwelligen Versprechungen der Plakate letzten Endes doch nicht erfüllt.

Diese aufgestaute Aggression des enttäuschten Konsumenten entlud sich mit wenigen Ausnahmen in bloßer Beschmierung und fortschreitender Abdeckung der 'geheimen Verführer'. Solange auch nur ein einigermaßen unversehrtes Stück des Werbekerns im Plakat zu sehen war, blieb es über Beschmierung und Gegenmontage Sieger. Wenn es endlich total verstümmelt und zugedeckt war, so war diese Beseitigung seiner Wirksamkeit keine geistige Behauptung des Aktionisten, sondern es kam einem bloßen Herabreißen oder Überpinseln des Plakates gleich, wie man es vom politischen Wahlkampf her gewohnt ist, und womit sich der Aktionist letzten Endes der gleichen Methode bedient wie jede autoritäre Zensur: Der (das) andere wird mundtot gemacht, verboten, zugedeckt.«

Antwort: Das Ausagieren von Unterdrückungen, Frustrationen, Aggressionen wird hier so abqualifiziert, als würden wir in einer Gesellschaft leben, deren Mechanismen nach logischen, gerechten Prinzipien objektiv funktionieren. Psychische Deformationen, Neurosen und Psychosen, Ausbeutung und Unterdrückung scheinen also nur Fehlentwicklungen zu sein, wer sich dagegen faktisch wehrt, wer Ausagieren dieser Konflikte legitimiert, darf nicht ernstgenommen werden, seine Aktivität wird als schlechte Qualität diskriminiert.

Die Feststellung, daß die Teilnehmer der Aktion dieser Übermacht wenig entgegenzusetzen haben, ist gerade das Dilemma, und die Schiedsrichterposition, die durch diese Feststellung und die damit verbundene negative Bewertung der Werbung Ausgelieferten eingenommen wird, verhindert die notwendigen emanzipativen Schritte. Dadurch wird der Eindruck erweckt, als würden 2 Partner (Werbung – Konsument) ein Spielchen mit Gewinn und Verlustchancen auf beiden Seiten betreiben. Die Ausgangslage ist aber eben nicht gleich, und die scheinheilige Unparteilichkeit ermöglicht den totalen Zugriff des privilegierten Partners, der Werbung.

Den Widerstand gegen den Konsum (noch dazu im zugerichteten Spielraum) als autoritäre Zensur zu bezeichnen und die angesprochenen Methoden zu diskriminieren, bedeutet doch, sich einem übermächtigen Gegner noch mehr auszuliefern, eine scheinobjektive Mittlerrolle, z. B. als Lehrer, einzunehmen, die den bestehenden Zustand zementiert – zugunsten der Macht der Konsumwerbung.

Zudem scheint hier den Kritiker sein eigenes Wahrnehmungsvermögen im Stich gelassen zu haben. Ist das denn bloßes Beschmieren, Herabreißen, Überpinseln, Mundtotmachen, wenn gleichzeitig:
– Schüler Autowrackteile vor einem Plakat mit einem glänzenden neuen Automodell arrangieren
– Studenten in ein anderes Autowerbeplakat mit einer Verkehrssituation Verkehrstote malen
– Kunsterzieher Modeplakate mit alten Kleidern drapieren
– ein Parteiplakat bis auf ein einziges Wort systematisch zugemalt wird
– bei Parteiplakaten Parolen und Namen ausgetauscht werden
– echter Käse gegen Plakatkäse gestellt wird? (Diese Liste könnte fortgesetzt werden.)

Kritik: »Sich gegen diese Plakate geistig zu behaupten, erfordert jedoch mindestens die gleiche Schärfe und Zielsicherheit psychologischer, gesellschaftskritischer und visuellstrukturaler Analyse, auf der sie selber fußen. Denn nur auf dieser Basis könnte eine gezielte visuelle Gegenaktion erfolgen, in der durch eine strukturale und inhaltliche Verfremdung des Plakates dessen manipulatorische Wirkung aufgehoben, geistig zerstört und seine hintergründige psychologische 'Verführung' entlarvt wird. Nur wenige Aktionisten beschritten diesen Weg, indem ihre Aktion mit einer vorwiegend intuitiven Spontananalyse einsetzte, die dann ihre Gegenmontage und ihre strukturalen Eingriffe in das Plakat zu einem wirksamen Ansatz führte. Ansonsten erschöpften sich die Plakatüberdeckungen in einem blindlings drauflosleisternden Improvisieren.«

Antwort: Um sich gegen die Werbung überhaupt behaupten zu können, braucht es also den rundum Gebildeten, Ausgebildeten, Informierten, über alle möglichen Methoden verfügenden Menschen. Damit beständen grundsätzlich keine Chancen für 99 % der Bevölkerung, sich gegen die Werbung zu behaupten. Ohne Bildungseinrichtungen ungeahnten Ausmaßes wäre also keine Veränderung zu erreichen. Das ist pädagogische Arroganz, die meint, es käme hauptsächlich auf geistige Überwindung an, und dabei könnte man getrost alle politischen und sozialen Struktur- und Machtfragen lösen. Die Priorität von 'geistig-analytischen' Verfahrensweisen im Lernprozeß gegenüber politischer und sozialer Wahrnehmung und Handlungsfähigkeit ist genau der Punkt, wo Schule und in ihr z. B. die Kunsterziehung trotz gesellschaftskritischer Lernziele unfähig zur aktiven Veränderung werden, wo sie von Bildungseliten her und nicht von Mehrheiten und Massen her denken.

Teil 3   Der bildungspolitische Ansatz – Strategie und Taktik

Der Ansatz zu einer eigenen bildungspolitischen Konzeption des Lehrers erfordert, daß zu der Erfahrung von Widersprüchen, Repression und Abhängigkeit in der Praxis – die Kenntnis der Funktion von Bildung in unserer Gesellschaft kommt. Das dumpfe Bewußtsein vieler Lehrer und Erzieher, daß ihre Praxis im Dienste fremder Interessen steht, führt oft zum Festklammern an idealistischen Postulaten von der 'Autonomie der Pädagogik' oder zur Rationalisierung der empfundenen Unzulänglichkeiten und Zwänge als 'in der Natur der Sache liegend'. Aber auch die kritische Reflexion der Funktion von Bildung kann zur Kompensation geraten, wenn sie nur literarisch konsumiert wird. Diese Gefahr besteht besonders dann, wenn die Materialien, die zur Reflexion herangezogen werden, so verfaßt sind, daß die entsprechenden Analysen kaum Bezüge zur konkreten Situation des einzelnen Lehrers und Erziehers haben bzw. diesem nur seine Abhängigkeit, seine Ohnmacht im fremdbestimmten System bestätigen.

Was oft im Anschluß an solche Analysen als mögliche Gegenstrategie entwickelt wird, erfordert seitens des Subjekts dieser Strategie ein Potential, wie es vom einzelnen, an alternativer pädagogischer Praxis Interessierten keineswegs erbracht werden kann.

Das Nachdenken darüber, daß das Bildungswesen ein von herrschenden Interessen instrumentiertes, dem Produktionsprozeß zugeordnetes gesellschaftliches Subsystem ... ist, hat für den auf Emanzipation bedachten Lehrer nur dann eine Funktion, wenn es in die Überlegung einmündet, welche Rollenfunktion das Bildungssystem ihm zugedacht hat und was er aus dieser Rolle machen kann.

An dieser Stelle soll nun keine Analyse von herrschenden Strategien der Bildungsproduktion erfolgen. Dazu ist auf entsprechende Literatur zu verweisen.[1] Hier sollen strategische Überlegungen angestellt werden, die auf die Aktionsmöglichkeiten von solchen Individuen und Gruppen bezogen sind, die sich in ihrer Situation als Objekte eines repressiven, zweckrationalen Bildungssystems erfahren, die sich damit nicht mehr mit diesem System identifizieren und also zum Subjekt gegenüber dem als veränderbar begriffenen Objekt Bildungssystem werden. *Diese Umwertung im Verhältnis zwischen Bildungssystem und den von ihm Betroffenen ist der Haupteffekt der Strategie: Sie setzt bei der Aufhebung der durch die herrschende Bildungsstrategie definierten Rollenfunktionen der Lehrenden und Lernenden an. Die Isoliertheit der Individuen, ihre*

Passivität und Unselbständigkeit, ihr Reagierenmüssen auf verordnete Innovationen – diese vom System bezweckten Zustände der Betroffenen an der Basis gilt es zu ändern in Richtung auf Solidarität und kollektive Kommunikation, aus der heraus autonome und innovative Aktivitäten der Individuen möglich sind. Eine derart wirksame Gegenstrategie entwickelt sich jedoch nur aus konkreten, selbstorganisierten Lernsituationen; die Koordination derjenigen, die sich in solchen Lernsituationen in tendenziell kritischer Weise mit den realen Verhältnissen in verschiedenen Bereichen auseinandersetzen, ergibt schließlich ein neues strategisches Potential, das auf einer höheren Ebene bildungspolitischer Auseinandersetzung wirksam werden kann.

Der Ansatz *Autonomie an der Basis – Selbstorganisation von Lerngruppen* ist also nicht als Absage gegenüber dem von bildungsökonomischen Analysen hergeleiteten großen strategischen Entwurf zu verstehen, sondern als dessen erste Realisierungsbedingung – vorausgesetzt natürlich, die Theorie dieses Entwurfs akzeptiert die Aktivitäten der Basis als Möglichkeit kompetenter Innovation. In dieser Hinsicht hat so manches hierzulande entwickelte bildungspolitische Konzept seine Schwierigkeiten. Theorie wird unter Bedingungen entwickelt, die an der Basis nicht gegeben sind. Also glaubt man Gedankliches für die Basis in der von der Basis abgehobenen Sphäre der Forschung produzieren zu müssen. Die Bedingungen aber, die Theoriebildung ohne Praxisbezug ermöglichen, sind Setzungen desselben Systems, das Praxis ohne die Möglichkeit zur Theoriebildung erzwingt. Die hierarchische Unterscheidung der voneinander getrennten Tätigkeitsbereiche zugunsten der Theorie degradiert die Praxis zum Vollzug von Theorie an der Basis. Ein wesentlicher Ansatz zu einer Gegenstrategie durch *Autonomie an der Basis* besteht deshalb nicht nur darin, daß die zum Vollzug angebotene didaktische und methodische Theorie nach Maßgabe eigener Interessen interpretiert wird, sondern darüber hinaus jeder pädagogischen Theorie, die sich arrogant mit dem Etikett 'Produkt einer Forschungsanstalt' dekoriert, mit Kritik begegnet werden muß.

Als Leitlinie für die Operationen einer Gegenstrategie kommt also eine Theorie in Frage, die von den Interessen der Basis ausgeht und die durch Lernprozesse an der Basis auch weiterentwickelt wird. Dies bedeutet für die Subjekte dieser Strategie auch Autonomie gegenüber dogmatischen Theorien. Dieser Standpunkt ist dennoch mit einer notwendigen Parteilichkeit vereinbar, nämlich in der Weise, daß auch das Programm einer der eigenen (bildungs)politischen Tendenz entsprechenden Partei, Gewerkschaft usw. als veränderbare Größe aufgefaßt wird. Das Prinzip autonomen Handelns und Denkens ist durchgängig in allen Bereichen, in denen einzelne, in denen Gruppen aktiv werden, und *Basis* gibt es folglich in jedem dieser Bereiche. Die Qualifikation von *Basis* besteht nicht nur im Betroffensein, im Ausgebeutetwerden usw., sondern sie besteht auch in der Fähigkeit zu Handlungsansätzen mit der Tendenz, die Situation an der Basis zu verändern.

Bedingungen für strategisches Handeln
Grunderfahrung, die zu strategischen Überlegungen führen kann, ist also die Erfahrung

in einer bestimmten Lebenssituation, daß eigenen Interessen fremde gegenüberstehen. Wenn sich herausstellt, daß die Durchsetzung der eigenen Interessen systematisch verhindert wird, es also nicht ausreicht, durch Artikulation seiner Bedürfnisse die Möglichkeit zu deren Befriedigung eingeräumt zu bekommen, dann müssen Überlegungen darüber angestellt werden, wie man dennoch, also trotz des Widerstands des Interessengegners, seine Interessen durchsetzen kann. Dazu ist notwendig:
- Die eigenen Interessen müssen als Zielsetzung formuliert werden.
- Die Zielsetzung des Gegners muß erkannt werden.
- Das eigene Potential und das des Gegners müssen eingeschätzt werden.
- Das Konfliktfeld, in dem eine Auseinandersetzung sinnvoll und taktisch durchführbar ist, muß sondiert werden.
- Taktiken müssen durchdacht werden.

Aus diesen Überlegungen ist eine Strategie, d. h. ein Plan für eine Handlungsabfolge, zu entwerfen, die unter Berücksichtigung denkbarer Gegenzüge des Interessengegners zur Erreichung des gesetzten Zieles führen soll. Je geringer das eigene Potential ist und je mehr die eigene Zielsetzung den Interessen des Gegners zuwiderläuft, desto notwendiger ist eine innovative Strategie. Die Optimierung der Strategie in ihrem aktuellen Vollzug ist eines ihrer konstitutiven Elemente. Vorbedingung dazu ist ihre Veränderbarkeit. Durch Rückmeldung der Erfahrungen im Laufe des strategischen Handelns ergibt sich Bestätigung oder Anlaß zur Änderung der Strategie. Ein Merkmal strategischen Vorgehens ist das taktische Operieren: Es bedeutet auch die Verschleierung der Zielsetzung, Absicherung der eigenen Existenz, Wechsel der Konfliktfelder und der eingesetzten Medien. Weiterhin bedeutet strategisches Vorgehen, daß die Zielverwirklichung als langfristiger Prozeß nur dann geleistet werden kann, wenn die Energie zur Bewältigung kurzfristiger und auch weniger spektakulärer Teilprozesse aufgebracht wird. Das bedeutet die Bereitschaft zu Projektarbeit mit begrenzter Zielsetzung. An dieser Qualifikation scheitern insbesondere jene, die, abgehoben von der Wirklichkeit konkreter Situationen, in ihrem Denken sehr schnell zur totalen Interpretation eines Problems gelangen, aber die Möglichkeit eines durch sie zu leistenden Beitrags zur Lösung des Problems in Abrede stellen, weil dessen Totalität aus der Sicht ihrer Unfähigkeit, bzw. Verweigerung gegenüber konkreter Handlungsfähigkeit lähmend wirkt. Strategisches Handeln erfordert deshalb eine Differenzierung gesellschaftspolitischer Probleme bis zu einem Grad, der die möglichen Ansatzstellen zeigt. Diese Fähigkeit zur Differenzierung gesellschaftlicher Wirklichkeit bedeutet nicht, daß die kritische Gesamtschau verlorengeht; sie bedeutet wohl aber die Möglichkeit, daß sich die Korrekturbedürftigkeit der gängigen Interpretationsmuster von Gesellschaftskritik erweist.

Die hier zur Diskussion stehenden strategischen Handlungsansätze beziehen sich auf die Organisation von Lernsituationen in verschiedenen Bereichen. Da Strategie nur sinnvoll ist als Plan zur Auseinandersetzung mit aktueller Wirklichkeit und diese Auseinandersetzung sich in der Organisation von Lernsituationen konkretisiert, sind *Lernsituationen* jeweils aktuelle, geschichtlich einmalige Momente einer strategischen Hand-

lung. Zur näheren Bestimmung der Bedingungen für strategisches Handeln an der Basis seien nochmals aufgeführt:
- Zielsetzung

Das handelnde Subjekt ist sich des antagonistischen Charakters seiner Zielsetzung bewußt. Sein Engagement bedeutet Parteinahme. (Mehr über den Zusammenhang Zielsetzung und Interesse siehe: 5 *Lerninhalte und Lernziele*.) In der konkreten Handlung ist die allgemeine Zielsetzung in Teilziele differenziert, um so der in den verschiedenen Bereichen ebenfalls differenzierten gesellschaftlichen Realität entsprechen zu können. Die Komplexität der Zielsetzung erweitert sich mit dem Lernprozeß, der strategisches Handeln letztlich ist. Vor dem Ziel, anderen zur Selbstbestimmung zu verhelfen, muß das Ziel der Selbstbestimmung im eigenen Bereich stehen.

Der Tätigkeitsbereich *Organisation von Lernen* ist der eigene Bereich, auf den sich die Zielsetzungen der hier angesprochenen Zielgruppe beziehen. Der Streit geht hier um die Tendenz der organisierten Qualifikationsprozesse. Der Gegenspieler will sie in kapitalistische Verwertungszusammenhänge eingebunden wissen. Die hierzu durch Institutionen abgesicherten Kommunikations- und Internalisierungsverfahren gilt es zu unterlaufen. Diese Strategie einer 'negierenden Didaktik' bedeutet natürlich nicht, daß Lernen schlechthin verhindert werden soll, sondern daß eine Umwertung der Qualifikationsstruktur durch gezielte Veränderungen der Lernbedingungen erfolgt. Eine Erweiterung dieser Zielsetzung ist die Organisation von Lernsituation in Bereichen, die, weil außerhalb institutioneller Lernorganisation liegend, bessere Bedingungen für selbstbestimmtes Lernen bieten. Die Vermittlung der eigenen Zielsetzung muß ein weiteres Ziel sein.
- Potential

Das Potential des handelnden Subjekts bestimmt das Ausmaß des strategischen Ansatzes. Eine Komponente des Potentials ist die Qualifikation des Subjekts: Fähigkeiten des Verhaltens und Erkennens (z. B. Initiative, Kommunikationsfähigkeit, Analyse des Bildungswesens, Kenntnis des Gegners). Eine weitere Komponente ist der Kommunikationszusammenhang, in dem das Subjekt steht. Durch Zusammenschluß von Subjekten mit gleicher Zielsetzung ergibt sich ein neues Potential mit komplexerer und effektiverer Wirkungsmöglichkeit. Solidarität und Kooperation zu suchen ist eine fundamentale Bedingung strategischen Handelns. Eine dritte Komponente, die die Qualität des Potentials eines strategisch handelnden Subjekts bestimmt, ist dessen Verfügung über Mittel und Medien. Die Optimierung des Potentials und die Ausweitung des strategischen Ansatzes bedingen einander.
- Sondierung der Aktionsbereiche

Die Bereiche, in denen die Organisation von Lernsituationen strategisch ergiebig ist, d. h. wo fremdbestimmte Qualifikationsstrukturen gestört und selbstbestimmte eingerichtet werden können, sind einer ständigen Veränderung unterworfen, deren Tendenz natürlich von den herrschenden Interessen bestimmt wird. Diese Veränderung dient der Anpassung an die Entwicklung im Produktionsbereich. Für eine langfristige strategische Planung ist es notwendig, daß diese Entwicklungstrends in den Aktionsbereichen erfaßt werden. Abgesehen davon, daß durch Aktivitäten in außerschulischen Bereichen, die sich 'progressiver' entwickeln als der Bereich Schule (z. B. Freizeit, Medienkultur, Selbstorganisation von Bürgern), eine gewisse Trendschnüffelei möglich ist, die zu strategisch bedeutsamen Kenntnissen führt, kann vor allem die Beobachtung der Curriculum-Entwicklung Daten zur eigenen Positionsbestimmung und zur Revision eines strategischen Ansatzes liefern.

Die nachfolgenden Überlegungen zur Situation in den Bereichen Curriculum-Revision, Ästhetische Erziehung und Politische Bildung sollen den strategischen Ansatz für *Lernsituationen* weiter klären.

1 Curriculumrevision

Die seit etwa 1967 in Gang gesetzte Curriculum-Entwicklung, die in den verschiedenen Bundesländern mit sehr unterschiedlicher Intensität und seitens der Behörden mit unterschiedlichen Zielsetzungen betrieben wird, hat im wesentlichen zwei Antriebsmotoren.

1 Staatliche und halbstaatliche Organe versuchen, mittels Planungs- und Steuerungsmechanismen das Ausbildungswesen in einen Zustand zu transformieren, der dem aktuellen Stand der gesellschaftlichen Produktivkräfte und dem der Verwertungsbedingungen des Kapitals entsprechen soll. Es wird zugleich versucht, aus diesem Transformationsprozeß ein Reformschema zu entwickeln, demzufolge die Anpassung der staatlich organisierten Qualifikationsprozesse an die sich ändernden Produktions- und Verwertungsbedingungen permanent erfolgen könnte.

Dieser Anforderung der staatlichen Bildungsökonomie entspricht die etablierte Curriculum-Forschung, indem sie Teilstrategien zur Lösung des Anpassungsproblems entwirft. Dabei bezieht sie sich auf 'moderne' Erziehungswissenschaften, deren Lehre eine gewisse Analogie zum Produktionsprozeß aufweist: Lernprozesse werden in Teilschritte zerlegt und danach mittels technologisierter Verfahren wieder zu einem Ganzen kombiniert. Auf der Ebene der Zwecksetzungen müssen die Qualifikationsanforderungen der kapitalistischen Produktion in didaktisch umsetzbare Lernziele transponiert werden. Da solche Curriculum-Entwicklung als notwendiger funktionaler Teilprozeß der Bildungsproduktion aufgefaßt wird, ist mit der Fortsetzung des Prozesses langfristig zu rechnen.

2 Der mit dem Reformvorhaben 'inhaltliche und organisatorische Umgestaltung des Schulwesens' verbundene Anspruch und die sprunghafte Entwicklung der Curriculum-Forschung signalisierten bei vielen engagierten und kritischen Geistern, daß die Chance gegeben sei, durch Mitarbeit an der eingeleiteten Lehrplanrevision progressive Zielsetzungen zu realisieren. Auf der Ebene der Forschung und in Lehrplankommissionen wurde das Vehikel Curriculum-Revision fleißig mit fortschrittlichen Zielformulierungen und Projekten befrachtet. Die Zielsetzung dieser Reformstrate-

gie läßt sich als demokratisch-kooperativer Ansatz umschreiben. Kooperation meint dabei die enge Zusammenarbeit von Wissenschaft und Schulpraxis.

Die Hoffnungen, die man in diese Reformstrategie gesetzt hat, haben sich nicht erfüllt. Die Curriculum-Entwicklung wird zwar fortgesetzt (siehe 1), doch der progressiv engagierte Ansatz wird zurückgewiesen. Der Alltag an den Schulen ist trist wie je. Hier sollen nicht die Bedingungen, die zum Scheitern der Curriculum-Revision geführt haben, in ihrer Gesamtheit untersucht werden, sondern es sollen die strategischen Fehlspekulationen, die viele der engagierten Geister (siehe 2) wohl angestellt haben, in Erwägung gezogen werden und anschließend ein alternativer strategischer Ansatz versucht werden.

Die Hauptüberlegung, man könne die institutionell betriebene Curriculum-Entwicklung so beeinflussen, daß sie zum Organ für fortschrittliche Reformen im Schulwesen wird, war von vornherein eine Illusion. Der effektiv kontrollierte Auftrag der staatlichen Curriculum-Institution bestand und besteht darin, aktuellere Lehrzielsysteme zu entwickeln, aus denen solche Lehrzieldefinitionen abzuleiten sind, die als Steuerungsinstrumente für die den kapitalkonformen Qualifikationsstrukturen entsprechenden Qualifikationsprozesse dienen. Curriculum-Planer befinden sich damit prinzipiell in der Rolle eines das Lehrerverhalten steuernden Subjekts. Die Lehrer ihrerseits steuern wiederum das Schülerverhalten. Die hierarchische Struktur der Bildungsproduktion bleibt bestehen.

Dieses Gefälle curricularer Entscheidungs- und Verordnungsprozesse hat seine Entsprechung im Gefälle der Lehrzielformulierung von der Spitze der Forschung hinab zu den Niederungen der Schulpraxis. Die auf der Ebene der Forschung mit anspruchsvollen Zielsetzungen injizierten Formulierungen, deren ganzheitliche Aspekte sie recht attraktiv erscheinen lassen, werden durch ihre Transformation – sprich Operationalisierung – auf der Praxis-Ebene kaum noch als stimulierender Impuls wahrgenommen. Selbst wenn hoch über allen Teillernzielen noch das Ziel 'Emanzipation' schwebt, so werden diese doch als das empfunden, was sie eigentlich nicht meinen: Aufforderung zu einer überprüfbaren Pflichtübung des Denkens und Erkennens, dem keine Chance zu konsequentem Handeln eingeräumt wird und die folglich lustlos und mit der Intensität geleistet wird, die sich durch die Angst vor dem Scheitern im Qualifikationsprozeß aufdrängt. Die Struktur dieser Lehrziele spiegelt auf allen Ebenen die Bedingungen wieder, unter denen sie produziert wurden. In der von realen Situationen abgehobenen und dafür mit mehr Freiheiten des Denkens ausgestatteten Sphäre von Forschung werden Zielsetzungen produziert, durch deren Abstraktheit und Reflektiertheit sie von der Basis nur in geringstem Umfang angenommen werden können. Wegen dieses Vermittlungsproblems konnten die Behörden die engagierten Planer zunächst auch ohne Besorgnis wirken lassen. Der progressive Inhalt der Lehrziele mußte zudem angesichts des wenig entwickelten Bewußtseinsstands breiter Gruppen der Lehrer- und Elternschaft die Basis verprellen.

In der ständig wiederkehrenden Floskel in Lernzielformulierungen: 'erkennen, daß...' ist das Symptom des schwerwiegenden Konstruktionsfehlers der bislang betriebenen Curriculum-Revision zu sehen. Obschon noch zu Beginn der Entwicklung »die Einführung soziologischer Terminologie (Rollentheorie) mit dem Argument legitimiert wird, daß sich mit ihr *Lernziele in der Form von situationsbezogenem Verhalten* bestimmen lassen«[2], stellt man nun Lernziele vor, deren Struktur – nämlich Ausklammerung der Handlungsebene, Primat kognitiven Lernens – sich vollkommen der tradierten Schulwirklichkeit angepaßt hat. Unter diesen Umständen muß auch progressiver Inhalt zum gewöhnlichen Schulstoff degenerieren.

Als weiteres schweres Versäumnis in der bisherigen Entwicklung des Versuchs, das institutionelle Curriculum auf Fortschritt zu programmieren, ist das Ausbleiben ernsthafter Überlegungen darüber anzumerken, wie durch Einbeziehung außerschulischer Bereiche günstigere Bedingungen für die Organisation intensiverer Lernsituationen zu schaffen sind. Zu sehr wurden die Überlegungen auf den Bereich schulischen Lernens konzentriert – was natürlich auch zu erwarten war.

Im Augenblick scheinen auch die staatlichen Stellen ihre Erwartungen, die sie in die Konstruktion von Großcurricula durch exklusive Entwicklungsanstalten gesetzt haben, nicht erfüllt zu sehen. Der Grund hierfür liegt nicht darin, daß man die wissenschaftliche Güte des entwickelten Produkts oder dessen inhaltliche Tendenzen in Zweifel gezogen hätte. Vielmehr mußte einfach festgestellt werden, daß diese Curricula die Schulen nicht wirklich erreichen konnten und sie also auch kein Instrument zur intendierten Veränderung der Schule sind. Die Auffassung, daß solche Curricula – ». . . verstanden als schriftliche Kodifizierung von begründeten Lernzielen, angemessenen, möglicherweise alternativ wählbaren Themen (Inhalten, Aufgaben) und darüber hinaus ggf. Empfehlungen für die Lernorganisation (Methodik), geeignete Medien und lernzielorientierte Überprüfungs- und feed-back-Verfahren«[3] – nicht ohne vorbereitende und begleitende Innovationsmaßnahmen eine erwünschte Veränderung der Realität der Schule, bzw. des Unterrichts, bezwecken können, veranlaßt nun die staatlichen Planer, eine mehr basisorientierte Curriculum-Entwicklung in Erwägung zu ziehen. Die Vorstellungen gehen dahin, den hierfür notwendigen institutionellen Rahmen durch den Aufbau einer regionalen Lehrerfortbildung zu schaffen. Neben erheblicher finanzieller und administrativer Probleme, deretwegen allein schon eine rasche Entwicklung in Richtung Regionalisierung und Praxisorientierung der Curriculum-Entwicklung unwahrscheinlich sein dürfte, sehen die Planer aber auch politische Probleme. Die beim vorwiegend wissenschaftlich organisierten Ansatz zur Curriculum-Revision noch einigermaßen gewährleistete Kontrollierbarkeit der Entwicklung (zentrale Forschungsstellen und Kommissionen) droht bei einer basisnahen, dezentralisierten Organisation verlorenzugehen. Zwar unterstellt man der statistischen Basis, also der nach den Schultypen proportionierten Mehrzahl der Lehrer aufgrund ihrer bekanntermaßen konservativen Einstellung nicht mangelnde Loyalität und Neigung zur Obstruktion, aber man befürchtet, daß durch die Einbeziehung möglichst 'vieler Kollegen an den Schulen' vor allem die kritisch Engagierten unter den Betroffenen den Prozeß beeinflussen würden und die 'eigentliche Basis' als einerseits vollzugsbereites und andererseits die kritische

Lernzielformulierung der Theoretiker korrigierendes Potential nicht so recht zur Wirkung käme.

Die auch von kritischen Theoretikern und Praktikern geforderte Basisnähe der Curriculum-Entwicklung ist im Ansatz richtig, vor allem dann, wenn sich daraus eine intensivere Dialektik von Theorie und Praxis ergäbe, als dies beim bisherigen Ansatz der Fall war, wo es durch strikte institutionelle und hierarchische Trennung der beiden Bereiche eine Einbahnstraßen-Innovation von oben nach unten gab: Forschung → Entwicklung → Vermittlung. Aber das Konzept einer institutionalisierten basisnahen Curriculum-Entwicklung, das pragmatische Aspekte wie:

».... Curriculumreform, die
- normative, alle Unterrichtsfaktoren berücksichtigende Handlungsmodelle in Form von curricularen Bausteinen entwickelt,
- Lehrer möglichst weitgehend am Entwicklungsprozeß beteiligen und
- Fortbildungsfunktionen für die beteiligten Lehrer wahrnehmen soll...«[4]

enthält, ist mit Hypotheken belastet. Erstens muß festgestellt werden, daß auch bei dieser Entwicklung es kontrollierbare und kontrollierende Institutionen sein werden, die mit einem bestimmten Interesse die entscheidenden Steuerungsfunktionen ausüben werden. Zum anderen ist bei diesem Konzept eine Basis angesprochen, deren Qualifikation allein dadurch gegeben zu sein scheint, daß es sich um Betroffene handelt. Aus diesen beiden Feststellungen insbesondere soll nun der strategische Ansatz für *Autonomie an der Basis* in bezug auf die Curriculum-Entwicklung bezogen werden.

Strategie einer außerinstitutionellen Curriculumarbeit
Für den bildungspolitischen Ansatz autonomer Basis-Gruppen *(Lerngruppen)* ist die Entwicklung zur basisnahen Curriculum-Entwicklung aus taktischen Gründen vorteilhaft. Eine Mitarbeit an der Erstellung neuer Richtlinien im Rahmen institutioneller Gremien und Arbeitsgruppen ist unter dem Gesichtspunkt zweckmäßig, daß progressive Inhalte in den Richtlinien eine gewisse Absicherung bieten können für progressive Lehrer, für Projektarbeit, die die Normen schulischer Lernsituationen in Ansätzen überwindet.

Der hauptsächliche Ansatz sollte jedoch in Richtung *Ausbau einer qualifizierten Basis* gehen, deren Qualifikationsmerkmale sind: *Selbstorganisation, Handlungsfähigkeit* auf verschiedenen Ebenen und im Rahmen von Projektarbeit, deren *Tendenz* durch emanzipatorisches Interesse bestimmt wird. Dieser Ausbau ist nur als Vermittlungsprozeß außerhalb des institutionellen Innovationsapparates zu leisten, da dieser nur die Produkte von Curriculumarbeit vermittelt, es aber auf die Vermittlung der Organisationsstrukturen, unter denen fortschrittliche Curriculumarbeit möglich ist, ankommt. Die Organisation von Lernsituationen durch qualifizierte Basis (*Lerngruppen*, progressive Schüler und Lehrer, Initiativgruppen, Gewerkschaftsgruppen u. a.) ist zugleich die Entwicklung eines permanenten außerinstitutionellen Curriculums, dessen Funktion nicht die Kontrolle und Steuerung von Lernprozessen im Dienste fremder Interessen ist, sondern Orientierungs- und Organisationshilfe für alle, die Lernen als Selbstbestimmung bzw. Lernen als Veränderung von Realität verstehen. Um in diesem Sinne funktionieren zu können, um also Instrument im Dienste emanzipatorischer Interessen sein zu können, bedarf es natürlich bestimmter organisatorischer Strukturen, damit die Koordination der Aktionen der einzelnen Gruppen, die notwendige Information und Kommunikation geleistet werden können. Dazu ist die Verfügung über entsprechende Apparate erforderlich; dazu sind Publikationen und die Erstellung sowie der Vertrieb von Arbeitsmaterialien notwendig. Es gilt also ein Potential auf- und auszubauen. Dies ist der schwache Punkt in der Strategie *'Autonomie der Basis'*. Auszugleichen ist er nur durch das Engagement und die intensive Vermittlung des Ansatzes.

2 Ästhetische Erziehung

Der Begriff 'Ästhetische Erziehung' soll hier nicht einen speziellen kunstpädagogischen Ansatz bezeichnen, sondern alle mit den Bereichen Kunst, visuelle Medien, Kreativität, Wahrnehmung usw. befaßten institutionalisierten Erziehungsversuche.

Die Notwendigkeit einer begrifflichen Klarstellung macht deutlich, daß es für diesen Fachbereich derzeit kein eindeutiges Selbstverständnis gibt, daß seine didaktischen und institutionellen Fundamente in Bewegung geraten sind. An dieser Stelle soll nun nicht die derzeitige kunstpädagogische Landschaft und ihr geschichtlicher Entwicklungsprozeß dargestellt werden. Darüber gibt es ausreichend Literatur.[5] Vielmehr interessieren a. didaktische Innovationen, sofern diese nicht nur die Entwicklung der Kunstpädagogik um eine zeitgemäße Variante erweitern, sondern den Anspruch erheben, eine gesellschaftspolitisch relevante Alternative zu sein und b. die aktuelle Situation der institutionellen ästhetischen Erziehung als Bezugsfeld für die Organisation autonomer Lernsituationen.

a Die Entwicklung der Fachdidaktik

Im Zuge der technokratischen Schulreform mußte vor allem die Funktion eines Bildungsfaches, dessen Didaktik sich auf einen wenig zweckrationalen und ins Zwielicht geratenen Hintergrund – nämlich Kunst – bezog, im Rahmen des zu revidierenden Fächerkanons in Frage gestellt werden.

Alle Ansätze, die Legitimation eines Faches im Bereich der ästhetischen Erziehung nachzuweisen, bemühten sich daher um die Neukonzeption der Fachdidaktik. Als Legitimationsinstanz wurden im wesentlichen zwei Autoritäten fixiert: Technokraten und kritische Intelligenz. Während der erste Ansatz auch vordergründig das Interesse der Didaktiker an der Erhaltung der institutionellen Substanz des Faches erkennen läßt, bedeutet der zweite Ansatz den Versuch, mittels aufklärerischer Inhalte im Rahmen der bestehenden Institution einer ästhetischen Erziehung Bildungspolitik zu betreiben. Entsprechend ambitionierte Unterrichtsmodelle, die vor allem seitens jüngerer Kollegen viel

Beachtung finden, lassen jedoch erkennen, daß insgeheim aufklärerische Ziele sich durch didaktische Innovationen nicht einlösen lassen. Auffallend ist die säuberliche Trennung des Unterrichtsgegenstandes, dessen gesellschaftskritischer Gehalt raffiniert didaktisch aufbereitet ist, von den äußeren Bedingungen des Unterrichtens. In der Hoffnung, der Unterrichtsprozeß werde rationaler durch seine Bindung an eine rational aufbereitete Sache, glaubt man Bildungsprozesse als Aufklärung zu organisieren. Indem diese Didaktik auf die Thematisierung der Umstände, unter denen sie sich vermittelt, verzichtet, setzt sie diese unbefragt voraus. Die Möglichkeit von Lernprozessen (einschließlich der Erkenntnis einer bestimmten Sache) hängt ab von der Thematisierung und praktischen Veränderung der Vermittlungssituation. Für die Lernsituation Schule, die ja der akzeptierte Vermittlungsrahmen solcher Didaktiken ist, bedeutet das, daß die spezifischen Interaktions- und Kommunikationsformen, die Leistungszwänge und Prüfungsrituale, die Rolle des Lehrers, die Vorherrschaft sprachlicher Vermittlung usw. die entscheidenden Kriterien für die Vermittlung handlungsrelevanten Wissens sind. Letzteres ist nur zu verstehen als korrigierbares Ergebnis eines Erfahrungsprozesses, der in einer konkreten Situation (der Schule z. B.) sowohl an den unmittelbaren Interessen und Bedürfnissen der Lernenden und an gesellschaftlicher Objektivität orientiert ist.

Daher sind alle fachdidaktischen Konzeptionen, die nur auf die Wirkung einer rational entfalteten Sache vertrauen, die die prinzipiell antiemanzipatorische Tendenz der schulischen Lernsituation außer acht lassen, kein geeigneter Ansatz im Sinne des hier vertretenen strategischen Handlungsansatzes. Allenfalls sind sie geeignet, positive oder negative Auswirkungen bezüglich der Position des institutionalisierten Schulfaches zu erreichen.

Das Konzept von 'Visueller Kommunikation' als alternativer Didaktik im Bereich ästhetischer Erziehung ist ein Beispiel für eine Didaktik aus der Retorte. Dem Ansatz, daß Kunst kein zentraler Gegenstand einer ästhetischen Erziehung mehr sein kann, daß längst andere Medien und Bereiche in unserer Gesellschaft im Dienste herrschender Interessen ästhetisch, d. h. die Wahrnehmung und das Verhalten von Menschen steuernd, wirksam sind und daß es gilt, die Schüler über die Funktion der herrschenden visuellen Kultur aufzuklären, ist natürlich zuzustimmen. Das Konzept wurde von eher außerhalb der kunstpädagogischen Szene stehenden Didaktikern ausgezeichnet argumentativ entfaltet, so daß es auf kritisch ambitionierte Kunsterzieher und Germanisten sehr attraktiv wirkte. Nicht ohne Schuld der maßgeblichen Innovatoren – sie erklärten 'Visuelle Kommunikation' als ein neues Unterrichtsfach – stellte sich das Konzept aus der Sicht der Basis als veritable Alternative zur in zunehmendem Maße lustlos betriebenen Kunsterziehung alten Stils dar.[6] Weil die Konzeption in erster Linie Anforderungen an das Verstehen, an das Nachvollziehen geleisteter Analysen stellte, wurde sie folglich auch als Angebot von Lehrstoff wahrgenommen, der seiner Struktur nach durchaus im traditionellen Unterricht Anwendung finden konnte. Sehr deutlich wird dies, wenn man die für konkrete Unterrichtspraxis aufgezählten Lernziele studiert. Hier steht der übliche Lernbegriff im Vorgergrund: Der Schüler soll erkennen, verstehen, wissen, sehen, untersuchen, auffassen, bewerten, Erfahrungen sammeln in der bewußten Wahrnehmung, beschreiben usw. Solches Lernen läßt sich operationalisieren und überprüfen. Die Inhalte von einer so praktizierten Konzeption von 'Visueller Kommunikation' werden zu eingetrichterten kritischen Begriffen, zu Begriffen, die »nicht zu ihrem offensiven Gebrauch durch die Schüler«[7] verhelfen. Das Beispiel der Rezeption des Konzepts 'Visuelle Kommunikation' zeigt, daß auch außerinstitutionell feilgebotene Didaktiken keine Garantie für progressive Lernprozesse bieten, zumal dann, wenn sie sich als Produkte anbieten, die in bezug auf ihre Anwendung im Unterricht keinerlei Ansprüche stellen, die den Rahmen der üblichen Bedingungen schulischer Vermittlungsprozesse sprengen würden.

Deshalb sind alle didaktischen Konzepte, die wie genormte 'software' (programmierte Daten) zur 'hardware' (Datenverarbeitungsmaschine) Schule passen, auch bei fortschrittlicher inhaltlicher Thematik ungeeignete Instrumente im Sinne der hier entwickelten strategischen Überlegungen. Didaktiken, die die Funktion von Programmen für emanzipatorische Lernprozesse in der Schule haben sollen, müßten Informationen darüber geben, wie unter Berücksichtigung der zur institutionellen Absicherung notwendigen Maßnahmen Lernsituationen zu organisieren sind, in denen Inhalt und reale Situation des Lernens aufeinander bezogen sind. Solche Didaktiken wären nicht abgestimmt auf das Vermittlungsritual der Schule, sondern auf das Potential autonomer Lerngruppen: nämlich deren Möglichkeit, sich Spielräume für Erfahrungen zu schaffen. Die Produktion und Vermittlung solcher Didaktiken, die man besser als Lernstrategien bezeichnen kann, ist Bestandteil der Arbeit von Projektgruppen (→ siehe *Vermittlung des eigenen Lernprozesses*). Nebenbei sei noch die Vermutung ausgesprochen, daß die effektivste Einwirkungsmöglichkeit auf die Entwicklung der institutionellen Fachdidaktik für autonome Gruppen wahrscheinlich darin besteht, daß sie ihre in außerinstitutionellen pädagogischen Projekten gewonnenen Erfahrungen vermitteln.

b Die Situation der Institution Kunstunterricht

Nachdem der entscheidende Ansatz bei der Organisation autonomer Lernsituationen liegt, ist zu fragen, inwieweit dies im Rahmen der institutionalisierten ästhetischen Erziehung möglich ist.

Weithin ist diese noch als Kunstunterricht oder als Kunsterziehung eingerichtet und bemüht sich also um die Vermittlung eines vorwissenschaftlich strukturierten Gegenstandsfeldes. Ihrer Herkunft aus der »musischen Bewegung« verdankt sie auch heute noch eine gewisse Sonderstellung als musisches Fach in der Schule. Diese Sonderstellung, die von aufgeklärten Kollegen längst als belächelter und geduldeter Schonraum empfunden wurde, paßt nun auch nicht mehr in das Konzept der staatlichen Bildungsplaner. Im Zuge der technokratischen Bildungsreform muß sich das Fach dem Leistungskurs anderer Fächer anschließen oder wird, wenn sich keine entsprechende Fachdidaktik organisieren läßt, auf den Stundentafeln des Fächerkanons gemäß seiner geringer veranschlagten verwertbaren Bildungsfunktion reduziert werden. Diese Situation des Faches – einerseits noch andauernde Schonraum-Existenz an der Schule, andererseits heftige Diskussion um seine Didaktik – zeichnet es als strategisch günstiges Operationsfeld aus. Freiräume sind hier leichter in Anspruch zu nehmen: Man kann auf 'notwendige' Bedingungen ästhetischer Produktion verweisen, man kann Aktionen als Experimente im Sinne neuester didaktischer Forschung erklären.

Der aktuelle Zustand der Kunsterziehung ist als Chance zur Organisation von *Lernsituationen* zu sehen und nicht als Aufforderung, die Existenz der Institution Kunsterziehung durch Korrekturen an ihrem didaktischen Konzept zu erhalten. Für letzteres hat sich ohnehin eine Lobby schon gefunden. Ersteres bedeutet, daß die Substanz der abgewirtschafteten traditionellen ästhetischen Erziehung (quasi als Humus) zum Material von Lernprozessen wird, deren Zielsetzung unter anderem die Ausweitung des Spielraums für Projektarbeit in anderen Fächern (z. B. Deutsch, Sozialkunde) ist. Die Negation des bestehenden Kunstunterrichts wird durch Aktion geleistet, die dadurch, daß sie sich ästhetischer Techniken bedient und sich auf reale ästhetische Phänomene (z. B. Wahrnehmung schulischer Ordnungsstrukturen in der Architektur des Schulbaus) bezieht, zugleich die Innovation spezifischer (ästhetischer) pädagogischer Verfahren ermöglicht. Eine solche Negation ist dialektischer als die Forderung nach Abschaffung des Kunstunterrichts und nach Einrichtung eines neuen Faches 'Visuelle Kommunikation', hinsichtlich dessen bislang geleisteter didaktischen Konzeption der Zweifel aufkommt, ob im Rahmen dieses Fachs Lernsituationen möglich sind, in denen ästhetische Prozesse nicht nur auf der Ebene sprachlicher Kommunikation konsumiert und produziert werden.

Lernraum Kunst
Kunst hat in bezug auf *Lernsituation* zweierlei Funktionen:
– Sie ist dort, wo sie sich im gesellschaftlichen Zusammenhang konkretisiert (Produktion, Distribution, Präsentation, Rezeption) ein möglicher *Lernraum*. Damit ist Kunst nicht mehr normative Bezugsgröße, sondern beliebiges Medium für Lernprozesse. Interessant im Sinne der Tendenz dieser Lernprozesse ist ihre reale gesellschaftliche Funktion. Kunst ist ein Phänomen der herrschenden ästhetischen Kultur und hat als Projektbereich daher einen relativen Stellenwert.
– Sie dient als Vorwand. Bestimmte Operationen mit quasi künstlerischen Begleiterscheinungen können durch den Hinweis, man handle hierbei im Nachvollzug oder in der Erzeugung von Kunst, taktisch abgesichert werden.

3 Politische Bildung

Bei der Auseinandersetzung mit Lernprozessen ist gleichzeitig immer auch eine politische Dimension des Lernens angesprochen, wenn man davon ausgeht, daß politisch nicht nur das ist, was in Parteien und Regierungen verhandelt, beschlossen und durchgesetzt wird, sondern ebenso das, was in allen gesellschaftlichen Bereichen täglich an der Basis verhandelt, beschlossen und durchgesetzt wird. Damit ist keine Wertung ausgesprochen – sondern die Feststellung, daß negative wie positive Prozesse politische Auswirkungen haben, die in den gesamtgesellschaftlichen Entwicklungen kulminieren.

Ausbildung und Lernen in allen Bereichen, institutionell oder außerinstitutionell, ist eine Funktion der Gesellschaft und beeinflußt über ihre jeweilige Struktur und Wirkweise Verfestigungen, Veränderungen, Entwicklungen, wirkt also politisch. Die Art und der Inhalt der Vermittlung von Einstellungen, Haltungen und Verhaltensweisen determiniert politische Prozesse. Der Einzelne oder die Gruppe sind politische Faktoren in dem Maße, wie sie sich durchsetzen, integrieren und manipulieren lassen. Sie sind in allen Lebenssituationen mit gesellschaftlicher Relevanz – und das reicht von der Familie über Erziehung und Arbeitswelt zur 'großen Politik' – politisch relevant – sei es als passiv Betroffene oder aktiv Handelnde. Sich vermitteln, sich verwirklichen ist ernsthaft nur mit einer bewußten oder unbewußten politischen Dimension möglich.

Unter der Voraussetzung dieses komplexen Politikbegriffs geschieht Politische Bildung »überall, wo Politik in oder für die Öffentlichkeit geschieht oder gemacht wird. 'Bild' und Willy Brandt oder der Krimi im Fernsehen zählen genauso dazu wie der Geschichtsunterricht oder der Vortrag eines Mitglieds der Handelskammer an einer Berufsschule.«[8]

R. D. Laing führt das Beispiel Sprache an: »Die Wahl von Syntax und Vokabular ist ein politischer Akt; er definiert und umschreibt, wie 'Fakten' erfahren werden sollen. In einem gewissen Sinn schafft er sogar erst die Fakten, die untersucht werden.«[9]

Die Strukturierung von Lernsituationen und ebenso die Analyse und Kritik von Lernsituationen muß also immer auch unter einer politischen Perspektive geleistet werden. Es sei an dieser Stelle noch einmal erinnert, daß Lernsituation nicht nur die institutionell organisierten Bildungseinrichtungen meint, sondern auch alle Umwelt – Medien – Sozialisationsbereiche, die verhaltensprägend sind.

Der Einzelne ist diesen fremdbestimmten Lernsituationen in der Regel ausgeliefert und hat keine Gelegenheit, durch Lernprozesse aus dieser seine Alltagswelt betreffenden Abhängigkeit zu entkommen. Das ist wiederum eine politische – allerdings negative – Determination für die Mehrheit der die Gesellschaft definierenden Individuen. Formen von Selbstorganisation und Mitbestimmung, wo immer sie auftreten, verwirklichen im Rahmen von Lernsituationen den komplexen politischen Anspruch.

Die institutionelle Politische Bildung

Zunächst aber muß untersucht werden, was offiziell mit dem Anspruch politischer Bildung auftritt und inwieweit die dabei angewandten Verfahrensweisen geeignet sind, politisches Lernen zu realisieren.

Unter verschiedenen Bezeichnungen (z. B. Sozialkunde, Gemeinschaftskunde, Staatsbürgerkunde) taucht Politische Bildung in den Erziehungssituationen als eigenständiger Unterrichtsgegenstand auf. Damit ist der Bereich des Politischen für die Wahrnehmung

und Wertung durch die Lernenden gleichgesetzt mit anderen Unterrichtsfächern, Inhaltsbereichen wie Deutsch, Mathematik, Geschichte, Musik, Kunsterziehung usw. Die Zuweisung von spezieller Unterrichtszeit (1-2 Stunden pro Woche höchstens, reserviert für bestimmte Klassenstufen) bewirkt zweierlei:
- Politische Inhalte und über die Auseinandersetzung mit diesen Inhalten mögliche veränderte Verhaltensweisen werden abgeschoben auf ein Fach mit engen Grenzen, andere Fächer und vor allem die organisatorischen Strukturen der Lernsituation sind für die Lernenden offiziell unabhängig und entlastet von politischen Fragestellungen.
- Politik wird reduziert auf Fakten und Wissen, das im Rahmen des üblichen Unterrichtsablaufs vermittelt und überprüft werden kann. Damit ist das, was sich für den Lernenden mit Politik verbindet, kontrollierbar und auch unattraktiv – da ja keine aktuellen Bedürfnisse und Veränderungen damit realisiert werden können.

Es wird eine demokratische Tugend- und Wertlehre vermittelt, die Politische Bildung so reduziert, daß sie

»1 Zu einer entpolitisierten (und damit entpolitisierenden) Übermittlung isolierter Tatbestände (Faktenvermittlung) wird,
2 grundsätzlich von einer gesellschaftsharmonistischen Grundeinstellung ausgeht,
3 immer mehr zu einem Austausch folgenloser Meinungen in Form von Glaubensbekenntnissen wird,
4 nur theoretisch (wenn auch theorielos) bleibt, da sie nie konkret, d. h. praktisch im Sinne der Verwirklichung fundamentaldemokratischer Normen wird« (zitiert nach: Wörterbuch Kritische Erziehung).

Das bedeutet: Die verordnete Politische Bildung erfüllt die gesellschaftliche Funktion, den sozialen Status quo aufrechtzuerhalten und organisiert dies durch die Zertrümmerung von Zusammenhängen und die Isolierung erfahrbarer sozialer Tatbestände von politischen und ökonomischen Hintergründen.

»Politik erscheint hier für die Schüler auf drei gleichermaßen abstrakten Ebenen:
1 Als Forderung mitmenschlich-partnerschaftlichen Verhaltens, das höchstens zu romantischen, realitätsfremden Identifikationen führt;
2 als Institutionenlehre, die mit den eigenen Erfahrungen und sozialen Perspektiven der Schüler nicht vermittelt wird;
3 als in geografischer oder sozialer Distanz sich abspielendes Konfliktgeschehen (Außenpolitische Konflikte wie Nah-Ost, Vietnam, Dritte Welt, Spiegelaffäre).«[10]

Die Mechanismen, die zur Uneffektivität der Politischen Bildung geführt haben, sind in den bildungsökonomischen Abhängigkeiten zu suchen, die das Erziehungssystem zum subtilen Instrument der Durchsetzung herrschender Interessen machten. Hier ist der Einschnitt, wo Demokratie als allgemeine Gesellschaftsform nicht verwirklicht wird und somit Veränderungen, die der weiteren Entfaltung dieser demokratischen Gesellschaftsform dienen könnten, gestoppt bzw. unterbunden werden können. Die Verhinderung von kritischer Auseinandersetzung mit solchen Interessen im Rahmen von Erziehungssituationen muß sich notwendigerweise stabilisierend auf die bestehenden Verhältnisse auswirken.

Der, der Chancenungleichheit, Widersprüche im ökonomischen Bereich und ein Defizit an Bedürfnisbefriedigung für die Mehrheit innerhalb der Gesellschaft feststellt, muß diese Art Politischer Bildung als negative Funktion innerhalb der gesamtgesellschaftlichen Konflikte und der bildungspolitischen Entwicklung einschätzen. Konkret leistet die bestehende Politische Erziehung eine rein funktionale Zurichtung der Schüler auf fremdbestimmte Berufsrollen entsprechend der jeweiligen herrschenden Interessen.

Zusammenfassung: *Diese Wirk- und Verfahrensweisen der institutionalisierten Politischen Bildung verhindern die aufklärende und handlungsrelevante Qualität, die politisches Denken und Handeln haben muß. Die durch die schulische Organisation des Politischen Unterrichts unterschwellig mitvermittelten Erfahrungen und Ritualisierungen, die auch die Politische Erziehung für den Lernenden definieren, stehen im Widerspruch zu den für eine demokratische Entwicklung notwendigen Erziehungsprozessen. Diese 'unpolitische Politische Erziehung' war und ist bisher nicht in der Lage, die Ursachen und Auswirkungen ihrer eigenen Bewußtlosigkeit zu überwinden und ihren eigenen Rahmen zu durchbrechen.*

Die eigentliche Einweisung in das Problemfeld Politik und die Aneignung von politisch relevanten Handlungen, Einstellungen und Verhaltensweisen geschieht in anderen als den offiziellen schulischen Bereichen in der Sozialisation durch Eltern, Medien, Freunde, attraktive Gruppen, in der alltäglichen Umwelt, die Erfahrungen über Realität liefert, und in der Schule nur da, wo der Lernende Auswirkungen der Realität auf seine Person erfährt: das sind nicht die abstrakten Inhalte, sondern die konkreten Verfahrensweisen der Institution.

Ein Neuansatz ergibt sich aus der Formel: »Politische Bildung als Unterrichtsprinzip«[11]. Dies kann erweitert und übertragen werden auf alle für den Erwerb von politischen Qualifikationen relevanten Bereiche der Sozialisation und der Umwelt: *Politische Bildung als Erziehungsprinzip*. Gleichzeitig muß die methodische Tendenz die Wirksamkeit einer Politischen Bildung qualifizieren.

'Erfahrungszentrierte' und *verhaltensorientierte* Bildung erst kann für die Lernenden die Sperren überwinden, die die durch den Lehrer eingebrachten analytisch-kognitiven Verfahrensweisen (aktueller pädagogisch-kritischer Entwicklungen) errichten, indem sie die üblichen Strukturen der Lernsituation beibehalten und für die Schüler aktuelle, abweichende Bedürfnisse vor allem affektiver Natur notwendigerweise kanalisieren müssen. Damit bleibt die traditionelle Diskrepanz zwischen Interessen und Ansprüchen der Lehrenden und den Interessen und Bedürfnissen der Lernenden bestehen.

Eine Alternative ist die Organisation von Lernsituationen mit den in Teil 2 dieses Buches beschriebenen Faktoren. Erfahrung der Realität und aktive Aneignung von Situationen konstituieren dabei den Anspruch einer Politischen Bildung, in der Fakten und Strukturen nur im sozialen, gesellschaftlichen Kontext vermittelt werden und gekoppelt sind an die Bedingungen und Qualifikationen des Individuums und die ihn stützende Lerngruppe. Ansatzpunkte und Realitätsfelder sind: Schulstunde, Unterrichtsorganisation, Massenmedien, Ausstellung, Museum, Spielplatz, Freizeitheim, Stadtviertel usw.

Die politische Dimension der Erziehung erfordert eine eindeutige Einschätzung der beiden Qualitätsmerkmale *Erfahrung und Verhalten*.

Erfahrung ist hier nicht die Reproduktion von Gewesenem – wie dies begrifflich vielfach innerhalb von traditionellen Lernprozessen und Generationskonflikten auftritt.

»Wir wollen unterscheiden zwischen 'gegebener', 'didaktisch erschlossener' und 'kollektiv hergestellter' Erfahrung. Die 'gegebene Erfahrung' bezieht sich auf die Gesamtheit der den Schülern vertrauten Konflikte, Rollenerwartungen und Probleme, denen sie in der Familie, in der Schule oder als Gruppe der Öffentlichkeit gegenüber ausgesetzt sind. Die 'didaktisch erschlossene Erfahrung' meint Erfahrungen, die der Lehrer durch Konfrontation der Schüler mit geeigneten Materialien und Methoden anschaulich vermitteln kann. 'Kollektiv hergestellte' Erfahrung meint Erfahrungen, die eine Gruppe nach entsprechender Vorbereitung auf der Ebene des Unterrichtsgeschehens selbst oder aber in einer gemeinsam geplanten Aktion nach außen (Schul- oder Gemeindeöffentlichkeit) sammelt, deren Gehalt nicht immer voraussehbar und planbar ist und die daher auch ein besonders hohes Maß an Flexibilität und gemeinsamer Aktionsfähigkeit der Gruppe zur Voraussetzung haben« (B. Schaeffer / U. Lambrou). Die 'kollektiv hergestellte' Erfahrung ist die, die im Rahmen organisierter Lernsituationen relevant und wünschenswert ist.

Diese Einteilung ist auf alle relevanten Lernsituationen auszuweiten. Erfahrung ist in wünschenswerten Lernprozessen ein Vorgang, der aktives Wahrnehmungsverhalten voraussetzt. Nicht, was einem durch seine Rolle (als Sohn, Schüler, Berufsträger) von außen vermittelt wird, soll die Erfahrungen liefern, die politisches Handeln auslösen, sondern Situationen, die die Lerngruppe selbst in relevanten Bereichen ansiedelt. Die Strukturierung dieser Lernsituationen ist abhängig von der Einschätzung der gesellschaftlichen Situation – sie ist dann notwendigerweise mit Erfahrungen verbunden, die zugleich auch ein soziales Wahrnehmungsvermögen vermitteln sollen.

Erfahrung entsteht so aus der Summe kognitiver und affektiver Prozesse. Vielleicht kann so der Gefahr der handlungsimpotenten kritisch-intellektuell-analytischen Vorgehensweisen vorgebaut werden – die über Kategorisierungen und Abstrahierungen den sozialen Kontext ebenso zerstören wie die oben kritisierte offizielle Politische Bildung, indem sie soziale Wahrnehmung zum verbalisierten und formalisierten Produkt degradieren.

Verhalten ist das Ziel jeglicher politischer Erziehung, da Verhalten die Dimensionen des Handelns mitbeinhaltet und nur so politische Wirksamkeit erreicht werden kann. Die Konditionierung zu aktivem politischem Verhalten entsprechend und parallel zu den wiederum über aktives Verhalten erworbenen Erfahrungen kann allein der Auftrag fortschrittlicher Politischer Bildung sein. Die Qualifikationen des politischen Verhaltens entsprechen den aktuellen Situationen und Bedürfnissen der Lerngruppe und messen sich an konkreten Veränderungen der eigenen Verhaltensweisen und der Umweltbedingungen, entsprechend der gemeinsamen gesellschaftlichen und hier natürlich von der politisch-pädagogischen Parteilichkeit der Lerngruppe abhängigen Tendenz.

Die Bindung von Politischer Bildung an aktives Verhalten bezieht Faktoren in den Erfahrungszusammenhang ein, die einerseits Merkmale politischer Haltung und andererseits konstituierend für wünschenswerte Lernsituationen sind:
— Berücksichtigung von Strategie und Taktik entsprechend der realen Situation
— Distanz zu institutionellen Bindungen und Sicherung von Handlungsspielraum
— Akzeptieren und Austragen von Konflikten
— Anerkennung der Veränderbarkeit und der Notwendigkeit der Veränderung der gesellschaftlichen Realität.

Zusammenfassung: *Politische Erziehung muß ein allgemeines pädagogisches Prinzip sein, übergeordnet den differenzierten Gegenstands- und Sozialisationsbereichen der Erziehung. Die Verpflichtung auf allgemein emanzipatorische Erziehungsziele in der bestehenden Gesellschaftsordnung bedeutet, innerhalb der Lernsituationen Erfahrungen sozialer Relevanz zu ermöglichen und Verhaltensweisen mit aktiven Handlungsansätzen zu koppeln.*

Außerhalb des definierten Erziehungsbereiches haben sich Ansätze einer Politischen Erziehung ergeben, die möglicherweise entscheidende Impulse für eine Veränderung der etablierten Praktiken Politischer Erziehung geben können:
— *Gruppendynamik als methodische Hilfe Politischer Bildung*
— *Stadtteilarbeit und Bürgerinitiativen als politisches Lernfeld.*

In einer Untersuchung von Walter Giere[12] werden die Möglichkeiten von *Gruppendynamik und politischer Bildung* behandelt. Es wird dabei davon ausgegangen, daß »Politische Bildung, die mehr sein will als bloße Vermittlung von Fakten ... über den kognitiven Bereich hinaus das Affektiv-Emotionale und vor allem Praxis« umfassen soll.

Lernziele müssen durch die Realität abgedeckt sein, damit Realität »als Feld aktiven Handelns im Sinne der Möglichkeit, sie zu ändern« in der Lernsituation präsent sind.

Die Abgeschlossenheit üblicher gruppendynamischer Seminare schließt diese Realität aus, und die Einschätzung gruppendynamischer Verfahren als therapeutische individuelle Maßnahmen zur Wiederanpassung an bestehende gesellschaftliche Normen »entspricht dem psycho-pathologischen Zustand unserer Gesellschaft«. Denn damit werden ja die auch gesellschaftlich bedingten und vermittelten Defekte wie Depressionen, Aggressivität, fehlende Ich-Identität, Neurosen und Psychosen nur individuell abgedeckt.

»Das industrielle wie privatistisch-kompensatorische Interesse an Gruppendynamik stehen im Kontext der bürgerlichen Gesellschaft in ihrer spätkapitalistischen Ausprägung. Beiden Interessenrichtungen geht es eher um verbesserte Einpassung in die vorgeschriebenen Rollensysteme bzw. um die Wiederherstellung von Leistungsfähigkeit im Sinne von Reparatur als um die Unterstützung von systemtranszendierenden Strebungen« (W. Giere).

Neue Ansätze gruppendynamischer Verfahren müssen an aktuelle und politische Strukturen anknüpfen, um Innovationen und nicht nur Reparaturen zu ermöglichen: »Der politische Stellenwert von Gruppendynamik bemißt sich dann daran, ob sie in der Lage ist, die Bedingungen der Möglichkeit von Kritik- und Urteilsfähigkeit sowie solidarischem Handeln implizit und explizit einsichtig und handlungsrelevant zu machen« (W. Giere).

Innerhalb der gruppendynamischen Situation müssen Bestandteile der Lebenssituationen, von denen die Teilnehmer abhängen, präsent sein, damit die gruppendynamischen Prozesse Transfercharakter haben. *Bewußte Organisation von Lernprozessen, Selbständigkeit der Teilnehmer, Strukturierung des Plenums und der Kleingruppen als politisch reflektierte Handlungseinheiten, Simulation von Realsituationen, rollenverteiltes Probehandeln, Herstellung von Verbindlichkeit durch politische Wertung und Entscheidungsdruck sind Kennzeichen politisch-emanzipatorisch konzipierter gruppendynamischer Verfahren.* Zusammenfassend ergeben sich als Folgerungen aus Erfahrungen gruppendynamischer Seminare mit politischer Absicht:

» 1 Die kapitalistische Grundstruktur unserer Gesellschaft bewirkt ein ungerechtfertigt hohes Ausmaß an menschlichem Leiden. Die Entfremdungs- und Entmenschlichungsursachen müssen beseitigt werden.

2 Diskussion hat keinen Selbstwert, sondern kann in konkreten Situationen geradezu handlungslähmend und veränderungshemmend wirken.

3 Das Warten auf den allgemeinen Konsens beruht auf einem Harmonieglauben, der sich angesichts illegitimer Macht- und Herrschaftsinteressen als illusionär, ja geradezu diese Machtund Herrschaftsinteressen stabilisierend erweist.

4 Es braucht keineswegs illegitim zu sein, Druck anzuwenden, um Veränderung zu bewirken.

5 Persönliche Angst und deren Erklärung sind in aller Regel auch gesellschaftlich vermittelt, gehen also in jeweils zu analysierender Hinsicht aus dem Zwangscharakter der Gesellschaft hervor. Um Angst zu überwinden, deren Ursachen man als gesellschaftlich erkannt hat, ist politisches, d. h. solidarisches Handeln erforderlich, das allerdings mit Risiken verbunden ist.

6 Zielgerichtetes politisches Handeln erfordert die Fähigkeit und den Mut, Unsicherheit und Konflikte zu ertragen, denn es trifft auf Widerstand. Die Durchsetzung politischer Ziele ist immer auch gegen Personen und deren Gefühle und Einstellungen gerichtet: Politisches Handeln erfolgt aus Leidensdruck und erzeugt Leiden.
Politik ist nicht möglich nach dem Motto: allen Wohl und niemand Weh, zumindest nicht in einer von antagonistischen Gegensätzen gekennzeichneten Gesellschaft.

7 Politisches Handeln bedarf der Taktik. Taktisch richtiges Verhalten ist erlernbar, wenn es in einem gruppendynamischen Seminar z. B. darum geht, andere Teilnehmer zu einer Einstellungsveränderung zu veranlassen, ohne sie derart unter Druck zu setzen, daß die persönlichen Abwehrmechanismen gegen eine Einstellungsänderung so stark werden, daß eine Blockierung eintritt. Taktik muß darauf gerichtet sein, die Basis von Gruppenhandeln zu verbreitern, d. h. Bündnisgenossen zu finden.
Ein ideologisch verbrämtes Einzelkämpfertum verurteilt vermeintlich aufrechte Einzelkämpfer zum Märtyrer bzw. Narren.

8 Eine rein emotional-irrationale Verbundenheit von Gruppenmitgliedern untereinander ist nicht ausreichend für ein konsequentes politisches Handeln. Die schönen blauen Augen einer Frau oder das sympathische Lachen eines Mannes als Bezugspunkt persönlicher Identifi-

kation haben nur periphären Wert. Basis gemeinsamen politischen Handelns kann nur die konkrete Erfahrung, verbunden mit der wissenschaftlichen Analyse gesellschaftlicher Realität sein. Politisches Handeln bezieht sich dialektisch auf die Kenntnis der Herrschaftsstrukturen unserer Gesellschaft« (W. Giere).

Alle Lerngruppen haben entsprechend ihrer Autonomie und Suche nach Identität mehr oder weniger ausgeprägte gruppendynamische Probleme, die die gemeinsamen Lernprozesse beeinflussen. Die Bindung auch dieser gruppendynamischen Interna an politische Perspektiven kann verhindern, daß interne Konflikte zur Blockierung von Aktivität und zum Rückzug aus handlungsrelevanten Situationen führen mit der Absicht, erst die eigenen Konflikte bewältigen zu wollen – was in der Regel Regression bewirkt.

Die Bindung von Gruppenprozessen an reale Umweltprobleme unter psychoanalytischen Gesichtspunkten stellt besonders E. Richter in dem schon angeführten Band ›Die Gruppe‹ (siehe Teil 2 → *Lerngruppe*) an konkreten Beispielen dar, wobei der zweite Aspekt: *Stadtteilarbeit und Bürgerinitiativen* ins Blickfeld rückt.

Es geht dabei darum, Formen von Selbstorganisation und Versuche von solidarischem und spontanem Verhalten der Betroffenen in bezug auf ihre eigenen Belange als Perspektive politischen Lernens zu sehen. Hier sind autonome Formen entwickelt worden, die Alternativen sind zur verordneten, isolierten Vermittlung von politischer Bildung innerhalb der Erziehungssituationen oder der unbewußten, fremdbestimmten Vermittlung von politischen Einstellungen durch die Sozialisationsbereiche, Massenmedien und Umwelteinflüsse. *Es geht also hier nicht darum, zu klären, ob Stadtteilarbeit und Bürgerinitiative Mittel zu einer Aufhebung der grundsätzlichen gesellschaftlichen Widersprüche sind, sondern darum, zu konstatieren, daß hier autonome Lernprozesse organisiert werden, die wünschenswerte Faktoren von Lernsituationen verwirklichen und Felder politischer Erfahrung und politischen Verhaltens eröffnen, die der üblichen Politischen Bildung weit überlegen sind.* Wenn Politische Bildung als Prinzip bedeutet, konkrete Herrschaftszusammenhänge und deren Vermittlung im psychosozialen Koordinatensystem bewußtzumachen und entsprechende Verhaltensweisen dagegen aufzubauen und Handlungsansätze zu organisieren, dann muß die Funktion von Bürgerinitiativen in diesem Zusammenhang reflektiert werden.

»Die Teilnahme an Bürgerinitiativen kann als Prozeß politischer Sozialisation verstanden werden. Das bedeutet, daß neben den aktuell anzustrebenden Zielen einer Bürgerinitiative die Teilnahme am politischen Handlungsprozeß selbst Zielmoment einer Bürgerinitiative sein kann. Dieses Ziel kann global als 'Erwerb neuer, relativ stabiler politischer Handlungsmuster' umschrieben werden.«[13]

Dagegen wendet M. Baethge ein, daß sie »in ihrer Interessenlage wie in den Modalitäten ihrer Interessendurchsetzung an Bildungsbewußtsein, Vertrautheit mit den bestehenden politischen Kommunikationsmöglichkeiten, Einsatz von Zeit und Geld für die eigene Bedürfnisartikulation und politische Repräsentation gebunden« bleiben.[14] Weiterhin wirft er ihnen da, wo ihr Handeln ein 'Stellvertretend-handeln-Wollen' beinhaltet, folgendes vor: »Es geht um die Orientierung an den Interessen anderer zur Legitimation der eigenen, und das ist weiß Gott in schlechtem Sinne bürgerlich. Erst die klare Artikulation ihrer eigenen Interessen macht die bürgerlichen Schichten, die sich in einem partiellen Deprivilegierungsprozeß befinden, politisch kalkulierbar und zu einem möglichen politischen Bündnispartner der größeren 'unterprivilegierten' Schichten.«

Das ist für die Problematik von Bürgerinitiativen ebenso wie von Lerngruppen und Lernprozessen symptomatisch. Die gegenseitige Abhängigkeit von Lernen und Verhalten, von individueller Disposition und politischer Wirksamkeit jedoch zwingt dazu, in der gegenwärtigen Lage, vor allem vor dem Hintergrund der bestehenden bildungspolitischen und bildungsökonomischen Situation, Perspektiven und Handlungsansätze entsprechend den taktischen und strategischen Möglichkeiten der Betroffenen und der Umweltsituation zu organisieren.

Dagegen zu polemisieren, grenzt an die intellektuelle Arroganz, die, der direkten existentiellen gesellschaftlichen Relevanz (Unterrichtsstunde, Lehrerkonferenz, Mieterhöhung, Altstadtsanierung, Spielplatzmangel, Verkehrsgefährdung, Jugendkriminalität usw.) entrückt, nicht mehr selbst erlebt, erfährt, erleidet, sondern abgehoben davon analysiert und reflektiert und dabei Gefahr läuft, sich selbst in einem Überbaubereich herrschaftsstrukturell zu verhalten.

Heinz Großmann führt als grundsätzliche Qualifikation von Bürgerinitiativen an: »Das Potential von Bürgerinitiativen verdient es durchaus, auch im Zusammenhang mit der stets gegenwärtigen Gefahr des Übergangs der bürgerlichen Gesellschaft in die faschistische 'Radikallösung' (R. Kühnl) diskutiert zu werden ... Die Bürgerinitiative leistet dann nichts Zusätzliches, sozial Luxuriöses, sondern wirkt ganz konkurrenzlos der politisch-sozialen Erniedrigung und Vernachlässigung entgegen. Wohl dem, der noch hoffen kann, aus der bloßen Häufung sozialer Fehlentwicklungen springe das revolutionäre Potential heraus und nicht ein faschistisches.«[15]

Politische Bildung als Erziehungsprinzip läuft auf eine Erziehung zur Handlungsfähigkeit mit Tendenz hinaus. Die Tendenz definiert sich an den Bedürfnissen der jeweils Betroffenen und im Rahmen von 'stellvertretend Handeln' an den Bedürfnissen von Unterprivilegierten. Lernziele für Lernprozesse müssen sich an dieser Tendenz erweisen, wobei analytisch-kognitive Erkenntnis- und Bewußtseinsprozesse zur Objektivierung der Handlungsfolgen dienen – also Techniken zur Durchsetzung sind, z. B. als Einsicht in die Bedingungen der eigenen Situation, oder in die innerhalb der Gesellschaft bestehenden ungleichen Rollen. Diese Techniken sind Teile, nicht Rahmen des Gesamtprozesses, der ja bestimmt wird von Handlungen, mit den Kennzeichen Solidarität, Selbstbestimmung, Konfliktfähigkeit usw.

Wissenschaftliche Qualifikationsverfahren zur Lernzielgewinnung sind dann in dem Maße unsinnig, wie sie, abgehoben von den Realitätsfeldern, letztlich bestenfalls nur begriffliche – und damit unpolitische – Klarheit produzieren. Wissenschaftliche Methoden sind geeignet als Hilfsmittel und weitere Qualifizierungsmöglichkeiten zur Fortschreibung und Entfaltung der Tendenz und des politischen Veränderungswillens; wo sie sich verselbständigen – das betrifft die alltägliche Praxis – werden sie, wie wuchernde Bürokratien, zur Verhinderung und zum Herrschaftsinstrument – die bestehende Hochschule ist der beste Beweis dafür.

Unter der Voraussetzung einer handlungsrelevanten Tendenz, gestützt durch Erkenntnis- und Bewußtmachungsprozesse, rücken auch im Rahmen Politischer Bildung wieder zwei für Verhaltensdispositionen wichtige Qualifikationen ins Blickfeld: *Sensibilisierung* und *Kreativität*, die entsprechend der Tendenz zur Einsicht und Veränderung politischer Verhältnisse helfen. *Sensibilisierung zur sozialen Wahrnehmung*, d. h. zur Fähigkeit, Realität mit ihrem sozialen Hintergrund und ohne die Verschleierung offizieller Interpretationen (Schulbücher, Massenmedien, Leitbilder, Werbung) ansehen, dient der Qualifizierung von Verhalten und Handeln, das durch flexible Taktiken und Strategien fehlende Macht und institutionelle Absicherung ersetzt und so *soziale Kreativität* entwickelt.

Exkurs: Politische Bildung und ästhetische Erziehung

Politische Bildung als Erziehungsprinzip muß notwendigerweise im Bereich der ästhetischen Erziehung die Sicht des Unterrichtsgegenstandes und die Unterrichtsverfahren verändern. Nicht mehr ein definiertes Sachgebiet (Kunst – Wahrnehmung – visuelle Phänomene) liefert dann immanent Begründungen und Methoden der Lernsituation, sondern eben diese Sachbereiche und Verfahrensweisen qualifizieren sich entsprechend ihrer politischen Tendenz und Brauchbarkeit als Mittel zur Handlungsfähigkeit. Lerninhalte und Lernmedien der zu organisierenden Lernsituation behaupten sich – oder entfallen zugunsten der politisch relevanten Lerninhalte und Lernräume: Kunst zum Beispiel zugunsten visueller Massenmedien, Pinsel zugunsten von Foto und Film, Porträt zugunsten der Collage usw. Entsprechend der jeweilig realen Situation lassen sich hier die Beispiele fortsetzen und Entscheidungen konkretisieren.

Die Formel: *Politische Erziehung im ästhetischen Bereich* ist aktuell von Hans Giffhorn[16] in die nach einer differenzierten Kritik der bestehenden Theorien und Praktiken des Kunstunterrichts suchende derzeitige kunstdidaktische Diskussion eingebracht worden. Anhand seines Vorschlags für ein Verfahren eines Curriculumsansatzes, für ein Verfahren der Konstruktion von Teilcurricula und für inhaltliche Tendenzen von Teilcurricula für ›Politische Erziehung im ästhetischen Bereich‹[17] läßt sich die Problematik der politischen Dimension einer ästhetischen Erziehung aufzeigen. Vorangestellt sei zunächst Giffhorns Definition:

»Politische Erziehung im ästhetischen Bereich meint hier Erziehung, die die dialektischen Beziehungen von individuellem Verhalten und gesellschaftlichen Verhältnissen berücksichtigt und deshalb das politisch folgenreiche Verhalten von Schülern (bzw. späteren Erwachsenen) zum Gegenstand ihrer Bemühungen macht, um die Schüler zum Ver-

bessern der Lebensbedingungen der Mitglieder der Gesellschaft zu konditionieren und zu diesem Zwecke
- die Beziehungen von ästhetischen Phänomenen sowie Befinden und Verhalten von Individuen und gesellschaftlichen Verhältnissen aufdeckt und verändert,
- ästhetische Phänomene als Trainingsmaterialien für Qualifikationen einsetzt und
- alle darüber hinausgehenden Möglichkeiten der Kunstpädagogik zu nutzen versucht.«

Damit ist ein komplexes abstraktes Ziel gesetzt, das sich erst in seinem erkenntnisleitenden Wert und seiner praktischen Brauchbarkeit erweisen muß entsprechend den Realisierungsmöglichkeiten in der konkreten Situation der Erziehungswirklichkeit und den darin herrschenden Interessen und Machtpositionen. Das ist die politische Dimension dieser curricularen Formel.

Die ›Visuelle Kommunikation‹ kritisiert Giffhorn mit einem Zitat von Jürgen Zimmer: »Die – auf kritische Rezeption zielende – Didaktik der Visuellen Kommunikation greift zu kurz und bezieht strategisches Handeln nicht ein...«, der dann auch noch vom »Kleinmut von Kunstpädagogen, die die Welt interpretieren, ohne Schüler zu ihrer Veränderung zu befähigen« spricht. Unter ähnlichen Gesichtspunkten sind nun auch Giffhorns Vorschläge zu untersuchen.

Der Curriculumansatz ›Politische Erziehung im ästhetischen Bereich‹ ist der Versuch eines Ableitungsverfahrens, das sich an Lernzielhierarchien und Situationsanalysen bindet. Damit wird – abgehoben von der politischen Realität – eine wissenschaftlich-begriffliche Konstruktion versucht, die deshalb selbst immanent unpolitisch ist, da sie von der Annahme ausgeht, die Durchsetzung und Anwendung neuer Curricula gehe entsprechend objektiver, rationaler Überlegungen vor sich. Die Entscheidungsmechanismen der Bildungsproduktion aber sind politisch, das heißt auch antagonistisch. Das bedeutet, daß nicht ein in sich differenziertes, konsequentes Ableitungsverfahren die Qualität neuer Curricula ausmacht, sondern der politische Durchsetzungswille und das Durchsetzungsvermögen, das die Curricula entsprechend der jeweiligen taktischen und strategischen Position produziert. Giffhorn muß deshalb auch auf die Zukunft vertrösten, denn »zu auf die Dauer befriedigenden Lösungen« ist ein »so umfangreicher Forschungsapparat, wie er bisher noch nicht einmal kunstpädagogischen Institutionen zur Verfügung steht«, erforderlich, und die »systematische Curriculumforschung« sei »in großem Rahmen« erst zu leisten. Hier liegt der Haken: Verfahren, die sich erst dann wirklich qualifizieren, wenn Veränderungen, für die diese Verfahren die Betroffenen ja qualifizieren sollen, schon eingetreten sind, sind für die derzeitige reale Situation nur bedingt brauchbar, jedenfalls haben sie nicht den Anspruch auf Priorität. Wer kann in der derzeitigen bildungspolitischen Situation glauben, daß bestehende Institutionalisierungen – verfügt und kontrolliert über komplizierte Mechanismen der herrschenden Interessen – eben die neuen Institutionen ausbauen, die emanzipatorischen Potentiale freisetzen? Viel eher ist zu erwarten, daß die Verbürokratisierung der Curriculumsarbeit die emanzipatorischen Potentiale kanalisiert, reduziert und nur einen weiteren Schritt zur Technokratisierung des Bildungsbereichs leistet. Und damit könnte diese Perspektive einer ›politischen Erziehung im ästhetischen Bereich‹ eine durchaus unpolitische Tendenz aufweisen.

Entsprechend dieser Grundproblematik ist auch das »Verfahren der Konstruktion von Teilcurricula« zu problematisieren. Hier werden Methoden gesucht, die einen funktionellen, zielgerichteten Ablauf garantieren unter Einbeziehung demokratischer Verfahrensformen. Das gemeinsame Projekt ist vorab definiert und zu realisieren nur über die Kultusbürokratie: die Konstruktion von Teilcurricula, einen begrifflichen Katalog behördlich genehmigter Lernziele, Lerninhalte und Methoden. Das ist aber wiederum selbst ein politisch relevantes Konfliktgebiet, und Giffhorns Verfahrensvorschläge müssen notwendigerweise auf Harmonisierung hinauslaufen. Das ist prinzipiell nicht anzugreifen, problematisch sind nur die wiederum politischen Folgen dieses Prozesses: Es gibt ein verbindliches, von den Machtträgern interpretierbares Produkt, das deshalb, weil in der Regel die entscheidenden gesellschaftlichen Anpassungs- und Sanktionsmedien unterschwellig funktionieren, zu Manipulationszwecken mißbraucht werden kann, soweit nicht parallel dazu, unabhängig und außerinstitutionell parteiliche Machtpositionen der Betroffenen aufgebaut worden sind. Aus einer politischen Sicht kann die »Konstruktion von Teilcurricula für Politische Erziehung im ästhetischen Bereich« nur dann erfolgreich sein, wenn das Konstruktionsverfahren selbst für die Betroffenen und Beteiligten wenigstens ansatzweise verwirklicht, was begrifflich gefaßt wird als: Solidarisches Handeln, politische Definition der eigenen Arbeit, Integration von Bewußtsein und Verhalten.

Giffhorn bietet explizit nur kognitive Verfahrensweisen an, die sich in dem Maße, wie soziale, psychische und pädagogische Defekte und Konflikte auftauchen, verselbständigen und unabhängig von den Betroffenen und realen Situationen weiterverhandelt werden.

Bis dahin waren noch keine Gesichtspunkte, die ästhetische Erziehung speziell betreffen, angesprochen – dies leistet Giffhorn in den ›Vorschlägen für inhaltliche Tendenzen von Teilcurricula für Politische Erziehung im ästhetischen Bereich‹. Hier ist zu prüfen, inwieweit politisches Handeln und Verhalten in der Lernsituation, die Giffhorn meint – die schulische Lernsituation – zu realisieren sind oder ob die Ausklammerung pädagogischer und psychologischer Fakten, die kennzeichnend sind für die Schulsituation, dazu führen, daß das politische Prinzip verbal zwar beschworen und gewünscht wird, daß aber die Verlagerung der Lernprozesse auf außerhalb der offiziellen Lernsituation liegende Inhalte einen politischen Effekt, d. h. für die Schüler einen Bewußtsein und Handeln integrierenden Effekt verhindert.

Denn dazu ist es ja nötig, die von der realen Situation abhängenden Interessen der Betroffenen einzubringen und ihnen Freiraum zur Realisierung zu geben. Der Kunsterzieher, der so einen politischen Anspruch verwirklichen will, darf nicht in seiner Grundhaltung auf seinen Gegenstandsbereich beschränkt sein – er muß sich seiner organisatorischen Möglichkeiten und Einschränkungen bewußt sein und vor allem der Notwendigkeit zur Doppelstrategie.

Giffhorn geht bei seinen ›Vorschlägen für Lernziele und -inhalte einer politischen Erziehung im ästhetischen Bereich‹ von der bestehenden Organisationsstruktur und dem bisherigen Gegenstandsbereich der Kunsterziehung aus und knüpft daran die Möglichkeiten einer Neudefinition. Das ist ein durchaus strategischer Ansatz, wenn man immanent vom ästhetischen Bereich ausgeht. Insofern ist dies auch ein politischer Ansatz – allerdings eine politische Perspektive, die den Erhalt und Ausbau der ästhetischen Erziehung voraussetzt. Wenn dies jedoch, z. B. aus bildungspolitischen Gründen, mißlingt, oder wenn sich – was unter primär pädagogisch-psychologischem Blickwinkel wahrscheinlich ist – zeigt, daß alle nur inhaltlichen Innovationen die eigentlichen (unabhängig von den Inhalten existierenden Organisationsstrukturen der schulischen Lernsituation), unterschwelligen negativen Lerninhalte (auf Verhalten gerichtet) nicht gefährden können, und wenn sich weiter zeigt, daß da, wo sich Lerninhalte emanzipativ an den Strukturen der Lernsituation festmachen, die kontrollierenden Institutionen diesen Ansatz, z. B. in der ästhetischen Erziehung, abblocken, dann kann der ausschließliche Bezug eines politisch engagierten Pädagogen auf ästhetische Erziehung und auf die Institution gefährlich unpolitisch sein.

Auch ein selbst behördlich sanktioniertes fortschrittliches Curriculum kann ja ohne weiteres über die Abhängigkeit des Lehrers von Beamtenstatus, Dienstordnung, Dienstaufsichtsverfahren im konservativen Sinne kontrolliert werden. Da müssen z. B. nur im Zeichensaal ein paar Collagen mit Busen oder Hammer und Sichel auftauchen und sich daraufhin Eltern oder Kollegen beschweren: Schulhierarchie, Ministerialbürokratie und leider auch Kunsterzieherfunktionäre können hier mittels ihrer Sanktionsmedien verfahren, wie es wiederum in ihre politischen Konzepte paßt.

Vor diesem Hintergrund ist eben die Methode, Lernzielkataloge aufzustellen, ohne präzisen Aufweis der die Effektivität dieser Lernzielkataloge bedingenden Entscheidungs- und Machtmechanismen fragwürdig – zumal in den Lernzielkatalogen Erkenntnis- und Verhaltensziele nicht aufeinander bezogen, sondern additiv nebeneinander erscheinen: Hier eindeutige Prioritäten zu setzen, wäre die erste, politische Erziehung bedingende politische Handlung. »Sachbezogen zu urteilen«, »Einsichten über Zusammenhänge gewinnen«, »Funktionen aufzeigen«, »Einfluß abbauen«, »sich um Kreativität bemühen«, sind Giffhorns Leitlinien für die Ziele der ästhetischen Lernsituation, wobei alle irgendwo im Bereich der Ästhetik auftauchenden Inhalte als Material dienen.

Es sind letztlich Erkenntnisziele, die auch für durchaus ritualisierte, fremdbestimmte Lernsituationen als Alibi dienen können. Eine politische Konsequenz und Haltung in bezug auf die aktuelle Realität Schulsituation beinhalten sie nicht notwendigerweise – der Kunsterzieher muß diese politischen Dimensionen aktiv einbringen und aus anderen als den Strukturen der Lernsituation oder der curricularen Konstruktion nehmen. Damit haben die aufgezählten Lernziele und -inhalte und der ganze begriffliche Apparat selbst noch keinen politischen Anspruch, er ist nur zu leisten durch eine Bindung an die Realitäten und Praxisfelder durch Handeln, durch faktisches Signalisieren von Positionen, von Parteinahme in den für die betroffenen Lernenden erfahrbaren Situationen.

Giffhorn versucht auch, diese Perspektive sehr vorsichtig am Ende aufzunehmen, indem er als Ziel formuliert: »Einüben in politisches Handeln anzustreben«. Aber was macht der Kunsterzieher, wenn er vom Direktor die Anweisung erhält, durch signierte Einzelarbeiten Noten zu bekommen und die Schüler halten das aufgrund des zuvor erfahrenen selbstbestimmten Unterrichts für unsinnig?

Hier endet der politische Anspruch innerhalb der tradierten Lernsituationen, hier hilft nur noch eine Überlebensstrategie oder eine existentielle Gefährdung, wo der Lehrer selbst politisch agieren muß und den politischen Anspruch in bezug auf die Lernenden zwangsweise reduziert. Deshalb ist auch die primär politische Perspektive nicht aus dem ästhetischen Bereich selbst zu entwickeln, sondern aus dem politischen Kleinklima und aus dessen Hintergründen, die die Lernsituation definieren.

Das verweist wieder auf außerschulische Felder und auf die Umwelt, wo sich der Lehrer auch mit seiner pädagogischen Perspektive engagieren soll, um nicht den Zwängen und unbewußten Anpassungsmechanismen der Bildungssituationen resignierend zu erliegen – daß dies derzeit rundum passiert, zeigt die tägliche Erfahrung.

Anmerkungen

zu Teil 1   Umwelt als Lernraum

1. Georg Rückriem in Erziehungswissenschaft 1, Fischer Taschenbuchverlag, Frankfurt (M.) 1970
2. Helmut Hartwig, ›Die Geschichte des Projekts Wohnen‹, in: ›betrifft: Erziehung‹ 11/1972, Beltz-Verlag, Weinheim
3. Vgl. dazu: ›Kritik der Lehrerrolle‹, A. Combe, München 1971
4. Jürgen Gideon, ›Lehren und Lehren lernen‹ in: ›Frankfurter Hefte‹, 4/1971
5. Klaus Matthies, ›Erkenntnis und Interesse in der Kunstdidaktik‹, Verlag M. DuMont Schauberg, Köln 1972
6. Hartmut von Hentig, ›Cuernavaca oder: Alternativen zur Schule?‹, Klett/Kösel – Stuttgart/München 1971
7. Vgl. auch Hartmut von Hentig, ›Systemzwang und Selbstbestimmung‹, Stuttgart 1968
8. Ästhetik und Kommunikation‹, Rowohlt Verlag, Reinbek 1970
9. Vgl. dazu auch Hans-Jochen Gamm, ›Kritische Schule‹, München 1970, List Verlag Hans-Jochen Gamm, ›Erziehung in der Klassengesellschaft‹, München 1971
10. Helmut Kentler, ›Verschlingt die Schulreform die Sozialpädagogik?‹, in: ›betrifft: Erziehung‹ 10/1972, S. 11, Beltz-Verlag, Weinheim
11. Carl-Heinz Evers, Hans-Günther Roeff, Hans-Norbert Burkert, Dieter Kreft, ›Versäumen unsere Schulen die Zukunft?‹, Econ Verlag, Düsseldorf 1971
12. Hartmut von Hentig, ›Cuernavaca oder: Alternativen zur Schule?‹, Klett/Kösel – Stuttgart/München 1971
13. Hans-Jochen Gamm, ›Parteilichkeit als Bildungsprinzip‹, Sonderdruck aus ›Blätter für deutsche und internationale Politik‹, Heft 11/1971, Pahl-Rugenstein Verlag, Köln
14. Hermann Gieseke, ›Die 'linke' politische Pädagogik und das Grundgesetz‹ in: ›Wie links dürfen Lehrer sein?‹ Hrsg. E. Frister, L. Jochimsen, Hamburg 1972
15. Rotraud Brentzel, Wolfgang Müller, ›Erkundungen – eine Form des Praxisbezugs in der Bremer Lehrerbildung‹, zitiert aus Dokument E. in: Elin, Birgit Berent u. a., ›Erziehung der Erzieher: Das Bremer Reformmodell‹, Hamburg 1972
16. Hartmut von Hentig, ›Cuernavaca oder: Alternativen zur Schule?‹, Klett/Kösel – Stuttgart/München 1971
17. Initiativgruppe Solingen, ›Schule ohne Klassenschranken‹, Rowohlt Verlag, Reinbek 1972
18. W. Benjamin, ›Versuche über Brecht‹, Suhrkamp-Verlag, Frankfurt (M.) 1966
19. Klaus Matthies, ›Erkenntnis und Interesse in der Kunstdidaktik‹, Verlag M. DuMont Schauberg, Köln 1972

zu Teil 2   Die Lernsituation und ihre Faktoren

1. Jugenddienstverlag, Wuppertal 1972
2. Martin Berg in ›Alternative‹ Nr. 74; Negative Didaktik oder Die Entfesselung der Produktivkraft Sprache (S. 187)
3. Aus: Unterbrochene Schulstunde, Schriftsteller und Schule – eine Anthologie; Suhrkamp-Verlag, Frankfurt (M.) 1972

4 Diethard Kerbs, Das Spiel und das Ritual, in: ›Ästhetik und Kommunikation‹, Heft 1/1970, Rowohlt Verlag, Reinbek
5 ›Alternative‹, Zeitschrift für Literatur und Diskussion, Heft 74
6 Nach Wilfried Junk und Klaus Hagner ›Mitbestimmung in der Schule‹, Europäische Verlagsanstalt, Frankfurt (M.) 1972
7 ›Kunst und Unterricht‹, Sonderheft 71, Friedrich-Verlag, Hannover
8 H. Hartwig: Zur Ideologiekritik von Sehen-Lernen, in: ›Ästhetik und Kommunikation‹ 2.12.1970, Rowohlt-Verlag, Reinbek
9 Der Aktionsraum Nürnberg ist in der 1970 erschienenen Schrift ›manyfold paedaction‹ beschrieben
10 Siehe auch: ›Wahrnehmungstheorien und Ästhetische Erziehung‹ Studentenkollektiv der Münchener Akademie der bildenden Künste, München 1971, in der Reihe ›Aspekte ästhetischer Erziehung‹; Bezugsadresse: Michael Popp, 85 Nürnberg, Nunnenbeckstr. 30
11 Siehe auch: Verhaltensänderung, Psychologische Theorie der Veränderung menschlichen Verhaltens, Hrsg. Christa Rohr, Nymphenburger Texte zur Wissenschaft, Nymphenburger Verlagshandlung, München 1972
12 H. E. Richter: Die Gruppe, Rowohlt-Verlag, Reinbek 1972
13 Nach G. Ammon ›Gruppendynamik der Aggression‹, Pinel Publikation, Berlin 1971
14 P. Xochellis, Pädagogische Grundbegriffe, Geretsried 1968
15 R. Schwarz, Wissenschaft und Bildung, Freiburg/München 1957
16 H. Roth, ›Das Problem der Bildsamkeit und Erziehungsfähigkeit in der psychologischen Forschung‹, in: Handbuch der Psychologie, Band 10, Göttingen 1959
17 W. Stern, Psychologie der frühen Kindheit, Heidelberg 1952
18 Sigmund Freud, Vorlesungen, Studienausgabe, S. Fischer-Verlag, Frankfurt (M.) 1970
19 Werner Haftmann, Einleitung zum Katalog der Documenta II, 1959
20 Klaus Holzkamp, Kritische Psychologie, S. Fischer-Verlag, Frankfurt (M.) 1972
21 Hans Kilian, Das enteignete Bewußtsein, Luchterhand-Verlag, Neuwied/Berlin 1971
22 G. Ammon: Abrupter Durchbruch destruktiver Aggression als psychiatrisches Problem, Wien 1969
23 S. N. Eisenstädt, in: ›Jugend in der modernen Gesellschaft‹, Kiepenheuer & Witsch, Köln/Berlin 1966
24 Werner Correll, Einführung in die Pädagogische Psychologie, Auer-Verlag, Donauwörth 1972
25 Rolf Oerter, Moderne Entwicklungspsychologie, Auer-Verlag, Donauwörth 1969
26 Franz Huber: Allgemeine Unterrichtslehre, Verlag Klinkhardt, Bad Heilbrunn 1965
27 Ernst Jouhy und Harald Seehausen, ›Autorität und Identifikation im heutigen Bildungsprozeß‹, in: ›betrifft: Erziehung‹, Heft 10/1972, Beltz-Verlag, Weinheim
28 Philipp Lersch, Der Mensch als Schnittpunkt, Verlag Beck, München 1969
29 Werner Correll, Einführung in die Pädagogische Psychologie, Auer-Verlag, Donauwörth 1972
30 Hans Kilian, Das enteignete Bewußtsein, Luchterhand-Verlag, Neuwied/Berlin 1971
31 Georg Simmel, Soziologie. Untersuchungen über die Formen der Vergesellschaftung, Leipzig 1908
32 Dieter Claessens, Rolle und Macht, München 1968
Hans P. Dreitzel, Die gesellschaftlichen Leiden und das Leiden an der Gesellschaft, Vorstudien zu einer Pathologie des Rollenverhaltens, Stuttgart 1968
33 In diesem Zusammenhang sei auf die sicher nicht grundlos abwehrende Haltung der Industrieverbände gegen einen Eingriff in ihr Ausbildungsmonopol hingewiesen: »Nicht gegen die Schule in der beruflichen Ausbildung wenden wir uns, sondern gegen das Dogma der totalen Verschulung und seine gesellschaftspolitischen Motive; sie entspringen dem Machtanspruch und dem Manipulationsbedürfnis derer, die mit ihrer radikalen Forderung

nach Veränderung Berufsausbildung sagen und die geltende Gesellschaftsordnung meinen. Deshalb wenden wir uns gegen jeden Versuch einer Reform der Berufsausbildung, dessen Urheber das System verändern, die Jugendlichen aus der Welt des hierarchisch disziplinierten Betriebs in die Gegenwelt der erziehungslosen Schule überführen und so das bewährte duale System betrieblich-schulischer Ausbildung durch die pädagogische Fehlkonstruktion total verschulter Berufsausbildung ersetzen wollen.« Zitat von Friedrich, Präsident der Bundesvereinigung der deutschen Arbeitgeberverbände, 1972.

34 Siehe hierzu: Jürgen Habermas, Thesen zur Theorie der Sozialisation, Vorlesung Sommersemester 1968 (ohne Angaben)
35 A. a. O.
36 Vergleiche Hans Anger, Probleme der deutschen Universität, Tübingen 1960: »Es ist ein eigentümlicher Tatbestand, daß Frauen sich nicht durchsetzen. Ich vermute Inferiorität, Andersartigkeit, z. B. logisches Denken liegt der Frau nicht.«
37 T. Parsons, The Social System, Glencoe 1951
38 Ralf Dahrendorf, Homo Sociologicus, München 1967
39 H. Popitz, Der Begriff der sozialen Rolle als Element der soziologischen Theorie, Tübingen 1967
40 U. Gerhardt, Rollenanalyse als kritische Soziologie, Neuwied 1971
41 »An der Entfaltung einfacher Menschen ist im technischen Zeitalter ebensoviel gelegen wie an der Herausbildung einer Führungsschicht« (Gutachten zur Hauptschule, 1967)
42 T. Parsons, Ansatz zu einer analytischen Theorie der sozialen Schichtung, Glencoe 1954
43 K. M. Bolte, Sozialer Aufstieg und Abstieg, Stuttgart 1959, sowie H. Peisert, Soziale Lage und Bildungschancen, München 1967
44 »Es gibt in der BRD etwa eine Million Landarbeiter, aus deren Familien rekrutierten sich im Wintersemester 1958/59 genau 80 Universitätsstudenten. Es gibt in der BRD auch etwa eine Million Beamte: aus deren Familien rekrutierten sich im gleichen Semester 52 199 Studenten«, in: Ralf Dahrendorf, Arbeiterkinder an deutschen Universitäten, Tübingen 1965

Absolventen der Volksschule haben nur geringe Chancen, solche beruflichen Stellungen zu erlangen, die mit einer Status-Rolle der Mittel- oder gar Oberschicht gekoppelt sind. Von den Arbeiterkindern in Westdeutschland schließen 75% mit der 8. bzw. 9. Volksschulklasse ihre Schulbildung ab.

Von den verbleibenden 25%, die sich auf Real- und Oberschulen verteilen, erreichen nur wenige das Abitur, nämlich 6%. Unter den Studenten der westdeutschen Hochschulen schließlich stammen 5% aus Arbeiterfamilien, davon über die Hälfte aus Familien an der Grenze zwischen Mittel- und Unterschicht, also vor allem aus ehemaligen Mittelschichtfamilien, die ihren sozialen Abstieg durch forcierte Mittelschichtorientierung kompensieren. So bleiben 2%, die aus Familien kommen, in denen Vater und Großvater Arbeiter waren«, in: U. Gerhardt, Rollenanalyse, Neuwied 1971
45 F. Neidhardt, Soziale Schichtung und soziale Stabilität, (Habilitation) München 1968
46 R. Parks, W. Burgess, Introduction to the Science of Sociology, Chicago 1924
47 T. Parsons, Beiträge zur soziologischen Theorie, Neuwied 1964
48 Vergleiche: P. Brückner, Zur Sozialpsychologie des Kapitalismus, Frankfurt 1972
49 H. E. Richter, Die Gruppe, Hamburg 1972: »... Der nächste Schritt führt zu der Einsicht, daß eine Kooperation in den verschiedenen (gesellschaftlichen d. Verf.) Bezugssystemen darunter leidet, daß die Gesellschaft die Kommunikation zwischen den Partnern stört. Der Auftrag, den die Gesellschaft z. B. den Lehrern erteilt, ist nicht eindeutig, ja sogar einwandfrei widersprüchlich... Dieser Rollenwiderspruch kehrt überall wieder. Bei den Lehrern, denen man vormacht (in der Ausbildung

und Theorie, d. Verf.), wie umfassend sie die psychosoziale Entwicklung ihrer Kinder begreifen und fördern sollten, obwohl die hohen Klassenfrequenzen, die Stoffpläne und andere Merkmale der Schulorganisation wenig mit dieser Aufgabenzuweisung in Einklang stehen.
Hat der Lehrer den Widerspruch von bildungstheoretischem Auftrag und institutioneller Realität in der Praxis erfahren, wandelt er seine Einstellungskonformität alsbald in Verhaltenskonformität. Sanktionen tun dabei ein übriges. Die Änderung geschieht unbewußt und verliert sich erkenntnistheoretisch im Niemandsland der Rationalisierungen. Somit bleibt das Selbstbild bzw. die Selbstachtung unangefochten.«

50 R. D. Laing, Phänomenologie der Erfahrung, Frankfurt 1969
51 Hans-Jochen Gamm, Parteilichkeit als Bildungsprinzip, Argumente zur Zeit, Sonderdruck aus ›Blätter für deutsche und internationale Politik‹, Heft 11/1971
52 Die pädagogischen und organisatorischen Details der Spielplatzbetreuung im Zusammenhang mit Elternselbstorganisation sind enthalten in: Frommlet, Mayrhofer, Zacharias, ›Eltern lernen, Kinder spielen. Handbuch für Spielaktionen‹, Weismann Verlag, München 1972
53 Eine umfangreiche Dokumentation des ersten Teils dieses Prozesses ist erschienen in: ›Spielen in der Stadt, Aktionen und Strategien‹, Reihe: ›Aspekte ästhetischer Erziehung‹, Nürnberg 1972; Bezugsadresse: Michael Popp, 85 Nürnberg, Nunnenbeckstraße 30

zu Teil 3 Der bildungspolitische Ansatz – Strategie und Technik

1 Siehe: Egon Becker, Gerd Jungblut, ›Strategien der Bildungsproduktion‹, edition suhrkamp 556, Frankfurt (M.) 1972
2 H. Becker, P. Bonn und N. Groddeck, ›Wirklichkeit in gebrochener Form – Anmerkungen zum Projekt Wohnen‹, in ›betrifft: Erziehung‹, 8/1972, Beltz-Verlag, Weinheim
3 W. Klafki, in: ›Fünf Fragen an Staatssekretär G. Moos und Prof. Wolfgang Klafki‹, in: ›betrifft: Erziehung‹, 9/1972, Beltz-Verlag, Weinheim
4 Siehe Dokumentation ›. . . unter möglichst weitgehender Beteiligung der Lehrer‹ in: ›betrifft: Erziehung‹, 9/1972, Beltz-Verlag, Weinheim
5 In den Büchern von Hans Giffhorn, Kritik der Kunstpädagogik, Verlag M. DuMont Schauberg, Köln 1972 und Klaus Matthies, Erkenntnis und Interesse in der Kunstdidaktik, Verlag M. DuMont Schauberg, Köln 1972, wird ausführlich und kritisch die etablierte Kunstpädagogik analysiert
6 Vgl. dazu: H. K. Ehmer (Hrsg.), Visuelle Kommunikation, Verlag M. DuMont Schauberg, Köln 1971; H. R. Möller: ›Gegen den Kunstunterricht‹, in: ›Ästhetik und Kommunikation‹, Jahrgang 1, Heft 1, Rowohlt Verlag, Reinbek 1970
7 Klaus Vetter, ›Unterrichtsmodelle für den Kunstunterricht‹, in: ›Ästhetik und Kommunikation‹, Jahrgang 1, Heft 3, Rowohlt Verlag, Reinbek 1970
8 E. Rausch und W. Anzinger (Hrsg.), ›Wörterbuch: Kritische Erziehung‹, Stichwort Politische Bildung, Raith-Verlag, Starnberg 1972
9 Zitiert nach K. Roehler, ›Die Abrichtung‹, Kursbuch 20, Suhrkamp-Verlag, Frankfurt (M.) 1970
10 Barbara Schaeffer und Ursula Lambrou, Politische Bildung als Unterrichtsprinzip, Europäische Verlagsanstalt, Frankfurt (M.) 1972
11 A. a. O.
12 Walter Giere, ›Gruppendynamik und Politische Bildung‹, in: Klaus Horn (Hrsg.), ›Gruppendynamik und der 'subjektive Faktor', Repressive Entsublimierung oder politisierende Praxis‹, Suhrkamp-Verlag, Frankfurt (M.) 1972
13 P. Büchner, U. Scheffer und B. Schrey, ›Bürgerinitiativen im Ausbildungssektor‹, in: ›betrifft: Erziehung‹, 12/1972, Beltz-Verlag, Weinheim

14 Martin Baethge: ›Bürgerinitiativen sind Bürgerinitiativen‹, in: ›betrifft: Erziehung‹, 12/1972, Beltz-Verlag, Weinheim
15 Heinz Großmann (Hrsg.), Bürgerinitiativen – Schritte zur Veränderung, S. Fischer-Verlag, Frankfurt (M.) 1971
16 Hans Giffhorn (Hrsg.), Politische Erziehung im ästhetischen Bereich, Friedrich-Verlag, Hannover 1971
17 Hans Giffhorn, Kritik der Kunstpädagogik, Verlag M. DuMont Schauberg, Köln 1972 (Die folgenden Zitate sind diesem Buch entnommen)

DuMont Aktuell
Veröffentlichungen zur Pädagogik

Hans Giffhorn
Kritik der Kunstpädagogik
Zur gesellschaftlichen Funktion eines Schulfachs
196 Seiten
Hans Giffhorn faßt die wichtigsten kritischen Beiträge zur Fachdiskussion zusammen, übt Kritik an Theorien und an der Praxis der Kunstpädagogik und an Ansätzen zur Revision von Curricula. Das Buch kann bei dem augenblicklichen Stand der Fachdiskussion nicht umgangen werden, zumal es entschieden die Frage nach den Zielen und Inhalten aufwirft und fordert, sie gesellschaftlich-politisch zu begründen. *Kunst und Unterricht*

Grüneisl/Mayrhofer/Zacharias
Umwelt als Lernraum
Organisation von Spiel- und Lernsituationen: Projekte ästhetischer Erziehung
Mit 100 Abbildungen
Das Buch bietet Beispiele einer sozialpädagogischen Praxis, die – im Gegensatz zur gewohnten Schulsituation – in außerschulische Bereiche der Umwelt eindringt. Diese Ausweitung ist Folge einer neuen didaktischen Methode, nach der für das aktive Wahrnehmungsverhalten der Schüler die Auswahl der Lernsituation von ausschlaggebender Bedeutung ist.

Hamm-Brücher/Edding
Reform der Reform
Eine bildungspolitische Streitschrift und zwei Vorschläge. 100 Seiten

Klaus Matthies
Erkenntnis und Interesse in der Kunstdidaktik
156 Seiten mit Index und Bibliographie
Im Unterschied zu Giffhorn orientiert sich Matthies nicht an dem Leitgedanken der gesellschaftspolitischen Effektivität, sondern sucht in allen Modellen nach den erkenntnistheoretischen Fragestellungen. Das heißt praktisch, er legt die Interessen frei, die hinter einer bestimmten Methode als Triebkraft stehen.

Hans Ronge
Kunst und Kybernetik
Mit 47 Abbildungen, 118 Zeichnungen, 4 Tabellen und Literaturverzeichnis

Visuelle Kommunikation
Beiträge zur Kritik der Bewußtseinsindustrie
Hrsg. von Hermann K. Ehmer. Mit 4 Farbtafeln, 107 einfarbigen Abbildungen und 25 Tabellen

Klaus Sliwka
Aspekte zum Unterrichtsfeld Bildende Kunst – Visuelle Kommunikation
Über die Inhalte Mensch und Gesellschaft
Mit 10 mehrfarbigen, 56 einfarbigen Abbildungen, 26 Zeichnungen, 7 Tabellen und Bibliographie
Ein Buch mit praktischen Anregungen. Die Unterrichtsbeispiele werden einer eingehenden Analyse unterzogen, für Studenten und Lehrer der Fachrichtung ›Bildende Kunst – Visuelle Kommunikation‹ als Material zur kritischen Reflexion eigener Unterrichtsarbeit, für Studenten und Lehrer sowie für Eltern zur allgemeinen Information über die Neuorientierung eines einstigen Kunstunterrichts, bzw. der Kunsterziehung. *Werkpädagogische Hefte*

Jack Burnham
Kunst und Strukturalismus
Die neue Methode der Kunstinterpretation
Mit 46 Abbildungen
Der amerikanische Künstler und Kunstwissenschaftler Jack Burnham bietet mit diesem Buch eine neue Methode der Kunstinterpretation, indem er Kunst erstmals aus ihrer soziologischen Rollenfunktion in der Gesellschaft analysiert. In Untersuchungen von 40 Einzelbeispielen wird diese Formelstruktur dann auf die Kunstgeschichte der Moderne vom Impressionismus bis zur heutigen Avantgarde der Concept- und Process Art angewandt.

DuMont Aktuell
Kunst - Soziologie - Umwelt

Jürgen Claus
Planet Meer

Kunst & Umweltforschung Unterwasser
Mit 4 Farbtafeln u. 63 einf. Abb. u. Zeichn.

Seine Gespräche mit Meeresforschern, Kybernetikern, Futurologen, Architekten und Künstlern hat Jürgen Claus in dieser Dokumentation festgehalten, deren Beiträge dem Leser vielleicht utopisch scheinen mögen. Und doch liegen in diesen Modellen Chancen für kommende Generationen. Eine lohnende Lektüre. *Die Welt*

Konrad Pfaff
Kunst für die Zukunft

Eine soziologische Untersuchung der Produktiv- und Emanzipationskraft Kunst
Mit 28 Abbildungen

Konrad Pfaff leistet eine wissenschaftliche Untersuchung der Produktiv- und Emanzipationskraft Kunst als der ›Kunst für die Zukunft‹. Das Buch gibt Impulse zum systematischen Bedenken und Beobachten dessen, was Kunst ist, zur empirischen Forschung auf breiter Front, zur öffentlichen Diskussion über politische Willensbildung, nicht zuletzt zum politischen Planen und Handeln im Bereich der Kunst. Pfaff versucht darzustellen, welche realen gesellschaftlichen Funktionen Kunst heute und morgen hat. *Südwest-Presse*

Klaus Hoffmann
Kunst im Kopf

Aspekte der Realkunst
200 Seiten mit 128 Abbildungen

Klaus Hoffmann gibt in seiner Untersuchung einen kritischen Überblick über die wichtigsten Aspekte der Realkunst. Ausführlich erörtert werden die Motive für die Auflösung der herkömmlichen Malerei sowie die Möglichkeiten und Grenzen der Happening-Kunst. Auch die neue Konzeptkunst erfährt eine kritische Würdigung. *Ruhr-Nachrichten*

Das Museum der Zukunft

Hrsg. von Gerhard Bott.
43 Beiträge zur Diskussion über die Zukunft des Museums

Über den gegenwärtigen Stand der Diskussion wird man sich besser als hier kaum unterrichten können. Beteiligt hat sich eine respektable Phalanx bekannter Museumsdirektoren, Kunsthistoriker, Künstler. Unmöglich, die einzelnen Beiträge auch nur zu charakterisieren, denn jeder Name bedeutet hier ein Programm. Man kennt nun, genauer als zuvor, die Meinungen und Programme und die wichtigeren Argumente. *Wissenschaftlicher Literaturanzeiger*

Hans G. Helms
Die Ideologie der anonymen Gesellschaft

Max Stirners ›Einziger‹ und der Fortschritt des demokratischen Selbstbewußtseins vom Vormärz bis zur Bundesrepublik
Mit 16 Zeichn., Bibliographie u. Register

Der Verfasser hat Inhalte eines typisch mittelständischen Bewußtseins getroffen. Was sein Buch zur Erkenntnis der Wirkungen von Stirners ›Einzigem‹ beiträgt, ist erstaunlich. *Die Zeit*

Gert Selle
Ideologie und Utopie des Design

Zur gesellschaftlichen Theorie der industriellen Formgebung
Mit 66 einfarbigen Abbildungen, Begriffs- und Literaturverzeichnis

Der Autor bietet mit dieser Theoriengeschichte des Industrial Design einen kritischen Überblick der Design-Entwicklung von ihren Anfängen im 19. Jahrhundert bis zur Gegenwart. Dabei wird deutlich, daß die industrielle Produktumwelt immer konkreter Ausdruck gesellschaftlicher Verhältnisse gewesen ist. Ständiger Formwandel scheint der Gesellschaft ein unverzichtbares Bedürfnis geworden zu sein.

DuMont Aktuell

Aktuelle Kunst – Theater der Avantgarde

Während der letzten Jahre ist auch auf dem Gebiete der Kunstgeschichte das Paperback immer häufiger geworden. Beispielhaft in dieser Gattung sind die verschiedenen Reihen des Verlages M. DuMort Schauberg, Köln, die Quellentexte zur Kunstgeschichte und vor allem zu aktuellen Problemen der Kunst des 20. Jahrhunderts behandeln. *Alte und moderne Kunst, Wien*

Rolf-Gunter Dienst
Deutsche Kunst – eine neue Generation

Mit 416 einf. Abb. und 122 Fotos
Der Band ist ein wichtiges Hilfsmittel, um Kunstwerke und Künstler, die die Entwicklung im letzten Jahrzehnt richtungsweisend bestimmten, zu orten. 142 Namen sind genannt von Adrians bis Wunderlich. Als Katalog enthält das Buch kurze einführende Texte über die einzelnen Künstler, eine umfangreiche Dokumentation von Abbildungen der Plastiken, Malereien und Aktionen sowie Selbstzeugnisse, Bio- und Bibliographien.
Rheinische Post

Jens Heilmeyer und Pea Fröhlich
now   Theater der Erfahrung

Material zur neuen amerikanischen Theaterbewegung
Mit 153 einfarb. Abbildungen und Zeichnungen
Einige Gruppen des Off-Off-Broadway wurden durch Tourneen berühmt: das Living Theatre, La Mama, das Open Theatre, ›Bread and Puppet‹. ›Now – Theater der Erfahrung‹ ist sicher eines der wichtigsten und spannendsten Theaterbücher der letzten Jahre.
Süddeutsche Zeitung

Karin Thomas
Kunst-Praxis Heute

Eine Dokumentation der aktuellen Ästhetik
Mit 225 Abbildungen
Was die Darstellung auszeichnet, ist der gelungene Versuch, im unübersichtlichen Kunst-Welt-Theater allgemein verbindliche Strukturen zu erkennen, die in großer Toleranz die zahlreichen Spielarten künstlerischer Äußerung ermöglichen. *Hessischer Rundfunk*

Rolf-Gunter Dienst
Positionen

Malerische Malerei – plastische Plastik
Mit 132 einf. Abb. und Zeichnungen
Was das Buch vor allem schätzenswert und interessant macht, ist sein kritisches Engagement gegen dekorative Ersatzkunst im Zeichen konsumträchtiger Massenkultur und für eine an die Persönlichkeit gebundene künstlerische Aussage. *Nürnberger Zeitung*

Klaus Groh (Hrsg.)
if I had a mind ...
(Ich stelle mir vor ...)
Concept-Art   Project-Art

65 Beiträge und viele Abbildungen
Klaus Groh stellt hier die neueste Richtung der Nach-Pop- und Nach-Happening-Zeit, die sogenannte Ideen- und Projektkunst vor. Schon rein vom Bildmaterial her wird klar, was Concept-Art anstrebt: eine visuell signalisierende Entstehungs-Situation, mit der der Betrachter konfrontiert wird. *Südwest-Presse*

Klaus Groh (Hrsg.)
Aktuelle Kunst in Osteuropa

Jugoslawien   Polen   Rumänien   Ungarn
Sowjetunion   Tschechoslowakei
78 Beiträge und viele Abbildungen
Ein Jahr hat der Herausgeber recherchiert, Briefe geschrieben, Kenner um Kontakte gebeten, Material gesammelt. Das Ergebnis ist ebenso überraschend wie reizvoll. *Die Welt*

DuMont Aktuell
Eine Übersicht über bisher erschienene Titel

Jack Burnham
Kunst und Strukturalismus
Die neue Methode der Kunstinterpretation
Mit 53 Abbildungen, Bibliographie und Index

Rolf-Gunter Dienst
**Deutsche Kunst –
Eine neue Generation**
Mit 416 Abbildungen und 122 Künstlerfotos

Rolf-Gunter Dienst
**Positionen   Malerische Malerei –
plastische Plastik**
Mit 118 Abbildungen und 14 Zeichnungen

Jürgen Claus
Planet Meer
Kunst & Umweltforschung Unterwasser
Mit 4 Farbtafeln und 63 einf. Abbildungen

Hans Giffhorn
Kritik der Kunstpädagogik
Zur gesellschaftlichen Funktion eines Schulfachs
Mit 196 Seiten

Aktuelle Kunst in Osteuropa
78 Beiträge, herausgegeben von Klaus Groh, mit vielen Abbildungen

**if I had a mind . . .
(ich stelle mir vor . . .)**
Concept-Art   Project-Art
65 Beiträge, herausgegeben von Klaus Groh, mit vielen Abbildungen

Jens Heilmeyer und Pea Fröhlich
now   Theater der Erfahrung
Material zur neuen amerikanischen Theaterbewegung
Mit 153 Abbildungen, Kurzbiographien und Bibliographie

Klaus Hoffmann
Kunst im Kopf
Aspekte der Realkunst
Mit 128 Abbildungen, Namensverzeichnis und ausgew. Bibliographie

Hans G. Helms
**Die Ideologie der anonymen
Gesellschaft**
Mit 16 Zeichnungen, Bibliographie und Register

Kunst ist Revolution
Der Künstler in der Konsumgesellschaft
Mit 71 Abbildungen

G. Grüneisl, H. Mayrhofer, W. Zacharias
Umwelt als Lernraum
Organisation von Spiel- und Lernsituationen
Projekte ästhetischer Erziehung
Mit 100 Abbildungen

Klaus Matthies
**Erkenntnis und Interesse in der
Kunstdidaktik**
Mit Index und Bibliographie

Das Museum der Zukunft
43 Beiträge zur Diskussion über die Zukunft des Museums
Herausgegeben von Gerhard Bott

Louis F. Peters
Kunst und Revolte
Das Politische Plakat und der Aufstand der französischen Studenten
Mit 34 farbigen Abbildungen und 232 einfarbigen Abbildungen und 1 Plakat

Konrad Pfaff
Kunst für die Zukunft
Mit 28 Abbildungen

Kunst und Kybernetik
Herausgegeben von Hans Ronge
Mit 47 Abbildungen

Gert Selle
Ideologie und Utopie des Design
Mit 66 Abbildungen, Begriffs- und Literaturverzeichnis

Klaus Sliwka
**Aspekte zum Unterrichtsfeld
Bildende Kunst –
Visuelle Kommunikation**
Mit 85 Abbildungen, 7 Tabellen, Bibliographie

Kunst-Praxis Heute
Eine Dokumentation der aktuellen Ästhetik
Herausgegeben von Karin Thomas
Mit 225 Abbildungen

Visuelle Kommunikation
Herausgegeben von Hermann K. Ehmer
Mit 4 Farbtafeln, 107 einfarb. Abbildungen und 25 Tafeln

DuMont Dokumente
Zur Kunst des 20. Jahrhunderts

Hans Richter
Dada – Kunst und Antikunst

Der Beitrag Dadas zur Kunst des 20. Jahrhunderts. Nachwort von Werner Haftmann.

259 Seiten mit 113 einfarbigen Abbildungen, 52 Zeichnungen und Faksimiles. Bibliographie und Namensregister

Richter liebt Dada, und er liebt es kritisch. So ist ein faszinierendes, aufschlußreiches und zudem gut lesbares Buch entstanden, das nicht nur über die künstlerischen Impulse Aufschluß gibt, sondern ebenso über das Lebensklima, das Dada bestimmt hat. Ein wichtiges Buch über eine wichtige künstlerische Äußerung des 20. Jahrhunderts. *Westdeutscher Rundfunk*

Patrick Waldberg
Der Surrealismus

Mit Textdokumenten aus La Révolution Surréaliste und von Paul Eluard, Salvador Dali, Max Ernst und André Breton. 202 Seiten mit 8 Farbtafeln, 144 einfarbigen Abbildungen, 45 Zeichnungen, Kurzbiographien und Literaturverzeichnis

Ein vorbildlich gefaßter Exkurs ins Traumreich der surrealistischen Revolution, eine glänzende Dokumentation und ein ideales Nachschlagewerk. *Der Tagesspiegel Berlin*

Kasimir Malewitsch
Suprematismus –
Die gegenstandslose Welt

305 Seiten mit 15 Abbildungen, 12 Zeichnungen, Fotos und Faksimiles

Der Suprematismus ist einer der Schlüssel zum Verständnis der Kunst unseres Jahrhunderts. Malewitsch' Aufzeichnungen sind eine einzigartige Dokumentation der geistigen Vorgänge, die dem Wandel der Kunst vorangingen.
Die Bücherkommentare

Hans L. C. Jaffé
Mondrian und De Stijl

Mit Textdokumenten von Piet Mondrian, J. J. P. Oud, van Doesburg, A. Kok, G. Rietveld, H. Richter, V. Huszar, El Lissitzky, W. Graeff, H. Arp, C. van Eesteren, F. Vordemberge-Gildewart. 214 Seiten mit 8 Farbtafeln, 58 einfarbigen Abbildungen, 10 Zeichnungen, Bibliographie und Register

In diesem Band sind zum erstenmal die Programme des Stijl in einer Dokumentenauswahl zusammengefaßt, die einzelne Künstler zu Wort kommen läßt und an einer beispielhaften Bildauswahl die Ereignisse des Stijl belegt. *Westdeutscher Rundfunk*

Edward Fry
Der Kubismus

Mit vielen Textdokumenten. 215 Seiten mit 8 Farbtafeln, 62 einfarbigen Abbildungen, 7 Zeichnungen, Bibliographie und Register

Der Autor bietet eine Einführung in die Geschichte des Kubismus, die mit vorbildlicher Klarheit die in vielen Beziehungen komplizierten stilistischen und historischen Probleme dieser vielleicht wichtigsten und weittragendsten Kunstrichtung des 20. Jahrhunderts darlegt. *Neue Zürcher Zeitung*

Der Futurismus

Manifeste und Dokumente einer künstlerischen Revolution 1909–1918

Herausgegeben und mit einem Vorwort von Umbro Apollonio. Mit einem Essay von Horst Richter.

256 Seiten mit 8 Farbtafeln, 138 einfarbigen Abbildungen, 74 Zeichnungen, Namensverzeichnis und Bibliographie

Der Band bringt alle wichtigen Manifeste und Dokumente der Bewegung und ist mit Werkreproduktionen und Fotodokumenten gut illustriert. In einer brillanten Darstellung werden die Auswirkungen des Futurismus aufgezeichnet. *General-Anzeiger Bonn*

Schriftenreihe herausgegeben von den Autoren des vorliegenden Buches

Mit den einzelnen Heften wird versucht, tendenziell das traditionelle Bezugsfeld von Kunsterziehung/Kunstunterricht zu überwinden: durch die Organisation fachübergreifender Lernsituationen, mit der Bestimmung von Frei- und Spielräumen, mit der Bestimmung außerschulischer und außerinstitutioneller Lernfelder, projektorientiertes Lernen wird gebunden an Umwelt/Realität, mit der Integration ästhetischer und politischer Erziehung. Mehrere der folgenden Titel schließen an Tendenz und Inhalte von ›Umwelt als Lernraum‹ an.

1 Erziehung zu bewußtem Gestalten
Gedanken zur Kunsterziehung
(erschienen 1967) DM 4,00

2 Erziehung zu bewußtem Gestalten
Element als Gestaltungsprinzip
(1968) DM 5,00

3 Manyfold Peadaction
Aktion im Kunstunterricht und als übergreifendes Prinzip
(1970) DM 7,50

4 »Wir haben gebohrt«
Werbung im Unterricht –
Arbeitsmaterialien DM 6,50

5 Curriculum-Kunsterziehung
Ein Strukturgitter zur ästhetischen
Erziehung ca. DM 9,00

6 Wahrnehmungstheorien und ästhetische
Erziehung DM 6,50

8 ›Wahlkampf‹ Werbung
Verbrauchsmodell für den ästhetischen
und politischen Unterricht DM 6,50

9 Spielen in der Stadt –
Aktionen und Strategien DM 10,00

In Vorbereitung sind die folgenden Titel:

7 FFF – Fotografie – Film – Fernsehen
in der Schule ca. DM 8,00

10 Nicht-verbale Kommunikation in der
Anzeigenwerbung – Arbeitsmaterialien
für den Unterricht

11 Der Beitrag der Kunsterziehung zur
Enteignung des Bewußtseins ca. DM 6,50

12 Lernsituationen – ein Bilderbuch für
Lehrer und Erzieher

13 Gastarbeiterkinder – Lernen durch
Umwelterfahrung

Herausgeber der Reihe:
G. Grüneisl, F. Klein, H. Mayrhofer, M. Popp und W. Zacharias

Autoren:
Die Herausgeber, das Münchner Studentenkollektiv und andere Studentengruppen

---

Bezugsadresse für alle Hefte:
Michael Popp
85 Nürnberg
Nunnenbeckstraße 30